EU性差別禁止法理の展開

形式的平等から実質的平等へ、さらに次のステージへ

黒岩容子［著］

はしがき

平等とは、伝統的には「等しいものは等しく…」一貫して取り扱うこととされ、法は、両性の平等として「男女同一取扱い（性別を考慮しない取扱い）」を保障し性差別として「男女別取扱い」を禁止する、と考えられてきた。この形式的平等の考え方は、女性／男性という属性への偏見や恣意に基づく不利益取扱いを是正するうえで、重要な役割を果たしてきた。たとえば、かつては、日本社会の“常識”だった「女子結婚退職制」や「男女別賃金体系」も、今や、少なくとも法的には、過去のものとなった。平等な雇用社会の実現へ向けての、大きな前進といえよう。

しかし、性差別は今も、形を変えて温存され再生産され続けている。「女子結婚退職制」は廃止されたが、現在も、第一子の出産を機に約6割の女性が離職している。男女別賃金制度は廃止されたが、女性の多くが、低賃金で雇用も不安定なパートなどの非正規労働者や、いわゆる「一般職」や「女性向きの職」として働いており、男女賃金格差は一向に解消されていない。女性たちは、相変わらず、低賃金で雇用の調整弁となる労働力の主な供給源である。現代の性差別を是正するには、個人的な偏見や恣意による差別の解消だけではなく（それは今も大きな問題であるが）、雇用の構造自体がシステマティックに女性たちに不利益に働くという構造的差別に対して、有効な法的対抗措置を講じることが必要である。また、競争激化のなかで、男女の各集団の内部でも「“女性なみ”に落ち零れていく男性非正規労働者の増加」や「“活躍”が期待される女性労働者の抜擢」などの分化が進み、くわえて、性別以外の学歴や年齢、人種などの差別事由との複合的差別も増加して、性差別の存在自体が見えにくくなっている。これらの変化への取組みも重要である。

こうした現代的課題への対応として、「等しいものを等しく…」という形式的平等の保障という考え方は、性平等実現に向けての基本であり出発点ではあるが、それだけでは不充分である。現代の差別実態に有効に対抗しうるよう、差別禁止法の規範内容や枠組みを再考し再構築することが求められており、そのためには「平等の理論を時代認識に合わせて発展させることが必要となっている」([西原／浅倉2017：iii])。イギリスの労働法研究者であるBob Heppleは、EUおよび加盟国の差別禁止法の発展を分析し、第二次大戦後の基本的人権としての平等の確立期（第1ステージ)、形式的平等の実現期（第2ステージ)、実質的平等の実現期（第3ステージ）を経て、平等の包括的かつ変革的な追求（第4ステージ、包括的差別禁止・社会構造的差別排除）へと向かっていると論じた([Hepple 2009])。日本は、この発展段階分析からみると、第2ステージから第3ステージへと差しかかったところであろう。日本の深刻な性差別状況を是正するためには、形式的平等から実質的平等へ、さらに次の段階へと、法を発展させていくことが急務である。では、形式的平等の限界を超えた実質的平等とは何だろうか、実質的平等の規範や枠組みとして、具体的にどのような法解釈や立法上の発展が求められているのだろうか。また、その次の包括的かつ変革的な平等の追求とは何か、そして、そのためには何が必要なのであろうか。

本書は、上記の問題意識に基づき、EU法における性差別禁止法理の展開を考察の素材として分析・検討して、そこから性差別禁止法を再考する手掛かりを導出することを試みるものである。2015年7月に早稲田大学から博士（法学）の学位を授与された論文（「EU性差別禁止法の展開——実質的平等法理生成の意義と課題」）を基にしつつ、その後の研究を踏まえて加筆・修正した。未熟な論考ではあるが、将来に向けて差別禁止法を再構築していくうえでの一つの提起としたい。

早稲田大学大学院法学研究科へは、約20年の弁護士実務を経て入学した。弁護士として労働事件とくに女性労働者や非正規労働者の方々の事件を担当し、また、様々な権利実現を求める労働・市民運動に参加するなかで、法律専門職の一人として、職責を果たすためには学び直しが必要と痛感したからである。大学院生活は、指導教授の浅倉むつ子先生や労働法専攻の先生方、そして専攻や学部、大学の違いを超えて多くの先生方のご指導をいただき、また、院生の友人たちのご助力を得て、有意義かつ楽しいものであった。思い出は尽きない。

浅倉むつ子先生との出会いは大学院入学前だが、私に学び直し・研究への扉を開けてくださり、それから今日まで、私が時に動揺して挫折しそうになり時に猪突猛進するのを、基軸となる視点を示し忍耐強く導いてくださっている。私の灯台的存在である。故西原博史先生には、修士課程時代からご逝去（2018年1月に急逝された）まで憲法ゼミへの参加をお許しいただき、夜遅くまで熱い議論を交わしご指導を受けた。また、Sandra Fredman 教授にメール１本でインタビューを申込み、冷たい霙の降るオックスフォードでお会いして、翌日のゼミにも出席させていただいたことも忘れ難い。その他、ここで個々のお名前を挙げることはできないが、多くの学恩に心より感謝申し上げる次第である。また、本書の出版にあたっては、日本評論社の中野芳明氏に、多大なご厄介をお掛けし様々なご配慮をいただいた。この場をお借りしてお礼を申し上げたい。

当初は２年間の修士課程が終われば弁護士実務に戻るつもりだったが、博士後期課程へと進学し研究を続けるなかで、非力のため実務と研究との両立が困難となり、結局、実務からは離れて大学院修了後も研究と教育に集中することになった。本書の刊行を今後の研究生活の一里塚とし、これまでの弁護士実務で得た経験や思いを土台としつつ、真摯かつ誠実に研究を続けていきたい。Fredman 教授の次の言葉を心に刻みつつ…。

“By a synthesis of philosophical analysis, sociological insights, and detailed legal examination, I hope to contribute something to women's ongoing struggle.”
「哲学的分析と社会学的洞察と綿密な法的検討とを統合して行うことを通じて、女性たちが進めている闘いに、私は何らかの貢献をしていきたい」

Sandra Fredman, *Women and the Law* (Clarendon Press, Oxford,1997) at preface.

2019年８月

黒岩　容子

EU 性差別禁止法理の展開
――形式的平等から実質的平等へ、さらに次のステージへ
目　次

序

1　問題意識および本書の課題

本書の目的は、性差別禁止法[1][2]について、現代社会の差別実態に対抗しうる法へと進展させるという視点から、規範内容の現代化とその理論枠組みについて検討することにある。この目的に接近するための検討素材として、本書では、EU 性差別禁止法[3]を取り上げる。同法は、1970年代半ば以降、性差別禁止に関する様々な新法理を生成し展開させ、紆余曲折を経ながら、現在も、さらに次のステージへと議論と実践を積み重ねている。こうした EU 性差別禁止法の発展過程の分析を通じて[4]、性差別禁止法の規範内容およびその基礎となる規範理論について掘り下げた検討を試みたい。そこで得られた知見は、日本の雇用領域における性差別禁止法のこれからを考察するうえでも、必ずや有益な示唆と

1）　本書では、特段の理由のないかぎり、「性」を、生物学的のみならず社会的文化的意味をも含むジェンダーの意味で用いる。

2）　EU などの研究論文では、性差別および性平等に関する法について、その発展段階により、性差別の一部を刑罰の対象とする「性差別刑事処罰法」、直接の性差別を禁止する「性差別禁止法（non-discrimination law）」、間接性差別などの平等実現への障壁を禁止し排除する「反性差別禁止法（anti-discrimination law）」、性平等をより積極的かつプロアクティブ（前向き）に実現する「性平等法（equality law）」との呼称区分けも行われている。本書では、性差別および性平等に関する法について、発展段階の全般を対象とする意味で「性差別禁止法」と表記し、ただし、特に上述の発展段階に注目する場合には、「性平等法」の表記を用いる。

3）　EU（欧州連合、European Union）は、1957年に設立された EEC（欧州経済共同体）を前身とし、その後、EEC から EC（欧州共同体）・EU へと統合を進めてきた。これら EEC・EC・EU は、国家連合を超えた性質をもつ組織であり独自の法を有している。以下、本書では、特段の必要のない限り、EU の前身である EEC・EC・EU も含めて「EU」、それらの共同体を規律する法を「EU 法」と総称する。EU 法の第一次法源は、EU の加盟国間で締結される条約であり、その下に指令などが制定される（EU の性質と法については、［中西 2012］［庄司 2013］［中村 2016］参照）。

　本書では、EU の性差別に関する条約や指令等々の成文法および判例法を総称して、「EU 性差別禁止法」と表記する。

4）　ただし、本書の関心が雇用分野における性差別および性平等であるところから、EU 性差別禁止法の対象領域のうち、社会保障に関しては雇用に関連する議論に必要な範囲で扱う。

なるであろう。

日本の職場における性差別の現状をみると、1985年の男女雇用機会均等法制定から30年以上を経て、明白な男女別取扱いは減少しつつあり社会的意識もかなり変化してきた。しかし、性中立的な雇用制度の下でも、賃金をはじめとする男女格差や男女の職位・職域分離は解消せず[5)]、問題状況は、性以外の要因も連関してより複雑化している。同時に、男性集団内部での競争および序列化の進行や「女性の戦力化」など、男女それぞれの集団内部での階層化および「多様化」が進み、男女をそれぞれの集団として、一括して掌握することが困難となっている。ところが、現行の日本法は、こうした性差別をめぐる状況の変化に対して、必ずしも有効な対抗手段となりえていない。それは、単に、法律違反が横行しているからだけではない。むしろ主要な理由は、法の解釈あるいは規定自体が、性差別の形態や発生メカニズムの変化に対抗できていないからではなかろうか。

現代の職場における性差別は、これまでの「個人的偏見や嫌悪に基づく女性／男性の排除や不利益取扱い（例：女性は感情的で管理者には向かない）」を主な原因とするものから、「女性／男性の多くにとって不利益な雇用システムや処遇制度が要因となって、構造的に発生する差別（以下「構造的差別」という。例：パートを低処遇する制度による女性差別）」へ、と変化してきている。しかし、現在の性差別禁止法は、残念ながら解釈の面でも立法の面でも、この構造的差別に対応しえていない。たとえば、構造的差別に対する有力な法的手段の一つである「間接差別の禁止」が、2006年改正で男女雇用機会均等法（以下、「均等法」という）に導入されたが、禁止の対象は、省令が規定する事項のみに限定されている[6)]。したがって、それ以外の間接差別の禁止については、憲法に論拠を求めることになるが、憲法学の通説は、男女別取扱い以外の類型は憲法14条

5）　たとえば、男女一般労働者の所定内給与は男性100としたとき女性73.4、また女性役職者割合は、係長相当職18.4％・課長相当職10.9％・部長相当職6.3％である（厚生労働省「平成29年賃金構造基本統計調査結果」）。

6）　現在、省令で3つの事項（募集・採用時の身長・体重・体力要件、募集・採用・昇進・職種変更時の転居を伴う配転要件、昇進時の転勤経験要件：均等法施行規則2条1-3号）のみが規定されており、厚労省の男女雇用機会均等政策研究会報告（2004年6月）でも間接差別として禁止規制の必要性が指摘された、パートや非世帯主に対する不利益待遇（[21世紀職業財団 2007：25-33] 参照）は、間接差別禁止の対象には入っていない。

の性差別禁止の対象外、との見解に立つ[7]。また、妊娠・出産に関連した不利益取扱いやセクシュアル・ハラスメント、マタニティ・ハラスメントについても、これらは女性労働者が働き続けキャリアを形成していくうえでの大きな障壁であるが、均等法は、比較対象者となる男性が存在しないとして、性差別禁止の対象外の問題として位置づけ、政策的保護のレベルに止まっている[8]。

このような、性差別を「男女別取扱い」に限定した法解釈は、形式的平等（formal equality）という考え方に基づいてなされてきた。伝統的な法律論では、平等とは「等しいものを等しく、等しからざるものは等しからざるように」違いに応じて（比例して）一貫して取り扱う[9]という、形式的平等を意味するとの見解に立って[10]、性平等とは、性別を考慮することなく（セックス・ブラインドに）男女を同一に取り扱うことであるとし、「男女の異なった取扱い」を性差別として禁止してきたのである。

しかし、前述した職場における男女の現況をみたとき、この伝統的な形式的平等の考え方に基づくアプローチないし法理（以下、「形式的平等アプローチ」ないし「形式的平等法理」という）の限界に直面せざるを得ない。今、改めて、個人の尊厳という基本的人権の原点に立ち戻ったところから、性差別禁止法の規範内容とそれを支える理論を再考することが必要となっている。すなわち、個人の尊厳という視点から性平等や性差別禁止を考えたとき、法のいう「平等の権利」とは、「一貫した取扱い」という形式的平等を超える規範内容をも有しているのではないか。また、それは、従来、日本で実質的平等として語られてきた「事実上の均一」や「結果の平等」という狭い内容の規範でもなく、より豊かな規範内容、すなわち「すべての人々が、同等の人格的価値をもつ、社会

7）　憲法学の動向について、［辻村 2018：157-159］参照。

8）　［赤松 1985：275］［21世紀職業財団 2007：147］。したがって、厚労省指針では、昇進・昇格の人事考課において、妊娠・出産の不就労期間や能力低下を、疾病等による場合と同等に扱えば違法でないとされている（平成18年厚労告示第614号、第4、3、(3)、ホ）。また、セクシュアル・ハラスメント、マタニティ・ハラスメントについても、性差別ではなく政策的保護として、事業主に雇用管理上の措置義務を規定するに止まる（均等法11条、同11条の2）。現行の政策的規定としての均等法上の事業主の措置義務の問題点について「内藤 2018」参照。

9）　アリストテレスの格言（『ニコマコス倫理学(上)』高田三郎訳〔岩波文庫、2011年57版〕231頁以下）に由来する、配分的正義（具体的事実や能力が同じならば取扱いを同じにする考え方［辻村 2018：153］）に基づく平等論。

10）　たとえば、［阿部／野中 1984：44］［芦部 2000：7, 18-20］［芦部 2015：128］［川岸 2017］。

の構成主体として対等な地位にあるものとして保障される」ことを基本規範として、そこから派生する様々な具体的規範を含むものではないか、との問いである。「平等の権利」が禁止する「性差別」についても、「男女別取扱い」という類型以外にも広く考えるべきではないか、また、「平等の権利」は、性平等の実現にむけて、差別を消極的に禁止するのみならず積極的実現をも規範内容に含んでいるのではないか等々、性差別禁止法（ないし性平等法）の規範内容や法枠組みの再検討も、重要課題として浮上する。

本書は、これらの課題について、EU 性差別禁止法の分析を通じて考察する。その理由として、改めて次の点を挙げておきたい。

第１に、EU 法が、性差別禁止に関して形式的平等法理を徹底するなかで、その限界に直面し、形式的平等を超える規範内容をもつ平等の概念（後述するように、それを判例や学説は「実質的平等（substantive equality）」と呼んでいる[11]）を導入し、実質的平等の考え方を土台として後述する間接性差別禁止などの諸法理（以下、「実質的平等法理」ないし「実質的平等アプローチ」という）を生成し展開してきたからである。そして、現在、さらに次のステージに向けて、その実質的平等アプローチにおける課題とその克服に向けた法的対応のあり方が議論されている。

もちろん、EU 法における展開は、形式的平等の限界の克服に向けた法実践の一つに留まる。しかし、EU 性差別禁止法に関する多数の判例や立法制定・改正に関する論議のなかに、「平等の権利」の基礎理論をめぐる重要な論点が凝縮されている。それらの検討を通じて、現代社会における性差別禁止法の位置づけや規範のあり方について、実証的に考察することが可能となろう。

第２に、EU 性差別禁止法が、国際的にみても最も発展した段階にある性差別禁止法の一つと評価されており[12]、その点でも、分析対象としての意義は大きいと考えるからである。EU は、資本主義経済というアメリカや日本と同じ経

11）　EU では、「実質的平等（substantive equality）」は、「等しいものは等しく…という取扱いが、法律上のみならず実際にも行われている」とか、あるいは「結果も均一である」ということを意味する概念としてではなく、「平等」の規範内容自体として「等しいものは等しく…」という形式的平等を超える内容をもつ概念として用いられる方向にある（e.g.［Fredman 2016a：邦訳29-31］）。本書でも「実質的平等」を、形式的平等を超える規範内容をもつ概念として、後者の意味で用いる。

12）　*See*［McCrudden/ Kountouros 2007：83］.

済体制の下で、かつ経済共同体をその起源としながらも、とりわけ1980年代後半以降、人権保障や社会政策を重視した「人間の顔をしたソーシャル・ヨーロッパ」[13]、いいかえれば、アメリカ型の（時に経済競争至上主義とも評される）流れとは一線を画して、人権保障を確保し向上させつつ経済の持続的発展を図るという方向をめざしてきた[14]。そして、そのEUにおける人権保障に関連した法のなかでも、性差別禁止法は、主要かつ規範内容を飛躍的に発展させてきた法領域である。後述するように、1957年EEC設立条約[15]は男女同一賃金原則を規定するのみであったが、1970年代以降、多数の判例[16]や立法の制定・改正が積み重ねられて、第1で述べたように、伝統的な形式的性平等概念を超える様々な実質的平等法理が生成され、性差別の是正が積極的に進められてきた。また、EU法は、1979年のアムステルダム条約[17]改正および2000年人種等平等待遇指令[18]・同年雇用平等待遇一般枠組指令[19]の制定により、人権保障の視点をより鮮明化しつつ、差別禁止を性以外の人種や年齢、障碍などにも拡大した。これは、

13）　ドロール欧州委員会委員長の発言。*See also*, Commission of the European Communities, *A Human Face for Europe*（European Documentation 4/1990, March 1990）.

14）　その背景として、1. EUの起源となったEECは、経済共同体ではあったが、第一次大戦・第二次大戦における悲惨な経験を踏まえて、経済問題を超えたヨーロッパ地域の平和の構築をその根本目的とし、個人の尊厳など人権保障や社会政策（EEC条約旧章）をも視野に入れていたこと、2. 労働運動・女性運動の取り組みの蓄積や、1980年代後半から主要加盟国の多くで社会民主主義政府が政権を担ったこと、3. 社会福祉を重視する北欧諸国の加入などが挙げられよう。

15）　Treaty Establishing the European Economic Communities. 1957年に締結された同条約は、その後、1992年マーストリヒト条約によりEC条約（Treaty Establishing European Community）へ変更されるとともにEU条約（Treaty on European Union）が新設され、さらに1997年アムステルダム条約（Treaty of Amsterdam）による改正を経て、2009年のリスボン条約（Lisbon Treaty）発効によって、EC条約からEU運営条約（Treaty on the Functioning of the European Union）へEU条約から新EU条約へと改正されて、現在に至っている。1957年当初の条約は、締結地にちなみローマ条約と通称されている。本書では、以下、1957年当初の条約を特に示す場合に「ローマ条約」と表記する。なお、1992年EU条約により、EC条約にもとづくEC（経済共同体）（第1の柱）にくわえて、EU条約にもとづく共通外交・安全保障分野の協力制度（第2の柱）と司法・内務分野の協力制度（第3の柱）が設立され、この三制度をEUと総称するようになったが、後の条約改正で三制度を融合して現在の単一制度のEUに至っている［中西 2012：4-16］。

16）　EEC/ EC/ EU法の最終解釈権を有する裁判所は、1957年EEC設立時から1999年12月のリスボン条約発効までEuropean Court of Justiceであったが、同条約発効により、European Union Court of Justiceと名称を変更し、その管轄範囲にも変化がある。しかし、本書に関する部分で機関の性質や機能に変化はなく、本書では、以下、両者を通じて「欧州司法裁判所」ないし「裁判所」と表記する。

17）　Treaty of Amsterdam.

18）　Directive 2000/43/EC, OJ［2000］L180/ 22.

後述するように、従来は、性という差別事由を単独に注視してきたのに対して、社会には性以外の事由による差別も多数存在するとして、差別を多元的に捉える視点へと発展させたものであり、この点でも、新たな飛躍をみせているのである。

たしかにEUも、グローバル経済競争の激化やイギリスのEU離脱問題にみられる反EUの動きなど様々な困難に直面しており、EU法の人権保障や差別禁止規定の解釈・適用にも混迷や抑制、一部の後退が発現している。しかし、同時に、それを乗り越えるべく、研究者らによる差別禁止法の再構築に向けた理論研究も進んでいる。性差別に関する日本法を現代社会に適合した法へと、その解釈ないし立法を再構築するうえで、EU性差別禁止法が蓄積してきた経験や論議には、多くの有益な示唆が含まれている。

ここで、本書が、なぜ「性」に関する差別禁止法を研究対象とするのか、にも触れておきたい。近年、日本を含めて多くの国々で、性以外の事由による差別すなわち雇用形態や年齢による差別を禁止する法律が制定され[20]、これまで「間接性差別」として議論されてきた問題を、「性以外の事由による直接差別」として是正や救済を求める途が――いまだ保障は脆弱だが――具体化されてきた。それゆえ、性平等の視点からの法的アプローチは、すでに、その重要性を低下させつつあるようにも見えるからである。しかし、本書は、改めて、現代の雇用差別に対抗するために不可欠な視点の一つとして、性差別ないし性平等に注目する。その理由は、何よりも、性差別の下で不利益を受けている人々[21]の人権保障および性平等の実現に実効的な法とは何かを探求することの必要にあるが、くわえて、以下の点を挙げておきたい。

第1に、現代の不公正な雇用構造（正当性のない不利益取扱い・排除・貧困の構造）を支える重要な柱の一つが、依然として、安価かつ雇用調整し易い女性労働力の存在だということである。性差別禁止の視点からのアプローチは、女性労働者の人権保障はもちろんのこと、雇用制度自体の改善そして全労働者の権

19）　Directive 2000/78/EC, OJ［2000］L303/16.

20）　たとえば、日本法では、パートタイム労働法８条、労働契約法20条、雇用対策法10条。

21）　女性が多くを占めるが、女性を抑圧する社会構造や意識は、同時に男性にとっても男性モデルの生き方を強いる抑圧となっている［黒岩 2017b：257］。［大木ほか 2018］も参照。

利保障・公正な雇用制度の実現にとって必須である。雇用社会の変革には、性差別ないし性平等の視点からのアプローチを、他のアプローチと連携させつつ展開することが不可欠であると考える。性差別禁止アプローチを、過去の差別の排除に矮小化して捉えるのではなく、現在も再生産され続けている今日の問題として、労働者の権利保障の体系全体のなかで位置づけ直し、その役割および規範を再構築することが求められている。

第2に、性差別および性平等に関する長年にわたる法的な理論と実践は、差別禁止法全体にとっての蓄積である。その研究成果は、性以外の人種や障碍、年齢などの人的属性に基づく差別、さらに雇用形態など個人の選択が介在する差別へと、法を展開し挑戦を進めていくうえで重要な基礎となる。

第3に、差別禁止法を新たな段階へとステップアップさせることが、日本でも具体的な課題として登場しつつあり、労働法学には、具体的な法理や法的実現措置、それを支える理論を構築し、方向性を提起することが求められていることである。男女雇用機会均等法の改正要求、近年の労働契約法・派遣法・短時間有期労働者法の改正や障害差別解消法制定の動きはその端緒であり、日本の雇用差別禁止法もつぎの段階へ足を踏み入れつつあるといえよう。今まさに、これまでの性差別禁止法の到達点を分析し、そして、つぎの段階の、より多様な差別や平等一般をも視野に入れた基礎理論および権利論へと、発展させていく研究が必要といえよう。本書は、その一つの試みである。

2　先行研究との関係および本書の構成、その他

(1)　先行研究との関係

EU 法の性差別領域に関しては、すでに多くの先行研究がある[22]。しかし、個別の争点に限定して論じたものが多く、性差別禁止法全体を見渡してそこに一貫して流れる理論的展開を分析・考察するものは、必ずしも多くない。

EU 性差別禁止法の発展を全般的に論じた先行研究としては、[中村 1998] [西原 2003] [宮崎2005] [櫻庭 2007、2010] があるが、中村論文（1990年代後

22)　さしあたり、[浅倉 1996] [山田 2001] [大藤 2004] [伊藤 2005] [長谷川 2006]。また、EU 労働法の立法史について [濱口 2017]、EU の女性平等政策史について [柳沢 2001] [柴山／中曽根 2004a] がある。

半まで)、宮崎論文ならびに櫻庭各論文は、概要の紹介に留まり、基礎となる理論の分析をするものではない。西原論文は、包括的かつ理論的分析として最も参考に値する研究であるが、2000年以後の展開が反映されていない。また、権利としての明確性および具体性を重視する基本的立場から、性差別禁止は形式的平等を目的とする規範であると捉え、EU 性差別禁止法も基本的にその範囲内にあると解している[23]。したがって、EU 法における性差別禁止法理の展開も、西原論文は、“形式的平等法理の限界の顕在化と、その克服のための法実践”という見方はとっていない。しかし私見は、後に詳述するように、EU 法における性差別禁止法理の展開で最も注目すべき点を、形式的平等アプローチの限界の認識と、それを超える実質的平等アプローチの導入と展開にあると分析しており、西原論文とは見解を異にする。

(2)　本書の構成

本書は、1で述べた問題意識に基づき、EU 法における性差別禁止法理について、1957年 EEC 設立段階から2017年末までの立法・判例・学説の展開を追うなかで、諸法理の生成と展開それを支える理論の発展を分析し、労働分野における性差別禁止法の規範および理論の枠組みについて考察する。

具体的には、第Ⅰ部では、EU 性差別禁止法における形式的平等アプローチの展開とその限界の顕在化について、「男女同一賃金原則」および「直接性差別禁止法理」をとりあげて分析し、形式的平等法理が、一方で、セックス・ブラインドに一貫した取扱いを行い、ステレオタイプな見方や偏見を排すという意義をもちながらも、他方で、比較対象者選定の困難、レベルダウンによる救済、男性規範への同化、差別構造の不是正などの限界を有することを明らかにする。

第Ⅱ部では、EU 法における実質的平等アプローチの導入について、1980年代から2000年初めにかけての、性差別概念を拡大する諸法理および積極的差別是正を平等保障として許容する法理について、その生成および展開を、特に注

---

23)　たとえば、間接性差別禁止法理についても直接性差別を生じた結果から推定する法理と捉える［西原 2003：156-157］。［西原／黒岩 2008：222脚注(66)］参照。ただし、その後、西原の差別禁止法に対する見方には変化がみられる。たとえば、［西原 2017］では、形式的平等の限界を意識し、日本国憲法14条の差別概念について、伝統的規範枠組みを超える解釈が提起されている。

目される論点を取り出す形で検討する（なお、ここでは、各法理の規範および理論の生成過程を把握する便宜上、法理ごとに個別に展開を追うが、本書全体を通じて性差別禁止法理の総体としての発展過程が明らかになるよう留意していきたい）。前者の差別概念を拡大した法理として、第3章で間接性差別禁止法理、第4章で妊娠・出産に関する直接性禁止法理、第5章で性差別としてのハラスメント／セクシュアル・ハラスメント禁止法理を取り上げて、その規範内容および性差別として禁止する論理を分析する。また、後者の積極的に平等を保障する法理として、第6章でポジティブ・アクション法理（一方の性に対する積極的優遇措置）を取り上げ、EU法上の位置づけおよび論理、その射程範囲をどのように画してきたのかを検討する。

第Ⅲ部では、2000年代以降の新たな展開について、すなわち、一方で、1997年アムステルダム条約改正を実施する諸指令の制定など、性差別以外も含めた新たな立法展開が図られつつ、他方で、全体的な停滞とりわけ欧州司法裁判所の形式的平等への回帰ともみえる動向について分析する。そのうえで、こうした状況の下で、学説により、次のステージに向けて、実質的平等に関する問題点が指摘され、その克服に向けた理論研究が進められていることについて検討する。

そして、最後の総括において、現代の性差別禁止法における規範および理論を再考する視点から、EU性差別禁止法の展開全体を振り返って、その意義および問題点、残された課題を確認し、日本法への示唆を導出したい。

(3)「平等」「差別」という語の用い方について

本書では「平等」「差別」を、法概念を示す語として用いる。ただし、文脈との関係で社会的実態の意味で用いる場合もあるが、法概念を示すのか社会実態かの区別を明確にするよう留意しながら記述していきたい。

法概念上の「平等」「差別」が何を意味するのかは、本書の重要なテーマの一つである。したがって、詳しくは論文全体を通して論じるべき課題であるものの、ここで必要な範囲で述べるとすれば、私見では、「平等の権利」は法の原理に関わる基本規範であるとともに、ここから様々な具体的規範が派生し保障されている。「平等の権利」というとき、基本規範ないし上位規範の意味で用いているのかと、具体的規範である「平等待遇」「男女同一取扱い」等々なのかとは、区別されなければならない。後述するように、上位規範としての「平等の権利」から派生して、「男女同一取扱い」が具体的な規範として要求される場合も、それを越える内容の規範が（場合によっては、男女別の取扱いも）求められる場合もあるからである。本書では、具体的規範を示す場合には、「平等待遇」あるいは「男女同一取扱い」と区別して表記する。なお、本書でいう「実質的平等」は、前述したように「事実上の均一」や「結果の平等」という狭い意味ではない点には、是非留意していただきたい。

また、「平等」と、法が禁止し否定する行為や状態である「差別」とは、関連性があるのは当然であるものの、両者を区別することが重要である。「平等」の実現には、差別がないこと（無差別・非差別）のみならず、それを超える内容が求められるからである。実際にEU性差別禁止法は、禁止されるべき差別類型を、後述するように「平等取扱い」や「男女同一取扱い」の違反行為以外へも拡大しており、両者を区別することが、理論的にも実際的にも必要となっている。[24]

なお、日本の近時の労働法学説では、「差別禁止」「不利益取扱いの禁止」という用語に関して、性や人種など個人の不変の属性に関する領域では「差別禁止（異なった取扱いの禁止）」ルールが、雇用形態に関する差別領域では「不利益取扱いの禁止」ルールが適用されるとする説も主張されている。[25]この説は、「差別禁止」と「不利益取扱いの禁止」とは、(i)規制内容として、「差別禁止」は有利扱いと不利扱いの双方を禁止するが、「不利益取扱いの禁止」は不利益のみを禁止する点で異なり、(ii)その性格も、「差別禁止」が人権保障規定であるのに対して、「不利益取扱いの禁止」は社会政策的なものであって、したがって規制の強度も異なる、と主張する。しかし、本書は、この説とは、視点も用語方法も異にしている。同説のいう「差別禁止とは、異なった取扱い禁止をいう」という前提自体に疑義を呈して、「平等の権利」に基づく「差別禁止」

---

24)　たしかに、欧州司法裁判所は、「差別」のない状態を「平等」として「平等（equality）」と「無／非差別（non-discirimination）」を互換的に用いている。しかし、近時の多くのEU研究者は、両概念を意識的に区別して用いている。本書の「平等」「差別」の用語法は、EUの差別禁止法に関する論文の一般的用法に従うものである。この点を簡潔に論じたものとして、[Schiek/Waddington/Bell ed. 2007：26] がある。

25)　[荒木座長 2011] など。両者の峻別に反対する論として [水町 2013] など。

という人権保障規範には、「異なった取扱い」禁止以外にも、「不利益取扱い禁止」や「間接差別」「固有のニーズへの配慮の不提供」「ハラスメント」などの様々な類型の差別禁止が含まれることを検証していくものである。[26]

26) ［荒木座長 2011］の主張との対比でいえば、本書は、「差別禁止」規範自体の形式的平等アプローチの中に、他者との比較を前提とする「異なった取扱い禁止」ルールと、他者との比較を基準としない「不利益取扱いの禁止」が存在し、さらに、実質的平等アプローチに基づいて、一定の場合に優遇措置も認められるとする立場をとるものである。

また、本書は（性差別領域のみを対象とするため詳しい論述は行わないが）、同説が主張する、「性差別禁止」と「（本人の意思が介在する）雇用形態差別禁止」とを、本質的に性格が異なるものとして、前者は人権保障の問題だが後者は立法政策に留まるという主張についても、異なった見解に立つ。

第Ⅰ部　形式的平等アプローチの展開

第1章　EU性差別禁止立法の歴史

本書における検討の前提として、最初に、EU法における性差別禁止に関する立法（条約および指令）の歴史を概観しておきたい。

第1節　1957年EEC設立時から1970年代の展開

1　1957年ローマ条約（EEC条約）119条[1)]

1957年、ローマ条約が締結され、EUの前身であるEECが設立された。この当初の条約では、性平等ないし性差別禁止に関しては、以下の男女同一労働同一賃金原則が規定されたのみであった（旧119条[2)]）。

「すべての加盟国は、第一段階の間に、同一労働に対する男女同一賃金の原則を適用し、それ以後も維持する。

本条において『賃金』とは、現金か現物給付かを問わず、雇用に関して、労働者が使用者から直接または間接に受領する、通常の基本的あるいは最低の労賃または給与、ならびにその他のあらゆる報酬をいう。

性別に基づく差別のない同一賃金とは、つぎのことをいう。

a）出来高払いによる同一労働に対する賃金が、同一評価単位により算定さ

1）ローマ条約（EEC条約）／EC条約119条は、その後、内容改正を伴いつつ、条文番号が1997年アムステルダム条約によりEC条約前141条へ、そして2009年リスボン条約（Treaty of Lisbon）発効により現行のEU運営条約（Treaty on the Functioning of the European Union）157条へと付け替えられていく。本書では、以下、それらを「条約旧119条」「条約前141条」「条約現157条（ないし現EU運営条約157条）」と表記する。

2）日本をはじめ多くの国では、「法の下の平等」という原則規範をまず規定し、そのうえで、具体的な性差別禁止や平等取扱いのルールを規定している。それらと比較すると、ローマ条約は、このように男女同一賃金原則のみを規定したという点に、一つの特徴がある。

れること。

b）時間払い労働に対する賃金が、同一職務に対して同一であること」

1957年に設立されたEECは欧州市場の統合をめざす経済共同体であり、この条約旧119条の立法趣旨も、主として、女性労働力のソーシャルダンピングの防止という公正経済競争ルールの確立にあった[3)]。また、1957年当時は、旧119条は、専ら、加盟国に対して男女同一賃金原則の国内実施を促す内容と捉えられており[4)]、個人の権利を保障する規定とは考えられていなかった。それも影響して、加盟国における男女賃金格差の是正はなかなか進まなかった。

EU法が積極的に活用されて性差別の是正が進み始めたのは、1970年代半ばである。その原動力となったのが、性差別禁止に関する一連の指令の制定である。EUは、1972年のパリサミットを契機に社会政策の重視を打ち出し、1974年には社会行動計画を発表したが、そこでの優先課題の一つとされたのが性平等を実現するための行動である[5)]。そして、その具体化として、EEC条約旧119条を補完する下位法、すなわち、賃金に関する1975年指令（以下「男女同一賃金指令」という[6)]）、賃金以外の労働条件に関する1976年指令（以下「男女平等待遇指令」という[7)]）などの諸指令が制定された。

こうした一連の指令制定の背景には、1970年代における国際的な性平等への

3）同条の導入は、フランス政府の強い主張によるものである。フランス政府のその意図は、すでに男女同一労働同一賃金を法定していたフランスに対して、未だ同原則を導入していない他のEEC加盟国が、女性労働力を安価で使用して、同じ仕事に対してもコストを削減して経済競争上優位に立つことを防止することにあった。ただし、旧119条は、社会政策の章におかれ、また、ILO100号条約を基礎として作成された規定であり、当初から、上記の不公正経済競争防止という経済目的以外に人権保障の意味合いをも含むものでもあった。たとえば、旧119条2項の賃金の定義は、ILO100号条約1条(a)とほぼ同一の内容である。その他の規定も、同条約の条文を基にしている。なお、ILO100号条約が「同一価値労働」同一賃金を規定しているのに対して、ローマ条約旧119号の規定文言は「同一労働」同一賃金である。ローマ条約についても、当初の提案では「同一価値労働同一賃金原則」とされていたが、条約制定過程の議論で「同一価値労働」の意味が不明確であるとの意見が出されて、「同一労働同一賃金」の文言に改められた。

ローマ条約旧119条、1975年男女同一賃金指令ならびに1976年男女平等待遇指令の制定経過は、［Hoskyns 1996：43-115］に詳しい。

4）当初は、条約旧119条は、その規定文言からも、また、EUの条約が通常の国際条約と同種と認識されていたことからも、法的拘束力を有するとは理解されていなかった。

5）［須網：1991］。

6）Directive 75/117/EEC, OJ［1975］L45/19.

7）Directive 76/207/EEC, OJ［1976］L39/40.

取り組みの影響がある。国連は1975年を国連女性年とし、メキシコ女性会議を開催した。EUにとって、男女平等を促進し国連など国際的レベルでその存在感を発揮することが、対外的にも緊急の課題だったのである。こうした指令制定をめぐる内外の要因は、1975年以降の一連の指令制定が、経済目的のみならず人権保障をもその重要な立法目的としていたことを意味している。

2　1970年代半ば以降の一連の指令制定

1975年に制定された男女同一賃金指令は、条約旧119条の男女同一労働同一賃金原則の規範内容に関する解釈を示すとともに、加盟国に対して同原則の導入および実施を促した指令である。同指令1条1項は、男女同一労働同一賃金原則を「同一労働または同一価値労働に関して、報酬のあらゆる側面および条件において、性に基づくあらゆる差別を撤廃することを意味する」と定義している。この定義は、つぎの諸点において、条約旧119条が規定する男女同一労働同一賃金原則の規範内容を、1957年制定当時の想定から進展させ、また、同原則の基本的な法的位置づけを決定するものであった。[8)]

第1に、条約旧119条が規定する男女同一労働同一賃金原則（以下、「同一賃金原則」という）が、その内容として「同一労働」という条約文言を超えた、「同一価値労働」に対する同一賃金をも含むことを明確にした。[9)]

第2は、男女同一賃金原則を「性に基づくあらゆる差別を撤廃すること」と定義して、条約旧119条が賃金に関する性差別禁止規定であると位置づけたことである。[10)] これにより同一労働ないし同一価値労働ではない事案や、賃金「額」以外の点での差別事案なども含めて、広く賃金に関する性差別事案一般

8）賃金に関する性差別については、上位規範の条約旧119条（前141条、現EU運営条約157条）があり垂直的（私人対加盟国の関係）にも水平的（私人対私人との関係）にも直接効果を有しており、実際には、同条が適用されることになる。

9）欧州委員会の同指令提案は「同一価値」労働には触れていなかったが、指令制定審議のなかで「同一価値」労働も含む文言へと修正された。欧州委員会提案理由COM（73）1972 finalに対する経済社会委員会意見（OJ［1974］C88/7）および欧州議会意見（OJ［1974］C55/43）参照。

すでに当時、ILO100号条約や国連では「同一価値」労働同一賃金が保障水準とされており、本指令によって、EUの規範水準が、ILOないし国連基準に事実上引き上げられた。なお、1975年に制定された同指令が、条約旧119条を経済目的のみならず人権保障の目的を有するものと前提としていることについては、注3）も参照されたい。後述するように、1976年Defrenne II先決裁定（Case C-43/75,［1976］ECR 455）が、この点を明確に判示することになる。

に、旧119条が適用される可能性が開かれることになった。[11]

第3として、同指令が、差別禁止の適用除外や例外を規定していないことである。[12] このことは、一方で性差別賃金禁止の徹底を導くものであるが、他方で問題も残すことになった。すなわち、賃金概念が拡大し適用領域が広がるにつれて、男女別取扱いを許容せざるえない事案が登場した際に、議論の混乱を招くことにもなったのである。これについては後述する。

また、1976年には、賃金以外の労働条件等における性差別禁止を規定する男女平等待遇指令が制定された。この指令により、条約旧119条では空白となっていた賃金以外の労働条件に関する差別禁止が、EU法において初めて補完された。[13] 就職や職業訓練へのアクセスおよび賃金以外の労働条件に関する男女同一待遇原則、すなわち、性に基づく直接および間接の差別——とりわけ婚姻および家族的地位に関連づけたもの——が禁止された（2条1項、5条1項）。直接差別のみならず間接差別の禁止も明記している点が注目されるが、何が間接差別かという定義は規定されておらず、後述するように間接差別に関する判例法理が生成されていくこととなる。他方で、同指令は、賃金に関する条約旧119条や男女同一賃金指令とは異なり、男女同一待遇原則の適用除外を明文で規定した。すなわち、性を不可欠の前提とする職業活動や教育訓練について加

10）これが何を意味するかについては、若干の説明が必要であろう。男女同一（価値）労働同一賃金原則違反の行為が、「性に基づく差別」に該当するということは、さしたる異議をさし挟むことではないように思われる。しかし、論理的には、「同一（価値）労働」は、必ずしも性差別賃金の必須の要件ではない。たとえば、男女が従事する労働が異なっていようとも、男女別年功制賃金など性を基準とする賃金は、性差別賃金である。他方、男女同一賃金原則を、「男女が同一ないし価値労働に従事している場合には、同一の賃金を支払う」と文字通りに解するとすれば、賃金決定方法の具体的ルールを規範として示したということになる。このように、「男女同一価値労働同一賃金原則」と「男女賃金差別禁止」とは、共通する理念の下にありながらも、各々が、具体的には異なった内容をもつ処遇規範として存在する可能性がある。

この点に関して、EU法は、男女同一賃金指令で条約旧119条の男女同一賃金原則を再定義することにより、同原則を、賃金に関する性差別を禁止する規範として位置づけたのである。

11）しかし、これは、同時に、新たな問題を内包することになる。すなわち、賃金に関する性差別を禁止する規範の下での、男女同一ないし同一価値労働（以下、区別する特段の必要のない限り、両者を併せて「同一価値労働」という）は、いったい、どのような法的意味ないし役割を持つのかという問題である。その解釈が、後の判例や立法に委ねられたことになり、判例に近時に至るまでの混迷をもたらすこととなるが、その点については後に検討する（第Ⅲ部第7章第2節4）。

12）男女同一賃金指令の提案理由には、明文以外の例外を設けなかった説明はないが、男女が同一価値労働に従事している以上は、同一賃金を支払わないことを正当化しうる理由はないと考えられたためと推測される。

盟国が本指令の規定する性差別禁止の対象から除外しうること（2条2項)、本指令が女性保護とりわけ妊娠および母性に関する保護規定を禁止するものでないこと（同3項)、加盟国が男女の平等な機会の促進のための特別の措置、とりわけ女性にとっての機会の不平等を除去する措置を排除しないこと（同4項）を規定している。これらの適用除外規定の展開については後述する。

その後、性差別の是正について、1978年には社会保障に関する指令[14]、そして1980年代に入り――1979年イギリスのサッチャー政権樹立により立法の前進に大きく歯止めがかかったものの――、1986年職域社会保障制度に関する指令（1996年改正[15]）、同年独立自営業者に関する指令[16]と、条約旧119条を補完する一連の指令が制定されていった。

第2節　1980年代の展開そして1997年アムステルダム条約改正へ

1　アムステルダム条約改正に至る経過

このように、1970年代後半から EU の性差別に関する基本的立法が補完され整備されていくのと並行して、欧州司法裁判所は、のちに詳述するように1971年から1986年の Defrenne 事件に関する3件の先決裁定において、EEC 条約旧119条の適用範囲を広く解するとともに、同条が加盟国および私人に対して直接効果を有し EU 加盟国の国民は同条を根拠として性差別を主張しうること、また、条約旧119条の性差別禁止は基本的人権である旨を判示した[17]。

13) ただし、賃金以外に関しては指令上の規範に留まるため（欧州司法裁判所は、条約旧119条は賃金以外の労働条件を対象としないと解釈している)、加盟国市民は、加盟国に対しては本指令を直接根拠として性差別違反を主張できるが（国内実施期限経過後)、私人との関係では、指令の国内法化を待って国内法を根拠に性差別禁止違反を主張することが原則となる。

14) Direcive 79/7/EEC, OJ［1979］L6/24. 同指令は、社会保障領域における男女平等を規定した指令であるが、それを一気に全面的にではなく、広範な例外領域を認めて男女平等を漸進的に進めようとする点が大きな特徴である。すなわち、同指令は、社会保障領域において、原則として男女差別を禁止しつつ（4条)、加盟国が、その適用から老齢年金・退職年金の受給開始年齢など相当に広い範囲を除外する措置をとることを許容した（7条1項)。ただし、社会的な発展を考慮して除外を維持することが正当化されるか否かを定期的に審査することを、加盟国に求めている（7条2項)。

15) Directive 86/378/EEC, OJ［1986］L225/40, amended by Directive 96/97/EC, OJ［1997］L46/20.

16) Directive 86/613/EEC, OJ［1986］L359/56.

これらにより、加盟諸国では性差別に対する訴訟提起が促進され、また、加盟国の国内裁判所から欧州司法裁判所に対してEU法の解釈を問う先決裁定付託[18]も増加して、欧州司法裁判所による判例法理が生成されていった。判例法理については第2章で詳しく検討するが、欧州司法裁判所では、男女別取扱いの禁止をめぐり、男女同一賃金原則あるいは男女同一待遇原則の適用除外の解釈が争点となり、男女別取扱いを厳格に禁止する判例法理が展開された。それらは、加盟国における男女別取扱いを排除するうえで大きな原動力となった。

しかし、明らかな男女別取扱いは是正されても、なお、社会における男女の格差はなくならず、EU法は、男女別取扱い禁止アプローチの限界に直面することとなる。やがて1980年代に入り、「性差別とは何か」「どのような法的手段が性差別を撤廃するために必要か」が問い直されるなかで、より実質的な内容と実効性をもつアプローチの必要性が認識されていった。そして、形式的平等法理の限界を超える規範内容をもつ判例法理として、「差別」として禁止する類型を「男女別取扱い」以外にも拡大する法理——間接性差別禁止法理（性平等の実現に障壁となる規定・基準・取扱いを性差別とする法理、第3章）や妊娠・出産性差別禁止法理（妊娠・出産に関する不利益取扱いを直接性差別とする法理、第4章）——や、さらに性差別の積極的是正措置に関する法理——ポジティブ・アクションに関する法理（一方の性に対する特別措置を許容する法理、第6章）——などが生成されていった。

これらの判例法理の発展は、1997年挙証責任指令[19]により間接性差別禁止法理の成文化（間接差別の定義規定）へと結実するとともに、さらに、同年アムステルダム条約改正による、性や国籍以外の事由による差別も対象とするEU差別禁止法への進展を、準備することになった。

なお、EUは、1980年代半ばからドロール委員長の下、労使協議によりヨー

---

17)　Case C-80/70, Defrenne Ⅰ［1971］ECR 445; Case C-43/75, Defrenne Ⅱ［1976］ECR 455; Case C-149/77, Defrenne Ⅲ［1978］ECR 1365.

18)　欧州司法裁判所はEU法の最終解釈権限を有しており、加盟国の国内裁判所は、EU法の解釈に関する先決裁定を、任意ないし義務的に欧州司法裁判所に付託する（条約旧177条・前234条・現EU運営条約267条）。

19)　Directive 97/80/EC, OJ［1998］L14/6, amended by Directive 98/52/EC（OJ［1998］L205/66）. なお、同指令4条は、差別被害の申立者が直接・間接差別を推定する事実を立証した場合には、立証責任が転換し、被申立人が違反の不存在を立証する責任を負う旨を規定する。

ロッパの社会的統一を推進する方向がうち出され、また、イギリスが1997年総選挙により保守党から労働党へと政権交代してEUとの長年の確執に終止符がうたれて、1990年代に、EUでは社会政策立法が積極的に進められた。性平等に関連する他の領域でも、1992年母性保護指令[20]、1996年両親休業指令[21]、1997年パートタイム労働指令[22]、1999年有期労働指令[23]などの社会政策に関連した諸指令が制定されている。

2　アムステルダム条約改正の内容

1997年、アムステルダム条約が締結されEC条約（旧EEC条約）および1992年マーストリヒト条約で新設されたEU条約が改正された（1999年5月1日発効）。この改正は、EUの社会政策に関する権限および活動の強化をその重要な柱の一つとして、EUの統合を経済面のみならず政治等へも拡大し深化させ、また、EUが自由・民主主義・人権および基本的自由の尊重・法の支配の原則を基礎とすることを明確化させるという、EUの性格自体に関わる重要な改正であった[24]。

そして、その社会政策領域での改正のなかでも、差別問題はとりわけ重要な課題と位置づけられて、禁止される差別事由が性や国籍以外にも拡大され、かつ、EUとして、性差別をはじめとする差別と闘い、平等の実現に積極的に取り組む姿勢が打ち出された。この条約改正により、EUの差別禁止法制は新たなステージへと大きく前進した。

具体的には、まず、EU条約において、EUが自由、民主主義、人権・基本的自由の尊重、法の支配に基礎を置き（前6条1項）、欧州人権条約やEU加盟

20）Directive 92/85/EEC, OJ［1992］L348/1.

21）Directive 96/34/EC, OJ［1996］L145/4, amended by Directive 97/75/EC（OJ［1998］L10/24）. 後述するように、2010年に指令改正がなされている（Directive 2010/18/EU, OJ［2010］L 68/13）。

22）Directive 97/81/EC, OJ［1998］L14/9.

23）Directive 99/70/EC, OJ［1999］L175/43.

24）このような社会政策領域での発展は、アムステルダム条約以前から、たとえば1992年EU条約（Treaty of European Union）付属文書による社会政策合意などによって積み重ねられてきていた。それが、それまで抵抗していたイギリスの政権交代を契機とした態度変更等により、アムステルダム条約改正が実現したことによって、社会政策上の発展が条約にも反映され、さらに進展するところとなった［中村 1998：128-129頁］。また、EUの社会政策の発展について、［Barnard 2012：3-45］参照。

国に共通の憲法的伝統に由来する基本権を共同体法の一般原則として尊重すること（同条2項）が規定された。同時にEC条約では、EUは、共同市場・経済通貨連合の設立、経済活動の調和・均衡ある持続的発展、高水準の雇用および社会的保護、男女平等、環境の高水準の保護と改善、生活の水準や質の向上等々を目的とし任務とすること（前2条）、EUの上記目的のための様々な活動（前3条1項）、また、そのEUの全活動において男女の不平等を除去し平等促進をめざす（前3条2項、ジェンダー主流化）という、EUの基本姿勢が明記された。また、性・差別禁止の対象事由を性以外にも拡大するとともに[25]、差別を消極的に禁止するだけでなく、EUは差別と積極的に闘うことを明らかにし、そのための適切な行動をとる権限（たとえば、下位立法の権限—筆者注）を規定した（前13条1項、現EU運営条約19条[26]）。さらに、EC条約旧119条を改正したEC条約前141条において、新たに、理事会に性平等確保に関する措置をとる（下位立法など—筆者注）権限を規定する（同条3項）とともに、加盟国によるポジティブ・アクションを受容する旨が規定された（同条4項）。そして、同項は、ポジティブ・アクションの目的について「完全な平等を確保するため」と記し、EU法のめざす「平等」が、形式的な同一取扱いを超えて、社会の現実を踏まえた、より実質的な内容を含意する概念である旨が示唆された。ただし、その「完全な平等」が何を含意しているか、の詳細については述べられていない。

このように、アムステルダム条約における差別領域の改正は、社会における多様な差別を現実に撤廃することを目的とし、また、その目的実現のためには積極的な取り組みが必要であることを示して、EUとしての能動的な姿勢を明確化するとともに、EUが行動するための法的根拠を規定した[27]。差別の撤廃・平等の実現は、かつての経済や社会政策の手段としての位置づけから、人権保障として、それ自体がEUの重要な目的であるとの位置づけへと進展したのである[28]。

25）性のほか、人種・民族的出身・宗教・信条・障碍・年齢・性的指向に基づく差別を禁じる。

26）条約前13条追加改正の意義について、［Meenan ed. 2007］掲載の諸論文参照。

27）1979年に採択された国連女性差別撤廃条約が、すでに、法律上の平等のみならず事実上の平等の実現を目的として締約国の差別撤廃義務を規定している（［国際女性の地位協会編 1992：54-55］）。アムステルダム条約制定時、主要なEU加盟国は既に同国連条約の批准国であった。

28）［McCrudden/Kountouros 2007：113］.

3　アムステルダム条約を実施する指令の制定

(1)　2000年の2件の指令――性以外の事由に関する差別について

2000年、前記アムステルダム条約改正を具体的に実施するために、性以外の事由に関する差別についての2件の指令が制定された。一つは、人種・民族的出身に関する差別についての指令（以下「人種等平等待遇指令」という[29]）であり、もう一つは、宗教・信条・障碍・年齢・性的指向に関する差別についての指令（以下、「雇用平等待遇一般枠組指令」という[30]）である。

両者は、適用範囲の広さに違いはあるものの[31]、基本的には内容および構造を共通にしている。すなわち、いずれも、差別と闘うための枠組みの設定という目的[32]の下に、差別の否定[33]および差別の類型とその定義[34]、差別の例外[35]、ポジティブ・アクションの許容[36]、救済と指令実現のための体制の整備の必要を規定している[37]。特に本書との関係で注目されるのは――性差別との関係で後に詳しく分析する――、差別として、直接差別以外にも、間接差別、ハラスメント、差別指示、合理的配慮義務違反[38]という、別異取扱いとは異なる類型を規定して、差別概念を拡大したことである。また、直接差別の定義では比較可能性を要件として明記し厳格化する一方で、間接差別の定義では、性差別に関する1997年挙証責任指令の定義よりも立証手段の幅を広げうる規定を採用した。さらに、救済や差別撤廃のための体制整備に詳しく言及[39]している点も、特徴的である。全体的にみて、アムステルダム条約が示した差別と積極的に闘い撤廃するという

29)　Directive 2000/43/EC, OJ［2000］L180/ 22. 欧州委員会の提案 COM（1999）566 final.

30)　Directive 2000/78/EC, OJ 2000］L303/16. 欧州委員会の提案 COM（1999）565 final.

31)　雇用平等待遇一般枠組指令が雇用・職業を適用範囲（1条、3条）とするのに対して、人種等平等待遇指令は、それにくわえて社会保障や教育・住宅を含む商品およびサービスも、適用範囲としている（3条1項）。

32)　人種等平等待遇指令1条、雇用平等待遇一般枠組指令1条。

33)　人種等平等待遇指令2条1項、雇用平等待遇一般枠組指令2条1項。

34)　人種等平等待遇指令2条2-4項、雇用平等待遇一般枠組指令2条2-4項、5条。

35)　人種等平等待遇指令4条、雇用平等待遇一般枠組指令4条、6条。

36)　人種等平等待遇指令5条、雇用平等待遇一般枠組指令7条。

37)　人種等平等待遇指令7-12条、雇用平等待遇一般枠組指令9-14条。

38)　合理的配慮義務違反（雇用平等待遇一般枠組指令5条）が「差別」の禁止か否かは、指令文言上は明確ではないが、国連障害者権利条約2条およびイギリス2010年平等法では、障碍者に対する合理的配慮義務違反を「差別」と明記している。

39)　たとえば、救済手続利用を可能・支援する制度、挙証責任軽減、情報の普及、労使・非政府組織との対話について言及されている。

姿勢が、性差別分野における判例法理の発展を基礎としながら、差別類型の拡大および定義、差別撤廃措置などの内容として具体化されたといえよう[40]。

(2)　2002年の性差別に関する指令制定

性差別に関しても、2002年に男女平等待遇指令の改正[41]が行われた（以下、改正後の指令は「改正男女平等待遇指令」という）。この改正は、アムステルダム条約を受けて、積極的に性差別を撤廃し性平等を実現するという基本姿勢の下に、前述した2000年の２件の指令との統一化を図り、かつ、1976年男女平等待遇指令制定以後の判例法理の発展を規定内容に取り込むことを意図したものである[42]。

特に注目すべき改正点として、(i)2000年２指令と統一する形で性差別類型を拡大（改正男女平等待遇指令２条１項３項４項）し、各性差別を定義したこと（２条２項[43]）、(ii)差別の例外に関して、判例法理を組み込んで判断基準を明確化したこと（６項）、(iii)妊娠・出産休業に関する権利を規定し、それに関連した不利益処遇が性差別である旨を明記したこと（同２条７項）、(iv)ポジティブ・アクション受容の趣旨が完全な男女平等の実現の確保にあるとしたこと（２条８項）、(v)救済や差別撤廃のための体制整備を求める規定の詳細化（6-8条）、が挙げられる。詳しくは、後述する。

第３節　2000年代半ば以降の展開

1　性差別に関連する指令の制定

前述したように、2000年以降、アムステルダム条約改正を実施するための諸指令が制定され、EU 差別禁止法は新たな発展段階を迎えた。他方で、近時、EU では、東欧諸国への加盟国の拡大やグローバル経済競争の激化などにより、経済発展をより重視する傾向が一つの大きな流れとなっている。それに伴い、

40)　欧州委員会の立法提案 COM（1999）566 final, COM（1999）565 final 参照。

41)　Directive 2002/73/EC, OJ［2002］L 269/ 15による。

42)　欧州委員会提案 COM（2000）334 final at 2 参照。

43)　なお、この差別の定義化では、一方で、間接性差別やハラスメント、セクシュアル・ハラスメントなどで従来の差別概念が拡大され、他方で、直接性差別の定義では差別概念を厳格化するという交錯した状況が生じているが、この点については後述する。

一方で、EU統合を行うためには差別を撤廃し平等を実現することが重要であるとの認識は広がり、また、経済戦略上の女性労働力活用についても理解は進んでいるものの、他方で、権利保障の推進にはブレーキが働いているように思われる。たとえば、後述するように、欧州司法裁判所では、近時、性差別の前提条件として男女が比較可能ないし同一の状況にあることを厳格に要求し、性差別判断の入口で、そもそも性差別禁止法の俎上には乗らないと判示する傾向が顕著となっている。しかし、こうした混迷した状況の下でも、立法を発展させる努力は続けられている。ただし、1980年代から2000年代初めのような大幅な権利水準の向上を実現することは困難な状況にあり、現在の力点は、権利の水準の向上というよりは、むしろ、EU法上すでに獲得されている水準を確認するとともに、その適用対象範囲を拡大し、また、その保障の実現を図ることに置かれているといえよう。

2004年には、性差別の否定を、初めて雇用・社会保障領域を超えて、物・サービスへのアクセスと供給の領域にも拡大する指令（以下、「物・サービスに関する男女平等指令」という）が制定された[44]。内容的には、否定される差別類型や定義、妊娠・出産保護との関係、ポジティブ・アクション、救済と執行など、基本的に2002年改正男女平等待遇指令の内容および権利水準が踏襲されている[45]。

そして、2006年には、既存の性差別に関する4件の指令――1975年男女同一賃金指令、2002年改正男女平等待遇指令、1986年職域社会保障制度に関する男女平等待遇指令、1997年挙証責任指令――を統合する指令（以下、「男女平等統合指令」という[46]）が制定された。

この2006年指令の制定は、具体的には[47]、まず、それまでの改正男女平等待遇指令などを踏襲して、否定される性差別として、直接差別、間接差別、ハラスメント、セクシュアル・ハラスメント、差別の指示、妊娠・出産休業に関係した不利益待遇を挙げて（それらの定義も踏襲、2条）、性差別を禁止する（4条5

44）Directive 2004/113/EC, OJ［2004］L373/37.

45）ただし、私的保険契約の保険料計算で男女別基準を認めており（5条2項）、この点が、後に条約違反か否か争われることとなる。後述（第7章第2節5）する。

46）Directive 2006/54/EC, OJ［2006］L204/23. 欧州委員会の立法提案 COM（2004）279 final.

47）同指令は、総則（目的・定義）、各則（同一賃金、職域社会保障、労働条件）、通則（救済と執行、挙証責任、平等待遇の促進・対話、一般通則）から構成されているが、統合前の4つの指令の規定内容を、必ずしも整理が十分にされないまま挙げている。

条９条14条）とともに、性差別の例外（14条２項）、女性保護規定を妨げないこと（28条）、条約前141条４項にいうポジティブ・アクションの受容（３条）、母親出産休業からの原職復帰の権利、父親出産休業・養子縁組休業の受容（15-16条）を規定する。くわえて、特徴な点として、性差別被害者の権利の個別救済のみではなく、加盟国に対して使用者が差別防止措置をとるよう促進を求める（26条）およびジェンダー主流化（施策全般での男女平等目的の積極的考慮、28条）など、制度的かつ積極的に性差別の是正ないし平等の促進を図ることにも、かなりの力点がおかれている。なお、この後者の制度的かつ積極的な是正部分の規定には、ソフトローによるオープンメソッド方式が導入されている。[48)]

2010年には自営業者に関しても、1986年の指令に置き換わる新指令[49)]が制定された。

なお、性差別に関連する領域では、2008年には、長年懸案となってきた派遣労働指令[50)]が制定された。また、2010年には両親休業指令が改正されて、休業期間の延長などが実現している。

2　2009年リスボン条約発効、基本権憲章への法的拘束力の付与

欧州憲法条約の加盟国における批准失敗を経て、2009年12月、欧州憲法条約の内容を一部修正したリスボン条約が発効した。[51)]これにより、EU の第一次法源である EU 条約および EC 条約は、新（現）EU 条約および EU 運営条約へと引き継がれた。性差別をはじめとする差別関連規定は、一部の字句修正をのぞき従前の条文が新 EU 条約および EU 運営条約に踏襲され、EC 前141条（旧191条）は EU 運営条約現157条となった。

また、リスボン条約により、EU 基本権憲章[52)]に、条約と同一の法的拘束力が

48）　これは、近時の EU の法的手法の特徴の一つであるが、研究者からは、それが有効に機能するためにはハードローとの連携などが必要である旨が指摘されている［Barnard 2012：258-263］。

49）　Directive 2010/41/EU, OJ L［2010］180/1. 1986年の旧指令は対象も限定され効力も弱かったが、男女平等統合指令との差別概念の統一を図ったほか、女性の起業家活動の促進という EU の平等戦略を反映して、大幅に内容を改正している。詳細は、Barnard［2012：388-390］参照。

50）　Directive 2008/104/EC, OJ［2008］L327/9.

51）　Treaty of Lisbon. リスボン条約に至る経緯および同条約の概要について、［鷲江編著 2009］［中西 2012：13-16］［中村 2013：3-8］参照。

52）　European Union Charter of Fundamental Rights. 同憲章は、2000年に制定されたが、リスボン条約発効までは法的拘束力がなかった。

付与された（新EU条約6条1項）。同憲章は、法の前の平等（20条）、あらゆる差別禁止（21条）、多様性の尊重（22条）、男女平等の確保（23条）などを規定している。また、その特徴として、つぎの点が挙げられる。第1に、多様性を肯定したうえでの平等、共同体の主体としての平等な地位および尊重を目的としていること。第2に、「あらゆる事由によるあらゆる差別…を禁止する」（21条1項）と規定して、差別事由を問わず、差別形態を問わず、差別を包括的に禁止したこと。第3に、「男女平等は、雇用…を含むすべての領域で確保されなければならない（must be ensured）」（23条1項）として対象領域を限定せず、また、性平等の消極的禁止に止まらない積極的義務を明記するとともに、一方の性への優遇措置を受容して（23条2項）、差別撤廃への積極的立場が明記していることである。同憲章の効力については、従前のEU権限を拡大するものではない（現EU条約6条1項）との規定はあるが、少なくとも積極的解釈の支えとして重要な役割を果たすことが想定される。

以上、EU性差別禁止法の立法史を概観してきたが、それは、性差別に実効的に対抗しうる法のあり方を追求し、法の規範内容および枠組みを発展させてきた歴史といえよう。この発展は、後述するように、性差別の禁止を基本的人権の保障として位置づけたことが基礎となっている。他方で、EUは、経済共同体を起源とし欧州市場の発展を中心的課題とする組織であり、その組織の性質から、EU性差別禁止法の展開にあたっては、経済発展と人権保障という2つの、時に協働し時に桎梏ないし衝突を招く要請が存在してきた。これら2つの要請にどう対処すべきかという課題は、以下で検討する性差別禁止に関する諸法理の生成および展開においても、とりわけ大きな問題として直面せざるをえないものであった。

次章からはEU性差別禁止法の具体的分析に入り、まず、第2章において、EU法における形式的平等法理の展開とその限界について検討していきたい。

第2章　形式的平等アプローチの展開とその限界

問題の所在

EU法は加盟国の国内法に優位する効力を有しており[1)]、1975年以降の諸指令の制定により、加盟国は性差別に関する国内法の整備が求められることとなった。さらに、1971年～1978年にかけてのDefrenne事件の3件の先決裁定が、EEC条約旧119条を根拠とした加盟国の市民による個人申立の途を拓き、かつ、人権としての性差別禁止という理論的基礎を確立した。その結果、1980年代に入ると、EU加盟諸国では、まず、当時はEUにおいても蔓延していた男女別処遇をめぐる事案が、条約や諸指令[2)]の規定する男女同一労働同一賃金原則や直接性差別禁止の違反、あるいはそれらを国内法化した加盟国法違反を理由として提訴されていった。それに伴い、国内裁判所から欧州司法裁判所に対して、条約旧119条や諸指令の解釈に関する先決裁定[3)]を求める付託もつぎつぎと行われるようになり、両法理に関する判例法理が生成されていった。

この男女同一労働同一賃金原則および直接性差別禁止法理は、ともに男女の

1）当初、EU法の性格や効力は明確ではなかったが、1963年Van Gend en Loos先決裁定（Case 26/62, [1963] ECR 1）により条約の直接効果が認められ、1964年Costa先決裁定（Case 6/64, [1964] ECR 585）ではEU法が加盟国法に優位する旨が明示された。さらに、1978年Simmenthal先決裁定（Case 106/77, [1978] ECR 629）では、加盟国法の制定時期を問わず、つねにEU法が絶対的に優位することが確認された。[中村 / 須網 2019：3-32]。

2）条約旧119条は、対加盟国および対私人間で直接効果を有する。一方、指令は、その名宛人は加盟国であって個人ではない。しかし、国内法化の期限経過後は、個人は加盟国の行為に対して指令違反を主張することができ、また、国内法とりわけ指令を国内法化した立法の解釈にあたっては、指令が参照されなければならない。

3）欧州司法裁判所における訴訟には、直接訴訟（EUの機関が直接の訴訟当事者となって、EUの裁判所に直接係属する訴訟という、具体的には、条約義務不履行確認訴訟、取消訴訟・無効確認訴訟、不作為違法確認訴訟、損害賠償訴訟がある）と、先決裁定（国内裁判所が欧州司法裁判所に対して、条約や指令の解釈などの先決裁定を求める訴訟）とがある。[中村 2016：93-95] 参照。本書に関連する判例としては、直接訴訟の「判決」とは性格を異にする、「先決裁定」が多くを占める。

同一取扱い、つまり性別を考慮することなく（sex blind）「等しいものは等しく」取り扱うという形式的平等の考え方に基づく法理であり、EU 性差別禁止法の出発点かつ基軸となってきた法理である。EU 性差別禁止法の特徴は、まず、これら男女同一賃金原則および直接性差別禁止法理の展開をつうじて、男女同一取扱いを徹底し男女別取扱いを厳格に禁止してきたことにある。

特に注目される点として、第1に、男女同一取扱い違反／直接性差別禁止の適用除外ないし例外の範囲を厳しく限定したこと、第2に、男女同一賃金原則および直接性差別禁止の実施に向けて規範内容が判例により具体化されていったこと、第3に、他方で、男女の職域分離という実態の中で、他の性別の比較対象者を選定することに困難があり、また、レベルダウンをすることを通じて男女格差の解消を図るなど、形式的平等法理の限界も顕在化していったことが挙げられる。

以下、EU 性差別禁止法の基軸である条約旧119条の射程範囲や効果・法的性質について判示したDefrenne ⅠⅡⅢ先決裁定の内容および意義を確認したうえで（第1節）、判例による、男女同一取扱いの適用除外を厳格化する法理の生成および男女同一労働同一賃金原則に関する法理の発展について検討し（第2節）、それを踏まえつつ、顕在化していった形式的平等法理の限界について分析する（第3節、第4節）。

第1節　Defrenne ⅠⅡⅢ先決裁定

1　事案および争点

Defrenne ⅠⅡⅢ事件の原訴訟は、ベルギーの民間航空会社に雇用されていた女性客室乗務員が、同一労働に従事する男性との間の定年年齢・在職中の賃金額・退職後の年金額の差が男女差別であるとして、EEC 条約旧119条違反を根拠に提訴した一連の事件である。事件の審理にあたったベルギー国内裁判所は、欧州司法裁判所に対し、つぎの事項に対してEU 法の解釈を求める先決裁定を付託した。すなわち、Defrenne Ⅰ事件では、法律に基づく退職年金が条約旧119条にいう「賃金」にあたるのか、つまり、賃金の意味および適用範囲について、Defrenne Ⅱ事件では、条約旧119条が、加盟国国内の私人間においても直接的な法的効果を有するか（水平的直接効果）等について、そして、Defrenne Ⅲ事件では、条約旧119条は退職年齢という賃金以外の労働条件をも対象とするのかについて、裁定を求めた。

2　先決裁定の内容および意義[4)]

(1)　1971年 Defrenne Ⅰ先決裁定――EEC条約旧119条にいう「賃金（pay）」の範囲

もともと条約旧119条２項は「賃金」を、ILO100号条約１条に則り広く定義しており、月例賃金は勿論のこと、諸手当や一時金が「賃金」に該当することには異論がなかった。問題は、そこからさらに拡大解釈されるか否かであった。

このDefrenne Ⅰ先決裁定[5)]は、当該事件で問題となった退職後の年金について、結論的には「賃金」に該当しないとしたが、その説明のなかで、社会保障給付の性質を有するからといって賃金性が否定されるものではないとした。そして、賃金性が否定される理由として、以下の３点を挙げた。すなわち、本件年金は、(i)法律によって規定されていて、(ii)企業などとの合意の要素がなく、(iii)労働者一般に義務的に適用される制度であることを指摘した［6-11段］。これは、裁判所が、上記３点から、同年金の本質を、特定の使用者の関与なく設立された国の社会政策上の制度であって、雇用関係上の制度ではないと判断したものである[6)]。いいかえれば、上記３点を欠く企業年金などの給付ならば、条約旧119条にいう「賃金」に該当する余地を認めたものといえる。

その後の欧州司法裁判所は、この判示を踏まえて「賃金」を広く解釈し、EU加盟国に対して、条約旧119条による性差別禁止の規制を広く及ぼしていった。たとえば、判例は、福利厚生給付でも賃金と認める判断を示した[7)]。とりわけ、1990年Barber先決裁定[8)]が職域年金（職域単位の企業年金による公的年金の

4）　Defrenne Ⅰ Ⅱ Ⅲ先決裁定の意義について、［西原 2003：18-33］。

5）　Case 80/70, Defrenne Ⅰ［1971］ECR 445.

6）　［Craug/ De Búrca 2015：898-899］.

7）　たとえば、Case 12/81, Garland［1982］ECR 359（退職後の旅行施設利用）、Case C-360/90, Bötel［1992］ECR1-3589（経営協議会委員の研修参加時の賃金補償）、Case C-342/93, Gillespie［1996］ECR I-475（出産休業中の賃金補償）。

8）　Case C-262/88, Barber［1990］ECR I-1889.

代替）を「賃金」と認めて、1979年社会保障指令の適用を否定して、同指令が規定する漸進的な性差別是正を職域年金では許容しなかったことは、加盟国に大きな衝撃を与えた。また、欧州司法裁判所は、法律に基づく給付でも、労働者一般でなく当該企業の労働者が対象となるものであれば、賃金該当性を認めた。[9]

やがて、事案の多様化に伴って、給付の「金額の差」のみならず、福利厚生などを受ける「資格自体の有無についての違い」も、男女同一賃金原則の問題として争われていく。これが、EU 法上の男女同一賃金原則に関して、同一労働ないし同一価値労働を要件としない適用類型を導き出すことに繋がっていくが、それについては後述する。

(2)　1976年 Defrenne Ⅱ先決裁定――条約旧119条の目的・水平的直接効果

EU の条約の効力に関して、加盟国の国家機関との関係では、欧州司法裁判所は、すでに1963年 Van Gend en Loos 先決裁定[10]およびその後の判例において、条約の規定が明確かつ留保のない実体的な内容である場合には、加盟国内において直接的に適用され、個人に権利義務を付与する旨を判示していた。しかし、EEC 条約旧119条が明確な内容をもつ実体的規定といえるか、「加盟国は…同一賃金原則を適用し…」と国家機関の積極的義務を規定する形態をとる条約旧119条が私人間でも直接的効果を有するのか、は明らかではなかった。

Defrenne Ⅱ先決裁定[11]は、まず、条約旧119条が、女性差別賃金のダンピングによる不公正経済競争の防止という経済目的と同時に、「EU 内の人々の生活と労働の水準の持続的な向上をめざす」という社会的目的をも有し、この二重の目的ゆえに、男女同一賃金原則が EU 法の基礎をなす旨を判示する［8-12段］。それゆえに、旧119条は完全に実施すべきことが要求される強行法規であって、「原則」という用語は、EU の基礎を築く重要な規定や法準則である趣旨を表すものと指摘した［13、28-29段］。そして、男女別の差別は「事実関係の純粋な法的分析から認定でき」、「とくに…男女が…同一労働に対して不平等

9）　たとえば、1989年 Rinner-Kühen 先決裁定（Case C-171/88, ［1989］ECR 2743、法律による疾病休業時の賃金継続支払）、1999年 Seymour-Smith 先決裁定（Case C-167/97, ［1999］ECR I-623 不公正解雇に対する補償）。

10）　Case 26/62, Van Gend en Loos［1963］ECR 1 para. 14.

11）　Case 43/75, Defrenne Ⅱ［1976］ECR 455.

な賃金を受けている場合」には裁判所が差別の事実認定は可能であると述べ、条約旧119条は、実体的内容を有し個人の権利を保障する規定であると判断した［21-24段］。

また、同先決裁定は、条約旧119条の目的が全産業部門・経済制度全体における差別を禁止することにあること、加盟国への言及は私人間への裁判所の介入を妨げるものではないこと、「何より119条は強行規範である」ことを指摘して［39段］、条約旧119条の加盟国における私人間効力（水平的直接効果）を認めた。

同先決裁定の第1の意義は、条約旧119条に私人間効力を認めたことにより、同条を根拠として、賃金差別を受けた個人が、使用者に対する訴訟を提起することが可能になった点にある。Defrenne Ⅱ事件以前は、条約旧119条は専ら加盟国に男女同一賃金原則の導入を促す規定として用いられ、同条に関する司法の関与はなかった。しかし、本先決裁定により、個人が旧119条を根拠に訴訟提起する途が拓かれ、男女同一賃金違反事件が加盟諸国で多数提訴されるようになった。それが、その後のEU各加盟国における男女平等の推進、また、男女同一賃金原則の規範内容の発展に大きく寄与することになる。

同先決裁定の第2の意義は、条約旧119条が、経済的のみならず社会的目的も有すると判示したことである。EUが社会的側面にも統合を深めたこと、また、国際的な人権保障としての男女平等の流れを受けて、同先決裁定は、旧119条の社会的目的を強調し、ILO100号条約にも言及した［20段］。つぎに述べる1978年Defrenne Ⅲ先決裁定をはじめ、その後の判例が旧119条の人権保障の側面を重視し、やがて、2000年Schröder先決裁定[12]で「社会的目的が経済目的に優先する」［57段］と明示されるに至る、出発点となった先決裁定である。

(3)　1978年Defrenne Ⅲ先決裁定――「基本的人権」としての性差別排除

Defrenne Ⅲ先決裁定[13]は、結論としては、EEC条約旧119条の対象が賃金に限定され、その他の退職年齢などの労働条件は対象外である旨を裁定した。しかし、その理由のなかで、「基本的人権の尊重は、共同体法の一般原則の一つ

---

12)　Case C-50/96, Schröder［2000］ECR I-743.

13)　Case 149/77, Defrenne Ⅲ［1978］ECR 1365.

であり…性に基づく差別の排除が、基本的権利の一部をなすことは疑いがない」［26-27段］と判示した点が重要である。

前述の Defrenne Ⅱ先決裁定では、条約旧119条が社会的目的を有し個人に権利を付与するものである旨が判示されたが、権利の性質に関しては曖昧さを残していた。これに対して、本件 Defrenne Ⅲ先決裁定は、より明確に、EU法上の性差別禁止が基本的人権の保障である旨を判示したのである[14)]。直接的にはEU法の一般原則に関する言明であるが、旧119条を一般原則の具体化と位置づけており、以後の判例および立法では、旧119条が基本的人権としての性差別禁止を保障した規定であることを当然の前提とされていく。そして、人権保障という性格が認められたことにより、その後の性差別禁止法理を発展させ、法のめざす性平等を徹底し、規範内容を拡充していく基礎が築かれたのである。

なお、本件裁定が、条約旧119条が規定する男女同一賃金原則は「EU法の一般原則」の具体化であると位置づけた点は、後に、条約旧119条やその下位の指令にいう「性平等」が、果たして、「EU法の一般原則としての平等原則」と同様に「等しいものを等しく扱う」という形式的平等を意味するのか、それとも、それを超える概念なのか、との関係で改めて問題となる。

第2節　形式的平等の徹底をめざす判例・立法動向

1　男女別取扱いの適用除外ないし例外の限定

(1)　男女別取扱い禁止の適用除外規定の厳格解釈

(a)　職業上の理由による適用除外

1976年男女平等待遇指令2条2項は、加盟国は「職業活動の性質や遂行状況からみて性別が不可欠な要素である（以下、「職業上の理由」という）」場合には、指令の適用を除外しうる旨を規定する。ただし、適用除外した場合には、加盟国は定期的に除外を維持することが社会発展の視点から正当化されるか否かを評価し、委員会にその結果を通知しなければならない（同9条）。この「職業上

14)　欧州司法裁判所が、1960年代末から1970年以降、「共同体法の一般原則」として人権保障を判示し確立した背景および経過について、［McCrudden/Kountouros 2007：87-88］。

の理由」による適用除外か否かについて、リーディングケースとなったのが1986年 Johnston 先決裁定である[15]。

同事件では、北アイルランド武装警察隊の武装隊員および訓練対象から女性を排除したことが、男女平等待遇指令2条2項の性差別禁止の適用除外として許容されるか否かが問題となった。欧州司法裁判所は、まず、公共の安全を理由とした一般的な適用除外は許されず、同指令の適用除外に具体的に該当するか否かを判断しなければならないとした［26-28段[16]］。そして、同指令の適用除外の判断枠組みとして、個人の権利の適用除外規定は厳格に解釈すべきこと［36段］、また、加盟国は適用除外の正当性を定期的に評価すること［37段］、そして、個人の権利の適用除外の範囲を決定する場合には、EU 法秩序の基礎の一つである比例性原則（the principle of proportionality）を考慮すべきであることを示した［38段］。そのうえで、北アイルランドの深刻な内乱状態の下において、女性警官が武装することが、襲撃を受けるリスクの増加という公共の安全に反する結果となりかねないという場合には、目的の達成に適切かつ必要な限度内において、性差別禁止の適用除外が認められる旨を判示した［39-40段[17]］。これにより、性別が職業活動上不可欠となる一類型が示されるとともに、適用除外の厳格適用および除外範囲を限定的に画定するための判断基準が示された。

上記先決裁定が示した比例性原則に基づく審査は、もともとは、ドイツやフランスにおいて、行政権力による個人の権利への介入を、介入の目的と手段との均衡を求めることを通じて規制する基準として生成されたものである。具体的には、(i)目的の正当性、(ii)手段と目的との関連性（目的を達成するために必要かつ適切な手段か）、(iii)他に適切な方法がない場合にも、申立人に過大な影響を与えないか（真の比例性）を審査する[18]。欧州司法裁判所は、これを様々な領域

15)　Case 222/84, Johnston［1986］ECR 1651. それまでも同項の例外に関する先決裁定はあったが、西原博史［西原 2003：112-113］が指摘するように個別的な判示に留まっており、その基本的考え方も判断方法も曖昧であった。

16)　裁判所は、例外は明文で規定されたものに限定されるのであり、「公共の安全」を理由として例外を一般的に認めることは、EU 法の拘束的性質および統一的適用を害するものであり許されないとした［26-28段］。

17)　なお、同先決裁定は、2条3号の女性保護を理由とする例外の該当性を否定し、その理由として、男女のリスクが同じであり、女性を保護する特別のニーズがない場合には同号の適用除外にはあたらない旨を述べている［44段］。

での正当化の判断基準として導入している。訴訟では、この比例性を審査する方法が、大きな問題となる。Johnston 先決裁定後の一連の同種事件では、この比例性審査の具体的な適用が問われた。

1988年 Com. v France 判決（男女平等待遇指令実施義務違反訴訟）[19]では、一定の公務員（刑務所の看守や警察官）の男女別採用が、同指令2条2項の適用除外にあたるか否かが争点となった。判決は、適用除外が認められるためには、特定の活動を対象とし、その活動の特定が欧州委員会や不利益を受ける個人による効果的な監督に服せるよう十分な透明性をもって行われ、かつ除外が社会の発展に適合可能であること、が必要である旨を判示した［24-30段］。指令2条2項の解釈と具体的に関連させながら手段審査の方法が示されている。[20]

さらに、1999年 Sirdar 先決裁定[21]および2000年 Kreil 先決裁定[22]では、いずれも軍隊（ただし、前者の対象はイギリス海兵隊戦闘員、後者は武器使用する全隊員［原告は兵器の電気技師］）からの女性の排除が、1976年男女平等待遇指令2条2項の例外として許容されるかが問題となった。そして、1999年 Sirdar 先決裁定は、適用除外規定は厳格解釈することを前提としつつ、加盟国に対して公共の安全を保障するための手段の必要性および適切性判断の一定の裁量を認め、海兵隊が最前線突撃部隊で他の部隊とは異なることを考慮して、同隊員からの女性排除を許容した［23、27-32段］。一方、2000年 Kreil 先決裁定は、加盟国が手段に関する必要性および適切性判断の一定の裁量を有するとしても、軍隊の武器を使用する全ての職から女性を排除することが許されるわけではないとして、適用除外の範囲を限定する旨を改めて示したのである[23]［15-32段］。

この職業上の理由による適用除外を厳格に限定する判例法理は、2002年改正

18）　*See*［Tridimas 2006：139-141］. 正当性審査については、後述の間接性差別の正当化部分で改めて検討する。

19）　Case 318/86, Com. v France［1988］ECR 6315.

20）　なお、1983年 Com. v UK 判決（Case 165/82,［1983］ECR 3431）で、欧州司法裁判所は、助産師を女性に限定するイギリス法を「現時点では個人の感受性（sensitivity）が助産婦と患者との関係で重要な役割を果たしている」として、適用除外として認めた。しかし、この判決に対して、欧州委員会は、後の2002年改正男女平等待遇指令の提案において、「この当時でも、イギリス政府は男性にも助産師職が完全に認められるよう漸進していると述べていたし、現在では、全加盟国で助産師職は男性にも開かれている」と批判的に言及している。COM（2000）334 final at 7-8.

21）　Case C-273/97, Sirdar［1999］ECR I-7403.

22）　Case C-285/98, Kreil［2000］ECR I-69.

男女平等待遇指令により成文化された。同改正指令では、「加盟国は、…職業活動の性質や遂行状況からみて、性に関する特徴が特定（particular）の職業活動にとって、真正かつ決定的な職業上の要件（a genuine and determing occupational requirement）である場合には、その目的が正当（legitimate）であり、かつ要件が比例的（proportionate）であることを条件に、性と関連する特徴に基づく異なった取扱いは本指令の差別には該当しないと、定めることができる（下線は筆者。以後の引用でも同じ）」と規定した（2条6項）[24]。現行の2006年男女平等統合指令も、基本的にこれを踏襲している（14条2項）[25]。

(b)　女性保護を理由とする適用除外

1976年男女平等待遇指令2条3項は「本指令は、女性保護とくに妊娠および母性に関する保護規定を妨げるものではない」と規定する。妊娠・出産に関する保護については、第4章で論じることとし、ここでは、女性一般の危険有害業務からの保護としての適用除外が問題となった先決裁定について検討する。

この女性一般に対する危険有害業務禁止のリーディングケースとなったのは、1991年 Stoeckel 先決裁定[26]である。同事件では、女性のみに深夜労働を禁止するフランス法が、1976年男女平等待遇指令5条の労働条件における男女同一待遇原則に違反するか否かが争われ、同指令2条3項の適用除外の該当性が問題となった。裁判所は、深夜業の女性一般に対する禁止を2条3項により正当化することはできないと判示し、その理由について、「深夜業がどんなに有害（disadvantages）であっても、妊娠・出産[27]の場合を除けば、深夜労働により女性が被るリスクは、一般的には男性が被るリスクと本質的に違いはない」［15段］

23)　なお、その後の2003年 Dory 先決裁定（Case C-186/01, [2003] ECR I-2479）は、ドイツの男性のみの徴兵制度が男性差別か否かが問題となった。裁判所は、適用除外を厳格に限定する判断枠組みを確認しつつ［29-34段］、軍隊の組織化は加盟国の権能で EU 法の権限外であり、徴兵による男性の職業キャリアの遅れは加盟国が選択した軍隊組織化方法の結果であって、EU 法は加盟国に女性の徴兵や徴兵制撤廃を強制できない、として男性のみ徴兵を許容した。徴兵制度という国防の根幹に関わる問題であることを考慮して、加盟国と EU との権限分配の観点を重点した特殊な先決裁定であり、従来の、不可欠な職業活動上の理由による適用除外を厳格に画する判例法理を、変更するものではないと考える。

24)　立法経過について、COM（2000）334 final at 2, 4, 6-8.

25)　立法経過について、COM（2004）279 final at 27, 58. なお、［Barnard 2012：360-361］は、2006年指令は、「真正かつ決定的な職業上の要件のような場合には」と例示的に規定しており、この点は、2002年男女平等統合指令よりも、“open-ended” になっていると指摘する。

26)　Case C-345/89, Stoeckel［1991］ECR I-4047.

と述べ、女性のみ深夜業禁止の理由とされていた夜勤中に襲われるリスクに関しては「昼間より深夜業中のリスクが高いとしても、男女同一待遇という基本的原則を侵害しない方法により、適切な処理が可能である」[16段] とし、また、女性の家族的責任負担に関しては、「本指令は、家族のあり方や両親間の責任分配の変更を目的とはしていない」[17段] とした。さらに、国内法で女性が深夜労働しうる多数の例外を規定しても、「(女性一般に対する深夜業禁止は) 男女同一取扱い原則を侵害し、さらに差別の源とな」り許されない [19段]、との厳しい態度を示した。[28)]

すでにILOは、1990年に男女共通に深夜業を規制するILO171号条約を制定し、女性に対してのみ深夜業を禁止していたILO89号条約から移行していた。[29)] そのILOでの論議を踏まえて、欧州委員会も、1987年に「女性保護に関するコミュニケーション」[30)] を発表し、加盟国に対して、女性保護規定を「合理性のない変則的保護」「人間的な労働にするための保護」「生物学的に必要な保護」に分けて、「合理性のない変則的保護」は即時廃止し、「人間的な労働にするための保護」は男女共通の保護へ、「生物学的に必要な保護」は女性のみ保護するよう、女性保護規定の見直しを求めていた。1991年 Stoeckel 先決裁定は、こうしたEU内外の新たな議論動向を反映し、加盟国に対して女性保護立法の見直しを求めたものである。

その後の2005年 Com. v Austria 判決[31)] では、欧州司法裁判所は、オーストリア法の潜水労働および高圧下労働に関する女性一律の禁止は、男女平等待遇指令２条３項の適用除外には該当せず、同指令実施義務不履行にあたると宣言した [45-50段]。その理由を、つぎのように判示している。すなわち、潜水労働

27)　原文は "pregnancy or maternity (妊娠ないし母性)" であるが、この文脈での maternity は、出産とその後の授乳を意味する (出産後の maternity 保護の範囲が論争となった点は後述する)。「母性」という訳語は、日本では、女性一般の保護の文脈でも広く用いられてきた概念であるので、本書では、混乱を避けるため、"maternity" を、特に必要のないかぎり「妊娠・出産」と記す。

28)　その後の1994年 Minne 先決裁定 (Case C-13/93, [1994] ECR I-371) では、深夜業が男女共に規制されていても、その規制の法的根拠 (男性は法律、女性は行政法規で規制) や運用 (女性の深夜業許可は一定時間のみ、男性は完全な解禁) が異なれば、男女平等待遇指令２条３項の適用除外として正当化することはできず、５条の男女同一待遇原則違反である旨を判示した [9-13段]。

29)　女性のみ深夜業禁止の撤廃に関する当時のILOや諸国の動きについて、[斉藤 1991] 参照。

30)　COM (87) 105 final.

31)　Case C-203/03, Com. v Austria [2005] ECR I-935.

の範囲は広く、生物学や考古学の研究、旅行業、警察の労働も含まれ、それらの身体的ストレスは女性保護を必要とするほど高くはない。また、高圧下の労働の規制は男女の肺活量および赤血球数の平均値比較を論拠としているが、個人差が存在するのであって、個人別の評価をせず、女性平均を下回る男性の就労は禁止せずに、女性の就労一般を禁止することは、指令２条３項の適用除外と認めることはできないとしている［69-75段］。

(2)　明文の例外規定がない男女別取扱いの禁止

上述のように、EU 法は、判例法理やその成文化を通じて、指令が性差別禁止の適用除外として規定する「職業上の理由」や「女性保護」について、男女同一待遇原則の適用除外は厳格に解するという基本姿勢の下に、除外の正当性を個別的かつ厳格に画定している。これにより、加盟国において上記の理由づけの下で行われてきた男女別取扱いに関する法制度は、EU 法を根拠に正当性が再審査されるようになり、各国における法制度の是正が大きく進むことになった。

くわえて、判例は、性差別禁止の例外としての明文規定がない男女別取扱い（直接性差別）は、これを認めないという基本的な前提に立つ[32]。その厳格さは、EU 法の他の領域における規範と比べても顕著である。たとえば、欧州司法裁判所は、EU 法の一般原則としての平等原則（the principle of equality as a general principle of Community Law）を判例法理により確立してきたが[33]、そこでは平等原則違反を「（比較される両者が）比較可能な状況にある場合に、客観的に正当化される事情がないのにもかかわらず両者を異なって取り扱」い[34]、あるいは「（両者が）異なった状況にある場合に、客観的に正当化される事情がないにもかかわらず両者を同じく取り扱う[35]」と定義し、正当化の余地を認めている。また、明文規定のない正当化は、商品の自由移動に対する数量制限と同等な効果を有する措置の禁止（前 EC 条約28条、現 EU 運営条約34条）でも認められている[36]。これらの他領域の場合と比べて、「直接性差別に関しては、明文の規定がない限

32）［西原 2003：111］参照。
33）［Tridimas 2006：59-64］.
34）e.g. Case 117/76, 16/77, Ruckdeschel［1977］ECR 1753 para.7.
35）e.g. Case 106/83, Sermide［1984］4209 para.28.
36）e.g. Case 120/78, Cassis de Dijion［1979］ECR 649 para.14.

り、男女別取扱いを認めない」旨の欧州司法裁判所の見解は、男女同一取扱いを徹底するという強固な姿勢を示すものである。

詳しくは第3節2で検討するが、社会保障に関する社会保障男女平等指令規定に関連した適用除外との関係でも、1986年 Marshall 先決裁定[37]が明文規定のない適用除外を否定した。また、それに続く1993年 Roberts 先決裁定[38]では、Van Gerven 法務官や欧州委員会からは明文なき適用除外を認めるべきであるとの意見が提出されたが、裁判所は、これを採用しなかった。その後の2010年 Kleist 先決裁定[39]でも、Kokot 法務官は明文なき正当化を認めるべき旨の意見を提出したが、裁判所は、「2002年改正男女平等待遇指令は直接差別と間接差別とを区別し、…間接差別は『…客観的に正当化』されれば差別とはならない。反対に、…直接差別には正当化の可能性は規定されていない」[41段] と明確に否定している。

EU 性差別禁止法が、差別禁止原則について明文以外の適用除外を認めず、また、明文の適用除外についても厳格に解釈する傾向を強めたことにより、加盟国における男女別取扱いの是正は徹底されていった。しかし、他方で、この立場は、あまりにも硬直的で行き過ぎた差別禁止をもたらすという批判を受けることになる。EU 法は、そうした批判に応えるために、次第に「差別」の概念を厳格に解釈していくことになるのだが、それについては後述する。

2　男女同一賃金原則の展開

(1)　同一『価値』労働への拡大とその意義

以上に述べてきた男女別取扱い禁止の例外の厳格な制限にくわえて、さらに男女同一取扱いの徹底に関して注目されるのが、男女同一労働同一賃金原則の同一『価値』労働への拡大、および判例法理による同原則の規範内容の具体化である。

前述したように、1957年のローマ条約（EEC 条約）旧119条は「同一労働における男女同一賃金」を規定し、同一『価値』労働は明文では規定されていな

37)　Case 152/84, Marshall［1986］ECR 723.
38)　Case C-132/92, Roberts［1993］ECR I-5579.
39)　Case C-356/09, Kleist［2010］ECR I-11939.

かった。しかし、その後、1975年男女同一賃金指令が「条約119条にいう男女同一賃金の原則…は、同一労働あるいは同価値労働において、報酬のすべての要素や条件に関して、性に基づく差別が撤廃されることをいう」（1条）と規定して、条約旧119条が同一『価値』労働を含むことを明確化した[40]。そして、1997年アムステルダム条約改正により、条約自体にも「すべての加盟国は、同一労働および同一価値労働における男女同一賃金原則が適用されることを確保する」（EC条約前141条）と明記されるところとなり、現行のEU運営条約157条1項にも引き継がれている。

現実の職場では、男女の職域や職位が分離し、男女の賃金格差を性差別と主張したくとも、同じ職に他の性の労働者がいないことが多い。条約に同一価値労働同一賃金原則の保障が明確化されることにより、女性の多い職種（以下、「女性職」という）の賃金が、男性の多い職種（以下、「男性職」という）の賃金よりも、不当に低く設定されてきた現実に対して、法的是正の途が開かれることになった。Sandra Fredmanは、この男女同一価値労働同一賃金原則について、女性労働者の配分上の不利益を救済し、低く扱われてきた女性職を再評価させ、労働市場への男女平等な参加へと進める一つの対応策としての機能をもつと指摘し、性差別をラディカルに変革する可能性のある法的手段として高く評価している[41]。

(2)　男女同一賃金原則の具体化——同一（価値）労働の判断要素および基準

男女同一労働ないし同一価値労働同一賃金原則（以下、「男女同一賃金原則」という）の具体的な内容について、条約および指令では規定されておらず、解釈に委ねられている[42]。そこで、加盟国において男女同一賃金原則を実施するにあたり、特に、賃金格差を立証するときの他の性の比較対象者の選定方法、また、同一ないし同一価値労働（以下、「同一（価値）労働」という）とは何を意味するのか、いいかえれば同一（価値）労働を判断する要素および基準が問題となった。前者の比較対象者の選定に関しては、つぎの男女同一賃金原則の限界と

40)　判例上も、1981年Worringham先決裁定（Case 69/80, [1981] ECR 767 para.21）により、条約旧119条が男女同一価値労働同一賃金原則を含むことが確認された。

41)　[Fredman 2011a：156-158].

42)　男女同一賃金指令1条2項・男女平等統合指令4条2項が「職務等級制度」へ言及しており、判断対象が職務である旨が一応推測される。しかし、判断要素についての言及はない。

合わせて検討することとし、ここでは、後者の同一（価値）労働の判断する要素および基準に関する判例法理について、先決裁定による生成過程をたどりながら、その特徴を分析したい[43]。

判例法理生成の出発点となった1980年 Macarthys 先決裁定[44]では、前任者を比較対象者としうるか否かを論ずるなかで、「同一労働」とは職務の性質（nature of the services）に関する概念であるとした［11段］。すなわち、同一労働か否かは、使用者にとっての職務の価値——たとえば、使用者がその職から得る収益や他に委託した場合に要するコスト——によってではなく、客観的な職務それ自体の価値によって判断されるべきとしたのである。

そして、1995年 Royal Copenhagen 先決裁定[45]が、以後のリーディングケースとなる、より具体的な内容の判断を示した。同事件では、出来高払いのロクロ士（男性職）と絵付士（女性職）との平均賃金に格差があるときに、これが男女同一賃金原則違反か否かが問題となった。先決裁定は、同一労働ないし同一価値労働についての比較は、「労働の性質（nature of work）、求められる教育訓練（training requirements）、および労働条件（working conditions）のような一連の要素を考慮して、比較可能な状態にあると考えられる」労働者グループを比較しなければならないと判示した［32-33段］。すなわち、職務の価値の客観的判断に関して、主要な判断要素として、労働の性質・求められる教育訓練・労働条件をあげるとともに、「比較可能な状態」という基準が示されたのである。

その後、より複雑な事案が以下のように問題となったが、裁判所はいずれの先決裁定においても、職務の同一性の判断に関して、基本的に上記の判断要素および基準を踏襲している。

1999年 Wiener Gebietskrankenkasse 事件では、医師と心理学者とが精神療法士の職務に従事している場合に、両者が同一労働といえるか否かが問題となった。先決裁定[46]は、前述の1995年 Royal Copenhagen 先決裁定の判示を踏襲し

43）　なお、男女同一賃金原則は、前述したように「性差別の撤廃」（1975年男女同一賃金指令１条）と定位され、同原則は、間接性差別禁止法理の生成に伴って直接差別のみならず間接差別の禁止も意味することになるが、男女同一賃金原則と直接および間接差別禁止法理との相互関係は後に改めて検討することとし、ここでは、間接性差別の事案も含めて同一（価値）労働の判断方法について分析する。

44）　Case 129/79, Macarthys［1980］ECR 1275.

45）　Case C-400/93, Royal Copenhagen［1995］ECR I-1275.

たうえで、職務遂行者のもつ知識・技能によって精神療法士としての職務の具体的内容が異なってくるとした［18-21段］[47]。ここでは裁判所は、「職務」を評価対象としつつ、従事する労働者の教育訓練や資格の違いが、職務自体の内容に影響を及ぼすことを考慮している。

また2001年 Brunnhofer 事件では、男女銀行員の職務が同一ないし比較可能と言えるか否かが問題となった。先決裁定は、労働協約において同じ職務カテゴリーに分類されているからといって同一労働ないし同一価値労働とはいえず、仕事の性質、求められる教育訓練、労働条件といった一連の要素を考慮して比較可能な状況にあるか否かを確認することが必要であるとした［43-50段］[48]。

これらの判例法理の特徴として、以下の点を指摘したい。第１は、判断の対象を客観的な職務としていること、第２は、職務の価値の判断は、労働の性質、教育訓練、労働条件その他の諸要素を考慮して行うべきとしていること、第３は、職務が同一ないし同一価値であることを「比較可能な状態にある」か否かを判断する要素として位置づけていること、第４に、同一労働についても同一価値労働についても、その成否に関して、同じ判断要素および基準を用いること、である。

先決裁定は、これらについて、その理由を述べていない。しかし、まず、第１と第２の点についていえば、ILO100号条約やカナダやアメリカでの男女同一価値労働同一賃金原則に関する解釈など[49]の、差別や恣意が入り込みやすい属人的要素を賃金決定から排して職務の客観評価を追求しようとしてきた国際的な蓄積を、EU 法にも導入したものと思われる。ただし、欧州司法裁判所が示した判断要素は、「一連の要素を考慮して」との判示や、1999年 Wiener Gebietskrankenkasse 先決裁定が職務内容に属人的要素が影響している場合に

46）Case C-309/97, Wiener Gebietskrankenkasse［1999］ECR I-2865.

47）裁判所は、医師と心理学者とは同じく患者の診療活動に従事するが、それぞれの専門訓練によって得た異なる知識と技術を用いていること、また、医師は心理以外の仕事も行うことができることをあげて、両者は異なる職務と義務に雇用されたものであり、両者は比較可能な状況にはないと判示して、差別ではないとした。

48）Case C-381/99, Brunnhofer［2001］ECR I-4961. 裁判所は、本件で、「男性（比較対象者）は重要な顧客を担当し、使用者に拘束力のある責任が生じるような職務に従事し、女性（原告）は顧客と接することが少なく、使用者に直接に拘束力のある責任を生じさせる職務には関与できない」と判断して、国内裁判所が、両者が比較可能な職務だったのか否かを判断すべきだ、と判示した。

49）欧米での展開に関し、［森ます美 2005：161-226］参照。

はそれも考慮するなど、必ずしも限定的ではなく、事案に応じて要素を決定しうるものとなっている。

第3の、同一ないし同一価値労働を「比較可能な状態にあること」としている点は、欧州司法裁判所の差別概念の捉え方が、男女同一賃金原則の解釈に反映したものである。すなわち、後述するように、欧州司法裁判所は、1993年Roberts先決裁定を契機として、平等とは「男女が同一の状況にある（in identical situations）ことを前提」[17段]とするものであり、性差別といえるためには、男女が比較可能な（comparable）状態にあることが必要である旨[20段]を判示するようになった。裁判所は、この性差別に対する理解に基づき、男女同一賃金原則の適用においても、「比較可能性」の徴表として、男女の労働が同一価値であることを位置づけて、その立証を求めたものと考えられる。

第4の点について、実際には同一労働と同一価値労働とを分別することは難しく、欧州司法裁判所が両者を区別しないことは、現実に即した判断といえよう。また、後述する男女同一賃金原則の論理構造との関係から先取り的にいえば、「同一労働」も「同一価値労働」も、賃金格差に性差別が存在することを推定するための要件、つまり「比較する職務が一定程度で共通していれば、両者間の賃金格差は性差別によると推定する」という法的判断をなすための要件である。「同一労働」か「同一価値労働」かで、法理の構造上に違いが生じるわけではない。判断要素が共通なことは、不思議ではなくむしろ当然であって、両者を別に扱うには特別の理由が必要と考える。

第3節　形式的平等法理の限界の顕在化と矛盾の拡大

1　他の性との比較をめぐる問題点の顕在化

(1)　比較対象者の要否および選定

第2節で述べたように、欧州司法裁判所は、性を考慮することなく（sex-blind）「等しいものは等しく」取り扱うという形式的平等を法の目的ないし原理として、男女同一賃金原則および直接性差別禁止の規範内容を具体化し、男女別取扱い禁止の徹底を図ってきた。しかし、他方で、これらの法理を実施するに伴って、男女同一取扱いを目的とする形式的平等アプローチの限界にも直面することになった。性差別の立証にあたり問題となったのが、他の性の比較対象者選定の困難である。男女の同一取扱いを性平等とし男女で異なった処遇を性差別と捉えるという形式的平等の考え方では、性差別の立証には男女の比較が必須となる。しかし、現実の職場では男女の職域や地位が分離し、同じ職務や地位にある他の性の労働者がいない場合も多い。そこで、男女同一賃金原則違反や性差別を主張する場合に、申立人と同一ないし同一価値労働に従事する実在の労働者を比較対象者とすることが不可欠なのか、それとも、「もし、申立人が他の性であったならば…」という仮想対象者を設定して比較することが許されるのか、が問題となった[50]。欧州司法裁判所は、つぎのように、1980年Macarthys先決裁定および1988年Murphy先決裁定において、若干の柔軟性は見せつつも、仮想の比較対象者を設定することを否定し、比較対象者の実在を要求した。

まず、1980年Macarthys先決裁定[51]において、裁判所は、選定されるべき比較対象者は、申立人と同時期に職場にいたことは必要ではなく、“過去に存在した”労働者であってもよいとしたが、その前提として、“実在していた”ことは必要であると判示している［11-16段］。このように仮想比較対象者を否定する理由として、同先決裁定は、条約旧119条の直接適用は、実際に遂行された職務との具体的評価に基づき比較できる場合に制限されると述べる［15段］。第1節2(2)で述べたとおり、個人が条約を直接の根拠として権利主張するには、規定内容が明確かつ無条件でなければならない[52]。先決裁定は、仮想比較対象者との比較ということになれば、その明確性が担保されないと判断したものと思

50)　なお、職域分離による比較対象者が存在しないことへのもう一つの対応として、比較対象する範囲の拡大、すなわち企業の枠を超えた比較（“Cross Establishment” Comparison）が可能か否かも――企業の分割や下請化を背景にしながら――問題となった。欧州司法裁判所は、2002年Lawrence先決裁定（Case C-320/00,［2002］ECR I-7325）および2004年Allonby先決裁定（Case C-256/01,［2004］ECR I-873）において、賃金格差の原因が「単一の源（Single Source）」に帰しうるか否か」を比較対象の範囲の基準とする旨を判示した（*See*［Bamforth/Malik/O'Cinneide 2008：593-597］［黒岩 2010a：206-208］）。この「単一の源」基準に対しては、学説から狭すぎるとの批判がなされている（*See*［Barnerd 2012：307-311］）。

51)　Case 129/79, Macarthys［1980］ECR 1275. 同事件では、原訴訟の申立人女性の賃金が、4ヶ月前まで同じ職にあった男性より低かったことが、男女同一賃金原則違反として争われた。

52)　Case 26/62, Van Gend en Loos［1963］ECR 1 para.14.

われる。

その後の1988年 Murphy 先決裁定[53]は、申立人女性の職務の価値が比較対象者である男性の職務の価値よりも高いという事案であったが、裁判所は、条約旧119条は労働の価値が同一か類似の場合に適用される原則であると述べた。ただし、当該事案のように、申立人女性の労働の価値が比較対象者のそれよりも高いという場合には、男性を比較対象者として男性の低い賃金と同額の範囲で認めた［9-12段］。

上記２件の先決裁定で示された裁判所の見解は、基本的に、実在する同一ないし同一価値労働に従事する比較対象者を要求して仮想比較対象者を否定する一方で、比較対象者が同時期に実在することまでは要求せず、また、価値の低い職の労働者を低い価値の範囲では比較対象者として用いることを容認したものである。

欧州司法裁判所が仮想比較対象者を認めなかったことについて、学説は批判的である。男女の職域や地位に偏りがある現状において、比較対象者を、文字どおりの「同一ないし同一価値」労働を行う"実在"の労働者に限定することは、同原則の適用範囲を狭め、差別是正機能を著しく低めることになると批判している[54]。

この実在の比較対象者を要求することの困難および不合理性は、性差別においてのみならず、障碍や年齢に関する差別ではさらに顕著となる。そこでEUは、2000年に制定した雇用平等待遇一般枠組指令（２条２項ａ号ｂ号）および人種等平等待遇指令（２条２項ａ号ｂ号）では、直接および間接差別について「他の者が…取り扱われたであろうよりも（anther …would be treated）」「不利益とするだろう中立的規定…（neutral provision…would put persons …a particular disadvantage）」と仮定状況を含む表現を用いて定義し、仮想比較対象者との比較を可能とした。その後、男女の賃金平等についても、2002年改正男女平等待遇指令（２条２項）[55]および2006年男女平等統合指令（２条１項ａ号ｂ号）が、直

53）　Case 157/86, Murphy［1988］ECR 673. 同事件では、女性工場労働者が、自分の職より価値の低い職に従事する男性店員より低賃金であるのは、男女同一価値労働同一賃金原則に違反すると主張した。

54）　e.g.［Barnard 2012：303］［Burrows/Robinson 2007：199］.

55）　同指令は賃金を対象に含む（３条１項ｃ号）。

接および間接差別の定義において、上記2000年の両指令と同様の表現を導入して、両指令と統一を図る形で仮想比較対象者を認めている。これらの修正によって、上記のような判例法理の問題点は、立法的に一部是正されたが、上記の指令の解釈として仮想比較対象者を否定する考え方も主張されており[56]、また、妊娠出産など比較対象男性が想定し難い分野もあるなど、男女比較を要求する問題点の根本的解消がなされたわけではない。

この比較対象者の選定をめぐる論争は、男女の比較を基礎問題とすること自体――すなわち“性平等とは男女が同一に取り扱われること”ないし“性差別とは男女が別異に取り扱われること”と捉えること――への疑義や批判へと展開されていく。後に改めて検討する。

⑵　レベルダウンによる差別の「是正」

形式的平等法理によるもう一つの問題点が、レベルダウンによる格差「是正」をめぐり顕在化した。男女の処遇上の差異を性差別と捉えるとすると、では、性差別の是正方法として、高いほうの処遇をレベルダウンして低い処遇にあわせ、それにより男女同一取扱いを図ることが許されるのだろうか。

このレベルダウンに対する欧州司法裁判所の見解は、必ずしも一貫していない。

一方で、1976年 DefrenneⅡ先決裁定は、航空会社の客室乗務員の男女賃金格差の事案について、つぎのように述べて、レベルダウンによる是正を否定した。すなわち、条約旧119条が、経済的と社会的との二重の目的を有し、また、社会政策の章に規定されていることを指摘して、同条は「労働条件の向上を持続させつつ、その調和をめざすものであって、最も低い賃金の引上げ以外の方法によっても同条の趣旨は守られるという抗弁は容認できない」［15段］と判示した。また、1991年 Nimz 先決裁定[57]も、パートタイム労働者にフルタイム労働者より不利益な昇給制度を規定した労働協約が間接性差別とされた事案において、被差別労働者に適用されていた制度は無効となり、他の労働者の制度の

56)　たとえば、イギリス政府は、同国の2010年平等法の制定過程において、仮想比較対象者を否定し、EU 法も比較対象者を認めてはいないという考えを示している。2006年男女平等統合指令における仮想比較対象者の可否に関する主張の対立について、［Barnard 2012：303］参照。

57)　Case C-184/89, Nimz［1991］ECR I-297.

みが有効な制度になるのであって、被差別労働者には他の労働者と同様の昇給制度を適用しなければならない［20段］旨を判示して、レベルダウンによる是正を否定した。[58]

他方で、1994年 Smith 先決裁定[59]は、性差別定年制の是正に伴い職域年金受給開始年齢の男女格差も是正して一本化（女性の開始を男性と同一年齢に引上げ）したために、職域年金受給で不利益を受けた女性が訴えた事案について、「条約119条は、従前は優遇されていた者の利益を減少することによる平等取扱いの達成を禁止していない。119条は、男女同一労働同一賃金を要求しているのみであり、賃金が特定のレベルにあることは強制していない」［21段］として、レベルダウンによる男女同一化を肯定した。

たしかに、法の目的を「男女の同一取扱い（形式的平等）」と捉えるならば、1994年 Smith 先決裁定の論理が導かれる（ただし、是正による不利益化が契約上許されるか否かは別途議論になろう）。しかし、1976年 Defrenne Ⅱ先決裁定が述べているように、EU 性差別禁止法が目的とする性平等は、男女を同一に取り扱うという手続的公正以上の目的ないし価値の実現を内容とする法概念であり、それは、レベルダウンにより男女同一取扱いとしたのでは達成しえなくなる。このレベルダウンによる差別是正に対しては、学説は、男女同一取扱い（形式的平等）を性平等と捉えることの欠陥の一つとして、強く批判している。[60]

2　矛盾の拡大――性差別の前提要件としての「比較可能性」審査

(1)　背景事情

欧州司法裁判所は、第2節1(2)で述べたように、雇用における男女同一取扱いを徹底する立場から、明文規定以外の適用除外ないし例外を否定した。しかし、この厳格な対応は、明文規定には該当しないが男女別取扱いが正当性をも

58)　同結論を導くにあたり、先決裁定は、1976年 Defrenne Ⅱ先決裁定や1990年 Kowalska 先決裁定（Case C-33/89,［1990］ECR I-2591）が不利益をうけた労働者に対して、通常労働者に適用される賃金協約規定のみを有効として適用したこと、1978年 Simmenthal 先決裁定（Case 106/77,［1978］ECR 629）が、必要な場合には共同体法に抵触する国内法は立法改正を待たずに不適用とされるべきとしたことを引用し、国内裁判所は共同体法の規定に完全な実効性を付与するという義務を負っている旨［17-20段］を指摘する。

59)　Case C-408/92, Smith［1994］ECR I-4435.

60)　*See*［Fredman 2011a：9-10］［Barnard 2012：290］.

ちうる事案を解決するにあたって困難を招くことになった。その一つが、社会保障領域である。1978年社会保障に関する男女平等指令[61]は、雇用領域とは異なり、即時ではなく漸進的な男女平等実現を目標とし（1条）、性差別禁止を原則としつつも（4条）、当面の間、加盟国は公的老齢・退職年金の開始年齢および派生給付を指令の適用除外としうる（7条1項）とした。この結果、加盟国では公的年金受給開始年齢の男女別制度が継続し、それに関連して企業の年金や退職の年齢要件でも男女差を設ける事案が生じて、それらに対する性差別訴訟が次々と提起されたのである。

欧州司法裁判所は、この「雇用における男女別取扱い禁止の徹底」と「社会保障領域における当面の男女別取扱い許容」との衝突について、1982年 Burton 先決裁定[62]では、剰員手当における男女別支給開始年齢（女性50歳・男性60歳以上）について、社会保障に関する男女平等指令7条1項の適用除外に当たり違法ではない［15-16段］として、社会保障に関する男女平等指令の適用除外の解釈により解決した。しかし、その後の1986年 Marshall 先決裁定[63]で、上記判断を事実上変更し、社会保障に関する男女平等指令7条が適用除外可とするのは公的社会保障給付に関してのみと厳格に解釈し［36段］、公的年金受給開始年齢（男女別）の到達を理由とする解雇は、男女平等待遇指令違反の（直接）性差別である旨を判示した［37-38段］。これにより、社会保障に関する男女平等待遇指令7条の解釈による解決の途が閉ざされると、欧州司法裁判所は、その解決を、1993年 Roberts 先決裁定[64]を契機として、以下に述べるように、「等しいものは等しく」という形式的平等の考え方を論拠として、男女が比較可能性な状態にあることを差別の前提条件とし、そもそも「差別」としての前提条件を満たすかという入口審査により、事案の妥当な解決を図ろうとした。しかし、これは、差別禁止の規制対象自体を狭めるものであり、現在まで続く問題点となっていく。

61）Direcive 79/7/EEC, OJ［1979］L6/24.

62）Case 19/81, Burton［1982］ECR 554. 同事案は、任意退職へのアクセスという賃金ではない労働条件に関わるものであり、条約旧119条や1975年男女同一賃金指令ではなく1976年男女平等待遇指令の対象とした［8段］。また、同手当自体の算定方法は性中立であると述べる［15段］。

63）Case 152/84, Marshall［1986］ECR 723.

64）Case C-132/92, Roberts［1993］ECR I-5579.

(2) 1993年 Roberts 先決裁定とその後の判例法理の展開

Roberts 事件では、公的年金の支給開始が女性60歳・男性65歳であることを考慮して、企業年金の額を60歳から65歳まで女性を男性よりも低くしたことが、女性差別であるか否かが争われた。

先決裁定は、「条約119条の平等待遇原則は、EU 法の一般原則である非差別原則が特別な形態として具体化されたものであり、適用される男女が同一の状況にあることを前提」［17段］とするとし、男女平等待遇原則の前提条件に関する一般論を展開した。そして、具体的に、本件の企業年金事案に関して、それが経済的資源の補完である場合には、男女が同一状況といえるかは問題であり［18-19段］、「60-65歳の場合、女性は男性と異なり年金受給を開始するのであって、もはや比較可能とはいえない。この客観的前提の相異により、橋渡年金総額が必然的に男女で異なるものとなるが、差別ではない」［20段］として、早期退職年金について男女は比較可能な状態にないと判示し、男女別取扱いがあっても性差別ではないと結論している。同事件の Van Gerven 法務官は、性差別禁止の条文上の例外事由には公的年齢開始年齢の男女格差はないが、性差別を正当化しうるか否かの問題として捉えるべきとの意見［同意見12-22段］を提出していたが、採用されなかった。

たしかに、欧州司法裁判所は、この1993年 Roberts 先決裁定以前にも、抽象的には男女が比較可能な状況にあることが差別の前提である旨を述べていたが[65]、本先決裁定までは、具体的に差別の前提として比較可能性の有無を審査することはなかったのである。ところが、Roberts 先決裁定後の男女別公的年金制度に関連した同種事案では、判例は、上記 Roberts 先決裁定を踏襲して比較可能性を差別の前提条件とする方向で定着していき、そもそも性差別か否かという入口段階での比較可能性審査により、EU 法違反か否かを事実上決するようになった。たとえば、2001年 Mouflin 先決裁定[66]では、配偶者介護を理由とする退職時の職域年金の即時受給を女性のみに認める加盟国法が性差別か否か争われ、

---

65) 1978年 Defrenne Ⅲ先決裁定［19・23段］。西原博史は、この点に関して、1994年 Roberts 先決裁定までは、男女同一待遇原則の適用領域において比較可能性基準に決定的な意味が与えられていなかったことの根拠となる旨を指摘し、男女同一待遇原則適用領域では、男女は比較可能性を有することが基礎的に規範決定されてきたとの見解を示す［西原 2003：104-105］。

66) Case C-206/00, Mouflin［2001］ECR I-10201.

裁判所は、比較可能性を前提要件としつつ、配偶者介護のため働けない状況に男女の区別はないとしてEC条約旧119条違反の性差別だとした［28-31段］。他方、2004年 Hlozek 先決裁定[67]では、早期離職者に対する橋渡し企業年金を女性50歳・男性55歳以上に支給する制度が争われ、裁判所は、解雇による長期失業の不利益緩和制度であり、解雇時50-54歳の男女は失業の危険に関して同一の状況にないとして、比較可能性を否定して入口段階で性差別を否定した［44-51段］。

こうして主な争点は、比較可能性を前提とした具体的な判断へと移行している。その後の2010年 Kleist 先決裁定[68]では、若年者雇用促進のために公的年金受給権得者の解雇を認める加盟国法に関して、裁判所は、男女別取扱いにあたるとしたうえで［29-31段］、60-65歳の男女が比較可能か否かを「異なった取扱いを生じるルールの目的」の観点から考慮し、「雇用終了の条件に関する限り男女は同一の状況にあ」り、本件加盟国法は直接性差別にあたると判示した［33-38段］。そして、その直接性差別が正当化されるか否かを論じ、2002年改正男女平等待遇指令は直接差別に明文以外の例外を認めていないとして正当化を否定して、上記加盟国法を同指令違反とした［41-43段］。

(3)　入口段階における比較可能性審査の他領域への波及

以上のように、1993年 Roberts 先決裁定を契機とした入口段階での比較可能性審査導入は、“公的年金に関する男女別取扱いの許容”という EU 法が抱えた問題点について、性差別禁止の例外を厳格に限定しつつ妥当な解決を図るという役割を有していた。いいかえれば、社会保障領域での性差別禁止の不徹底と雇用上の性平等待遇原則との衝突に対する解決策（考えうる法的対応）としては、明文にない雇用上の直接性差別禁止の例外や正当化を認めるという方途がありうるが、欧州司法裁判所はこれを回避して、その代わりに、差別の前提要件としての比較可能性審査を用いたものといえよう。

ただし、判例は、比較可能性審査を用いるにあたり、男女別取扱いを行う制度や法の目的を考慮すると述べるのみで、その判断要素や基準を明確にしてはいない。実際の先決裁定の傾向としては、一方で、男女別処遇の目的が橋渡年

67)　Case C-19/02, Hlozek［2004］ECR I-11491.
68)　Case C-356/09, Kleist［2010］ECR I-11939.

金（公的年金開始までの繋ぎ）などの経済的補償にある場合には、公的年金支給の有無による経済状況の違いに着目して、比較可能性を否定して差別ではないとし、他方で、解雇など経済面を超えた不利益が生じる場合には、男女同一の不利益状況にあるとして比較可能性を肯定して、男女別取扱いがあれば明文の例外に該当しない限り、EU 法違反の性差別としている。しかし、その審査内容には、判断の要素や基準が不明確なことが相まって、たとえば、上記の2004年 Holzek 先決裁定が50-54歳の男女では長期失業の可能性が異なると判示するなど、ステレオタイプな一般化や曖昧な理由づけなどの疑問ある判断が生じている。

このように、比較可能性を差別の前提要件とする考え方は、当初は、直接性平等の例外規定の厳格解釈を特殊事案でも維持するうえでの法的対応として、特殊・限定的な導入であった。しかし、やがて、妊娠・出産という女性固有の現象に伴う、別の意味で特殊な性差別事案でも適用されるようになり、2002年男女平等待遇改正指令では、直接差別の定義として比較可能性が前提要件として規定されるに至る（同指令２条２項）。さらには、判例により、直接性差別のみならず、間接性差別を含む性差別事案一般の前提条件へと波及していく[69]。これらの展開については、それぞれの章で、比較可能性審査の波及経過および、そこにみられる欧州司法裁判所の平等・差別論について分析していきたい。

第４節　性平等・性差別概念および法的枠組の問い直し

1　形式的平等アプローチの意義と問題点

EU 性差別禁止法の第１の特徴として、形式的平等の考え方に立脚し、男女同一取扱いをめざして男女別取扱いの禁止を徹底してきた点が挙げられる。EU 加盟の各国では、EU 法を強力な法的推進力として、1970年代半ば以降、男女別賃金制度や昇進昇格上の男女別取扱い、特定の職種からの女性の一般的排除などが是正されていった。

69)　比較可能性要件の導入について危険性を指摘するものとして、[Burri/Prechal 2009：218]。

このEU法や加盟国法の男女別取扱い禁止は、「等しいものは等しく、等しからざるものは等しからざるように（比例的に）」扱うという形式的平等を理念ないし目的とするものであり、恣意やステレオタイプな見方を排した一貫した取扱いを要求するアプローチである。平等が社会道徳から法規範へと発展したのは18世紀啓蒙期であるが、ここで生まれた形式的平等規範は、近代人権思想を基礎とし、封建的身分制を否定して、法の前の平等を普遍的に保障することを目的としてきた[70]。EU法や多くの法体系において、差別に関する法は、まず、性や人種など個人の生来的属性による別異取扱いを差別として禁止して、性や人種を考慮せずに（sex/race-blind）「等しいものを等しく」取り扱うという、この形式的平等を法規範として確立したのである。

この形式的平等の正統性を支えたのが、リベラリズムの自律・個人主義・国家の中立性、すなわち、社会秩序は身分ではなく契約と個人の自由な選択により維持されなければならず、国家は各人の自律的な判断に介入せず中立を維持するという基本原理である[71]。つまり、性や人種を考慮対象としない同一取扱いは、「個人の自由な選択が、性や人種を理由として妨げられることがない」旨を意味する。リベラルな個人主義からは、人は属する集団に関係なく個人として評価されることが求められるのであって、ステレオタイプな見方は禁じられ、性や人種による別異取扱いは許されない。さらに、別異取扱いを禁止して一貫した取扱いをすることは、国家の中立性にも合致するものであった。

EU性差別禁止法との関係でも、形式的平等は、欧州単一市場における公正経済競争ルールの確立という経済的目的に、適合的かつ必須のルールであった。Helen Fenwickらは、この点について、形式的平等は、市場が恣意的で非効率なやり方で歪められることを防止し、使用者の個人的な偏見が市場に入り込むことを禁止して、個人の能力（merit）に基づく競争を促進させる役割を果たすと指摘している[72]。

70）［阿部／野中1984：10-19］。［Fredman 2011a：4-5］は、商業資本主義の発展と封建社会の崩壊により平等概念が生まれ、それは、経済的には自由市場において自由な個人が取引を追求する自由を、政治的には君主から国会が権力を奪ったことを指摘する。*See also*［Barrett 2003：117-121］.

71）*See*［Fredman 1997：1-17］［Bamforth/Malik/O'Cinneide 2008：194-195］.

72）［Fenwick/Hervey 1995：445］. FenwickやHerveyは、本文で述べた形式的平等の利点を指摘しつつ、異なった状況にある者を対象外にする等々の問題点を指摘し、実質的平等を提起する。*See also*［Deakin/Morris 2012：609-613］［Barnard 2012：289-291］.

他方、「等しいものを等しく、等しからざるものを等しかららざるように(扱う)」というアリストテレスの格言を所与のものとして現代の平等論に用いることには、厳しい批判が加えられている。形式的平等には、何を「等しい」とみるかという価値判断が隠蔽されていることや、奴隷や女性が「等しからざるもの」として扱われてきたなど既存のヒエラルキーの継続になりかねない危険性がある、などの指摘である[73)]。

EU法においては、すでに検討したとおり、形式的平等を理念ないし目的として男女同一取扱いが徹底されていくなかで、比較対象者の不存在などその訴訟上の限界が顕在化した。何よりも問題となったのは、現実の職場において、男女格差が解消されずに逆に拡大・再生産されていったことである。男女同一取扱いが徹底されても、パートタイム労働や伝統的に女性労働者が多くを占める職種は低賃金であったし、出産や妊娠に関連した採用拒否・解雇・昇進や昇格の遅れ、また、教育訓練や家族的責任上のハンディなどが性平等の実現を阻んでいた。次第に、単に男女を同一に扱うだけでは、女性労働者の地位向上や男女格差の解消は困難であり、逆に、性差別が拡大そして深化することが学説においても共通認識となり課題となっていった。次項で検討したい。

2　学説からの形式的平等アプローチに対する批判

EUでは、1980年代末以降、学説は、性差別是正の遅れと性差別の拡大という現実に対して法が有効に機能していないことに関して、2つの方向から、従来の法理論を批判し、性差別禁止に関する法規範および法枠組みの再考を提起していった[74)]。

一つは、従来の法の「性平等」および「性差別」の捉え方、すなわち、「法が、何を性平等として実現しようとし、何を性差別として撤廃するのか」についての抜本的問い直しである。「等しいものを等しく、等しからざるものを等しからざるように」という形式的平等に対して、これらの学説は、以下の3点

73)　e.g.［Barrett 2003：119］［Schiek/woddington/Bell 2007：26-27］［Freedman 2011a：4-5］.

74)　1990年代初期における学説からの批判として、たとえば、［Prechal / Burrows 1990：1-23］［Hepple/ Szyszczak 1992］［Fredman 1992：119-134］がある。その後の論文は多数あるが、さしあたり、［Fencwick/Hervey 1995］［Barnard/Hepple 1999］［Fredman 2011a：1-25］［Barrett 2003］［Barnard 2012：289-291］を参照されたい。

にわたり、問題点を指摘した。

第1に、性差別を男女の比較という視点からのみ捉えることは、比較対象者が存在しない事案を性差別禁止法の規制領域から排除し、かつ、レベルダウンによる解決を認めるなどの結果をもたらす。さらに、結局は、比較可能な個人を等しく扱うという手続上の公正のみの追求に終わることになり、労働市場における男女間のヒエラルキーの是正には踏み込めないという問題点をもつ。

第2に、形式的平等は、現実には男性規範への同化を求めるものであり、家族的責任を負担し男性なみには働けない多くの女性たちにとっては、平等を事実上否定することになりかねない。また、このような男性という支配集団の規範への同化要求は、他の集団のアイデンティティや多様性を否定することに通じる問題を含む。

第3に、形式平等の考え方は、性差別を個人の偏見やステレオタイプな見方による行動としてのみ扱っており、性差別が、公私両域の仕組みに性別役割分業が組み込まれてシステマティックに生じる、制度的構造的な差別であるという本質を捉えていないという問題点をもつ。

これらの学説は、法は、形式的平等（formal equality）の限界を超える、実質的平等（substantive equality）の実現を追求するプローチをとるべきであり、そのためには、性差別について、社会構造との関係で発生原因を理解してその本質を問い直し、それに対抗しうる法理が求められると主張する[75]。その観点から、判例による間接性差別禁止法理や妊娠・出産差別禁止法理の生成を支持し、それらの法理を支える論理として実質的平等の考え方を提起していった。ただし、これらの学説において「実質的平等」が何を意味しているかは、必ずしも明確ではなく、論者によって主張は様々である（後述第Ⅲ部第8章参照）。

上記の学説による実質的平等アプローチの提起は、同時に、もう一つの方向からの男女同一取扱いアプローチ批判、すなわち、性差別の法的是正が、従来は専ら被害者の申立による事後的個別的救済でしかなかったことの問題点も厳しく指摘するものであった。この従来の救済では、申立人に過大な負担がかかり、被害者の多くが申立すらできずに差別に忍従せざるを得なかった。また、

75）　e.g.［Fredman 1992］［Fredman 2011a：1-37］［Hepple 1997］［Schiek 2002a］.

個別の事後救済は、是正の範囲も限定される。そこで、学説は、個別被害の事後救済にくわえて、より積極的に、また被差別集団を包括的に対象として、差別原因を解消して平等を促進するような法的措置の必要を主張したのである。

こうした研究者らによる問題提起は、フェミニズムや反人種差別主義からの影響を受けたものであるが[76)]、同時に、EU に加盟する諸国において、社会民主主義政権や福祉国家政策の下、性差別の是正が社会経済的な改革の一環として進められてきたという、EU における歴史的・思想的背景からの影響も少なくなかったと思われる。

こうした学説による形式的平等アプローチに対する批判および問題提起がなされている状況下で、欧州司法裁判所は、次第に、形式的平等を基礎とする考え方を基本としつつも、形式的平等の限界への現実的対応として、間接性差別禁止法理や妊娠・出産差別禁止法理など男女同一取扱いを超える規範内容をもつ判例法理を生成し、実質的平等アプローチを導入する動きを示すようになった。また、ドイツや北欧諸国でのポジティブ・アクション（一方の性に対する優遇ないし特別措置）の取り組みは、欧州司法裁判所に対して、伝統的な消極的な差別禁止に留まらない、積極的な差別是正および平等実現のための法的措置とは如何にあるべきかを、加盟国法の EU 法適合性（EU 法のポジティブ・アクション許容範囲の画定）に関する先決裁定の付託を通じて問うことになった。

第Ⅱ部では、1980年代後半以降に EU 法において大きな進展をみせた、形式的平等法理の限界を超える内容をもつ実質的平等の考え方を導入した諸法理について、規範内容や論理構築について検討する。具体的には、第Ⅱ部の第３章で間接性差別禁止法理、第４章で妊娠・出産差別に関する直接性差別禁止法理、第５章で性差別としてのハラスメント禁止法理、第６章でポジティブ・アクションに関する法理を取り上げて、その生成および展開をたどりながら分析していきたい。

---

76)　EU の学説による形式的平等に対する批判が高まった背景には、1980年代後半から1990年代以降の近接研究分野における差別の本質に関する考察の進展――第二波フェミニズムによる性差別を男女の「差異」ではなく「支配と従属」「男女の権力関係」とみる考え方、アメリカ憲法学における人種差別を「特定集団の従属化ないし劣位化」とみる考え方、多文化主義による多様性の尊重を基礎とした平等の考え方などの進展――、ならびに、それらの考え方の国連女性差別撤廃条約や人種差別撤廃条約への導入がある。[黒岩 2012b：60-68] および第Ⅲ部第８章第１節１(b)参照。

第Ⅱ部　実質的平等アプローチの導入および展開

第３章　間接性差別禁止法理の生成および展開
——性差別として禁止する類型（性差別概念）の拡大Ⅰ

問題の所在

形式的平等法理の限界を克服する法理の一つとして、判例により生成されたのが、間接性差別禁止法理である。アメリカの差別的効果法理（disparate impact）を起源としつつ、EU 法において独自の発展を遂げてきた。

起源となったアメリカ連邦最高裁1971年 Griggs 判決[1]は、人種差別の成否が問題となった事案である。同判決は、学歴および学力テストという、人種と直接的には無関係な採用基準でも、特定の人種グループに差別的効果を与える場合には、公民権法第７編にいう差別となる旨を判示した。この法理がイギリスへと、同国1975年性差別禁止法[2]の立法準備過程におけるアメリカ調査を通じて伝えられ、同法１条１項ｂ号に、間接性差別の禁止が世界で最初に成文で規定された[3]。それがさらに EU 法へと波及し、1976年男女平等待遇指令に、つぎの間接差別を禁止する文言が規定された[4]。

> 「…直接的にせよ間接的にせよ性に基づく差別——特に、婚姻もしくは家族的地位に関連づけたもの——が生じてはならない…」（２条１項）

とはいえ、上記1976年男女平等待遇指令では、間接差別の定義は規定されていなかった。同指令の提案理由では、男女平等を実現するうえで「多くの女性の職業キャリア発展が、結婚と母親であることにより決定的に影響を受けてい

１）Griggs v. Duke Power Co., 401 U.S.424（1971）. この差別的効果法理は、Dothard v. Rawlinson 連邦最高裁判決, 433 U.S.321（1977）により性差別にも適用され、1991年に公民権法第７編703条(k)(1)として成文化されている。［中窪 2010：211-219］参照。

２）Sex Discrimination Act 1975（UK）.

３）［Lester 1988：550-552］［浅倉 1991：392］。

４）［Fredman 2011a：177-180］.

る」という問題が強調されている[5]。「女性」と明示した基準ではないが、「結婚」や「母親であること」という「女性」とほぼ同義の基準による不利益取扱いを問題としており、ここから推測するに、立法提案者は、間接差別として、性中立的規定に隠れた／隠された男女別処遇（直接差別）を念頭に置いていたと思われる。条文が前記のように「…直接的にせよ間接的にせよ性別に基づく差別」と直接差別と間接差別とを一括りにして扱い、特段に間接差別を定義しなかったのも、両者を区別して認識していなかったことを示すものであろう。しかし、間接差別の禁止は、その後、隠された直接差別の禁止を超える規範内容をそなえる法理へと発展していくことになる。本章では、1986年 Bilka 先決裁定をリーディングケースとする一連の先決裁定を取りあげて、そこに内包される間接性差別禁止の論理を検討することによって、隠された直接性差別の禁止に止まらない間接性差別禁止法理の規範内容の生成の足跡をたどることにしたい。

第1節　間接性差別禁止法理の生成

1　1986年 Bilka 先決裁定を契機とする法理の基本構造の生成

(1)　1981年 Jenkins 先決裁定から1986年 Bilka 先決裁定へ

欧州司法裁判所は、1981年 Jenkins 先決裁定[6]において、性中立的基準により生じる男女不均衡な結果に着目して性差別の成否を判断するという、間接差別禁止法理の端緒となる判断を示した。本件は、同じ業務に従事するパートタイム労働者とフルタイム労働者との時間あたりの賃金の格差が性差別か否かが問題となったものである。先決裁定は、フルタイム勤務で働く女性の割合が男性の割合よりも低いことを基礎として、EEC 条約旧119条に違反する性差別が成立しうる旨を判示した［13段］。ただし、先決裁定は「（パートタイム労働者とフルタイム労働者との賃金格差の）歴史および使用者の意図を考慮し…現実には労働者の性に基づく差別か否かを判断」するとしており［14段］、女性差別意図

5）　COM（75）36 final.
6）　Case 96/80, Jenkins［1981］ECR 911.

を有し、かつ、性中立的な基準を偽装のために用いた事案のみを性差別と認めたものとして理解する余地が残されたものであった。[7)]

これに対して、その5年後に出された1986年 Bilka 先決裁定[8)]は、使用者の差別意図には言及せずに、パートタイム労働者の職域年金からの除外が「男性よりも遙かに多数の女性に対し影響を与えるとき」には、「企業によって、その排除が性を理由とするどのような差別とも関係のない要因により客観的に正当化されることが立証されない限り」性差別が成立する旨の判示を行った[29-31段]。すなわち、性差別意図の立証がなくても、性中立的基準が性差別的効果を有するときには性差別が成立する旨が示されたと理解することができる。[9)]この点は、前記 Jenkins 先決裁定では曖昧であった。すでに Jenkins 事件においても、Warner 法務官からは差別的意図の立証は必要ではないとの意見が提出されていたのであるが、欧州司法裁判所は、この Bilka 先決裁定によって、差別意図の立証を必要とせずに差別の成立を認める法理を確立したといえよう。さらに、Bilka 先決裁定は、当該性中立的基準による差別的効果が正当化されるか否かという論点に関しても、その判断権限は加盟国の国内裁判所に

7）欧州司法裁判所は、既に1970年代から、1972年 Sabbatini 判決（Case 20/71, ［1972］ ECR 345）や同年 Chollet 判決（Case 32/71, ［1972］ ECR 363）、1974年 Sotgiu 先決裁定（Case 152/73, ［1974］ ECR 153）、1979年 Toia 先決裁定（Case 237/78, ［1979］ ECR 2645）などにおいて、外形上は性や国籍に中立的な制度が差別的に働く場合のあることを認め、それらの制度を性差別あるいは国籍差別であると判断していた（Sabbatini, Chollet 両事件では、海外駐在手当の海外駐在手当の支給で世帯主 head of house を要件とすることが性差別として、また、Sotgiu 事件では、別居手当の支給で家族の国内居住を要件とすることが、Toia 事件では、子がフランス国籍でないことを理由とする親への年金支給拒否が、国籍差別として違法とされた）。この段階の先決裁定は、性中立的な制度の差別性を認めるにあたって差別意図があることを一応前提としており、先決裁定は「間接差別」の文言を用いてはいるが、実際は性や国籍に基づく取扱いであるにもかかわらず表面上は性や国籍に中立的な形を装った、「隠された形態での直接差別」「偽装された直接差別」に留まっていた。なお、1976年 Defrenne Ⅱ先決裁定［18-19段］でも「間接（indirect）差別」という語が用いられているが、同様に隠れた直接差別の意である。ただし、当時も実際には、結果（差別的効果）から性を直接の理由とする別異取扱いの存在を推定しており、事実上、差別意図は問題とされていなかった。

1981年 Jenkins 先決裁定は、基本的には上記の論理に依拠しており、性差別意図が次第に問題とされなくなる流れのなかでの、過渡的な位置にある先決裁定といえるのではなかろうか。

以上について、［西原 2003：140-141］参照。

8）Case 170/84, Bilka ［1986］ ECR1607.

9）Bilka 事件を担当した Darmon 法務官は、Jenkins 先決裁定は差別意図がある場合のみを条約旧119条違反とした先決裁定であるとの見解を示し、本件の職域年金制度は、現実には女性労働者の権利を減少させることが目的であったので119条に違反するという旨の意見を提出していた［法務官意見12-14段］。しかし、Bilka 先決裁定はその論理構成は採用しなかった［西原 2003：142-143］参照。

あるとしつつ、比例性審査による判断枠組みを提示した。すなわち、当該手段が「事業の側の真の必要に一致し、追及する目的を達成するために適切で、かつ、その目的のために必要な場合」には、差別的効果が生じたとして条約旧119条違反というには十分ではない［36段］と述べて、目的と手段の均衡性に着目して正当化を審査する旨を判示したのである。

Bilka先決裁定以降、欧州司法裁判所は、間接性差別では差別的意図の立証を要件とせず、その代わりに、一方の性に対する差別的効果の立証によって差別の成立を認めるという判断をするようになった。では、間接性差別の成立に差別的意図の立証を不要としたことは、同法理の法的位置づけとの関係では、どのような意味をもつのであろうか。

この点については、二通りの見方が可能であろう。一つは、Bilka先決裁定は使用者の差別的意図の立証を不要としたが、法理論的には、それは性差別的効果が立証された場合には性を基準として異なった取扱いがあったと推定するという、立証責任軽減説である。いいかえれば、Bilka先決裁定は、男女同一賃金原則ないし直接性差別禁止を立証面から補完する法理を示したとの見方である。[10] もう一つは、Bilka先決裁定によって、立証責任の軽減という意味を超

10)　なお、同先決裁定は「職域年金制度からのパートタイム労働者の除外は、女性がフルタイムで働くときに直面する困難を考慮すれば…」［29段］と述べている。この点でみると、同先決裁定が、多くの女性が家庭責任ゆえに短時間労働に就いている実情を踏まえて、年金からのパートタイム労働者の排除は女性を排除するためのものと判断して、性差別とした可能性も否定はできない。また、同先決裁定は、「条約旧119条は、使用者に対して、家族的責任を有する者が直面する特別の困難を考慮して職域年金制度を作るよう求める効力はない」としており［43段］、条約旧119条は使用者に対し差別的効果を有する規定等の排除義務までを規定したものではないとする。さらに、正当化に関して「その手段（企業年金からの排除）が性を理由とする如何なる差別をも排除した要因によって説明できない場合は、EEC条約119条違反となる」［29段］と述べている部分については、正当化を性差別か否かの検討過程ととらえていると理解することも可能である。

このように、たしかに、Bilka先決裁定は、Jenkins先決裁定と同様に、隠された直接性差別を禁止したに留まり形式的平等法理の範疇内の判断である、と解釈することも可能ではある。また、実際に間接性差別禁止法理は、「隠された直接差別」をも適用範囲に含む。しかし、同先決裁定の判示事項(1)は、男性より遙かに多くの数の女性が職域年金から排除されている事実のみから、条約旧119条違反の推定を導いている。これは、差別という概念を直接差別のみでなく「一方の性に不利益を与える場合」をも含むものとしたと解釈することが相当であろう。そして、以後の先決裁定は、Bilka先決裁定をリーディングケースとして、加盟国の社会政策立法などの、性差別意図自体は全くなかった性中立的制度も含めて、性差別的効果ゆえにEU法に反する性差別と判断していった。客観的にみて、Bilka先決裁定によって直接性差別禁止を超える内容をもつ法理が生成されたと捉えるのが相当と考える。

えた法理、すなわち、一方の性に対し不利益な影響を与えること自体が両性の平等の実現に対する障壁であって、性を基準とした処遇でなくとも性差別的効果を生じる処遇を広く差別としてとらえて禁止する法理（正当化されれば差別とならない）が示された、と位置づける性差別概念拡大説、いい換えれば、差別概念そのものを拡大した法理が生成されたと捉える見方である。

この両者の違いは、EU 法上の間接性差別禁止法理の法的位置づけ（法理の論拠および法的性格）に関する理解の違いであるとともに、具体的な法解釈においても、どのような場合に正当化が認められるかに関して違いが生じる。すなわち、間接性差別禁止法理を男女同一賃金原則ないし直接性差別禁止についての立証責任を軽減するルールであると捉えると、使用者は「性を基準とした処遇ではない」ことを反証して性差別を否定することができる。正当化の審査はそのことを、すなわち「性とは関係のない理由による処遇である」という主張が真実か否かを、用いられた手段がその主張がいう処遇の理由からみて適切かつ必要なものか否かという視点から、判断する過程となる。これに対し、性差別的効果を生じる処遇を広く差別として禁止する法理と捉えれば、単に「性を基準とした取扱いではない」ことを反証したのみでは、正当化は認められない。正当化は、性差別禁止法理の本質的制約に該当するか（男女の生物学的相異ゆえの除外）ないし他の法益との調整のために差別禁止を抑制すべきか否か等々を、その目的の正当性および手段の適切性と必要性から判断する過程となる。

ここでは問題提起にとどめ、第３節２で改めて、間接性差別禁止法理の体系上の位置づけについて考察する。

(2)　続く一連の先決裁定による間接差別禁止法理の明確化

1986年 Bilka 先決裁定以降、欧州司法裁判所に対して、加盟国の国内裁判所から間接性差別に関する先決裁定が次々と付託されていった。それら一連の先決裁定により、間接性差別では差別意図の立証が不要であることが鮮明に示され、また、立証責任も具体化されて、つぎのように間接性差別禁止法理の枠組みがより明確化されていった。すなわち、1989年 Rinner-Kühen 先決裁定[11]では、差別意図に言及することなく、純粋に女性への不利益な影響のみに依拠して性

11）　Case 171/88, Rinner-Kühn［1989］ECR 2743.

差別的効果を認めた。これはBilka先決裁定が、性中立的な制度から生じた男女不均衡な結果にくわえて、女性が家族的責任ゆえにフルタイムでは働きにくい旨にも言及したうえで性差別的効果を認定していたことに比して、性差別的な結果に専ら依拠したものであり、差別的意図の存否を要件としない法理の枠組みが、より鮮明に示されている。また、立証責任の点でも、1989年Danfoss先決裁定[12]を経て1993年Enderby先決裁定[13]において、差別を主張する申立人労働者が差別的効果の存在を立証すれば、差別であるとの一応の推定（prima facie case）が成立して立証責任が被申立人に転換し、被申立人により当該格差が客観的に正当化されることが立証されない限り、条約旧119条違反になる旨が判示された［14-16段］。

この時期に法理として確立した間接性差別禁止法理の基本構造は、各先決裁定で表現に多少の幅はあるものの、次のように整理できる。すなわち、(i)外形上は性中立的な規定や取扱いが、(ii)一方の性に対しかなり高い割合で不利益を与える場合には、(iii)それが客観的にみて正当化されるとの反証が成功しないかぎり、間接性差別として違法となる。また、客観的に正当化されるか否かは、比例性審査により、当該の性中立的な規定や取扱いなどを設定した目的の正当性と、その目的を達成するために選択された手段の適切性および必要性の観点から判断される。これは法理の枠組みとして、(ii)の性差別的効果に着目し、そこから差別を推定し、それが正当化されるか否かの篩をかけたうえで、正当化が認められない場合には法的規制を及ぼすことを基本とするものである。

このように、Bilka先決裁定をリーディングケースとして、EU法における間接性差別禁止法理は、性差別的効果を生じる処遇を差別意図の有無を問わず適用対象とするものとして、定着化していった。同時に、同法理の具体的な規範内容についても、次々と先決裁定が付託されていき、その具体化が進んでいった。次項では、まず1980年代から1990年代の判例法理の具体化について検討する。そのうえで、それがどのように1997年挙証責任指令による間接差別の定義の成文化へと進展したか、について言及したい。

---

12)　Case 109/88, Danfoss［1989］ECR 3199.
13)　Case C-127/92, Enderby［1993］ECR I-5535.

2　1980-1990年代――間接性差別禁止法理の定着と規範内容の具体化

(1)　法理の適用対象の範囲および性差別的効果について

間接性差別禁止法理の適用対象について、1976年男女平等待遇指令は「…間接的にせよ性別に基づく差別…が生じてはならない」と規定するのみで[14]、その適用範囲は裁判所の解釈に委ねられていた[15]。判例は、対象が労働契約（1981年Jenkins先決裁定、1986年Bilka先決裁定）か、労働協約（1990年Kowalska先決裁定[16]、1991年Nimz先決裁定[17]、1993年Enderby先決裁定、1994年Helming先決裁定[18]）か、加盟国の立法（1987年Teuling先決裁定[19]、1989年Rinner-Kühn先決裁定、同年Ruzius-Wilbrink先決裁定[20]ほか多数）かを問わず間接性差別禁止法理を適用しており、対象の法的性質を限定していない。その理由について、Helming先決裁定は「条約119条は強行的な性格をもつものであり、立法規定や行政的規定だけでなく、労働協約や個別の労働契約にも適用されなければならない」［18段］と述べている。

事案の種類についても、判例は特段の限定をしていない。この時期の審理事案をみると、パートタイム労働者の処遇や労働保護政策上の不利益取扱い（1986年Bilka先決裁定、1991年Nimz先決裁定など）、および扶養家族の有無による社会保障上の不利益取扱い（1987年Teuling先決裁定、1991年Com. v Blguim判決な[21]

14)　1976年男女平等待遇指令制定の際の当初の欧州委員会提案は「…性あるいは婚姻上ないし家族的地位に基づく差別…」（同提案2条2項、OJ［1975］C124/3）としており、間接差別の対象を婚姻上ないし家族的地位に基づく差別に限定していた（ないし、婚姻上・家族的地位差別を性差別とは別の差別類型と捉えている）とも読みうる文言であった。しかし、成立した同指令の条文は、婚姻・家族的地位に基づく差別を間接性差別の一種とし、また、対象を限定しない文言に修正されている。［濱口2017：433-434］も参照。

15)　法制度によっては、法律の明文ないし判例法理により限定が加えられている場合がある。たとえば、イギリスの性差別禁止法は、1975年制定時は間接性差別禁止の対象を「要件または条件」に限定し（同法1条1項b号）、かつ、判例上それらが平等処遇を阻害する決定的な障壁となっていることを必要としていた［内藤2000］。しかし、2005年雇用平等（性差別禁止）規則によりEU法に合致するように改正された。また、日本の2006年均等法改正で新設された間接性差別禁止規定（同法7条）は、均等法において禁止される間接性差別の範囲の決定を省令に委任し、省令では募集採用時の身長・体重・体力要件など3つのみが規定されている。

16)　Case C-33/89, Kowalska［1990］ECR I-2591.

17)　Case C-184/89, Nimz［1991］ECR I-297.

18)　Case C-399・409・425/92, C-34・50・78/93, Helmig［1994］ECR I-5727.

19)　Case 30/85, Teuling［1987］ECR 2497.

20)　Case C-102/88, Ruzius-Wilbrink［1989］ECR 4311.

21)　Case C-229/89, Com. v Belgium［1991］ECR I-2205.

ど）の事案が多数を占める。前者は、EU 加盟の諸国で多くの女性労働者がパートタイム労働者として低条件で就労していたことが[22]、後者は、当時の加盟国の社会保障が世帯単位の制度をとり世帯主でない女性に不利益が生じていたことが、背景となっていた。欧州司法裁判所は、いずれの事案も、間接性差別禁止法理の適用対象であるとし、そのうえで正当化の成否を問題とした。

このように間接性差別禁止法理の適用対象に特段の限定がない結果、同法理は、性差別的効果を生じさせる制度や処遇を広く司法審査の俎上に載せる理論として定着していった。この初期段階で実際に争われたのは、上記のようにパートタイム労働者の差別的処遇や扶養家族を有する労働者の優遇など、主に、旧来から女性への不利益な影響が問題とされていた事案であった。しかし、対象を限定しないものとして法理が確立したことにより、次第に、対象の種類が拡大されていった。たとえば、後に1999年 Seymour-Smith 先決裁定[23]で争われる有期雇用契約を理由とする差別などの、近年になって問題化してきた事案に対しても、性差別の視点から是正する機能を発揮することとなる。

また、一方の性に対する不利益な効果（影響）の有無については、1986年 Bilka 先決裁定をはじめとするこの時期の先決裁定は、基本的に、性中立的な規定や基準などを充足しうる男女を数量的に、いわば統計数値的に比較して判断している。つまり男女の集団的比較に基づく判断である。これは、別の視点からみると、裁判所は、間接性差別禁止法理を、特定グループが受けた集団的な不利益の救済という、個人というよりも集団救済の視点から捉えていたといえよう[24]。この点については、2002年の男女平等待遇指令改正とも関連する論点であり、改めて検討する（第２節１(2)）。

(2)　正当化の抗弁について――加盟国の立法裁量との関係

1986年 Bilka 先決裁定他により正当化の成否を比例性審査を用いて判断することが確立すると、焦点は、その具体的な適用方法へと移行した。ここでは、２つの点が問題となった。第１に、加盟国の立法裁量を EU 性差別禁止法はど

22）　たとえば、1996年 Lewark 先決裁定（Case C-457/93, [1993] ECR I-243.）は、ドイツではパートタイム労働者の93.4％が女性、6.6％が男性であると述べている［29段］。

23）　Case C-167/97, Seymour-Smith [1999] ECR I-623.

24）　*See* [Fredman 2011a : 179].

の程度規制しうるのかが、加盟国とEUとの権限配分というEU特有の問題に関連して争点となった。第2は、性差別禁止と他の権利や利益との衝突である。間接性差別として欧州司法裁判所で争われた規定や取扱いの多くは、性差別を意図したものではなく、性差別以外の他の権利や利益の実現が目的とされていた。性差別的効果はあるが他の目的を有する規定などを、EU法違反としうるのか否かが、正当化の成否として問われることになった。この第2の問題は、後の時期と一括して分析することとし、以下、第1の、加盟国の立法裁量と正当化に関する判例の動向について検討する。

(a)　合理的限界の基準の導入

初期の先決裁定は、審査対象が加盟国立法であっても、比例性審査の枠組みも内容も私企業の事案と区別をしていない。たとえば、1989年Rinner-Kühn先決裁定では、Darmon法務官からは、加盟国法が審査対象の場合には、私企業の事案とは異なり立証責任は転換されず差別を主張する者（労働者）が負う、との意見が提出された［法務官意見25-26段］。しかし、同先決裁定は、加盟国が正当化の立証責任を負うと判示して［14段］、加盟国の立法にもBilka先決裁定の正当化判断の枠組みが適用される、という原則を確立した。また、具体的な比例性審査の内容に関しても、特段の考慮をすることなく判断した。

しかし、その後の1991年Com.v Belguim判決は、比例性審査の適用において「社会政策は加盟国の決定事項である…（選択する措置の性質、内容について）加盟国は合理的な裁量の余地を有する」［22段］との謙抑的な見解を示し、当該加盟国法は正当化されるとした[25]。すなわち、加盟国が権限を有する事項については[26]、加盟国の判断を基本的に尊重して、加盟国の立法裁量が合理的な範囲を超える場合にのみ正当化が否定される、との解釈が示されたのである[27]。

25)　Com.v Belguim事件は、欧州委員会がベルギー国を、1978年社会保障に関する男女平等待遇指令に基づく実施期限内の国内法整備を怠るものとして提訴した事件である。ベルギーの失業および労働不能給付に関する法律では、主たる家計維持者（head of household、扶養配偶者・同居し収入のない両親・子がいる者）の優遇を規定していた。これが間接性差別として指令違反か否かが問題となり、正当化の成否が争点となった。

26)　ただし、加盟国の立法といっても当該立法の目的は一様ではなく、立法目的によっては、この時期も、欧州司法裁判所は、合理的限界の基準を用いずに正当化を否定している。たとえば、1994年De Weerd, née Roks先決裁定（Case C-343/92,［1994］ECR I-571）では、「予算上の考慮」を目的とした加盟国法の正当化が否定されている（第2節2(2)(b)参照）。

(b)　加盟国の立法裁量をさらに広く容認する先決裁定の出現

その後、1995年 Nolte 先決裁定[28]を契機に、社会政策目的をもつ立法について、加盟国の裁量をさらに広く、すなわち目的達成のための手段（立法内容）選択の裁量をほぼ全面的に認め、手段審査を事実上行わずに正当化を認める先決裁定群が出現する。

1995年 Nolte 先決裁定では、短時間勤務で賃金が一定以下の労働者を公的老齢年金制度から除外するドイツ法が、正当化されるか否か問題となった。先決裁定は、ドイツが主張する同法の制定理由を摘示するのみで、一定の労働者の除外という手段の適切性や必要性を検討することなく、加盟国には社会雇用政策に関し広い裁量権があるとして正当化を認めた［29-34段］。そして、翌1996年 Posthuma-van Damme 先決裁定[29]も、加盟国には社会的保護手段の性質、範囲、実施方法を決める完全な権限があるとして広い裁量を認め、手段審査なしに正当化を認めた。同年 Lapperre 先決裁定[30]でも同様の見解がとられている。

ただし、1996年 Lewark 先決裁定[31]および同年 Feers 先決裁定[32]では、正当化に厳格な姿勢が示されており[33]、手段審査がすべての事案で放棄されたわけではない。そもそも前記 Nolte 先決裁定や Posthuma-van Damme 先決裁定も、比例性審査や合理的限界の枠組み自体を否定したものではないのであって、両者

27） 1992年 Molenbroeck 先決裁定（Case C-226/91,［1992］ECR I-5943）も、老齢年金に関する社会保障制度が正当化について、上記1991年 Com. v Belguim 判決の考え方を踏襲した［15段］。

28） Case C-317/93, Nolte［1995］ECR I-4625.

29） Case C-280/94, Posthuma-van Damme［1996］ECR I-179.

30） Case C-8/94, Laperre［1996］ECR I-273. 同先決裁定は、オランダ法が、公的長期失業者手当の支給に雇用経験および年齢を要件としたことについて、加盟国には社会政策目的実現のための手段選択に広い裁量があるとし、手段内容の具体的な審査ぬきで正当化を認めた。

31） Case C-457/93, Lewark［1996］ECR I-243.

32） Case C-278/93, Freers［1996］ECR I-1165.

33） 1996年 Lewark 先決裁定では、ドイツ法が勤務時間内の経営協議会委員研修のみに使用者に報酬支払を義務づけているため、フルタイム労働者には報酬が支給されるが所定労働時間外研修となるパートタイム労働者は不支給となることが、正当化されるか否かが争われた。先決裁定は、経営協議会委員の独立性を保障という同法の目的は、社会政策上の正当な目的と言えるが、手段の適切性と必要性の審査が必要であると判示した。そして、同規定はパートタイム労働者が経営協議会代表に選出されることを困難にすると問題性を強く指摘し、かつ「他の方法で実現する可能性を考慮に入れ」て正当化を判断すべきと厳格な姿勢を示した［37-38段］。同種規定は、1992年 Bötel 先決裁定（Case C-360/90,［1992］ECR1-3589）で、一度条約および指令違反とされていた。1996年 Feers 先決裁定も同種事案の再々先決裁定であり、欧州司法裁判所は、Lewark 先決裁定と基本的に同じ見解をとった。

の違いは、問題となった社会政策目的の内容が異なること（Lewark 事件やFeers 事件では経営協議会委員の独立性の保障が、Nolte 事件や Posthuma-van Damme 事件では社会保障制度の対象範囲が問題となった）、さらに、Lewark 事件や Feers 事件では、当該立法によって当該労働者が賃金上の不利益を受けるだけでなく、パートタイム労働者の経営協議会委員への選出や委員活動が妨害されてパートタイム労働者全体の地位向上に問題が生じると、欧州司法裁判所が認識したことによるものであろう。

このように、1995年から1996年にかけて欧州司法裁判所は、加盟国の社会政策立法に関して、事案による差異はありつつも、基調としては加盟国の裁量を幅広く認め、手段審査を自制する立場をとった。これに対しては、学説からは、性平等という EU 法の基本原則を蔑ろにするものと強い批判がなされた[34]。欧州司法裁判所自身も、後に1999年 Seymour-Smith 先決裁定により事実上の判例変更を行うことになるが、それについては次節で論ずる。

(3) 1997年挙証責任指令による判例法理の成文化

判例により生成され具体化されてきた間接性差別禁止法理は、1997年挙証責任指令によって、その基本的枠組み部分が成文化された[35]。同指令は、間接差別を「外形上は中立的な規定（provision）、基準（criterion）、あるいは取扱い（practice）[36]が、一方の性に対して実質的にかなり高い割合で不利益を与える場合をいう。ただし、当該規定、基準、取扱いが、適切かつ必要であり、性別と関係のない客観的な要因によって正当化される場合を除く」と定義した（２条２項）。

この挙証責任指令による間接差別の定義については、以下の３点の特徴につ

34) e.g.［Fredman 1997：299］［Ellis 2000：1403］.

35) 同指令の制定は、イギリスの反対により難航した。最初の同法理の成文化の提案は、Bilka 先決裁定から間もない1988年５月に行われたが（COM（88）269 final）、これはイギリスの反対により成立に至らなかった。そのため、欧州委員会は、EC 条約付属社会政策合意３条の手続を取り、改めて1996年に上記1988年提案とほぼ同内容の指令案を提出した（COM（96）340 final.）。そして、加盟国間の合意として、同案は判例等により確認されてきた内容と一致したものである旨が取り付けられたうえで、上記指令が成立した。欧州委員会提案説明も、その点を強調する。COM（96）340 final at para.25.

36) EU 性差別禁止法の文脈においては、“practice” は一回的行為も想定していると思われ（行為の繰り返しが要件とされた事案は見あたらない）、また、同条の趣旨からみて一回的行為を排除する理由もないところから、「慣行」ではなく「取扱い」の訳語を用いる。

いて留意しておきたい。第1に、この定義は、判例法理に沿って条文化がなされたものであり、従来の判例の到達点を同指令が確認した、という意味をもつ。反面、判例の到達点をさらに進めるような内容は、盛りこまれていない。第2に、条文は、差別的効果について「かなり高い割合で不利益を与える場合」と規定しており、男女間の統計的不均衡（統計的比較）が生じる場合と捉えている。第3に、正当化に関しては、「性別と関係のない客観的な要因によって正当化される場合」という表現を用いている。この第3点については、間接性差別禁止法理の性格との関係で後述（第3節2(1)(b)）する。

第2節　間接性差別禁止法理の展開

1　1999年 Seymour-Smith 先決裁定および2002年指令改正による進展

以上のように、EU 法上の間接性差別禁止法理は、1990年代後半までに法理の基本的枠組みが確立され、また、法理の内容も具体化されて、その骨子が挙証責任指令により間接差別の定義の形で成文化された。その後、同法理は、1999年 Seymour-Smith 先決裁定[37]および2002年の男女平等待遇指令改正によって、新たな段階へと発展することになる。

(1)　1999年 Seymour-Smith 先決裁定——EU 性差別禁止規範の優位性

1999年、欧州司法裁判所は Seymour-Smith 先決裁定において、加盟国の立法が条約違反か否かが問題となる時点、性差別的効果の判断方法、ならびに正当化の判断基準に関して、男女平等原則を重視する解釈を示した。

同事件では、不公正解雇の救済申立には2年以上の雇用継続が必要であるというイギリス法の規定、すなわち、雇用期間が2年未満であれば解雇しても不公正解雇法の救済対象とはならないとし、それにより使用者が労働者を採用することを奨励しようとする加盟国立法が、EC 条約旧119条に違反する間接性差別か否かが争われた。

先決裁定は、まず、加盟国立法の条約違反が問題となる時点について、立法

---

37)　Case C-167/97, Seymour-Smith［1999］ECR I-623.

規定は、制定・施行・適用のいずれの時点でもEU法を遵守していなければならないとした［42-50段］。これは、現実的には、各国政府に対して、法の制定時点から適用の時点まで、恒常的に、加盟国立法が性差別的効果を発生させてはいないかと注意を払い、そして、必要があれば法の改正ないし廃止などの法的対応をとることを、求めるものである。性差別の是正を進めるうえで、重要な意味をもった判断といえよう。

つぎに、性差別的効果の有無の判断方法について、先決裁定は、統計的証拠に基づいて判断するに際しては、数値の差の大小だけでなく、「(数値の差は)小さくとも比較的持続的で一定した長期間の不均衡」が示されているか、また「単なる偶然ないし短期の現象ではないか、そして一般的に重要な内容を表しているか」を考慮すべきとした［61-62段］。つまり、統計上の数値を画一的あるいは固定的に捉えるのではなく、統計数値が示している意味を様々な視点から総合的に評価して、差別的効果の有無を判断するという判示である[38]。

さらに、正当化の成否について、先決裁定は、つぎのように、1995年Nolte先決裁定以来とっていた加盟国の立法裁量を無限定的に認める見解から、男女同一賃金原則をより重要視する見解へと、事実上、その解釈を変更した。

先決裁定は、正当化の可否を、当該規定の目的の正当性、およびそれを達成する手段としての必要性・適切さの、両面から比例性審査する判例法理を確認したうえで［69段］[39]、本件事案にそって具体的に比例性審査の適用方法を示している。

まず、目的の正当性については、先決裁定は、イギリス法の「2年以上の雇用継続」という救済申立要件は、採用を奨励することを目的とするものであるとして、社会政策上の正当性を有することを肯定した［71段］。

しかし、その目的を達成する手段として、「2年以上の雇用継続」を不公正解雇法上の救済の申立要件とすることが必要かつ適切か否かに関しては、先決

38)　これは、アメリカ雇用機会均等委員会（EEOC）のガイドラインが、「5分の4ルール」と呼ばれる数値差を画一的に判断する基準を提示しているのとは、異なる判断方法である。たしかに、EEOCのような画一的な数値の基準は、性差別効果が認められるか否かの予見可能性を高めるが、他方で、証拠価値を様々な視点から総合的に判断することを妨げる。本先決裁定の見解は、裁判所による事実認定の手法という点でも、オーソドックスかつ適切といえよう。

39)　先決裁定は、正当化を判断する権限は国内裁判所にあるとしつつ、欧州司法裁判所は国内裁判所に対して判断のガイドラインを示すことができるとして、本文で述べた見解を示した［68段］。

裁定は、それまでのNolte先決裁定などが手段の選択に関する加盟国の立法裁量を広く認めたのとは、異なる判断を示した。すなわち、当該申立要件によって目的の達成可能性があるか否かを具体的に審査すべきとし、また、目的を達成するために「他にとることのできる、より差別的でない手段」があるか否かも考慮要素であるとして［72段］、手段の必要性および適切性について踏み込んだ審査を行った。その論拠について、先決裁定は「社会政策は、共同体法において本質的に加盟国決定事項ではあるが、加盟国に広い裁量があるという事実は、加盟国が、共同体法の男女同一賃金のような基本的原則の実現を妨げてよいことにはならない」と述べて、EU法上の男女同一賃金原則が加盟国の立法裁量に優位する旨を明確化し、加盟国法に対しても手段審査を行うべきであることを判示している［72-75段］。そして、手段に関して立証すべき内容について、単に一般論として「2年以上の雇用継続を用件とすることが採用の奨励になる」旨を述べただけでは手段の適切性の証拠にはならないとし、事案に則って具体的に正当化の証明を求める従来の判例を踏襲して正当化を否定した［76段］。そこでは、当該規定が、採用の奨励という目的に対して、実際にどのような成果を生み出すかの検証が充分ではない点が指摘されている。

以上のように、本先決裁定は、加盟国の社会政策に対する立法裁量すなわち加盟国の権限事項に対してもEUの基本原則である男女同一賃金原則[40]による規制が及ぶことを明確にし、正当化に関する解釈レベルでも、一般論ではない具体的な立証を必要とするとともに、特に、他に取ることのできる方法の検討を求めるなどして正当化審査を強化した。欧州司法裁判所は、本先決裁定により、1995年Nolte先決裁定以来とっていた加盟国の立法裁量を無限定的に認める立場から、加盟国の立法裁量とEU法の基本原則である男女同一賃金原則とが衝突した場合には、後者をより重要視する立場へと、事実上、その見解を転換したものといえる[41]。先決裁定は、判例変更する旨を明言はしていないが、1997年アムステルダム条約に示された、性差別禁止ないし性平等を重視して現実に進めていくというEU全体の動向が強く影響していると思われる。

---

40)　男女同一賃金原則がEU法の基本原則であることは、1976年Defrenne Ⅱ先決裁定、1978年Defrenne Ⅲ先決裁定およびRazzouk判決（Case 75 and 117/82, ［1984］ ECR 1509）により確立している［西原 2003：26-28］。

⑵　2002年改正男女平等待遇指令における新たな定義

EUでは、1997年にアムステルダム条約改正が行われ、また、2000年には同改正を実施するための人種等平等待遇指令および雇用平等待遇一般枠組指令が制定された。それらを踏まえて、2002年、性差別についても、上記両指令との統一化を図り、また、それまでの判例法理の発展を反映するために、1976年男女平等待遇指令の改正が行われた。この2002年改正の柱の一つが、上記２件の指令との差別の定義の統一化であり、ここにおいて、間接性差別の定義が以下のように改正された[42]。

> 「間接差別：外形上は中立的な規定、基準、または取扱いが、ある性に属するの者を他の性に属する者と比較して、特定の不利益を与えるだろう場合。ただし、当該規定、基準、あるいは取扱いが、正当な目的により客観的に正当化され、かつその目的の達成手段として適切かつ必要な場合を除く[43]」（２条２項）

この改正された新定義は、現行の2004年物・サービスに関する男女平等指令や2006年男女平等統合指令にも基本的に踏襲されているものであって、以下の特徴を有している[44]。

41）EU法研究者では、このSeymour-Smith先決裁定に対し、1986年Bilka先決裁定や1989年Rinner-Kühen先決裁定と比べ正当化を緩やかに認めたと、批判的な態度をとる者も少なくない（[Barnard/Hepple 1999：409-411]［Barnard 2012：323-326］［Ellis 2005：174-175］など）。しかし、上記Bilka先決裁定およびRinner-Kühen先決裁定は、初期の間接性差別禁止法理の基本的構造を確立する段階の先決裁定であり、正当化に関して、加盟国の立法との関係や他の法益との調整の在り方などについて、踏み込んだ検討をしていたかは疑問である。むしろ、Seymour-Smith先決裁定が、加盟国の社会政策に関しての立法裁量という、EU法で重要視されている価値との衝突が生じた場合においてでさえも、男女同一賃金原則をより重視した点を評価すべきと考える（[Fredman 2011a：194］参照）。

42）2000年６月に提案された当初の欧州委員会案（COM（2000）334 final）は、差別的効果について、挙証責任指令に従い、数量割合的比較で決定する文言となっていた。しかし、社会経済委員会（OJ［2001］C 123/81）および欧州議会女性の権利及び平等機会委員会（A5/2001/173）から、人種等平等待遇指令および雇用平等待遇一般枠組指令の定義およびその根拠となった先決裁定と定義を統一するよう求める意見が出され、両指令の定義との一致が図られた。

　2002年改正男女平等待遇指令の定義は、その後の2004年物・サービスに関する男女平等指令および2006年男女平等統合指令でも、踏襲されている。2006年男女平等統合指令について［Burrows/Robinson 2007：190-193］を参照。

43）原文は"indirect discrimination: where an apparently neutral provision, criterion or practice would put persons of one sex at a particular disadvantage compared with persons of the other sex, unless that provision, criterion or practice is objectively justified by a legitimate aim, and the means of achieving that aim are appropriate and necessary"。

第1に、「ある性に属する者を他の性に属する者と比較して」と定義して、両性に対する効果を比較することによって差別の有無の判断を導くものであるが、これは、直接性差別の定義[45)]や近時の判例（第7章第2節2参照）が、性差別の前提要件として男女が比較可能な状況にあることを必要としているのとは異なる。すなわち、男女の比較可能性を、少なくとも明文では要件とはしていない。

第2に、差別的効果については、「…の不利益を与えるだろう場合（would put … disadvantage）」として、不利益が発生する可能性があれば足るものとした。これは、現実の不利益が発生していなくとも、また比較対象者が現実には存在しない場合にも、間接性差別禁止法理の適用は可能という立場を明確にしたものと解釈できる。欧州司法裁判所は、これまで、直接差別の事案において、仮想比較対象者との比較を否定する判断を示していたが[46)]、指令はこの考え方を修正し、仮想比較対象者との比較を認める規定を導入したといえる（直接性差別の定義でも仮想比較対象者を認めた、第2章第3節1(1)[47)]）。

第3に、「特定の不利益を与える場合（put … at a particular disadvantage）」と規定することによって、数量割合的に差別的効果が生じることの立証を要件としない規定の仕方になった。すなわち、一方の性に不利益が生じることが、統計資料以外の方法、たとえば専門家による社会学的立証などによって立証できれば、差別の推定が行われることになったのである[48)]。ただし、統計的な比較立証は、必須の要件でなくなったとはいえ、引き続き立証上の重要性をもつことは間違いない[49)]。Sandra Fredman は、この新定義について、性差別禁止規範を

---

44)　*See*［Barnard 2006：324-325］［Barnard 2012：279-280］.

45)　2002年改正男女平等待遇指令（2条2項）は、前述したとおり、直接差別については「性にもとづき、ある者が比較可能な状況において（in a comparable situation）、他の者が取り扱われるか、取り扱われてきたか、または取り扱われるであろうよりも不利益に取り扱われる場合」として、申立人と比較対象者との間に比較可能性のあることを明文で要件としている。

46)　前述（第2章第3節1(1)）したように、1980年 Macarthys 先決裁定は、過去に比較対象者が存在すればよいと判示していたが、仮想比較対象者の設定は否定していた。2002年改正男女平等待遇指令は、これら従前の判例の見解から一歩進んだ内容である。

47)　同一の価値でない労働に従事する男女間の是正も、仮想比較対象者を介在させて可能となり——たとえば、男性（職の価値100）と女性（職の価値90）との賃金格差（100対60）を、仮想の男性（職の価値90）を設定して、女性賃金を60から90へ是正させる——、EU 法において、男女間賃金の“Comparable worth”、すなわち価値に比例した報酬原則が導入されたことを意味する。

個人的な視点から捉えるか集団的視点で捉えるか（個人の権利救済か、集団の地位向上ないし救済・グループライツか）との関連で、これは集団的な視点が薄くなった改正であると指摘している。[50)]

なお、「特定の不利益（a particular disadvantage）」の意味に関しては、欧州委員会の提案理由には説明はなく、その後の解釈に委ねられた。[51)]

第4に、正当化に関し、目的の正当性、手段の適切性および必要性という文言が明記されることによって、判例法理が、従前より詳しい形でこの定義に反映された。また、1997年挙証責任指令の定義にあった、「性別と関係のない客観的な要因によって」との文言は削除された。削除された部分は、従来の判例では、正当化に関して一貫して言及されてきたものである。この削除の意味については、後述（第3節2(1)(a)、注122）する。

以上をまとめていえば、新定義は、性差別を男女の比較から捉える伝統的な見解に基本的には立ちつつも、性差別的効果に注目して具体的な比較に関しては緩やかに捉え、比較可能性には触れておらず、仮想比較対象者や統計資料以外の立証を認める、という特色を有する。また、正当化については、比例性審

48)　COM（2004）279 final at 20.

2000年の2件の指令が、「統計的不均衡」を差別的効果の立証に不可欠ではないとした実際的背景には、人種や性的指向などの差別では、プライバシー問題等もあり、統計的証拠を揃えることが困難なことがある。性差別事件でも、統計証拠を揃えることの困難は、程度の差はあるにしろ同様である。また、加盟国の国内裁判所では、統計的不均衡を何と何との数値により比較するのか、どのような統計資料が証拠としうるか、などをめぐって激しい論争が続き、差別是正訴訟の障壁となっていた。この改正は、立証上の困難を改善するものである。

理論的にも、改正の参照にされた1996年 O'Flynn 先決裁定（Case C-237/94, [1996] ECR I-2617、移民労働者の自由移動に関する間接差別の事案）が判示したように、仮に影響が統計的不均衡の形で現れていなくとも（たとえ、たった一人への影響として現れていても）、中立的規定等が一方のグループに影響をもたらしうる（it is liable to have such effect）性格のものであることが立証できれば、一方のグループへの効果としては足るはずであって、数量的効果にこだわる必要はない［同先決裁定21段］。

また、差別禁止の法的制度は、実害・権利侵害を生じさせないことこそを目的とするとの点からも、統計的立証を不可欠の要件とすることの問題点が指摘されている［Ellis 2005：94］。

49)　2002年改正男女平等待遇指令前文10段は、統計的証拠も依然として立証上意味を有している旨を、注意的に記している。

50)　［Fredman 2011a：188-189］（直接的には、2000年雇用平等待遇一般枠組指令・人種等平等待遇指令ならびにそれを導入したイギリス2010年平等法の定義について述べたもの）。［Waddington/Hedriks 2002：425］も、統計証拠を基礎とする場合と比べ「より個人的かつ文脈的な（contextual）アプローチ」だと同旨を述べる。

査の内容を明記して、性差別禁止を審査手続的側面から強化したといえよう。

2　1999年 Seymour-Smith 先決裁定以後の判例法理の展開

1999年 Seymour-Smith 先決裁定は、前述したように、男女同一賃金原則には、加盟国の立法裁量に優位する重要な価値が認められると判示した。では、その後の判例は、どのような展開をみせたのであろうか。また、アムステルダム条約改正や2002年の男女平等待遇指令改正は、判例の動向にどのような影響を与えたのであろうか。

間接性差別の成否が問題となった事案をみると、引き続きパートタイム労働に関するものが多いが、1990年代後半から2000年代に入ると、従前からの「仕事と家族的責任とを両立する」ことを目的としたパートタイム労働ではなく、「フルタイムからパートタイムへ切り替えて新たな雇用を創出する」ことを目的とする、新しい類型のパートタイム労働事案へと変化が見られる。また、家族単位の社会保障制度に関連した事案がなくなっていく一方で、育児休業関連、オンコール・ワーカー、年功的要素を有する賃金制度などの、新しい事案が出現する。そして、間接性差別禁止法理は、より多彩かつ今日的な事案に適用されるなかで、以下に検討するように、法理の内容にも一定の修正がなされていった。

(1)　性差別的な効果をめぐる判例の展開

性差別的効果について、特に問題となったのは、何を対象として効果を判断するのか、たとえば賃金でいえば、支払われた「賃金総額」なのか、それとも

---

51)　学説からは、新定義が、「不利益」ではなく「特定の不利益」と規定していることから、単なる不利益よりも多くの不利益が必要とされ、直接差別より要件が厳しいとの批判も加えられている[Ahtela 2005：64]。しかし、規定の趣旨からすれば、イギリス控訴院が、1998年 London Underground Ltd. v Edwards 判決（[1998] IRLR364）で、イギリス性差別禁止法1条1項b号(i)が差別的効果に関し規定する「相当程度少ない」要件について言及した解釈と、同様の立場と解すべきであろう。すなわち、同控訴院判決は、女性地下鉄運転士が交替制勤務の導入を間接性差別と訴えた事件について、交替制では就労ができないのは女性運転士21人中1人であったが、差別的効果ありとした判決である。同判決は、間接差別定義の「相当程度少ない」との要件について、次の2つの目的から導かれるものと述べている。1つめは、差別の効果がとるに足らないものではなく実質的なものであるということを示すことが、法的介入をするための最低条件だからであり、2つめは、不利益な影響がその性中立的条件により生じたものであって、単にあいまいな統計や偶然の結果でないことの確信のためである。つまり、「相当程度少ない」という性差別的効果に関する要件は、不利益が生じたことを明確にするためのものと解している。

賃金を構成する個々の要素（基本給、手当など）が対象なのかである。この点について、それまでの1980年代から1990年代の先決裁定[52]は、賃金構成要素を個々に比較するのではなく、賃金総額を対象として判断していた。その理由として、たとえば1989年 Danfoss 先決裁定は、労働者は付加給部分の支給基準や適用方法を知らされていないために、同僚との賃金総額の比較はできても賃金の構成要素個々の比較はできないことを挙げていた［10-16段］。

ところが、2000年 JämO 先決裁定[53]および2004年 Elsner-Lakeberg 先決裁定[54]は、つぎのように、上記の各先決裁定とは異なり、いずれも賃金を構成する個々の要素ごとに（基本給は基本給と、各手当は各手当と）不利益な効果の有無を判断した。他方で、2007年 Voß 先決裁定では、再び、賃金総額が判断の対象とされた。このように、先決裁定は判断が分かれたが、この分岐はどのように理解されるのであろうか。

2000年 JämO 先決裁定では、同一価値の労働に従事する助産師と医療技術者との賃金格差が、職種を理由とする間接性差別にあたるか否かが争われた。助産師は、基本給は医療技術者よりも低いが、基本給額以外に休日・深夜勤務手当が支給され勤務時間も短縮されているなどの事情があり、賃金について、基本給額のみを切り離して対象にして判断するのか、手当額も含めた総額を対象として判断するかが問題となった。先決裁定は、司法審査は真に透明に行われてはじめて実効的となるが、そのためには報酬の要素各々に対して同一賃金原則が適用されることが必要である旨を述べ、基本給について手当とは切り離して判断すべきとした［43-45段］[55]。そして、欧州司法裁判所は、2004年 Elsner-Lakeberg 先決裁定でも、JämO 先決裁定と同様に、効果的な司法審査の実施の観点を指摘して、通常労働賃金と超過時間に対する賃金とを分けて判

52）1989年 Danfoss 先決裁定、1994年 Helmig 先決裁定、1995年 Royal Copenhagen 先決裁定、1996年 Lewark 先決裁定など。

53）Case C236-98, JämO［2000］ECR I-2189.

54）Case C-285/02, Elsner-Lakeberg［2004］ECR I-5861. 同事件では、ドイツ法が、超過労働賃金は、すべての労働者に対して、月３時間を超えた場合のみに支給する旨を規定していることに基づいて、パートタイム労働者に対して月３時間以内の超過労働の賃金が支給されなかったことが、間接性差別か否かが問題となった。

55）同趣旨は、本先決裁定に先立つ1990年 Barber 先決裁定（男女同一賃金原則に違反する直接性差別の事案）が判示しており、本先決裁定もそれを引用する［43段］。なお、基本給以外に手当が支給されていることや勤務時間の短縮などの事情は、正当化審査の段階で考慮されている［61-63段］。

断すべきとした。[56]

両先決裁定は、従来の先決裁定が、性差別的効果の有無について、賃金総額を対象として判断してきたこととの関連には言及していない。しかし、2000年JämO 先決裁定の Jacobs 法務官は、従前の先決裁定をつぎのような文脈で位置づけることにより、賃金の各構成要素を判断の対象とすることとも、統一的に理解しうる旨の意見を提出していた［法務官意見 30-40段］。すなわち、同法務官の主張は、一般的命題としては、賃金審査を透明にして実効性ある司法審査を保障するためには、賃金構成要素ごとに男女同一賃金原則が適用されるべきであるが、賃金の構成が複雑で要素ごとに比較することが困難ないし不可能な場合には、包括的な評価が唯一有効かつ適切な方法であるというものであった。[57] そして、2004年 Elsner-Lakeberg 先決裁定も、この Jacobs 法務官意見と同様の理論構成にたつものと理解することが可能であり、したがって、欧州司法裁判所は、原則は賃金構成要素ごとに検討するが、困難ないし不可能な場合には、賃金総額を対象に検討することに見解を収斂させて、問題は解決したかと思われた。

しかし、その後の2007年 Voß 先決裁定[58]は、以下に述べるように、上記の立場では理解が困難であり、改めて、検討対象に関してどのように理解するかが問題となっている。この2007年 Voß 事件では、ドイツ法において超過労働時間の賃金が（すべての労働者に対して）通常労働の賃金より低い割合と規定されているために、パートタイム労働者が通常労働時間を超えるがフルタイム労働時間以内で勤務したときの賃金が、同じ時間を勤務したフルタイム労働者より低くなったことが問題となり、これがパートタイム勤務とフルタイム勤務とを異なって扱ったといえるか否かが問われた。Voß 先決裁定は、「同じ時間数の

56）　同先決裁定は、残業手当について、基本給とは別に性差別的効果の有無を検討するとしたうえで、「…３時間の超過時間は、事実として、フルタイム労働者よりパートタイム労働者に対しより負担が重い。フルタイム労働者が、…所定労働にくわえて３時間働くのは３％の超過労働であるが、他方、パートタイム労働者（の場合は）…５％の超過労働である」［17段］として、３時間の所定外労働に対するパートタイム労働者とフルタイム労働者の負担の違いを考慮して、差別的効果を認めた。

57）　なお、同法務官の見解に立つ場合に、1994年 Helmig 先決裁定および1996年 Lewark 先決裁定が、賃金構成要素が不透明性な事案でないにも関わらず、賃金総額を判断の対象としており、それらの判断との整合性が問題になろう。同様の問題は、2007年 Voß 先決裁定との関係でも生じる。

58）　Case C-300/06, Voß［2007］ECR I -10573.

労働に対して、フルタイム労働者の賃金総額がパートタイム労働者の賃金総額よりも高いときには、常に両者間に異なった取扱いが存在する」として、賃金総額を判断対象として性差別的効果を認めた［29段］。同先決裁定は、パートタイム労働とフルタイム労働との超過労働賃金の違いという類似事案の先例として、前述の1994年 Helmig 先決裁定および2004年 Elsner-Lakeberg 先決裁定を示している［30-33段］。しかし、後者の Elsner-Lakeberg 先決裁定が、同一賃金原則の遵守の審査を実効あらしめるために賃金の各要素に同一賃金原則を適用すべきことを強調していたことと、Voß 先決裁定で総額を判断の対象とすることの関係についての明確な説明はない。

このVoß 先決裁定の Colomer 法務官は、これまでの判例では、判断の対象を賃金総額にするものと賃金の個々の構成要素とするものとの２つのタイプがあると指摘したうえで、両者は矛盾せず補い合うもので優先順位はなく、裁判所が、事件の状況によって、共同体法ルールの目的を達成するために最も適切な手段を選ぶべきものとの意見を述べている［法務官意見 54-58段］。前述した2000年 JämO 先決裁定の Jacobs 法務官は、それまでの判例を個々の構成要素を対象とすることを原則としたうえで統一的な文脈で理解していたが、この Colomer 法務官の意見は、判例の２つのタイプについて両者に優先順位をないとする点で異なっている。

2007年 Voß 先決裁定が、上記 Colomer 法務官の意見をとりいれたうえで同事件では賃金総額を判断の対象としたのか、それとも賃金総額の比較を原則的とまで考えたのかは、今後の先決裁定を待って判断することになろう。いずれにしろ、何を対象に異なった取扱いを判断するかについての欧州司法裁判所の判断は、現段階では不鮮明といわなければならない[59)]。

⑵　正当化をめぐる判例の展開

1999年 Seymour-Smith 先決裁定により、正当化の成否に関して、加盟国の立法裁量は考慮されるべきであるが、男女同一賃金原則は EU 法上の重要な基本原則であり、立法裁量よりも優位する旨が判示された（第２節１⑴）。問題は、より具体的な正当化判断の基準である。判断基準の具体化はどのように展開されていったのだろうか。正当化の主な理由について、それまでの判例も含めて類型別に分析しておきたい。

(a)　世帯単位の社会保障制度と正当化

欧州司法裁判所は、1980年代から1990年代の初めにかけて、社会保障給付における「家族（配偶者・子）扶養の有無」を理由とする別異取扱いに対して、世帯単位の社会保障制度を前提として「一家の最低収入を確保させるための手段」という視点に立ち、正当化を認めた。1987年 Teuling 先決裁定[60)]、1991年 Com. v Belguim 判決、ならびに1992年 Molenbroeck 先決裁定[61)]という一連の判例がそれである。

これらの判例による正当化の肯定には、欧州司法裁判所の加盟国の裁量に対する自制も働いていると思われるが、それ以前に、欧州司法裁判所自身が、世帯単位による社会保障制度がもつ差別性に対する認識が低かったことが原因していると思われる。そのため、欧州司法裁判所は、世帯単位の社会保障制度の是非に立ち入らないまま、「家族扶養の有無」を理由とする給付格差の正当化を肯定した。しかし、その後の加盟国における性差別是正の取り組みでは、社会保障制度を世帯単位から個人単位へと変更することが重要な課題の一つとなった。そして、加盟国の社会保障制度が個人単位へと制度改革されることによ

---

59)　思うに、判断の対象が賃金総額か各賃金構成要素毎かによって異なった取扱いか否かの結論が違ってくる以上、対象を選択する基準は必要である。男女同一賃金原則を徹底するという意味では、Jacobs 法務官の主張する、原則的には賃金の各構成要素について判断し（すなわち、各構成要素に至るまで性差別的効果の不発生が求められる）、それが不可能ないし困難な場合には賃金総額を判断対象とするという考え方は説得力をもつと考える。

とはいえ、賃金の決定方法は様々であり、パートタイム労働者とフルタイム労働者とで賃金の決定方法が大きく異なるなど、単に立証の負担の問題だけではなく賃金構成要素ごとの比較が困難ないし適切でない事案も少なくない。今後は、さらに、賃金の決定方法が多様化して選択基準が判断しにくくなることも考えられる。裁判所の判断が２つに分かれて基準が不明確なのも、同じく賃金とはいえ事案が多様であることが、多分に関わっているのであろう。

結論的には、間接性差別禁止法理の審査から漏れることを防ぐという意味では、申立人の選択により、賃金総額ないし賃金構成要素のいずれかについて差別的効果が立証されれば性差別を推定し、正当化の判断の段階で、差別として禁止すべきか否かのより綿密な篩い分けを行うことが適切と考える。

日本でも、有期契約に関する賃金格差の違法性判断において同様の問題が生じており（労働契約法20条違反が問題となった。長澤運輸事件東京高判平28・11・２労判1144号16頁は賃金総額を検討対象とし、ハマキョウレックス差戻審大阪高判平28・７・26労判1143号５頁は賃金構成要素ごとに検討した。両者の上告審である最高裁判所は「通常、賃金項目ごとに、その趣旨を異にする」として、格差の合理性の有無について、賃金項目毎に個別に判断し、項目間に関連が有る場合には個別判断の際の考慮要素とする旨を判示している（長澤運輸事件最二小判平30・６・１民集72巻２号202頁、ハマキョウレックス最二小判平30・６・１民集72巻２号88頁）。欧州司法裁判所の今後の動向が注目される。

って、この問題の解決が図られていった。[62]

(b)　コストないし財政的理由と正当化

企業コストや国家財政など経済的な理由により、性差別的効果のある制度や取扱いを正当化することはできるのだろうか。欧州司法裁判所は、1994年 De Weerd, née Roks 先決裁定[63]をリーディングケースとして、一貫して正当化を否定している。

1994年 De Weerd, née Roks 先決裁定では、オランダ法において労働不能への給付に「前年に何らかの収入があったこと」を要件としたことが、間接女性差別として違法か否かが争われ、財政上の考慮を理由に正当化しうるか否かが問題となった。先決裁定は、「加盟国は、予算を考慮して、実施する社会政策の選択や社会的保護措置の性質や範囲を決定するだろうが、予算的考慮自体は、加盟国が社会政策により追求する目的ではな」い［35段］のであって、比例性審査にいう正当な目的にあたらず、財政的考慮を理由に正当化することはできないとした。また、仮に財政上の考慮を正当化理由と認めれば、「男女の平等取扱いという EU 法の基本規範の適用や範囲が、加盟国の公的財政状況によって時と場所により変わる」ことになり許されないと判示している［36段］。

この1994年 De Weerd, née Roks 先決裁定は、年代的には、1999年 Seymour-Smith 先決裁定以前の、欧州司法裁判所が加盟国の立法裁量を広範に認めていた時期の判示である。しかし、その時期でもなお、性差別的効果のある制度を、コストないし財政的考慮を理由として正当化することはできないとした。これは一見すると、コストを度外視して男女平等を要求するという、超ラディカル

60)　Case 30/85, Teuling［1987］ECR 2497.　同先決裁定は、扶養家族のある者は無い者より負担が重く、したがって、最低生活維持のために労働不能に対する給付額が高くても正当化されると判示した。ここでの問題の本質は、世帯単位や配偶者扶養者に対する保障給付制度が、性別役割分担を基礎した性差別的構造を有することである。その観点からすれば、欧州司法裁判所は、正当化に関し、最低収入確保による生活保障を、世帯単位ではなく、個人単位の制度などの差別的効果を生じない他の方法によって実現し得ないかを検討すべきであった。しかし、欧州司法裁判所は、こうした検討に立ち入らなかった。

61)　Case C-226/91, Molenbroeck［1992］ECR I-5943.　同先決裁定は、老齢年金の支給にあたり、退職年齢に達しない扶養配偶者がある場合にはその収入を減額する規定について、同様の理由で正当化を認めた。

62)　たとえばオランダでは、1987年に年金制度の個人単位化、1990年に所得税の個人単位化が行われ、訴訟とは別に制度改革が進められた［長坂 2000：41-43］。

63)　Case C-343/92, De Weerd, née Roks［1994］ECR I-571.

な態度のようにもみえる。しかし、同先決裁定のいわんとするところは、加盟国は予算（コストや財政状況）を考慮して、社会政策を実施するか否か、また、どのような措置や保障水準を導入するかは裁量により決定しうるが、ある社会政策ないし措置を導入する以上は、その内容や適用は男女平等でなければならないという、性平等の考え方からすれば当然の理――しかし、往々にして無視される理――を述べたものといえよう[64)]。

この先決裁定は、その後もリーディングケースとして繰り返し引用され、たとえば、2003年 Steinicke 先決裁定[65)]における若年雇用創出を目的とした立法や、2005年 Nikoloudi 先決裁定[66)]における私人間の労働協約の正当化の判断においても、同旨が判示されている。

(c)　性中立的賃金決定基準と正当化

男性労働者が多く就労する職種（いわゆる男性職）と女性労働者が多く就労する職種（いわゆる女性職）との賃金格差に関して、賃金決定基準の正当性が問題となった。

まず、1993年 Enderby 先決裁定では、人員不足の職種について「賃金を高くして人員を誘引する必要」を理由として高額賃金を設定することが、正当化されるか否かが問題となった。先決裁定は、高賃金によって人員を誘引するという目的の正当性は肯定しつつも、使用者に対して、単に目的を主張するだけでなく、さらに、人員不足であることや高賃金により人員不足が解消できることの立証、すなわち、手段としての適切性ないし必要性に関する具体的な立証を求めた［26-29段］。また、同先決裁定は、正当化は０か100かという択一的な判断ではなく、賃金格差のうちの一定割合部分（一定の額）のみについて正当化されると判断する余地を認めており、この点でも注目される[67)]。

なお、同事件では、賃金が別々の労働協約によって決定されていたことも、正当化を認める理由として主張されていた。しかし、先決裁定は、「仮にこの

64)　なお、物およびサービスの自由移動に関する正当化に関しては、コストを考慮しうるか否か議論がある。判例分析も含め［Snell 2002：200-212］参照。

65)　Case C-77/02, Steinicke［2003］ECR I-9027. 加盟国法が、高齢公務員対象としたパートタイム勤務への移行に、直前５年間で３年のフルタイム勤務を要件とした事案である。

66)　Case C-196/02, Nikoloudi［2005］ECR I-1789.　労働協約で、期限付から無期契約への登用に２年間のフルタイム勤務を要件とした事案である。

67)　［Deakins/Morris 2012：722］.

理由で正当化を認めれば、使用者は、別々の労働協約を締結する方法を使って簡単に同一賃金原則をかいくぐれてしまう」［22段］として正当化を否定した。労働協約により処遇が決定されていたことが正当化の理由になるか否かに関しては、1990年 Kowalska 先決裁定および1991年 Nimz 先決裁定でも、同様に正当化が否定されている。

また、1995年 Royal Copenhagen 先決裁定[68]では、陶器の絵付士とロクロ士との職種による男女賃金（出来高給）の格差が問題となった。先決裁定は、職種間の賃金格差を正当化する要素として考慮できるものとして、力の強さが求められる作業と手先の器用さが必要な手作業との違い、有給休業・自分で仕事を組み立てる自由や職務遂行上の不便さの違い、労働協約や地方での交渉により賃金決定が行われていることなどを挙げたうえで、具体的な判断を国内裁判所に委ねた［43段］。

2000年 JämO 先決裁定では、同一価値労働に従事する助産師と医療技術者との賃金格差が性差別として争われ、助産師は、基本給は医療技術者より低いが、生活に不都合な時間帯に勤務する手当の支給や勤務時間短縮がなされており、賃金総額としてみると医療技術者より高額となる点が問題となった。先決裁定は、(1)で述べたとおり、基本給と手当とは別個に審査すべきであるとして、基本給の格差を対象として正当化を審査した。そして、不都合時間帯勤務手当の支給および勤務時間短縮は基本給の格差を正当化する要素となりうると判断し、その立証責任は使用者にあるとした。この先決裁定は、既に1993年 Enderby 先決裁定において正当化は0か100かではなく程度も問題になると判示されていることを踏まえ、手当支給は基本給に関する正当化要素となるが、それが格差の正当化として十分な程度か否かを、さらに審査する必要があると判断したものと解される。

さらに、2000年 Jørgensen 先決裁定[69]では、医師への報酬支払について、年間売上総額に基づきフルタイム医師とパートタイム医師を区分けして支払方法を決定する協定について、医療コスト管理を理由に正当化しうるかが問題となった。先決裁定は、財政上の考慮それ自体は立法の目的として正当性は認められ

68)　Case C-400/93, Royal Copenhagen［1995］ECR I-1275.
69)　Case C-226/98, Jørgensen［2000］ECR I-2447.

ないが、「国民に医療を保障するための公的医療費支出管理の必要」は正当な目的となるとして、手段が適切で必要と認められる場合には正当化が認められると判示した［39-42段］。この先決裁定は「他にとることのできる手段」の有無を検討する必要性に言及していない。これは、問題となった制度が、自由診療費の増大から財政危機に陥った国民医療費無償制度を立直すため設けられた制度であることから、国民への医療保障という法益保護を重視したことが反映した判断と思われる。しかし、これまでの判例による、予算や財政上の考慮は正当な目的とならないとの判断と整合するかは疑問である。[70]

(d)　パートタイム労働と正当化

欧州司法裁判所に係属した間接性差別事件は、パートタイム労働に関する事案が過半数を占める。各事件で具体的に正当化として主張されている内容は、一様ではない。

i)　企業との結びつきの強弱と正当化

1989年 Rinner-Kühn 事件では、労働者病休時の賃金継続支払を使用者に義務づけるドイツ法が、その対象からパートタイム労働者を除外していることが争われた。除外を正当化する理由として、「勤務時間の短い労働者は、企業に取り込まれたり依存したりはしていない」旨が主張された。しかし、先決裁定は「こうした考え方は、ある範疇の労働者に関する一般的な説明でしかない」として、正当化を否定した［14-16段］。この判示は、ステレオタイプな考え方を排する欧州司法裁判所の一貫した姿勢を示しており、差別禁止の基本となる考え方といえよう。

ii)　勤務時間の短さと正当化

「勤務時間数が短い」こと自体を理由とする不利益取扱いに関して、2003年 Schönheit 先決裁定[71]は、勤務時間数に比例する範囲でのみ減額の正当化が認められる旨を示した。同事件は、パートタイム労働者に対して退職年金を減額した事案であるが、先決裁定は、フルタイム労働者の年金額から「勤務時間数に比例して減額」することは「労働が少なかったためという事実により、客観的に正当化できる」［89-90段］とする一方、それを超える減額は正当化できない

70)　*See*［Barnard 2012：321-322］.

71)　Case C-4/02, C-5/02,Schönheit［2003］ECR I-12575.

とした［93段］。すでに1994年に採択されていたILO175号パートタイム労働条約では、賃金に関する時間比例の原則が定められており（5条）、パートタイム労働者の処遇に関する国際的な共通認識に沿った判断である。[72]

なお、パートタイム労働で勤務時間が短いことは、「勤務の長さと知識・経験の獲得との関連性」を理由とした正当化の可否という点からも争われてきた。この点については、つぎの(e)で検討する。

iii）　雇用創出のためのパートタイムへの転換促進と正当化

間接差別の事案には、加盟国の立法において、フルタイム労働者をパートタイム労働へ移行させて新規の雇用を創出するという社会政策目的や、社会保障制度の財政的維持などの社会政策目的から、パートタイムに移行するフルタイム労働者を優遇（パートタイム労働者にとっては不利益）としたものがある。たとえば、1993年 Kirsammer-Hack 先決裁定[73]、1995年 Nolte 先決裁定[74]ならびに同年 Megner 先決裁定[75]が、加盟国の立法裁量を広く認める観点から正当化を肯定した。

しかし、前述した1999年 Seymour-Smith 先決裁定以降、加盟国の立法裁量を尊重すべきことを前提としつつも、性差別の禁止という要請を加盟国の立法裁量よりも重視して、正当化の成否を判断するようになった。

たとえば、2003年 Steinicke 先決裁定[76]では、高齢公務員に対し短時間勤務への転換を認める加盟国の立法が、応募に「勤続5年のうち3年はフルタイム勤務」を要件としたことについて、性差別禁止を重視する判断を示している［63-69段］。また、2005年の Nikoloudi 先決裁定［48、51-53段］でも、「他に

72）　1997年パートタイム労働指令も、「客観的な理由によって正当化される場合には、加盟国は、…適当であれば、特定の雇用条件の適用を、勤続期間、実労働時間または賃金資格（earnings qualification）に従うものとすることができる」（同指令添付協約4条4項）とし、ILO175号条約ほど明確ではないが、労働時間比例の考え方を取り入れている。

73）　Case C-189/91, Kirsammer-Hack［1993］ECR I-6185.　同事件では、解雇規制法が、解雇規制の対象外となる小事業所を決定するための人員算定からパートタイム労働者数を除外したことが間接性差別か否かが争われた。先決裁定は、小企業は共同体における経済発展と雇用創出に極めて重要な役割を果たしているとし、小企業の負担となる規制の軽減が目的である限り、除外は正当化されるとした。

74）　Case C-317/93, Nolte［1995］ECR I-4625.

75）　Case C-444/93, Megner［1995］ECR1-4741.

76）　Case C-77/02, Steinicke［2003］ECR I-9027.

とることのできる手段」について考慮すべきこと、および「経済発展や雇用創出が目的であるという主張は、単なる一般論にすぎず、具体的な立証が不十分である」として、同様に正当化を否定した［51-53段］。

以上のように、パートタイム労働に関する事案に関して、欧州司法裁判所は、私企業（私的目的）に対しては、基本的に正当化を認めることに慎重な見解をとる。また、加盟国の社会政策が立法の目的とされている場合にも、加盟国の裁量を認めて正当化を若干広く認めているものの、基本的には性平等を優位の価値をもつものとして正当化に厳格な態度を示している。この背景には、第1に、EU において、パートタイム労働者の多くが女性であり、パートタイム労働者に対する不利益取扱いの是正が、雇用における男女格差是正にとって不可欠な重要課題であったことがある。第2に、1984年に第一次パートタイム労働指令案が提出され、1997年には差別禁止規定を含むパートタイム労働指令が成立していたこと[77]、そして、国際的にも1994年 ILO175パートタイム労働条約や同182号勧告が存在するなど、既に国際的にパートタイム労働を理由とする不利益取扱いに対して厳しい見方が主流をなしていたこと、があるものと思われる。

(e)　勤務の長さ（知識・経験の獲得との関連性）と正当化

「勤務の長さ」に関しては、初期の1989年 Danfoss 先決裁定において、まず、「1日の勤務時間数の短さ」ではなく、「勤続期間の長さ」との関係で問題となった。勤続年数を基準とした手当額の決定による女性への不利な影響が正当化されるか否かが争われ、先決裁定は、勤務の長さは経験と密接に関係し、経験を積めば労働者の職務遂行能力は一般的に向上すると述べて、当該職務の遂行における経験の重要性に関する格別の立証がなくとも、勤続年数を手当額決定基準とすることは正当化されると判断した［24段］。この先決裁定は、比例性審査に言及しておらず、1989年という間接性差別禁止法理の確立途上期の先決裁定であることを考えると、同先決裁定の判断が、比例性審査基準に則って検討されたのかは疑わしい。手段審査の観点からするならば、同裁定は、勤続年数を決定基準にすることの必要性や適切性に関する審査を無視しているといわ

77)　パートタイム労働指令の制定について、［濱口 2017：377-381］［柴山 2003a］参照。

なければならない[78]。

その後、正当化に関する判例が蓄積されていくなかで、改めて、「勤務期間の長さ」を基準とする賃金決定の正当化の成否が、パートタイム労働の事案において問われることになった。すなわち、1991年 Nimz 先決裁定では、昇給の要件である勤続期間の算定について、パートタイム労働者の場合にはフルタイム労働者の2分の1として算定することが正当化されるか否かが争点となった。先決裁定は、勤務し経験を積むことで職務遂行能力が向上することが一般論としては認められるとしても、個別事案における正当化の判断では、職務の性質と経験獲得との関係が具体的に立証されなければならないとした［14段］。これは、正当化について手段の適切性および必要性に関する具体的な立証を求める判例理論の発展を踏まえて、上記1989年 Danfoss 先決裁定を事実上変更する判断を行ったものといえよう。その後の1997年 Gester 先決裁定[79]および Kording 先決裁定[80]、1998年 Hill 先決裁定[81]、そして2005年 Nikoloudi 先決裁定[82]も、上記1991年 Nimz 先決裁定を踏襲する判断を示した。これらにより、勤続期間の長さについて、当該職務における経験獲得・職務能力向上との関連性を具体的に証明する必要のあることが、判例法理として一旦は定着した。

ところが、2006年 Cadman 先決裁定[83]により、この1991年 Nimz 先決裁定以

---

78)　その意味で、同先決裁定は、後述する2006年 Cadman 先決裁定（Case C-17/05, ［2006］ ECR I-9583）で先例として問題とされるのだが、本来、先例的意義を認めうる先決裁定だったかは疑問である。

なお、Danfoss 事件では、勤続の長さの他、可動性（mobility、勤務場所ないし職務内容の変動への対応可能性）、教育訓練経験（training）を付加給額の決定要素とすることが正当化されるか否かも争われた。先決裁定は、両者について「仕事を遂行する上で重要である」ことを使用者が立証したときは正当化されるとし、勤務の長さとは正当化の判断方法を異にする。しかし、これらの要素に関しても、やはり正当性の判断は緩やかである。

79)　Case C-1/95, Gerster ［1997］ ECR I-5253. 同事件では、ドイツのババリアン州公務員規則が、等級昇格要件である勤続期間の算定において、勤務時間が通常労働者の2分の1から3分の2であるパートタイム労働者は勤続期間をフルタイム労働者の3分の2として扱うと規定していることが、正当化されるか否か争われた。

80)　Case C-100/95, Kording ［1997］ ECR I-5289. 同事件では、税理士試験免除のための専門職員活動期間を、パートタイム労働の場合はフルタイム労働の場合より延長する国内法が、正当化されるか否かが争われた。

81)　Case C-243/95, Hill ［1998］ ECR I-3739. 同事件では、フルタイム1人分の勤務を2人でジョブシェアしていた労働者がフルタイムに転換した時の賃金等級決定について、ジョブシェアリング期間を2分の1に評価することが正当化されるか否かが争われた。

降の判例法理を一部覆す判断が示された。同事件では、勤続年数を基準とする年功型賃金決定が問題となり、年功的要素を有する賃金制度がEC条約前141条違反の性差別か否かが正面から問われた。Maduro法務官からは、Danfoss先決裁定を踏襲すべきではなく、勤続年数基準が女性差別的効果を生じる場合には使用者に正当化の立証責任が転化されるべきであり［法務官意見33-38段］、また、正当化は比例的かつ女性への差別的効果が最小限でなければ認められないのであって［同58段］、使用者は、勤続年数基準の必要性や他の賃金決定要素（能力など）とのバランス、ならびに女性差別的効果が最小化されていることなどの正当性を立証しなければならない［同意見63-66段］、との意見が提出された。しかし、同先決裁定は、一般的にみて、勤続の長さは経験とは密接な関連があり職務遂行能力を向上させるとして、1989年Danfoss先決裁定と同様に[84]、勤続年数による賃金決定は一般的に正当化されるとした［33-36段］。ただし、その一方で、労働者からこの密接な関連性に関して重大な疑問を生じさせる可能性のある証拠が提出された場合には、使用者は、当該職務について勤務期間の長さと経験との密接な関係および経験による職務遂行向を具体的に立証することが必要であると判断して、この点では、1989年Danfoss先決裁定

82）　Case C-196/02, Nikoloudi［2005］ECR I-1789.　同事件では、臨時から常用労働者への登用要件である勤続年数の算定にあたり、パートタイムで勤務していた期間を不算入ないし時間比例で算出することが、間接性差別か否かが問題となった。先決裁定は、一般的には勤続の長さと経験は密接に関連するが、個々の事案における全事情、とくに遂行する職務の性質と経験との関連次第であり、その結びつきについての具体的立証が必要である旨を判示した［50-66段］。

なお、2003年Rinke先決裁定（Case C-25/02,［2003］ECR I-8349）は、医師の一般臨床資格取得に一定期間のフルタイム訓練を要件とするEC指令に正当化があるとしている。しかし、同先決裁定はNimz先決裁定などと基本的には矛盾するものではない。すなわち、臨床医という業務の性質上、必要な経験と知識を身につけるには一定勤務時間数のフルタイム勤務が必要な、特別の関連が認められる事案であったからである。先決裁定は、医師として患者の病状が時間を追って進行することを追うという経験を身につけることが必要であり、一般臨床において特有に起こる様々な状況についての十分な経験を獲得するためには一定のフルタイム勤務を必要と考えることは合理的であると判断している［40段］。ただし、Rinke先決裁定が「他のとることができる手段」を検討していないことに疑問がある。Prechalは、同先決裁定について目的と手段の関係に対する審査が緩いこと、また、同事件では76年指令と医師の自由移動指令93/16の衝突が問題となっているが、後者の指令は制定された時期には未だ間接差別の危険性が現実的に理解されていなかった時代的限界を有するものである旨を指摘する［Prechal 2004：549、脚注59］。

83）　Case C-17/05, Cadman［2006］ECR I-9583.

84）　とはいえ、2006年Cadman先決裁定は、1989年Danfoss先決裁定のような使用者の無限定な自由裁量は認めていない。

を事実上一部修正した［37-38段］。

この2006年 Cadman 先決裁定は、理論的には、欧州司法裁判所がこれまで一貫して、使用者に対して、一般論ではなく当該事件に即して具体的に正当性を立証するよう求めてきたことに矛盾し、疑問と言わざるを得ない[85]。学説からも強く批判を受けている[86]。

欧州司法裁判所も、その後の2013年 Riežniece 先決裁定[87]に至り、事実上、Cadman 先決裁定の論理を否定する判断を示した。すなわち、同事件では、両親休業取得中の労働者に不利益となる勤務評価方法が、間接性差別か否かが争われた。裁判所は、Cadman 先決裁定を参照判例と挙げて「両親休業取得中の労働者と比べて、一般的には、就労継続中の労働者は経験を得る機会がより多く、それにより、より向上した職務遂行がなされるのは確かである」としつつも、それに続けて「しかし、単に就労していることでその労働者の成果が必ず向上するわけではなく、就労を継続した労働者のほうがより向上した義務遂行をなすというのは、単なる可能性に過ぎない」と述べて［47段］、人事評価方法が両親休業中の労働者に不利益を与える場合には間接性差別にあたる、と判示したのである[88]。

(f)　軍務従事者の優先と正当化

2000年 Schnorbus 先決裁定[89]では、職業訓練受講について義務的軍務完了者を優先する加盟国の立法について、正当化されるか否かが争われた。先決裁定は、同法は軍務のため生じた教育の遅れを埋め合わせようとするものであり、また、優先期間も最大でも12ヶ月であって軍務による遅れと少なくとも同等の期間だから不均衡なものとは言えない、として正当化を認めた［44-46段］。この判断は、義務的軍務を重要視したものであるが、同時に、女性にとっての不

85)　ただし、このCadman 先決裁定の射程が、必ずしもパートタイム労働の事案にも及ぶとは言えない。同じく正当化の判断にあたり「勤務の長さ」の違いが問題になった事案とはいえ、1989年 Danfoss 先決裁定および2006年 Cadman 先決裁定では、勤続年数が問題となった。これに対し、1991年 Nimz 先決裁定、1997年 Gerster 先決裁定、同年 Kording 先決裁定、2005年 Nikoloudi 先決裁定は、いずれもパートタイム労働である。「勤務時間」の違いが、「勤続年数」の違いと同程度に経験蓄積および職務能力向上と関連するとは、一般的には言い難いからである。

86)　［Costello/Davies 2006：1583-1584］［Beck 2007］［Barnard 2012：320-321］etc.

87)　Case C-07/12, Riežniece ECLI:EU:C:2013:410.

88)　ただし、同判示を不利益に扱われたか否か（性差別的効果）の判断との関連で述べている。

89)　Case C-79/99, Schnorbus［2000］ECR I-10997.

利益の程度（軍務経験者が優先される期間）との均衡も、考慮している点が注目される。

なお、同様に軍務者の退職手当額算定上の優遇が問題となった2004年 Österreichischer Gewerkschaftsbund 先決裁定[90]は、これを正当化の問題とせずに、差別の前提となる比較可能性があるか否かの問題として位置づけて、個人の利益ための両親休業と国民的集団利益のための軍務では性質が異なるとして、比較可能性の段階で差別を否定した。この判断枠組みに対する疑問については、後述（次項3）する。

(g)　正当化に関する全体的傾向

以上のように、欧州司法裁判所は、私企業の経営上の理由による不利益待遇に対しては、初期の段階から簡単には正当化を認めず、より具体的かつ慎重な手段審査を行う姿勢を確立していたと言える。それに対し、家族（配偶者・子）扶養の有無を理由とする社会保障給付の格差については、正当化を容認した。また、Nolte 先決裁定などにみられるように、加盟国の社会政策立法については、当初は、加盟国の裁量を重視した先決裁定が出された。これらの正当化の容認は、時代的限界の反映、すなわち、当時は、多くの EU 加盟国で世帯単位の社会制度が当然視され、その差別性の理解が進んでいなかったこと、また、性平等が EU 法の価値序列の優位に位置するものという認識が未確立であったという時代的限界があり、それが裁判所の判断に反映していたように思われる。しかし、1999年 Seymour-Smith 先決裁定による事実上の判例変更によって、その後は、EU 性平等規範が加盟国の社会政策立法にも優位する旨が、私企業の場合とで正当化の認められる範囲に違いはあるが、認められるに至っている。

ただし、具体的な正当化判断の基準の定立は生成途上である。未だ、包括的かつ統一的な基準を立てるところまでは至っていない。欧州司法裁判所は、正当化の判断にあたって、性平等原則が加盟国の立法裁量にも優位する重要な価値を有していることを基本に踏まえながらも、複雑多岐な要素を考慮しなければならない事案が増えたことによって、性平等と他の様々な社会的要請との調整ないし価値判断に苦渋している様子がうかがえる。その結果、具体的な比例

90）　Case C-220/02, Österreichischer Gewerkschaftsbund［2004］ECR I-5907.

審査の適用基準は未定立なままに止まり、先決裁定の実際の判断内容は必ずしも統一されていないように思える。

また、正当化として何が審査されているのか――性を基準とした処遇か否かの審査[91]なのか、それとも性差別禁止と他の法益との衝突に関する調整などなのか――という視点でみると、欧州司法裁判所は、正当化の審査を通じて、性差別禁止の要請と他の権利ないし法益の要請との衝突を、総合判断のなかで調整（加盟国立法の場合はEUと加盟国との権限配分の問題も関連して考慮のうえ）してきた。この点は、間接差別禁止法理の性格を、直接差別の推定法理と捉えるか否かにも関連して問題となるが（第3節2(1)）、欧州司法裁判所は、たとえば、1994年De Weerd, née Roks先決裁定が「予算的考慮は正当な目的とはならない」として財政的理由による正当化を否定したことにみられるように、性を基準とした処遇でなくとも、比例性に欠ける場合には正当化を否定してきたのである。

3　比較可能性要件の波及――育児に関連した間接差別類型への導入

つぎに、これまで述べてきた間接性差別禁止法理の変容、すなわち、比較可能性が、同法理を適用する前提要件として導入されたことについて論じたい。

欧州司法裁判所は、従来は、差別禁止法理を適用するにあたって特段に比較可能性を前提要件とはしていなかった。しかし、第2章第3節2で分析したように、1993年Roberts先決裁定[92]を契機に、男女別公的年金制度に関連した特殊な事案や、後述する妊娠・出産に関する事案[93]について、比較可能性を性差別の前提として求めるようになった。ただし、前者の男女別公的年金制度に関連した事案では、立法が性平等の例外を容認していることが関係し、後者の妊娠・出産に関する事案では、男女の生物学的相異（妊娠・出産）に関連した取扱いで、いずれも本来は、男女平等原則の適用除外ないし例外として解決されるべ

91)　仮に、EU間接性差別禁止法理の正当化審査が「性という属性を基準とした処遇か否か」の審査だ（［西原 2003：171］は、この見解に立つ）とすれば、隠された目的として性差別的意図や認識がない限り、性差別であることは否定されて、差別禁止法理としての正当化は認められることになる。しかし、判例は、性差別的意図や認識がなく目的自体は正当であっても、さらに手段の必要性・適切さを求めており、そのような見解には立っていない。

92)　Case C-132/92, Roberts［1993］ECR I-5579.

93)　Case C-342/93, Gillespie［1996］ECR I-475 paras.16-25 etc.

き事案であった。それにもかかわらず、条約や指令に該当する適用除外や例外の規定がなく、かつ判例は、直接性差別には明文規定以外による正当化を認めてこなかった。そのため、これらの先決裁定は、こうした特殊な事情をもつ類型の事案に対して、比較可能性を差別の前提要件とする手法を用いることにより、妥当な解決を図ったものと思われる。[94]

ところが、1999年 Gruber 先決裁定以降[95]、つぎにように正当化の抗弁が認められている間接性差別の事案においても、性差別とは男女が比較可能な状況にあることが前提要件であるとして、間接性差別禁止法理による審査に入る以前に、男女の比較可能性がないとして差別を否定する判例が現れた。

契機となった1999年 Gruber 事件では、「育児を理由とする退職者」と「重要な理由による退職者」との退職金額の格差が、性差別か否か問題となった。同先決裁定は、前者は任意退職であるのに対し後者は強制退職であって、両者は退職の実質および原因において状況が異なるとして、間接性差別禁止法理を適用する以前の段階で、差別の問題ではないとした［31-34段］。そして、同先決裁定の約１ヶ月後に出された1999年 Lewen 先決裁定[96]もまた、比較可能性があることが差別の前提であることを一般論として判示した［36段］。そして、両親休業中の労働者に対するボーナス不支給に関し、両親休業中の労働者は「現に就労している男女労働者と同一とは言えない、ある特殊な状況にある」として就労者に対する報償を趣旨とするボーナスを支給しなくとも差別には該当しないと判断した［37-38段][97]。2004年 Österreichischer Gewerkschaftsbund

94）［西原 2003：102-106］［Prechal 2004：545-546］。私見としては、このような男女の生物学的差異により異なった取扱いが許容される（男女平等原則の適用が除外される）場合においても、「生物学的性差に由来すると解されてきた区別のなかに、固定的観念（ステレオタイプ）とそれに由来する偏見（ジェンダー・バイアス）に基づくものが多く存在する」［辻村 2008：20］のであり、性よる異なった取扱いがあれば、差別を推定したうえで、使用者において、生物学的差異を理由として異なった取扱いが正当化される旨を立証することが必要なのであって、比較可能性を差別の前提要件とする枠組みは不適切と考える。

95）Case C-249/97, Gruber［1999］ECR I-5295.　本文で紹介する先決裁定の他にも、例えば、1999年 Wiener Gebientskrankenkasse 先決裁定（Case C-309/97,［1999］ECR I-2865）は、同一労働か否かの判断に関し「…多数の要素を考慮に入れながら、それらの人々が比較可能な状態にいると考えられるか」［17段］と比較可能性に言及している。また、2001年 Brunnhofer 先決裁定（直接差別、Case C-381/99,［2001］ECRI-4961 para.28）、2002年 Lawrence 先決裁定（Case C-320/00,［2002］ECR I-7325 para.12）も、一般平等原則について比較可能性を前提として紹介する。

96）Case C-333/97, Lewen［1999］ECR I-7243.

先決裁定[98]も、退職手当における勤続年数の算定に関して、一方で「軍務による休業」期間を算入し他方で「出産休業」期間は不算入としても、両者は比較可能な状況ではないので差別ではないとしている［60-64段[99]］。2009年 Sänchez-Camacho 先決裁定[100]も、公的年金支給額を、育児のための勤務時間短縮による保険料減額に比例して減額算定したことについて、「勤務時間短縮者は、フルタイム勤務者と比較できない特別な状況」［57段］にあるとして、支給額の比例的減額は、そもそも差別にあたらないとした。

これらの先決裁定は、育児を理由とする休業や退職に関する事案であり、それ以前の妊娠・出産事案での、比較可能性を前提要件として直接性差別に正当化を認めないことの不合理性を回避した判例（第4章第1節2(1)(c)参照）と、類似しているようにもみえる。しかし、育児による休業や退職を理由とする間接性差別の場合には、正当化の審査が要件とされており、正当化審査の段階で、妊娠・出産による休業を理由とする異なった取扱いが認められるか否かを検討しうる。つまり、比較可能性を前提要件としなければならない理由が実際上もなかったにもかかわらず、比較可能性を要件とする差別モデルが用いられたのである。

第3節　EU法における間接性差別禁止法理の特徴

1　間接性差別禁止法理の到達点

これまでの間接性差別禁止法理の生成と展開に関する分析を踏まえて、同法

97）　先決裁定は、当該加盟国の法律では両親休業中は雇用契約が停止し労使各々に義務が生じないことを根拠にして、両親休業取得中の労働者は特殊な状況にあるとする。

98）　Case C-220/02, Österreichischer Gewerkschaftsbund［2004］ECR I-5907.

99）　先決裁定は、比較可能な状況でない理由として、休業が個人的利害による任意のものか市民的義務として強制されるものか、休業の目的・休業を規定する法律・休業期間の長さの違いがあり、両親休業と軍務のための休業では休業の性質が異なると述べる。［Bell 2011：632-633］は、比較可能性を差別の前提とすることについて、誰を比較対象者とするかの曖昧な価値判断が含まれることを指摘し、本件を例に挙げて、裁判所は「任意で両親休業以外の休業を取得した者」との比較可能性を要件とすることにより、法が子育てよりも軍務を優位にみているという事件の本質的問題への回答を回避した、と批判する。

100）　Case C-537/07, Sánchez-Camacho［2009］ECR I-6525.

理の規範内容に関するEU法の到達点について、その要件に添いながら整理してみたい。

(1)　法理の適用対象に関して

EU指令は、間接性差別の適用対象を「性中立的な規定、基準、取扱いが…」と限定列挙する形で定義している（たとえば、2006年男女平等統合指令2条1項b号)。しかし、列挙された「規定、基準、取扱い」の各々が幅広い概念であるために、事実上、対象は限定されていないのに近い。判例も、同法理の適用対象に関して、特段の限定をする解釈はしていない。

その結果、EU法における間接性差別禁止法理は、個別の処遇行為のみならず、社会制度や人事制度などにも広く適用されてきた[101)]。欧州司法裁判所に係属した事案をみると、パートタイム労働や育児休業に関連した制度の事案が多数を占める。アメリカにおいて性差別に関して差別的効果法理が用いられた事案が、身長など男女の生物学的差異に関連した採用基準[102)]であったことと比べると、EU法における間接性差別禁止法理は、広く社会制度や人事制度をも射程に入れて、性別役割分業が土台に潜在する社会システムから女性が被る不利益を是正する法理として、機能してきた点に特徴がある[103)]。

また、EU法における間接性差別禁止法理の対象が事実上限定されていないところから、性差別が新たな形態において問題となった場合にも、同法理による法的審査の門が開かれている[104)]。たとえば、欧州司法裁判所では、ジョブシェアリングをした労働者がフルタイムに復帰した後に受けた賃金格差（1998年

---

101)　[Craig/De Búrca 2015：936] は、「今日、間接差別は、多くの裁判所において、制度的差別に立ち向かい正すための手段として良く知られている概念である」と述べる。Fredmanも、間接性差別禁止法理について「構造的差別に挑戦するために利用可能な法的手段として最も洗練されたもの」[Fredman 1997：287] と高く評価し、この法理が、個人ではなくグループに着目し、女性に不利益な効果を与えたり女性が対応し難い男性中心の規範について、その規範自体を排除し実質的な機会の平等を実現しようとするものであることを、特に指摘する [Fredman 1997：284-288] [Fredman 2011a：181-182]。

102)　1977年 Dothard アメリカ連邦最高裁判決、Dothard v. Rawlinson, 433 U.S.321（1977）。

103)　[相澤 2003：197] 参照（ただし、イギリス法についての論述）。

104)　性中立的規定がもたらす性差別的効果の規制の方法としては、問題となる規定等を個別に差別的規制の有無を検証して法的規制の対象を定めていく限定列挙方式もあり得る（たとえば、日本の2006年改正男女雇用機会均等法における間接差別規定)。しかし、EU法の間接性差別禁止法理は、審査対象を固定化しないことにより、新たな差別に門戸を開き、使用者や加盟国に差別の予防ないし是正を差別的効果をもたらす制度の是正を求める機能を有することとなった。

Hill 先決裁定)、有期契約労働者の雇用保障の弱さ（1999年 Seymour-Smith 先決裁定)、雇用契約上の労働者でない就労者に年金加入資格がないこと（2004年 Allonby 先決裁定[105])、臨時労働者の常勤への登用要件上の不利益（2005年 Nikoloudi 先決裁定）などの非典型労働に伴う新しい問題が、最終的に EU 法違法といえるか否かは別として、性差別の視点から審査されている（近時、判例は比較可能性を差別の前提要件とし、この点からの限界が生じている問題については前述した)。

このように対象事項が幅広いことは、使用者や加盟国の立場からすれば、あらゆる制度や法律の創設および運用にあたって、それが性差別的効果を生じるか否かに配慮を払い、性差別的効果が生じないよう予防し是正することを、事実上、義務づけられていることを意味するものである[106]。

⑵　性差別的効果に関する要件に関して

性差別的効果に関する展開の到達点として、2002年改正男女平等待遇指令により、差別的効果に関する定義部分が、「ある性に属する者を他の性に属する者と比較して、特定の不利益を与えるだろう場合」と修正されたこと（以後の諸指令も踏襲）に注目したい。新たな定義により、性差別的効果を統計資料以外の証拠により立証することも認められる旨が明らかとされ、多様な立証方法を認めるものとなった。そして、性差別の本質の捉え方という点でいうと、この統計的立証を許容する改正は、それまでの、間接差別をグループライツ（被差別集団の地位向上）的な見地で捉えていた立場から、より個人の権利（各個人の人権保障）という視点で捉える立場へ変化したと考え得る。

また、もう一つ差別の本質の捉え方との関係で注目されるのは、指令が、「特定の不利益を与えるだろう場合」と定義していることにみられるように、性差別的効果を不利益の付与と結びつけた形で認識していることである。たしかに、指令は「他の性に属する者と比較して」と規定しており、性差別を比較という観点から、すなわち「他の者と同じに扱われていない」という観点から考慮する姿勢も示している。しかし、この男女比較は、集団比較は必須ではな

105)　Case C-256/01, Allonby［2004］ECR I-873.

106)　その例として、1999年 Seymour-Smith 先決裁定を受けたイギリス貴族院判決は、「政府が女性に不利な効果を与える措置を導入する場合は、その措置の働きをモニターし、定期的に検討をし、状況に応じて措置を廃止や変更する義務がある」旨と判示している（R v Secretary of State for Employment ex parte Seymour-Smith and Perez No.2［2000］IRLR 263 paras.70-71, HL)。

いところから、一方の性への不利益の付与という事実を導くための一つの立証方法の提示と考えるべきであろう。差別の本質を、男女の処遇を比較して処遇の違いの視点から捉えるのか、それとも「その者を不利益な地位におく、あるいは、排除する」など男女比較を必ずしも要件としない視点で捉えるべきかは、大きな問題である。この点でいえば、現段階のEU法における間接性差別禁止法理は、混合的な見解、すなわち、男性と女性への処遇効果の比較を通じて、一方の性別の者に不利益が生じている場合を差別とする、という見解をとっているものと思われる。

(3)　正当化の抗弁に関して

正当化の成否に関して、欧州司法裁判所は、1986年Bilka先決裁定以来、比例性審査基準（proportionality test）を用いて判断し、性中立的規定などの目的と手段との両面から、性平等の実現と他の利益とのバランスを図ってきた。[107)]

間接性差別の正当化に関して具体的に争点となった主な類型は、一つには、加盟国が権限をもつ社会政策立法について欧州司法裁判所が判断しうるか否か、二つめは、性差別的効果を生じる制度（たとえばパートタイム労働の処遇制度）が社会的に不合理なものか否か、三つめの類型は、性差別禁止と性中立的規定等が目的とする他の法益との利益衝突の調整問題であった。正当化が「差別の推定を覆す立証段階」と位置づけられているところからすれば、上記三つの類型以外でも、欧州司法裁判所は、推定を覆す内容の主張であれば、その主張の性格を限定するものではないであろう。要するに、正当化審査は、差別の推定を覆す主張であれば、すべてが審査されうる構造をもっている。また、正当化の抗弁は、0か100かという択一的判断ではなく、正当化を一定程度において認めるという判断がありうる旨も判例上確立している。[108)]

---

107)　Tridimasは、同審査は、(i)正当な目的の達成に適切な方法か、(ii)目的を達成するより制限的な方法がないか、(iii)それが無いときも申立人の利益に過大な影響を与えてはならない（真の比例性）、との3テストからなると言われてきたが、欧州司法裁判所は、実際には、(ii)と(iii)とを区別せず、また、「他にとることのできる手段」のテストを行わなかったり「他にとることのできる手段」があっても正当化を認める場合もある指摘する。それを踏まえて、欧州司法裁判所における比例性審査の本質的特徴は、追及する目的と個人の自由に与える不利益とのバランスを図ることにあると分析している［Tridimas 2006：139］。

108)　e.g. Case C-127/92, Enderby［1993］ECR I- 5353 para.27, Case C-123/10, Brachner［2011］ECR I- 10003 para.72, Case C-173/13, Leone ECLI:EU:C:2014:2090 para.56.

つぎに、具体的な正当化の判断では、欧州司法裁判所は、1999年 Seymour-Smith 先決裁定以後、男女平等がEU法において優位的価値を有することを踏まえつつ、対象となる基準の性格（加盟国立法か私的合意か）、性中立的基準の目的（市民の生命や健康、雇用創出）、同目的と被る不利益の程度との兼ね合い、その他、すべての要素が総合的に考慮して正当化の成否を判断している。ただし、その総合判断についての、より具体的な統一的基準は示されていない。そのため、実際の欧州司法裁判所の判断は、個々の事案によって相当に流動的であり幅があるが、判例上、これまでに正当化に関し確認してきた内容としては、つぎの点が挙げられる。

まず、男女平等は各種法益のなかでも優位性をもつものであり、加盟国が有する社会政策立法に関する広い裁量権も、男女同一賃金原則という共同体の基本的原則の実現を妨げることはできない。

また、正当化について一般論を述べるだけでは主張・立証として不十分であり、当該事件に則って具体的に主張・立証することが必要である[109]。なお、これまでの判例により、予算的な考慮（財政上の理由）は正当な立法目的とは認められないこと[110]、採用の奨励は社会政策上の正当な目的ではあるが、単なる一般論でなく、当該立法により具体的に採用が増加することを立証する必要がある旨が判示されている[111]。

他方で、Seymour-Smith 先決裁定が言及した「他にとることのできる手段」を検討することは、これに言及する判例[112]と言及しない判例[113]が混在する。言及しない判例が、検討を不要としたのか、それとも検討するまでもないとの判断か

109）　たとえば、2003年 Kutz-Bauer 先決裁定（Case C-187/00, [2003] ECR I-2741）［58段］は、引退促進・失業者採用奨励を目的とする高齢者パートタイム制度について、退職年金開始年齢までとする事案で、一般論として高齢者にパートタイム勤務を認めればフルタイム勤務から移行するものが増え採用が奨励される可能性があるというだけでは、採用奨励のための適切な手段とは言えず、問題となった制度により雇用が奨励される旨を具体的に立証しなければならない旨を判示する。2003年 Steinicke 先決裁定［64段］、2005年 Nikoloudi 先決裁定［52段］も、単に一般を主張しただけでは正当化に不十分である旨を判示する。

110）　前述1994年 De Weerd, née Roks 先決裁定［35-36段］の他、2000年 Jørgensen 先決裁定［39段］、2003年 Kuts-Bauer 先決裁定［61段］、2003年 Steinicke 先決裁定［68段］など。

111）　たとえば、2003年 Kuz-Bauer 先決裁定［62段］、2003年 Steinicke 先決裁定［63段］。

112）　たとえば、2003年 Kutz-Bauer 先決裁定［51段］、2003年 Steinicke 先決裁定［58段］、2005年 Nikoloudi 先決裁定［48段］、2017年 Kalliri 先決裁定（Case C-409/16, ECLI:EU:2017:767）［42段］。

113）　たとえば、2003年 Rinke 先決裁定など。

は、必ずしも明確ではない。

2　間接性差別禁止法理の論理および構造

(1)　立証責任の転換ルールか、性差別概念の解釈拡大か？

では、このEU法上の間接性差別禁止法理は、差別禁止法理の展開の中で、どのように位置づけられるのだろうか。換言すれば、同法理は、「直接性差別禁止に関する立証責任の軽減ルール」、すなわち、男女格差という生じた結果から男女別取扱いの存在を推定する法理（直接性差別禁止を立証面から補完する法理）なのだろうか[114]。それとも、それを超えて、男女別取扱いはなくとも「一方の性に不均衡に不利益な効果を生じさせる制度や取扱いは、性平等の実現に対する障壁として性差別」と捉える（但、正当化が認められれば違法な差別とはならない）という、法が禁止する性差別概念の解釈を拡大した法理として位置づけるべきなのだろうか[115]。

欧州司法裁判所の判例には、間接性差別禁止法理のこのような位置づけが争点として正面から問われたケースは未だない[116]。そこで、これまでの判例および指令など立法の内容を分析しつつ、同法理がどのような法的性格のものと理解され展開されてきたのかについて検討しておきたい。

(a)　先決裁定の検討

間接性差別禁止法理の端緒となった1981年Jenkins先決裁定は、性差別的意

---

114)　[西原 2003：156-158] はこの見解をとる（[西原 2017：38 脚注56] も参照)。一方、[中窪 2005：118] は、アメリカの差別的効果に関する判例法理について、「単なる直接差別の緩和された形態ではなく、より積極的な平等理念のための手段と位置づける視点を示している」と指摘している。

115)　両者は、つぎの具体的な相違を生じる。前者の立証責任の軽減ルールであるとの立場では、法が性差別として禁止する対象はあくまでも性という属性を基準とした取扱いであり、客観的には直接差別も間接差別も対象範囲は一致しており、立証との関係で現実に法的規制が及ぶ範囲が異なってくるだけということになる。いわば、一つの禁止対象を行為者の側から捉えるものと、結果から推定し遡って対象を捕捉するものとの、アプローチの仕方の違いに過ぎないものと捉える。正当化の抗弁は、後者では、性という属性を基準とした扱いではないことを反証する過程であり、実際に性を基準とした扱いでなかったことが立証されれば、性差別の推定が覆り性差別とはならない。

これに対して、後者の、性平等の実現に対する障壁を差別として禁止する法理と考える立場では、禁止の対象となる範囲は、性という属性基準による取扱いを超えてより広く、性平等に対する障壁となっているものを射程範囲に取り込むこととなる。また、正当化の抗弁は、他のEU法上の法益や要請との調整などをも考慮して間接性差別禁止法理の適用範囲を画する、という判断過程となる。

図の存在が窺われる、性中立的基準を用いた「隠された直接性差別」型の事案であった。しかし、その後、1986年 Bilka 先決裁定において、間接性差別禁止法理は、使用者の性差別意図の有無を問わず差別的効果に着目して差別を認定する法理として確立された。この Bilka 先決裁定だけをとりあげれば、間接性差別禁止法理は「立証責任の軽減ルール」に止まるとも「差別概念を拡大した」とも解する余地があることは、前述したとおりである（第1節1(1)）。

その後の先決裁定を分析すると、たしかに、男女同一価値労働同一賃金原則に関する事案では、直接性差別の立証の軽減手段として間接性差別禁止法理を用いたことが窺われるような先決裁定も少なくない[117]。しかし、一方、明らかに、使用者・国が外形のみならず真意としても性という属性を基準にして取り扱ったわけではないという事案もみられる。たとえば、教育訓練の違いを理由とする賃金格差（1989年 Danfoss 先決裁定）、公務員採用の前提条件である講座受講についての軍務完了者優先（2000年 Schnorbus 先決裁定）、臨床医資格に一定のフルタイム勤務の年数を要件とする規定（2003年 Rinke 先決裁定）、年功性賃金制度（2006年 Cadman 事件）などである。これらの事案は、真意としても性を基準として用いたわけではないが、女性のおかれた状況[118]ゆえに、当該性中立的規定による不利益扱いが女性に対する障壁として働き、そのために女性に差別的

116）EU の研究者のなかでも、見解は必ずしも一致はしていないように思われる。

Ellis は、差別が直接か間接かを問わず「人が禁止された理由により不利益に取り扱われることである」と定義し、正当化は「差別が間接的なときに因果関係の要素を示すものである。すなわち、不利益が受容可能で性中立的な要因によるものであれば差別ではない。不利益な効果の原因は、何か差別以外のものである」と述べており、したがって、西原説と同様に、間接性差別禁止法理は性を理由とする差別禁止の立証ルールと考える立場ではないかと思われる［Ellis 2005：112］。

これに対し、Barnard は、2002年改正男女平等待遇指令および2006年男女平等統合指令の正当化の定義が挙証責任指令の定義から変更されていることを指摘し、2002年改正男女平等待遇指令等は、正当化審査を性との因果関係を検討する審査とはみていないとの考え方をとっている［Barnard 2012：356］。また、Fredman ほか多くの研究者が、間接性差別禁止法理を平等な参画への障壁を見いだし除去すると述べるが［Fredman 2011a：181］、これは、法的差別概念を拡大し差別的効果を生じる障壁が存在すること自体を差別としたとの考えが基礎にあると思われる。

117）たとえば、1993年 Enderby 先決裁定は、男女同一賃金原則における立証責任の分配について述べるなかで間接性差別禁止法理についても説明をくわえており［13-19段］、間接性差別禁止法理を基本的に立証責任の軽減ルールと位置づけているとみられる。

118）Donfass 事件では女性には教育訓練機会が少なかった過去の経過、Schonorbus 事件では当該基準の前提事実の性差別性（軍務が男性のみの義務）、Rinke 事件では性別役割分業、Cadman 事件では性別役割分業ないし女性の職場進出の遅れ、という状況が挙げられる。

効果が生じた事案である。したがって、「性を基準とした取扱いがあったかもしれない（隠された男女別取扱い）」という事案とは、性格を異にする。にもかかわらず、欧州司法裁判所は、これらの事案について、間接性差別禁止法理に取り込んだ上で、正当化審査で性中立的規定の目的と手段に着目しつつ調整を図るという方法を採用しているのである。

また、判例のなかには、直接性差別は否定されるとしても、間接性差別として問題となることを明記するものが、繰り返し現れている。このことは、欧州司法裁判所が、間接性差別禁止を直接性差別禁止の立証責任軽減ルールを超えたものとして捉えていることの証左とみることができよう。たとえば、1987年Tueling先決裁定［13段］[119]および1991年Com. v Belgium判決［14段］は「性に直接基づいた給付でなくとも、婚姻上の地位や家族的状況を考慮することは…」と判示している。また、1996年Lewark先決裁定は、「（加盟国法の目的である）社会政策目的は、それ自身は性とは関係ない」ものであると認めつつ、当該法律は、女性が圧倒的割合を占めるパートタイム労働者が委員活動に必要な知識を獲得することを妨げ、委員として選出されることをより困難にするとして、正当化を否定した［35-37段］[120]。1999年Krüger先決裁定[121]も「…たとえその除外が労働者の性とは無関係に適用されても、実際には男性より遙かに高い割合の女性に影響を与える場合には、間接差別である」、としている［26段］。これらは、性を基準とした取扱いの推定を明らかに超える内容を、間接差別として把握することを示すものである[122]。

欧州司法裁判所は、たしかに、間接性差別禁止法理を「隠れた（直接）性差別」や「偽装された（直接）性差別」（1970年代の前史となる諸先決裁定や1981年Jenkins先決裁定）を禁止する法的手段として用いることから出発した。そこでは、間接性差別禁止法理は、性を基準とした差別の存在を立証する責任を軽減するルールとして用いられてきた。しかし、判例法理がその後に展開されてい

119）　Case 30/83, Teuling［1987］ECR I-2497.

120）　Case C-C-457/93, Lewark［1996］ECR I- 243. 同事件では、所定内の経営協議会活動にのみ賃金を保障する法律が、女性が圧倒的多数を占めるパートタイム労働者に差別的効果を生じるとして問題となった。

121）　Case C-281/97, Krüger［1999］ECR I-5127.　同事件では、労働協約による僅少雇用契約（週15時間以下労働かつ収入が一定額を超えない）労働者の年末手当支給からの除外が、間接差別か否かが争われた。

くなかで、性差別意図の有無や性を基準とした取扱いか否かを問題とせず、差別的効果自体を差別として推定して、正当化に関しては性差別禁止と他の法益とを比較衡量等々も考慮して判断するという法理へと、移行したと考えられる。

(b)　EU 諸指令の改正内容についての検討

では、立法者は、EU 法上の間接差別禁止法理をどのように位置づけているのだろうか。つぎに、この点を検討しておきたい。

1997年挙証責任指令（間接性差別の定義を初めて成文化）の段階では、欧州委員会は、同指令の提案理由として「事実上の差別が未だ存在する理由は、性に基づく差別の存在を立証することが困難ないし不可能なことにある[123]」と述べており、この段階では、間接差別禁止は、直接差別禁止における立証の困難さを補う法理として位置づけられていたと思われる。それは、同指令が「ただし、当該規定、基準ないし取扱いが、適切かつ必要であり、性別と関係のない客観的な要因によって正当化される場合を除く」（2条2項）と規定したことからも伺えるであろう。

しかし、2002年改正男女平等待遇指令は、上記1997年挙証責任指令の規定を「ただし、当該規定、基準ないし取扱いが、正当な目的により客観的に正当化され、かつその目的の達成手段として適切かつ必要な場合を除く」（2条2項）へと改正して、「性別と関係のない客観的な要因によって（正当化される場合）」という部分を削除した。この削除は、2002年指令改正の主目的の一つが、アムステルダム条約による男女平等規定の強化を指令に反映することであることか

122)　問題は、判例が文言上、現在も正当化の一般論として、性差別的効果を生じる取扱いなどが「性に基づく如何なる差別とも関係のない客観的要素によって」正当化されると述べている点である。しかし、実際の正当化に関する判断は、この文言内容とは必ずしも一致しない。すなわち、欧州司法裁判所は、正当化の成否を、比例性審査を通じて性中立的制度等と性差別禁止との比較衡量により決定しているが、これは、同法理を立証軽減ルールとする場合の審査内容とは異なる。そもそも、この判例の正当化に関する一般的文言は、直接性差別が問題となった1980年 Macarthys 先決裁定において男女間の賃金格差の理由が性以外にもありうるという文脈の判示のなかで類似の表現が用いられ、それが翌1981年の Jenkins 先決裁定でも使用されたものである。Jenkins 先決裁定は、第1節1(1)で述べたとおり使用者に性差別意図が伺われる偽装差別型の間接差別であったが、同先決裁定が間接性差別禁止法理の端緒となったところから、以後の間接性差別禁止法理に関する諸判例においても、上記文言が正当化の一般的定義として踏襲されてきたものである。しかし、上記文言は、実際にはもはや正当化に関する定型的言い回しにしか過ぎなくなっており、2002年改正男女平等待遇指令および2006年男女平等統合指令では、後述するように正当化の定義から削除されている。

123)　COM（340）final at para.23.

らしても、間接性差別禁止法理が立証責任軽減ルールないし転換を超える内容をもつものであることを明確化したものと、理解できるのではないだろうか。

(c)　以上の検討から

EU 法の間接性差別禁止法理は、当初は、男女格差が生じているという結果から男女別取扱いを推定する直接性差別の立証軽減ルールとして用いられていた。しかし、同法理の発展とともにその性格に変化が生じ、現在では、単なる直接性差別の立証軽減ルールにとどまらず、一方の性に不均衡に不利益な効果を生じさせる制度や取扱いを「性平等に対する障壁」として性差別と捉えるという（但、正当化が認められれば違法な差別とはならない）、法が禁止する性差別概念を拡大した法理へと進展しているものと考えられる。

もちろん、この一方の性に不利益な効果を生じる制度など、いいかえれば「性平等に対する障壁」には、男女別取扱いも含まれるのであり、外形上は性中立的でも、性差別意図のある（ないし男女別取扱いとの認識ある）「隠された直接性差別」もまた当法理の対象である。つまり、直接性差別と間接性差別とは、「直接差別か間接差別か、前者でなければ後者」というように二者択一的に区分されるものではなく、別々の法論理に基づく概念である。EU 法における間接性差別禁止法理は、法的に禁止する差別として、直接差別とは別の類型を取り込んで、性差別概念を解釈拡大した法理と位置づけられる。

(2)　間接性差別禁止法理の論理および構造

この間接性差別禁止法理の論理および構造を分析すれば、性中立的な規定・基準・取扱いにより一方の性に不均衡に不利益な効果が生じている場合には、そこから「一方の性に属する者たちが働く上での障壁の存在」が推定（=「差別」の一応の推定）され、この推定が正当化により覆されない限り、違法な間接性差別となるという法理と整理できよう[124)]。結果に着目する点で、結果の平等と密接な関連性を有するアプローチである。ただし、性差別的効果への着目は、性差別を一応推定して原因へと遡る契機に留まるものであって、間接性差別禁止法理は、男女が平等な結果を得ることを保障するものではない。同法理は、男女の平等な参画を実現するうえで実質的に障壁となる制度や行為を禁止し除去する法理であり、法的性格としては、機会の平等の実質的保障を目的とする法理と理解することが適切と考える[125)]。

では、同法理の正当化段階では何が検証されているのだろうか。間接性差別禁止法理を上記の論理構造に立つものと捉えるならば、正当化審査の性格は、「性差別の一応の推定」を覆すか否かの判断過程と位置づけられる。したがって、正当化の抗弁も、「性差別の一応の推定」を覆し得る主張であれば、あらゆる内容の抗弁が論理的に可能となる。少なくとも、次の３種類の審査があり得るであろう。まず、「男女集団の格差が全くの偶然、ないし性との関連が直接的にも間接的にも無い」のか否かの審査である[126)]。間接性差別禁止法理も性差別禁止規範である以上、性との関連性が求められるからである。ここでは、前述した隠れた直接性差別の燻り出しがなされるとともに、「障壁の存在」と「各個人における不利益の発生」と「性」との三者間の結びつきの有無、に対する再吟味がなされる。二つめは、性差別効果を生じる制度が社会的に不合理なものか否かの審査である。そして、三つめの種類の審査は、性差別禁止と他の権利や利益との調整である。この調整では、EU 法における性差別禁止の重要性を前提とした上で――いわば秤の性差別禁止側に一定の加重をかけて――比較衡量がなされる。実際にも、前述したように欧州司法裁判所では、基本的に、暗黙のうちにしろ、上記の３種類の審査が併せて行われているとみられる。

124）［Fredman 2011a：180-181］参照。Fredman は、同法理における結果への着目は、差別か否かを判断する一過程にすぎないのであり、同法理の目的は、結果の平等ではなく「隠れた障壁（a hidden obstacle）」を暴くことにある、女性集団か男性集団かの一方が過少代表状態である場合には、参画への隠れた障壁の存在が推定され、その障壁が正当なものでないかぎり排除するというのが同法理の構造である、と分析している。そして、Fredman は、この「参画への隠れた障壁」排除法理の論拠を、「実質的平等（substantive equality）」に求める。つまり、現代の差別禁止法にいう「平等」は、「一貫した取扱い」という形式的平等（formal equality）を超えた実質的平等（substantive equality）であり、間接性差別禁止法理による「参入への隠れた障壁」の排除は、その実質的平等を実現するための重要な法理であると論じている。この間接性差別禁止法理の論理構造分析は、前述(1)での検討と照らして説得的といえよう。

125）　Fredman は、間接性差別禁止法理は、その目的として平等取扱いを超え結果の平等を指向するが、そのゴールとして結果の平等の実現を求めるものではないと述べる［Fredman 2011a：115］。Barnard も Fredman の論述を紹介しながら、間接差別は、性中立的な取扱いの結果に着目している点で「結果を重視し（results-oriented）」,また、特定のグループに及ぼす結果に着目している点で「結果に関連する（involves equality of results）」が、「結果再配分的ではない（not redistributive）」と指摘する［Barnard 2012：86, 336］。

126）　欧州司法裁判所の判例では、性と関連のない格差であるとして間接差別を否定した事例はみあたらないが、イギリスでは、Glasgow City Council 貴族院判決が、使用者が、男女賃金格差が直接か間接かを問わず性を理由とするものでないと立証した時には、男女同一賃金原則に違反しない旨を判示している（Glasgow City Council,［2000］IRLR 272, para.18, HL）。

なお、この正当化審査は、既に述べたように、行政規制の審査を起源とする比例性審査の枠組み（目的の正当性と手段の必要性・適切性の両視点からの審査）を、いわば借用しつつなされている。また、審査密度（厳格さ）についていえば、アメリカ判例での差別事由による類型的審査基準（厳格審査・中間審査・合理性の基準）の適用のような画一的な対応を取らず、性差別禁止の重要性を前提に置きつつ、事案に則して総合的に判断する方法を取っているといえよう。

3　小括——差別概念拡大の意義、正統性とその限界

(1)　間接性差別禁止法理の意義

このように、EU法は、間接性差別禁止法理として、外形上性中立的な規定・基準・取扱いを広く対象として、性差別意図を要件とせず、性差別的効果に着目して「性平等への障壁」を洗い出して性差別を推定し、その推定が覆されない限り、その障壁の存在／存在させていることをもって性差別として違法とするという、特徴ある法理を生成し、差別概念を発展させてきた。その意義として、次の諸点を改めて指摘したい。

第1に、人事処遇制度や社会保障システムを広く対象として、たとえ行為者に性差別的効果を生じさせる故意や過失が無くとも、一方の性に属する者の権利や利益の享受に障壁となるルールや制度などが存在すること／存在させていること自体を違法とし、廃止・是正を要求する法理である（この点で、差別に関する「違法」判断と「有責」判断とが切り離された法理という特徴を有すると考える[127]）。

いいかえれば、個々の行為者への法的非難や被害者の個別救済・性差別の消極的禁止を超えて、性差別を生み出す構造・制度自体の是正・変革を積極的に追求する法理といえよう[128]。実際にEUでは、パートタイム労働を不利益に処遇

127）　欧州司法裁判所は、差別（法的否定）の成否と、その発生・存続責任や是正・排除責任とは別個に捉えるとともに、責任内容に関しては、EU法ではなく、EU加盟国法に委ねていると考えられる。したがって、たとえば、人事制度が間接性差別と判断される場合に、過失責任主義に立つとすれば、違法な間接性差別と判示されるまでの間の使用者の責任は、その故意・過失（注意義務の程度は別途問題となる）の有無により決せられ、いったん違法な間接性差別と判明ないし判示された以降は、それを存続させていれば少なくとも過失責任を負うこととなろう。一方、加盟国がより厳格な無過失責任等を規定することも許容される。いずれにしろ、間接性差別の成否と責任の所在とは、別個の法的問題となる。

128）　*See*［Numhauser-Henning 2011：128-129, 135］.

する立法や雇用制度、あるいは職種間の賃金格差などを、性差別の視点から是正するうえで大きな役割を果たしてきた。

第２に、性差別的効果という結果から遡って、一方の性に属する者に不利益が生じている制度や取扱いを洗い出す機能をもつ法理である。この法理により、「隠れた男女別取扱い」のみならず、実際にも男女別取扱いではなく、従来は合理的あるいは裁量の範囲内の処遇とされてきたルールや制度であっても（たとえば、年功型賃金制度）、改めて、一方の性に差別的効果を生じる障壁となっていないかという性差別の視点――いわば副作用の有無という別の視点――から洗い直されることになる。

第３に、“一方の性に属する者の権利や利益の享受に対する、正当化されない障壁の存在”自体が違法とされることから、その責任追求（故意・過失――注意義務違反。なお、違法と責任の分離については前述した）を媒介として、事実上、制度の導入・活用者である使用者や加盟国に対して、それらが性平等の実現に障壁とならないか、性差別効果の無い／より低い措置に代替し得ないか等の検討、つまり、障壁となる制度等の導入防止・点検・是正ないし排除という積極的行為を促す機能を有する法理である[129]。

⑵　間接性差別禁止法理の正統性に関する疑義および限界に関して

他方、間接性差別禁止法理の正統性に関する疑義や限界も指摘されている。

その第１は、同法理が、性に対するステレオタイプな見方――たとえば、女性はフルタイムでは働けない――を土台とした法理ではないか、との疑問である[130]。たしかに、性差別的効果として「女性／男性の側に不均衡に多くの」不利益が生じるか否かを判断する過程で、女性／男性に対するステレオタイプな見方が入り込む危険性がある。それゆえ、この危険を回避して法理を的確に適用するためには、正当化審査において、個人に生じた結果（不利益）と性との関連性の有無を、具体的に検証することが肝要となる。

また、上記とも重なるが、同法理は男女集団間格差に着目するグループライツ（集団としての地位の向上や権利の保障）の色彩の強い法理であり、近代法の個

129）すなわち、間接差別禁止自体は消極的禁止規範であるが、事実上、国や使用者に差別予防・是正に関する作為を求めるプロアクティブな機能を有する。

130）［中窪 2005：120］［長谷川 2006：206（ただし、イギリス法に関しての言及）］。

人主義原則や権利侵害を個人の視点から捉えるアプローチと不適合ではないか、との疑義も生じるであろう。他方で、Fredman らは、同法理が集団に着目する点を評価しており、間接差別とグループライツとの関係をどのように理解すべきかが問題となる。思うに、社会実態としての男女差別は、たしかに、女性集団に対する社会構造的な劣位化ないし抑圧という集団的侵害を主な本質とするものであろう。しかし、後にも論ずるが、たとえ加害行為が集団に向けられたものだとしても、それに対抗する視座および法的論拠ないし正統性根拠は、個人の尊厳であり個人に立脚した権利である。また、現実的にも、女性集団全体へ影響を及ぼし得る弊害が存在していても、実際の影響は、各女性の状況（階級・階層や人種などの他の要素）により様々であって、集団を一括して扱うことはできない。それゆえ前述した正当化審査は、女性／男性という属性をもった集団に弊害を及ぼし得る制度が、当該個人に実際に弊害を及ぼしているか否かを検証する過程でもある。さらに、個人の尊厳の侵害という点からすれば、男性に対する性差別も、個々の被害者にとっては、男性という生来の属性を理由とした人権侵害である点において、女性差別と同様である。Fredman らによる同法理の集団への着目に対する評価は、個別的救済に留まらずより広く救済を図る必要性の提起として理解すべき問題であろう。

第2として、間接差別禁止法理の限界も指摘されている。Fredman は、同法理の意義を高く評価しつつ、同時に、被害者個人の申出に依拠する事後的な救済であることや、性別役割分業を基底に置く制度から生じる不公正の是正を追求する法理ではあるが、当然のことながら、性別役割分業自体の是正や解消までも射程範囲とするものではない、などの限界を指摘する[131]。たとえば、同法理によりパートタイム労働に対する不利益は規制されても、同法理は、女性が専ら家族的責任を担いパートタイムでしか働けない状況自体の是正を求めるものではない。また、Dagmar Schiek は、男女集団の内部が一律ではないことを指摘し、たとえば、間接性差別禁止法理によるパートタイム労働者の処遇是正の対象となったのは白人女性（家計補助的に働く中産層女性）層であり、生活を維持するために長時間働かざるを得ない黒人女性等（貧困層女性）は救済の

131）［Fredman 2011a：182-183］. *See also*［Hepple 2009b：149-151］.

埒外となる例を挙げる。[132] この男女集団内の階層化や、性以外の事由との差別の複合化は、性差別的効果の立証という面からも、今後、間接性差別禁止法理により適用上の困難をもたらすことが危惧される。[133]

さらに、正当化の抗弁との関係で、社会・経済状況次第で、司法の判断が、経済的理由や加盟国の立法裁量をより許容する方向へと重心を移行させて、正当化を広く認める方向へと進むおそれも払拭できないであろう。くわえて、近時、比較可能性モデルが間接性差別禁止法理にも波及して、同法理に変容を来す傾向がみられる。この点については、第Ⅲ部第７章第２節で改めて検討する。

以上のように、間接性差別禁止法理は、性差別をその制度的構造的原因から是正する機能をもつ法的手段であり、形式的平等法理の限界を克服する重要な法理といえる。しかし同時に、同法理の有効性には限界があり、他の、より性差別の根源に迫る法的手段との併用が不可欠であるものとして、把握すべきであろう。

---

132)　[Schiek 2005：455-457].

133)　現実にも、2015年 Fernábdez 先決裁定（Case C-527/13, ECLI:EU:C:2015:215, パートタイム労働者に対する疾病給付に関する不利益取扱いが問題となった事案）は、間接女性差別の成否について、パートタイム労働者のなかでも不利益をにも受けるのは一部であり、統計資料から多くの女性に不利益が生じるとはいえないし、利益を受けるパートタイム労働者もいるとして、間接性差別の成立を否定した（本来は、パートタイム労働と不利益な効果との関連性について、より詳細な検討が必要な事案と思われる）。

第４章　妊娠・出産に関する性差別禁止法理の生成および展開
――性差別として禁止する類型（性差別概念）の拡大Ⅱ

問題の所在

(1)　妊娠・出産に関する不利益取扱いと性差別の概念

前章では、EU 性差別禁止法における形式的平等の考え方を超える法理の一つとして、間接性差別禁止法理の生成と展開を跡づけてきた。本章では、同じく形式的平等を超えて性差別概念が生成された、妊娠・出産に関する性差別禁止法理をとりあげて検討する。

日本でも欧米諸国でも、女性が男性と対等に働き続けるためには、産前産後休業制度や妊娠・出産に関連した不利益取扱いをなくすことが、必須の課題である。ただし、妊娠・出産に関する不利益取扱いに対して、どのような法的アプローチをとるかは、「性差別」概念の捉え方により違いが生じる。すなわち、妊娠・出産に関しては、男性妊産婦という比較対象者は存在しない。したがって、性差別禁止を「他の性（男性）と等しく」という形式的平等を目的とする法規範として捉えると、日本の均等法のように、妊娠・出産に関しては性差別の範疇外であるとして、専ら妊産婦保護の視点からアプローチすることになる[1)]。もしくは、不利益取扱いの多くが、妊娠・出産に関連した不就労や就労能力の低下を理由とした事案であることに着目して、男性が疾病等により不就労や就労能力が低下した場合と比較して取扱いが不利益か否かを基準にし、かつ、その範囲内において性差別として法的に扱うことになる[2)]。

しかし、欧州司法裁判所は、「妊娠・出産」を理由とする不利益取扱いにつ

1）　保護法的アプローチをとった場合でも、十分な水準の法的保護が規定されていれば、現実には問題は生じないかもしれない。しかし、法的保護の有無や程度は、時々の政策的判断に委ねられることになり、法規範としての要求とは異なるものである。その意味で、EU 法が妊娠・出産差別を直接性差別として位置づける選択をしたことの意義は大きい。

いて、妊娠・出産に伴う不就労や就労能力が実際に低下したことを理由とする場合も含めて、直接性差別として禁止するという、男性との比較を要件としない法理を生成した。本章では、妊娠・出産に関して、性差別類型が「差別」の解釈を通じて拡大されてきた経緯をたどりつつ、その法理の内容と論理構造について検討を加える。

(2) 妊娠・出産に関係するEUの諸法規

検討に入る前に、EU法では、妊娠・出産に関して、性平等の視点からの法、そして妊産婦保護の視点から法と、二つの方向から法が展開されてきたことに触れておきたい。前者に関しては、後述するように、1990年以降、妊娠・出産に関する不利益取扱いが直接性差別である旨の判例法理が確立し[3]、2002年改正男女平等待遇指令（2条7項）に成文化されて、2006年男女平等統合指令（2条2項c号）に踏襲されている。一方、後者については、1992年母性保護指令により、危険有害業務や夜勤労働の規制（3条ないし7条）の他、産前産後休業(maternity leave)[4]の保障（8条）、妊娠開始から産前産後休業終了までの解雇禁止（10条）などが規定された。また、母性保護指令は、産前産後休業中の処遇について、雇用契約に関する権利の確保（11条2項）とともに、「労働者への十分な手当」の支払（11条2項）を保障し、疾病休業時の給付額を下回らない額のときは十分な手当とみなされる（11条3項）旨を規定している（2010年に出産休業期間延長などの改正）。

この1992年母性保護指令は、妊娠・出産保護を正面から規定する立法ではあ

2）たとえば、アメリカでは、妊娠差別禁止法（Pregnancy Discrimination Act）により、妊娠・出産自体を理由とする不利益取扱いは性差別と規定されているが、他方で、妊娠・出産による不就労を理由とする不利益取扱いについては、他の理由による不就労でも同様の不利益取扱いが行われていれば、それは性差別には該当せず法的に許される、とする立場も存在する（この立場では、妊娠・出産差別を性差別の範疇に入れつつ、差別の概念を「他の性と異なった取扱い」として他の性との比較を厳格に要求している）[中窪 2010：221-223]。日本法に関して、厚生労働省は、比較対象男性がいないことを理由に、性差別の問題ではないとの見解に立つ（平成10・6・11女発第168号）。と同時に、同省は、妊産婦保護の見地から産前産後休業（労働基準法65条）や妊娠出産障壁休業（男女雇用機会均等法13条）などが規定されていると解釈している。ここでは、性平等は「他の性と等しい取扱い」、性差別は「他の性と異なった取扱い」を意味する概念として捉えられている。

3）1976年男女平等待遇指令では、妊娠や母性の保護が指令に反しない旨が規定（2条3項）されているのみで、妊娠・出産差別と性差別との関係に関する明文の規定はなかった。

4）以下、本書においては、“maternity leave” を「出産休業」ないし「産前産後休業」と、“paternity leave” を「父親出産休業」と表記する。

るが、禁止される不利益取扱いとしては、妊娠・出産を理由とする解雇禁止が規定されているのみである。したがって、解雇以外の不利益取扱いや出産休業中の待遇を法的に争うには、条約（旧119条・前141条、現EU運営条約157条）や男女平等待遇指令等の性差別禁止規定違反を主張する必要があった。そのため、妊娠・出産に関するEU法に基づく権利主張は、主として、性差別禁止ないし性平等の視点からアプローチされてきた。このようにEU法では、性差別禁止規定に関する判例法理を通じて、妊娠・出産に関する権利内容が展開されてきており、それらを踏まえて、性差別に関する諸指令の制定・改正などの立法的進展も図られてきたのである。

⑶　性差別アプローチにおける具体的争点

さて、具体的に、妊娠・出産をめぐって性差別禁止法理との関係で問題となってきたのは、つぎのような争点である。

第１に、母親（女性）のみを対象とする出産休業や妊娠・出産に関する権利の付与が、性差別（男性差別）にあたるか否かが争われた。1976年男女平等待遇指令２条３項[5]が規定する「妊娠と母性に対する保護」（差別禁止の適用除外）規定の範囲を画定するにあたり、妊娠・出産に関する保護の論拠が問題となった。

第２に、妊娠・出産を理由とする不利益取扱いが、直接性差別（女性差別）に該当するか否かが問題となった。妊娠・出産は女性に特有なものであり、この領域では「妊娠・出産した他の性（男性）」という意味での比較対象者は存在しない。同時に「妊娠・出産しない同じ性（女性）」の者も存在するため、この問題を通して、性差別を「他の性と比較して不利益な取扱い」と捉えることの是非が問われたのである。さらに、妊娠・出産差別を性差別の問題と捉えるとしても、それは直接性差別なのか間接性差別なのかが議論となり、正当化が許容されるか否かという論点とともに論じられてきた。

第３に、妊娠・出産に関する不利益取扱いを条約旧119条・前141条ないし諸指令にいう性差別と捉える場合には、「妊娠・出産」の範囲が問題となる。不利益取扱いに関する規制が、妊娠・出産自体を理由とする場合に及ぶことは当

5）　2002年改正男女平等待遇指令２条７項、および現2006年男女平等統合指令28条１項も、1976年男女平等待遇指令２条３項と同内容を踏襲している。

然としても、果たして、妊娠・出産に起因する就労不能や法律上の妊産婦に対する就労禁止を理由とする場合をも対象とするのか否かが、問題となった。

第4に、妊娠・出産に関連して保障される権利内容いかんが問題となった。対象となる事項の違い（例えば、解雇か賃金か）により、法的保護（配慮義務）や不利益取扱い禁止の程度や範囲は異なるのか、また、不利益取扱いでも正当化が認められて違法とならない場合があるのか、などが論じられてきた。

第1節　妊娠・出産に関する直接性差別禁止法理の生成

1　1980年代、妊娠・出産保護の論拠をめぐる論議の展開

(1)　1984年 Hofmann 先決裁定

欧州司法裁判所でまず問題となったのは、上記第1の争点、妊娠・母性保護についての性差別禁止からの適用除外の範囲とその論拠であった。

1984年 Hofmann 先決裁定[6]では、母親（女性）のみに対する有給産後休業（法定の6週間を上回る、産後6ヶ月までの休業）の付与が、1976年男女平等待遇指令に違反する男性差別なのか、それとも同指令2条3項で許容される妊娠・出産保護なのか、が問題となった。

先決裁定は、妊娠・出産保護の正当性を、妊産婦の心身の保護（生物学的保護）、および、出産に続く期間における「母と子の特別な関係」の保護の必要性に求め、法定期間を上回る産後休業を付与することも、その目的のためである限りは同指令違反ではないとした［25-26段］。この「母と子の特別な関係」保護という考え方は、育児を女性の役割と考えているともとれるため、批判を受けている[7]。Hofmann 先決裁定自体は、育児は母親の役割であると直接的に述べたわけではなく、女性が仕事と育児との複合的責任を負う社会実態についての保護を述べたに止まる（他面、その要因や是正に踏み込んだ解釈は示されていない[8]）。しかし、同裁定の「母と子との特別な関係」という文言や、前年1983年の Com. v Italy 判決[9]が、女性のみに認められる養子縁組休業期間について「最

6）　Case 184/83, Hofmann［1984］ECR 3047.
7）　e.g.［McGlynn 2000］.

初の3ヶ月は養子が新しい家族と馴染むための重要な期間」[16段]と判示していたことも併せ考えると、欧州司法裁判所は、育児を母親の役割とする思考から脱しておらず、それが母親保護の論拠の理解にも影響を及ぼしていたといえよう。

(2)「母と子の特別の関係の保護」という論拠の事実上の変更

この1984年Hofmann先決裁定は、以後、妊娠・出産保護の論拠を示した先例として繰り返し引用されていく。しかし、欧州司法裁判所はその後、女性に対して生物学的保護の他に社会的実態に基づく保護も認める基本姿勢を維持しつつも、「母と子の特別の関係の保護」の解釈を、つぎのように2つの方向から、事実上限定もしくは修正していった。

一つは、妊娠・出産保護の範囲の限定である。1988年Com. v France判決[10]は、「高齢」や「親であること」などの男女が等しく属する資格を理由とする保護は、1976年平等待遇指令2条3項がいう妊娠・出産保護には含まれないとした。

もう一つは、「母と子の特別の関係保護」として示された社会的実態に基づく保護の内容を、“育児における母親役割の保護”から、“妊娠中・出産後に女性が被る雇用上の不利益からの保護”へと変化させたことである。たとえば、妊娠・出産保護の必要について、1994年Habermann-Beltermann先決裁定[11]は、出産休業から職場復帰する時点の困難を専ら指摘し、同年Webb先決裁定[12]も、働き続けるために「妊娠女性が自発的中絶を促されるかもしれないという深刻な問題を含めて」と判示した[20-21段[13]](後述(2(1)(b)参照)。

8) Hofman先決裁定は、1976年男女平等待遇指令は、「両親間の責任分担等の変更を目的としていない」と判示する[24段]。

9) Case 163/82, Com. v Italy [1983] ECR 3273.

10) Case 312/86, Com.v France [1988] ECR 6315. 同判決では、フランス法が労働協約により女性に対して特別の権利(産前産後休業の延長、高齢女性の労働時間短縮、子の病気休業等)を付与することを認めていたことが、男性差別か否かが問題となった。

11) Case C-421/92, Habermann-Beltermann [1994] ECR I-1657.

12) Case C-32/93, Webb [1994] ECR I-3567.

13) なお、Webb先決裁定の本文引用部分は、1992年母性保護指令の解雇禁止について、1976年男女平等待遇指令の妊娠出産保護に関連した言及をしたものである。

また、2004年Briheche先決裁定(Case C-319/03, [2004] ECR I-8807)のMaduro法務官は、判例法理では、1976年男女平等待遇指令2条3項は「妊娠中および妊娠後の生理的精神的条件が出産後通常に戻るまでの期間における女性の生物的条件の保護」[法務官意見26段]を論拠としていると述べ、判例法理がいう女性保護の論拠を生物学的保護のみと限定解釈している。

2　妊娠・出産に関する直接性差別禁止法理の生成

(1)　法理の基本的枠組みの生成

欧州司法裁判所は、1990年 Dekker 先決裁定[14]および Hertz 先決裁定[15]から1998年 Brown 先決裁定[16]に至る一連の先決裁定において、妊娠・出産および妊娠・出産に起因した就労不能ないし就労能力低下を理由とする不利益取扱いについて、これを直接性差別とする判例法理を確立した。ただし、その論拠および対象範囲をめぐっては、以下に述べるとおり、性差別とは何かの捉え方に関連して、様々に異なった解釈が錯綜しながら展開されることになった。

(a)　1990年 Dekker 先決裁定および Hertz 先決裁定

Dekker 事件および Hertz 事件は、欧州司法裁判所において、妊娠・出産に関連した理由により不利益に扱うことが性差別か否かが問題となった最初のケースである。事案は、Dekker 事件が妊娠を理由とした採用拒否[17]、そして、Hertz 事件は妊娠・出産に起因する疾病による産後休業終了後の欠勤を理由とする解雇[18]であり、これらが1976年男女平等待遇指令に違反する性差別か否かが争われた。

欧州司法裁判所は、まず Dekker 先決裁定において、「妊娠を理由とした採用拒否は、直接性差別か間接性差別か」との国内裁判所からの先決裁定の付託に対して、以下の理由を述べて直接性差別である旨を判示した。すなわち「(直接性差別か否かは) 採用拒否の基本的理由が、労働者の性による区別なく適用されるのか、それとも一方の性のみに適用されるのかによる」［10段］とし、「女性のみが妊娠するのであって、妊娠を理由とする採用拒否は性に基づく直接差別である」［12段］と判示した[19]。そして、男性比較対象者がいないことに関しては、「採用拒否の理由が当該女性の妊娠という事実ならば、採用拒否は、

14)　Case C-177/88, Dekker［1990］ECR I-3941.

15)　Case C-179/88, Hertz［1990］ECR I-3979.

16)　Case C-394/96, Brown［1998］ECR I-4185.

17)　Dekker 事件原訴訟の申立人は、教育訓練センターの講師の職に応募したが、使用者は、申立人を最適格候補者に挙げつつも、申立人が妊娠していることから採用を拒否した。拒否の理由として、産前産後休業中の給付についての私的保険が、使用者が妊娠を知って採用した場合には適用されず、経済的負担が生じることを挙げていた。

18)　Hertz 先決裁定は、Dekker 先決裁定と同日の同一裁判官らによる先決裁定である。原訴訟の申立人（レジおよび販売担当者）は、産後休業終了後に一旦復職したが、妊娠・出産起因疾病のため出産1年後から2年後にかけて100日欠勤し、その欠勤を理由に解雇された。

採用候補者の性と直接に結びついている（reason is directly linked to the sex）のであり、妊娠した男性採用候補者がいないことは、採用拒否が直接性差別か否かの答えには影響しない」［17段］とした。

この判示は、「女性のみが妊娠」と男性との違いに言及はしているが、これは「妊娠」と「女性という属性（差別事由）」との関係を説明したものであり、また、「一方の性のみに適用されるのか」という部分も、属性と不利益との結びつきを判断する文脈として理解しうるであろう。判示では、直接性差別と判断する論拠として、女性という“属性”と“不利益”との結びつきに主眼がおかれており、男女比較を基軸ないし必須とする性差別論を採っているわけではない。表現に曖昧さは残るものの、“妊娠という女性固有の生理＝女性という属性”を理由とする不利益取扱い、すなわち、「女性という“属性”と“不利益”との直接の結びつき」をもって、直接性差別と捉えた判示と解される[20]。従来の「男女別取扱い」という差別類型とは異なった、新たな類型の直接性差別を認めたものといえよう。

このDekker先決裁定の、妊娠・出産を理由とする不利益取扱いは直接性差別であるという結論は、1994年Habermann-Beltermann先決裁定[21]でも踏襲されて、判例法理として確立していく。

他方、Hertz先決裁定は、妊娠・出産に起因する疾病（以下、「妊娠・出産起因疾病」という）による産後休業終了後の欠勤を理由とする解雇について、妊娠自体を理由とした不利益取扱い事案とは異なり、男性も欠勤によって同様に解雇されるならば直接性差別ではない、とした。すなわち、同先決裁定は、まず、「1976年男女平等待遇指令は、妊娠・出産に起因する疾病（による不利益取扱い）事案を想定していない。しかし、同指令は加盟国法による産前産後休業の保障を許容しており、産前産後休業中は、女性は欠勤による解雇から保護されてい

19)　同先決裁定は、したがって（直接性差別である以上）、使用者が、出産休業中に負う経済的損失を理由として差別を正当化することは、許されないと判示する［13段］。

20)　*See*［Honeyball 2000：47-48］.

21)　Habermann-Beltermann事件では、妊娠した夜勤専属看護婦がドイツ法上妊婦の夜勤が禁止されていることを理由に解雇されたことが、性差別か否か争われた。同先決裁定は、妊娠を理由に雇用契約を終了することは直接性差別だが［15段］、同事件の解雇は妊娠が直接の理由ではなく、法の夜勤禁止の結果である［16段］としたうえで、夜勤禁止は一時的であり解雇は許されないとした。なお、解雇を性差別とする法的構成は、必ずしも明確ではない［Ellis 2005：229］。

る。したがって、産前産後休業期間中は、女性は、妊娠・出産に固有な不調による欠勤も解雇から保護されるが、その期間の長さを決定するのは加盟国である」［15段］とした。他方、産前産後休業の終了後は、「妊娠・出産に起因する疾病を他の疾病と区別する理由はなく、疾病の一般ルールが適用される」［16段］とし、したがって「男性が疾病により欠勤した場合と同じ扱いか否か」により、妊娠・出産起因疾病による欠勤を理由とする解雇が直接性差別か否か判断される、と判示した［17段］。なお、同先決裁定は、間接性差別に関しては、検討する理由はないとして否定している［18段］。

ここで示されている論理は、必ずしも明確ではないが、①指令は妊娠・出産と妊娠・出産起因疾病とを区別しており、後者は、差別禁止の適用除外となる妊娠・出産保護の対象とはならない、②しかし、産前産後休業中は、休業中なので妊娠・出産起因疾病で就労できない状態でも欠勤とはならず、結果として解雇はされない、③休業が終了すれば、妊娠・出産起因疾病による欠勤も疾病欠勤として、男女で異なった取扱いがあるか否かにより欠勤理由の解雇が性差別か否かを判断する、という考え方と解される。

このように二つの先決裁定は、妊娠・出産自体か理由か、妊娠・出産起因疾病による欠勤が理由かによって、性差別の成否の判断方法および結論を異にするものであった。しかし、その違いについて納得のいく説明といえるか[22]、妊娠・出産起因疾病は果たして妊娠・出産に関連した差別禁止から除外されるべきかについては、疑問もあり、この点は、のちの1998年 Thibault 先決裁定[23]や同年 Brown 先決裁定で再検討されることになる。

(b)　1994年 Webb 先決裁定による男女比較否定の明確化

Webb 事件は、出産休業者の代替要員として採用された女性が、自らも妊娠し代替勤務できなくなったことを理由に解雇された事案である。先決裁定は、つぎのように、2つの点で先例の説明を補足しながら、同解雇が1976年男女平等待遇指令違反の直接性差別であるとの結論を導いた。

第1に、先決裁定は、妊娠・出産休業による不就労を理由とする不利益扱い（解雇）が性差別か否かの判断にあたり、男性の疾病による不就労の場合との

22)　同先決裁定の説明不十分を指摘するものとして、［Stott 2002：356］。
23)　Case C-136/95, Thibault［1998］ECR I-2011.

比較に依拠しないことを、明示した。前記1984年 Dekker 先決裁定も、直接性差別の判断において男性との比較を必須とはしなかったが、Webb 先決裁定は、「妊娠は、いかなる意味でも病気による状況とは比較できず、また、病気でない理由による就労不能とは、なおさら比較できない」［25段］と述べて、妊娠・出産領域における性差別の判断において、男女比較は要件ではない旨をより明確に判示した。[24)]

なお、先決裁定は、Hertz 先決裁定と同様、産前産後休業終了後の妊娠・出産起因疾病については、一般の病気に含めて、性差別か否かを男性との取扱いと比較して決定している［25段］。しかし、なぜ両者で判断枠組みが異なるのかについて、その理由は述べられていない。

第2に、先決裁定は、妊娠・出産に関する女性保護の正当性論拠の一つとされつつ批判を受けていた「母と子の特別の関係の保護」に関して、「妊娠女性が自発的中絶を促されるかもしれないという深刻な問題を含め」ると述べて、雇用環境との関係で妊娠女性に固有に生じる困難に注目することにより［21段］[25)]、その論拠の正当性を補強し、保護の重要性を強調した。

(c)　1996年 Gillespie 先決裁定：「比較可能性モデル」の導入

以上のようにみてくると、1990年 Dekker 先決裁定や1994年 Webb 先決裁定は、妊娠・出産という男性比較対象者のいない領域において、男性との比較によらない性差別概念――いいかえれば「等しいものは等しく」という形式的平等とは異なる性差別の概念――、すなわち、女性固有の生理を理由とする不利益取扱いという、新たな性差別の類型が成立しうる、との考え方を提示したといえよう。これに対して、1996年 Gillespie 先決裁定[26)]は、つぎのように、妊娠・出産領域においても、性差別を、あくまでも比較可能性を基礎として捉える考え方を導入した。

Gillespie 先決裁定では、出産休業中の賃金減額および昇給不適用が、条約旧

24)　その後の判例で同様に、不利益取扱いが一方の性のみに適用される理由によること（性と不利益との結びつき）を判示するものとして、2008年 Mayr 先決裁定（Case C-506/06,［2008］ECR I-1017）［50段］などがある。

25)　直接的には母性保護指令の規定に関する言及であるが、先決裁定は、1976年男女平等待遇指令の解釈でも、母性保護指令における女性保護の一般的文脈を考慮すべきとしている［20-23段］。

26)　Case C-342/93, Gillespie［1996］ECR I-475.

119条および1975年男女同一賃金指令に反する性差別か否かが争われた。同裁定はまず、差別とは「比較可能な状況に異なったルールを適用し、あるいは異なった状況に同じルールを適用する」ことを意味する旨（以下、これを「比較可能性モデル」という）が判例上確立している、と指摘する［16段］[27)]。そのうえで、「産前産後休業を取得した女性は、特別の保護が与えられるべき特別の地位にあり、それは、男性の地位とも就労中の女性の地位とも比較可能ではない」［17段］として、産前産後休業中の賃金に関してはEU指令には規定はないのであるから、出産保護が無意味となるような低水準でないかぎりは加盟国の権限であり裁量である、と判示した［18-20段］。論理はかなり曖昧と言わざるをえないが、判旨の意味を推測するに、①男女が比較可能でない異なる状況にあるときは、男女に同じルールを適用することは性差別であり、②したがって、妊娠・出産女性には特別の保護ルールを適用しうる、③そして、その性差別ではない特別の保護ルール（妊娠・出産女性保護ルール）の内容は、EU法には規定がないために、原則として加盟国の権限事項である、という構成であろう。

本件Gillespie裁定の3年前に判示された1993年Roberts先決裁定は、男女別公的年金受給開始年齢に関連した特殊な直接性差別事案について、比較可能性を差別の前提要件とすることにより、法による明文以外の例外を認めていない不都合を回避する役割を、差別の前提条件としての比較可能性審査に担わせた（第2章第3節2(2)）。Gillespie先決裁定は、このRoberts先決裁定の比較可能性モデルを、妊娠・出産という女性特有の状況に波及させたものといえよう[28)]。

しかし、そもそも、妊娠・出産という女性特有の領域に比較可能性モデルを用いることには、相当に無理が伴う。そして、後述するように、その無理が、

27)　先例として、1995年Schumacker先決裁定（Case C-279/93,［1995］ECR I- 225.　条約旧48条の労働者の自由移動との関係で、国内居住者と非居住者との課税格差が差別か否か問題となった）を引用する。EU法では、差別は、性や人種・障碍などのいわゆる社会的属性を理由とした差別禁止のみならず、欧州市場の統合/発展に向けて、物・人・サービスの自由移動の保障、国境を越えた移動に対する差別取扱いによる自由移動阻害の禁止が重要な課題であって、その領域でも差別禁止に関する判例法理が形成されており、それを先例として引用したものである。

28)　1993年Roberts先決裁定（Case C-132/92［1993］ECRI-5579）は、男女の比較可能な状況を性差別の前提要件とし、男女が異なった状況での差別の概念には言及していなかった。これに対して、本件Gillespie先決裁定は、形式的平等テーゼの後半部分（「…等しからざるものは等しからざるように」）を「異なった状況に同じルールを適用する」という形で、妊娠・出産という女性特有の領域の差別概念として用いた点に特徴がある。

後の先決裁定において顕在化してくる（第2節3(2)）。また、比較可能な状況に適用される特別な保護ルールについて「出産保護が無意味となるほど低水準でないかぎりは、加盟国の権限であり裁量である」とするのは、基本的人権問題としての性差別に関する判断としては、厳格さを欠く解釈というべきであろう。くわえて、Gillespie 先決裁定は、昇給分の不支給は性差別にあたると判示しているが、その理由を「仮に妊娠していなかったならば昇給を受けられたはずであり、彼女の労働者としての能力そのものに対する差別」［22段］であると説明している。こちらについては、差別の概念を、他の性との比較ではなく、自分が妊娠せず就業した場合との比較で捉えている。すなわち Dekker 先決裁定や Webb 先決裁定と同様に、「妊娠（女性固有の現象）を理由とする不利益扱い」と捉えているのである。それだけに、判旨に関しては論理の一貫性にも疑問がある。[29)]

その後、妊娠・出産に近接する育児の事案である1999年 Gruber 先決裁定（育児を理由とする退職者と重要な理由による退職者との退職金額格差）や同年 Lewen 先決裁定（育児休業中の労働者へのボーナス不支給）などにおいても、比較可能性を前提要件とする差別モデルが波及していった。これについては、第3章第2節3で述べたとおりである。

(d)　1998年 Thibault 先決裁定：実質的平等論の提示

他方、1998年 Thibault 先決裁定[30)]では、妊娠・出産保護と性差別禁止との関係について、新たに、実質的平等を保障するという視点から、両者をつなぐ論理が示された。

同事件では、勤務評価を受けるための6ヶ月勤務期間という要件を妊娠休業取得のために充たすことができず、それを理由に勤務評価を拒否されたことが（その結果、昇進の可能性が失われる）、1976年男女平等待遇指令に違反する性差別か否か問題となった。

先決裁定は、「男女平等待遇指令によるそのような権利［同指令2条3項妊

---

29)　2004年 Alabaster 先決裁定（Case C-147/02,［2004］ECR I-3101）の Leger 法務官も、Gillespie 先決裁定は、賃金と昇給とで異なった差別アプローチを用いたと指摘している［法務官意見63-66段］。また、同法務官は、Gillespie 先決裁定は、女性の保護に欠けると批判している［67-87段］。

30)　Case C-136/95, Thibault［1998］ECR I-2011. 同先決裁定の邦文評釈として［浅倉／角田 2007：191-196, 206-215］。

娠・出産保護―引用者注］の付与は、雇用へのアクセス（3条1項）および労働条件（5条1項）に関する男女平等待遇原則の実施を確保することを目的とするものである。したがって、2条3項に基づき女性に付与された権利の遂行が…不利益な取扱いを受けることは許されない。この観点において、男女平等待遇指令が追求する結果は、形式的ではなく、実質的平等である」とした［26段］。ここでは、1976年男女平等待遇指令の平等は、形式的にではなく実質的な保障をめざしており、そのために必要なものとして妊娠・出産の保護に関する権利が付与されていること、したがって、その妊娠・出産への保護に関する権利の行使を理由とした不利益取扱いは、母性保護指令違反のみならず、性差別（直接性差別）として男女平等待遇指令にも違反するものである、という論理が示されている。

このような論理は、性差別概念の捉え方という点からみると、伝統的な「他の性と異なった取扱い」という形式的平等を基礎とする類型とは別の、新たな性差別類型、すなわち「（性平等の実現に必要な）女性固有のニーズへの配慮の侵害ないし不提供」という類型を提示したものと解される[31)]。

1998年当時には、第2章第3節で述べたように、形式的平等の限界が顕在化し、それに対する批判が高まっており、くわえて1997年にはアムステルダム条約が制定されて、「完全な平等」（前141条3項）をめざして積極的に差別に挑戦する姿勢が打ち出されていた。それらが背景となって、1998年 Thibault 先決裁定による、妊娠・出産への保護（配慮）と実質的性平等とを結びつけた解釈が示されたのであろう。

(e)　1998年 Brown 先決裁定：保護拡充および論理統合の試み

欧州司法裁判所は、妊娠・出産という比較対象男性のいない領域において、1990年 Dekker 先決裁定以来、妊娠・出産自体を理由とする不利益取扱いは直接性差別であるという一貫した判断を示してきた。ただし、その論理を構成する際に、一方では、1990年 Dekker 先決裁定や1998年 Thibault 先決裁定のよ

31）　これは、障碍者に対する合理的配慮を欠く場合と共通する差別の捉え方である。2000年雇用一般平等待遇枠組指令では、合理的配慮義務違反（5条）が差別か否かは明記されていないが、国連障害者権利条約2条は、障碍者に対する合理的配慮義務否定を差別と明記している。また、2008年欧州委員会の上記指令の改正提案（COM（2008）426 final at 7）も、上記指令が合理的配慮義務の否定を差別と規定すると述べている。

うに、性差別の概念を拡張して男女の比較（形式的平等）によらない2種類の新たな性差別類型を提示しつつ、他方では、1996年 Gillespie 先決裁定のように男女の比較を前提とする比較可能性モデルを導入するものもあった。また、妊娠・出産に起因する能力低下・不就労を理由とする不利益取扱い事案では、出産休業中と同休業後とで結論を異にする判断を示していた。このような錯綜した判例状況に対して、1998年 Brown 先決裁定[32]は、1994年 Hertz 先決裁定を事実上変更して、「妊娠・出産に起因する疾病」は「妊娠・出産」状況特有の特徴の現れ（「妊娠・出産」の概念に含まれる）と新たに解釈し直すとともに、妊娠・出産に関する性差別禁止法理の論理の整合化を試みた。

同事件は、妊娠に起因する疾病による欠勤を理由として解雇されたことが、1976年男女平等待遇指令に違反する性差別か否かが問題となった事案である[33]。当該雇用契約上は、男女を問わず26週以上の欠勤は解雇とされており、したがって、他の性と異なった取扱いか否かという、つまり男性との比較で性差別概念を捉えるとすれば、性差別とはいえない事案であった。また、申立人女性は、当該加盟国法上の産前産後休業取得のための勤続期間要件を満たしておらず、1994年 Hertz 先決裁定のいう、産前産後休業の保障により欠勤が許容されるという枠組みからも外れる事案である[34]。

1998年 Brown 先決裁定は、まず、「妊娠」と「妊娠に起因する疾病」との関係について、つぎのとおり判示した。すなわち「妊娠は不調や合併症が起こりうる時期であり…それらの不調や合併症は、労働を不可能とするものであるが、妊娠という状態に固有のリスクの一部を構成し、したがって、妊娠という状況の特有の特徴である」と指摘した［22段］。そして、「妊娠中の女性労働者を妊娠により生じた労働不能による欠勤を理由に解雇することは、妊娠に特有なリスクの発生に関連するもの、したがって、妊娠という事実に特有に基づくものとみなければならない。そのような解雇は、女性に対してのみなされるものであり、性に基づく直接差別である」「それゆえ、妊娠期間中の如何なる時期に

32)　Case C-394/96, Brown［1998］ECR I-4185.

33)　本件解雇は1991年2月8日付で、1992年母性保護指令の制定以前の事案である。

34)　1997年 Larsson 先決裁定（Case C-400/95,［1997］ECR I-2757）は、同様の妊娠起因疾病による産前休業期間以前の欠勤に対する不利益扱いに関して、Hertz 先決裁定を踏襲して性差別ではないとしていた。Brown 先決裁定は、この Larsoon 先決裁定を変更した［27段］。

おいても、妊娠により生じた無能力による欠勤を理由とする解雇は、男女平等待遇指令2条1項および5条1項に違反する」と判示した［24-25段］。この判示は、Hertz 先決裁定の論理（すなわち、妊娠・出産起因疾病による不利益扱いを性差別禁止の範疇外としたうえで、産前産後休業保障の範囲では欠勤が許容されるという考え方）を修正して、妊娠自体のみならず「妊娠に起因する疾病」も、妊娠と一体のものとして、産前休業以前も含む全妊娠期間中について、不利益取扱いを直接性差別として禁止するものである。

他方、この Brown 先決裁定は、産後休業終了後は、妊娠・出産に起因した疾病による欠勤には「病気の場合の一般ルールが適用される」として、男性に対する取扱いと異なるか否かを基準に性差別の成否が判断されるとした［26段］。ここでは、なぜ産前産後休業終了後の妊娠・出産に起因する疾病を女性のみの問題と考えないのか、その理由は述べられていない。時期を限定することにより使用者に生じる負担との実際的な調整を図ったのであろうが、論理的な一貫性には疑問が残る[35]。この点については、後に検討する（第3節2(2)）。

また、先決裁定は、性差別概念との関係について――1996年 Gillespie 先決裁定を参照判例に挙げながら――、差別とは「比較可能な状態に異なったルールを適用し、異なった状況に同じルールを適用すること」［30段］とし、そのうえで、妊娠と疾病とは同じ状況と考えることはできないにもかかわらず、「妊娠起因疾病による欠勤を理由とする解雇は、男女で異なった状況に対して同じ方法を適用するもの」であり［31段］、直接性差別である［32段］と判示した。これは「妊娠（妊娠起因疾病）と男性の疾病とは、比較可能な状況ではないから、別異に取り扱っても性差別ではない」旨の論理を用いて、妊娠および妊娠起因疾病に対する特別の保護／優遇（配慮）を許容したものである。しかし、妊娠起因疾病も一般疾病も、使用者にとっては労務の不提供という意味で同じであり、両者を分別する理由が説得的に示されているとはいえない。本来であれば、1998年 Thibault 先決裁定が示した、性平等の実質的保障に必要とされる「女性固有のニーズへの配慮の不提供」は性差別である旨の考え方を用いて、そのうえで女性固有のニーズ配慮の範囲を画定すべき事案であったと

35) *See*［Boch 1998：493］.

いえよう。改めて第3節で検討する。

このように、1998年 Brown 先決裁定は、妊娠・出産の特質を踏まえて従来の判例法理を補強・修正して、妊娠・出産に関する不利益取扱いを直接性差別とする論理の基本的骨格を生成した。もう一度、整理しておこう。欧州司法裁判所は、妊娠・出産を理由とする不利益取扱いを一貫して直接性差別としてきたが、そこでは、3つの類型の差別モデルが併存的に用いられていた。1990年 Dekker 先決裁定がいう「（妊娠・出産という）女性固有の現象を理由とする不利益扱い」を直接性差別とするモデル、1996年 Gillespie 先決裁定が導入した「妊娠・出産という男女が比較可能ではない状況では、特別ルールを適用するのが平等、同じルールを適用するのは性差別」とする比較可能性モデル、1998年 Thibault 先決裁定が示した「実質的平等のための保護（女性固有のニーズへの配慮）の侵害ないし不提供は性差別」と捉えるモデルである。Brown 先決裁定は、この3つの性差別類型の論理的調整ないし整合を試みつつ、法理の骨格を確立したものである。しかし、論理的には、「等しからざるものは等しからざるもの」として扱うというテーゼの正統性自体が疑問であるし、「等しからざる」扱いとは何かが不明であり、問題を含んでいると言わざるをえない。

(2)　法理の具体的内容：直接性差別として違法とされる行為

妊娠・出産をめぐる判例上の争点としては、さらに、妊娠・出産に関する雇用上のいかなる行為が直接性差別として違法とされるかが、問題となった。

(a)　雇用の得失に関する取扱い

1990年 Dekker 先決裁定は、前述したように、妊娠を理由とする採用拒否は1976年男女平等待遇指令に反する直接性差別であるとし、使用者が出産休業中の者に賃金を支払うことになり経済的損失を被るとしても、採用拒否は正当化されないと判示した［12段］[36]。

1994年 Webb 先決裁定は、妊娠を理由とする解雇について、たとえ、他の労働者の産前産後休業代替として雇用された女性が自らも妊娠したという事情であっても[37]、解雇は違法とした。その理由として、先決裁定は、たとえ企業の

36)　同事件では、労働協約により産前産後休業中も賃金支払が約され私的保険を用いて支払われていた。しかし、採用時点で妊娠が判明していた場合には保険金が給付されず使用者の負担となるため、使用者は、妊娠中の女性の採用を拒否した。

適切な運営にとっては当該労働者の就労が不可欠な場合でも、妊娠・出産に関する女性保護を否定することはできないとし、これに反する解釈をすれば指令の効力が失われると述べている［26段］[38]。ただし、このWebb事件は、無期契約労働者に関する判断であり、先決裁定が、「産前産後休業による不就労が労働契約の一部の期間にとどまる」旨に言及しているところから［27段］、仮に有期契約労働者の場合など、不就労によって当該労働契約の主要な目的が実現できないという場合には、必ずしも解雇が違法な差別とはならないのではないか、と考えうる余地も残していた。

(b)　休業中の賃金支払に関して

欧州司法裁判所は、休業中の賃金支払に関しては、上記の雇用の得失とは異なり、不利益な取扱いの性差別性を否定する判断を示している。前述した1996年Gillespie先決裁定がリーディングケースとなり、判例は、EUの条約や指令は直接的には休業中の賃金支払を保障してはおらず、社会保障給付をも考慮したうえで、条約や指令が保障する権利（妊娠・出産保護）を実質的に保護するのに必要な範囲で賃金の支払が求められ、その支払を怠れば条約旧119条および男女同一賃金指令違反すなわち性差別となるとしている。国際的にみると、ILO条約では、妊娠・出産保護に関する休業時などの所得保障について一貫して国家による負担が強調されて他の労働条件保障とは別異に扱っており、それに合致した結論となっている[39]。

一方、このGillespie先決裁定は、産前産後休業中の昇給の否定については、性差別であるとする。前述したように、産前産後休業中の賃金減額と昇給拒否とで結論を異にしており、論理的一貫性には疑問がある。

37)　原訴訟の申立人は、妊娠した女性が産前産後休業を取得する際の代替要員として、期間の定めなく、ただし上記休業終了後も雇用されるものとして雇用された。しかし、採用後間もなく申立人自身も妊娠していることが判明し使用者に告げたところ、妊娠を理由に解雇された。

38)　1994年Habermann-Beltermann先決裁定も、妊娠女性に対する法律上の夜勤禁止、すなわち疾病以外の妊娠に起因した就労不能を理由とする解雇について、直接性差別として禁止される旨を判示している。

39)　1919年ILO3号条約は産前産後休業中の公的基金または保険制度による給付（3条）、1952年ILO103号条約は強制的社会保険または公的基金による従前の所得の3分の2を下回らない給付（4条6項・7項）を規定し、2000年ILO183号条約6条も103号条約の規定を踏襲している。

第2節　妊娠・出産に関する直接性差別禁止法理の展開

1　1997年アムステルダム条約改正とその後の立法および判例の展開

こうして1990年代には、EU法では、妊娠・出産および妊娠・出産に起因する疾病を理由とする不利益取扱いを直接性差別とする判例法理が確立されていった。2000年代に入ると、1997年アムステルダム条約改正を受けて、同条約を実施するための諸指令の立法が進むのであるが、そのなかで、妊娠・出産に関しても、差別と闘う（EC条約13条など）という積極的な視点に立脚しつつ、立法の整備と拡充が進められていく。成文化にあたっては、1990年代に生成された判例法理が確実に反映されていった。また、欧州司法裁判所には、より複雑な事案についての先決裁定がつぎつぎと付託され、妊娠・出産に関する性差別禁止法理がより具体化されていくとともに、改めて、同法理の基礎にある論理および性差別概念の捉え方が問われることになった。

2　立法における妊娠・出産と育児との別異化および保障の拡充

妊娠・出産に関連するEU法規は、1990年代までは、既述のとおり1976年男女平等待遇指令（妊娠・出産保護の適用除外）および1992年母性保護指令（出産休業、危険有害業務規制など）が存在するのみであった。しかし、2000年代に入り、妊娠・出産そして育児に関する諸指令の立法が積極的に進められた。そして、これら立法を通じ、2つの面で、妊娠・出産に関連した法整備が進んだ。

一つは、妊娠・出産と育児との法的取扱いの別異化である。すなわち妊娠・出産に関しては、妊娠・出産女性に対する法的保護を性差別禁止規範の一内容として位置づけて拡充する一方（性差別禁止の視点からのアプローチ）、育児に関しては、性差別禁止規範の対象から除外し、男女共通に保護することを明確化した（仕事と家庭の両立支援の視点からのアプローチ）。もう一つは、性差別関連の指令の改正と制定にあたって、妊娠・出産差別を直接性差別として明確化し、かつ、その内容を拡充したことである。

(1)　育児に関する男女共通保護立法の進展

EUは、育児に関して、1996年両親休業指令を制定し、さらに2010年に改正した。[40] ここでは、育児中の男女を共通に保護する姿勢が、明確に打ち出されている。すなわち、両親休業指令は、男女労働者に対して、子が8歳になるまでの間に4ヶ月（2010年改正前は3ヶ月）の両親休業の権利、休業取得者に対する職場復帰[41]、雇用上の権利の保障、差別禁止、解雇からの保護、ならびに緊急家族介護のためのタイムオフの権利などを規定している。[42] 出産休業とは異なり、対象労働者を女性に限定していない。逆に、男性の育児休業取得を奨励するために、4ヶ月の休業取得権のうち少なくとも1ヶ月（2010年改正前は全期間）分は、加盟国法などにより両親間で権利譲渡を可能化することを禁止している。[43]

この両親休業指令の立場は、欧州司法裁判所が1984年 Hofmann 先決裁定等で「母と子の特別の関係」の保護を正当化した判示（すなわち、育児に関する女性のみ保護を、母乳授乳との関係に限定することなく正当化した見解）とは、一線を画する。たしかに、Hofmann 先決裁定等も1997年両親休業指令・同2010年改正も、女性の育児負担が男女平等の障壁となっているとの事実認識では共通している。しかし、その法的対応としては、Hofmann 先決裁定等が、育児の困難を抱えた女性の保護に止まり、性差別の要因となっている性別役割分業の解消には踏み込んでいないのに対して、両親休業指令は、育児に関する女性のみの保護は性別役割分業を温存するとの判断のうえに、育児を担う男女を共通に保護し、さらに男性の育児参加を促す方向を選択した。すなわち、EU 立法機関は、女性のみ保護は、妊娠・出産という女性が生物学的特質を有する分野に限定して、これを性差別禁止規範（性にもとづく不利益取扱いの排除）の問題とし、他方、育児については、性差別禁止規範の対象領域から除外し、すべての労働者を対象とした仕事と育児の両立支援（職業生活と家庭生活との調和）の問題として、妊娠・出産と育児とで法的取扱いを別異化する形で、法体系を整理したのである。[44]

40）　1996年指令（Directive 96/34/EC, OJ［1996］L145/4）、2010年指令改正（Directive 2010/18/EU, OJ［2010］L68/13）。なお、1997年にも指令が改正されているが（97/75/EC,OJ［1998］L10/24）、イギリスへの適用拡大に関するもので、内容的な改正はない。

41）　原職ないし原職相当職への復帰を規定。さらに、2010年改正で復帰時の労働時間・労働パターン変更の確保が追加規定された。

42）　現指令1条、付則枠組み協約2ないし7条（旧1996年指令2条、3条）。

43）　現指令1条、付則枠組み協約2条。

(2) 妊娠・出産に関する性差別禁止法規の整備・拡充

つぎに、妊娠・出産に関する性差別規範の整備・拡充について、アムステルダム条約以降の指令における性差別ないし性平等の概念の捉え方にも注目しながら、分析したい。

(a) 2002年改正男女平等待遇指令

2002年に行われた男女平等待遇指令の改正は、2000年に制定された性以外の事由による差別に関する2件の指令[45]との差別の定義の統一を図るとともに、1976年男女平等待遇指令制定以後の判例法理の発展を反映させて内容を拡充した[46]。妊娠・出産との関係でも、2条7項1段で、旧指令を踏襲して女性保護とりわけ妊娠・出産保護を排除するものでない旨を規定するとともに（旧2条3項と同文）、新たに、つぎの規定を設けた。

まず、同2段で、出産休業後の原職ないし原職相当職への復帰、および休業中に得たはずの労働条件改善を享受する権利を規定した[47]。また、同3段では、妊娠あるいは母性保護指令にいう出産休業に関して（related to）女性を不利益に取り扱うことが同指令にいう差別にあたるとした。つまり、判例法理と同様に[48]、出産休業や妊娠・出産関連疾病による不就労を理由とする不利益取扱いも、男性が疾病等で不就労となった場合の取扱いと比較することなく、出産休業終了までは性差別として禁止した。2段と3段との関係は、2段は妊娠・出産休業に関する不利益扱いの典型例であり、3段で不利益取扱いを包括的に差別として禁止したものと解される。

さらに、2条7項4段では、同指令が両親休業指令および母性保護指令を妨

44) このEU立法機関による妊娠・出産と育児とで法的取扱いを異にする法体系への再整備には、1985年ILO156号家族的責任条約、2000年ILO183号母性保護条約などの妊娠・出産・育児と女性保護に関する国際的な考え方が影響している（たとえば、2002年改正男女平等待遇指令制定に関する経済社会評議会意見、OJ［2001］C123/81 at 83）。

45) 人種等平等待遇指令および雇用平等待遇一般枠組指令。

46) 提案理由について、COM（2000）334 final.

47) 前者は、妊娠・出産を理由とした解雇は無効とする判例法理を反映するとともに、母性保護指令10条を補完して女性の労働市場復帰を促すことを目的とする。また、後者は、1996年Gillespie先決裁定が出産休業中の昇給の拒否を違法と判示したのを受けて、対象事項を労働条件改善一般に拡張適用する規定であり、法案審議の過程で追加された（経済社会委員会意見、OJ［2001］C123/81 at 83）。

48) ただし、判例法理は、妊娠・出産休業の範囲の判断を加盟国の判断に委ねたが、本指令は、「母性保護指令に規定する…」と明確化している。

げるものでないとし、また、加盟国が父親出産休業および養子休業についての独自の権利を定めることを肯定して、その場合の権利行使の保護について規定した。

さて、妊娠・出産に関する不利益取扱いという差別の類型について、この2002年改正男女平等待遇指令は、前文12段で、これを直接性差別とした判例法理に言及するが[49]、本文（2条7項3段）では、単に「差別」と規定するに止まる。指令は、妊娠・出産差別を判例法理と同様に直接性差別としたのだろうか、それとも別の見解を示したのだろうか。

というのも、同指令は、直接性差別を「性に基づき、ある者が比較可能な状況において他の者が取り扱われるか、取り扱われたか、または取り扱われるであろうよりも不利益に取り扱われる場合」と定義した（2条2項）。これは、平等とは「等しいものは等しく、等しからざるものは等しからざるように」扱うことを言うとする、平等を比較可能な者に対する一貫した取扱い（形式的平等）と捉え、それに反すれば差別とする、他者との比較を平等ないし差別の本質的要素とみる考え方といえよう[50]。この定義に従えば、直接性差別は、両性の者が比較可能な状況にあることが前提要件となるはずである。しかし、妊娠・出産差別の場合には、他の性に比較可能な対象者は存在しない（強いていうとすれば、たとえば、出産休業中の女性と疾病等による不就労の男性とを比較することになろうが、それは、同指令が、出産休業中の女性に対する不利益取扱いを、疾病等による不就労男性との比較なしで性差別として禁止したことと反する）。そこで、妊娠・出産差別を直接性差別とすることは、同指令にいう直接差別の定義と矛盾するのではないか、との疑問が生じるのである。その後の指令の検討のなかで、この点に関する立法機関の考え方を探っていきたい。

(b)　2004年物・サービス男女平等待遇指令

2004年に制定された本指令は、初めて雇用・社会保障領域を超えて、物・サービスへのアクセスと供給の領域にも性差別禁止を拡大した指令である。差別

49）　指令案に直接性差別の規定がないことについて法案審議の過程で意見が出され、前文12段が追加された（COM（2001）321 final at 8）。

50）　ただし、同指令は、差別判断の比較対象者として、「取り扱われるであろう（would be treated）」者（現実に存在しない仮想比較対象者）を認めており、「等しいものを等しく」というテーゼのなかで、一定の柔軟化をみせていることは前述した。

の定義および妊娠・出産の保護に関しては、基本的に2002年改正男女平等待遇指令を踏襲している[51]。

この指令で注目したいのは、「本指令において、男女平等取扱い原則とは、(a)妊娠および出産に基づく（based on）女性の不利益取扱いを含め、性差別基づく直接差別が存在しないこと」（4条1項a号）と規定して、妊娠・出産差別を直接性差別と明記したことである[52]。これは、指令の条文において妊娠・出産に基づく不利益取扱いを直接性差別として規定し、妊娠・出産差別を性差別の一領域ないし一類型と捉えたものであり、立法機関の見解を明確にした部分である。ただし、「妊娠・出産を理由とする」という表現が不就労ないし就労能力が低下した場合をも含むのか否か、曖昧さが残るとともに、直接差別の定義との整合性は、なお不透明なままである。

(c)　2006年男女平等統合指令における再定位および拡充

2006年、既存の性差別に関する4件の指令（1975年男女同一賃金指令、2002年改正男女平等待遇指令、1986年職域社会保障制度における男女平等待遇指令、1997年挙証責任指令）を統合する、男女平等統合指令が制定された。この指令では、既存の権利の水準をさらに高めるというよりは、経済発展重視傾向を時代背景として、既にEU法上獲得された権利を確認・整理し、その実現を徹底することに力点が置かれている。性差別の定義および性差別類型も、2002年改正男女平等待遇指令を踏襲している。

2006年男女平等統合指令は、妊娠・出産に関しても、2002年改正男女平等待遇指令の内容を踏襲し、2002年指令が妊娠・出産関連事項をまとめて規定（2条7項）していたものを、新たな構成で配置した。内容的には特に前進はないが、母親出産休業からの復帰等を保障する条文（15条）と父親出産休業および養子縁組休業等の受容（16条）を各々独立の条文としている。これは、妊娠・出産領域においても、母性とともに父性の尊重および男女共通の親役割が強く意識されていることを示すものである[53]。

---

51)　同指令2条（差別の定義）および4条（平等待遇原則）。妊娠・出産に関しては、妊娠・出産を理由とする女性保護に対する不利益取扱いの禁止、妊娠・出産に関する女性保護に関するより有利な規定の容認などを規定している。ただし、間接差別以外の差別でも正当化を認める明文規定をおく（4条5項）など、2002年改正男女平等待遇指令より規制が緩やかとなっている。

52)　前文20段にも同旨が記載されている。

さて、問題の妊娠・出産に関する不利益取扱いと直接性差別との関係については、2006年男女平等統合指令は、前文23段および24段で、出産休業中や妊娠・出産に関する（related to——妊娠・出産起因疾病による労働能力低下ないし喪失の場合も含む——）不利益取扱いを直接性差別であると規定するとともに、判例が妊娠・出産保護を実質的平等達成のための手段として認めてきた旨を記載した[54]。これは、同指令が、実質的平等を保障する観点から妊娠・出産保護の不提供を性差別とした判例（前記1998年 Thibault 先決裁定など）を立法化する意図を示したものと理解して良いであろう。ただし、比較可能性を前提とした直接性差別の定義と、比較を前提としない妊娠・出産に関する差別禁止とが、果たして整合性を有するのかは問題として残されたままである。

3　判例による妊娠・出産に関する直接性差別禁止法理の展開

1990年代に、欧州司法裁判所では、妊娠・出産および関連する疾病を理由とする不利益取扱いを直接性差別とする法理が確立された。しかし、前述したとおり同法理を支える論理は必ずしも一貫せず錯綜しており、そのことは同時に、具体的な事案において性差別か否かの判断方法の不統一や不明確さでもあった。1990年代後半～2000年代に入り、同裁判所は、より複雑な事案が付託に直面することになったが、では、どのような方向で判例法理を展開させていったのか、以下、事案の類型に沿いながら分析してみたい。

(1)　雇用の得失に関する保護の拡充
——有期契約と妊娠女性の採用拒否・解雇

1994年 Webb 先決裁定は、妊娠した産休代替者の解雇を直接性差別と判示したが、なお、産休代替者が代替予定期間のみの有期契約である事案については、妊娠を理由とする採用拒否や解雇が有効と解される余地を残していた[55]。この点について、2001年 Melgar 先決裁定および同年 Tele Denmark 先決裁定は[56]、

53)　男女共通に仕事と家庭生活の両立を保護する方向性を示す記述は、他にも散見される（前文11段男女の家庭と仕事への関与・両親休業、21条2項）。

54)　「妊娠・出産に関する不利益取扱いが性に基づく直接差別であることは、欧州司法裁判所判例法理から明らかである」[23段]、「欧州司法裁判所は、平等待遇原則に関して、一貫して、実質的平等を達成するための手段として、妊娠・出産期間中の女性の生物学的状態の保護および出産保護措置導入の正当性を認めている。したがって、本指令は、母性保護指令も排除しない。さらに1996年両親休業指令（96/34/EC）を排除しない」[24段]。

有期契約労働者についても、妊娠を理由とする解雇は男女平等待遇指令および母性保護指令に違反するものであるという旨を明確にした。裁判所は、その理由を、次のように説明している（Tele Denmark 先決裁定［29-33段］）。すなわち、(i)使用者にとって労務の利用は雇用契約の不可欠な前提条件であるが、EU 法が妊娠および出産後の女性に付与した保護は、当該労働者の就労が企業運営にとって不可欠か否かにかかわらず確保されなければならない、(ii)妊娠・出産を理由とする解雇は直接性差別であり、使用者に経済的損失が生じても差別的性質は変わらない、(iii)有期契約でも契約を延長・短縮できるのであり、有期性は不確定である。(iv)有期契約を対象外とするのであれば明示規定を設けたはずである、とする。ここには、欧州司法裁判所による、妊娠・出産に対する不利益取扱い禁止を徹底して経済的要請にも優位させる、という強い姿勢が現れている。[57]

(2)　妊娠・出産に関する休業と賃金をめぐる論理の整備

(a)　2方向からの性差別の疑い

EU 法では、前述したように、1990年代に、妊娠・出産に関する不利益取扱いは直接性差別（判例上、明文規定以外の正当化は否定されている）である旨の法理が確立し、他方で、2006年男女平等統合指令28条が規定されるまで、条約や

---

55)　なお、2000年 Mahlburg 先決裁定（Case C-207/98,［2000］ECR I-549）も、先例を踏襲して、有期契約の看護師が期間の定めのない職位へ転換することを、法律による妊娠中の就労禁止を理由に登用を拒否することは、男女平等待遇指令2条1項・3項に違反する性差別であると判示した。

56)　Case C-438/99, Melgar［2001］ECR I-6915, Case C-109/00, Tele Danmark［2001］ECRI-6993.
　両先決裁定は、同一係属部による同一日の先決裁定である。Melgar 事件では、申立人女性は、契約書上は雇用目的が子どもの1998-1999学期の学校および教育施設への通学の援助と特定されているが、雇用期間の記載はない有期契約で雇用されていた。しかし、9月出産を理由として、期間満了による7月2日付け契約終了を通告された（それまで4回契約更新していた）。また、Tele Denmark 事件では、申立人女性は、7月に産休代替のため6ヶ月の有期契約（うち2ヶ月は教育訓練期間）で雇用されたが、翌8月に使用者に対して妊娠中であり11月出産予定である旨を告げたところ、採用時点で妊娠を知りながら告げなかったことを理由として解雇された。

57)　なお、2007年 Paquay 先決裁定（Case C-460/06, Paquay［2007］ECR I-8511）では、母性保護指令の出産休業中の「解雇」禁止の意味について、それが解雇「通告」だけでなく解雇「準備行為」の禁止をも含む旨を判示して、解雇からの保護を拡充した［33-35段］。同裁定は、直接には母性保護指令に関する判断であるが、性差別禁止に関する諸指令での解雇その他の不利益取扱いの判断でも援用されることになれば、それらは準備行為を含めて禁止されることになろう。また、同先決裁定は、妊娠・出産を理由とする解雇が、出産休業終了後になされた場合にも、男女平等待遇指令に反する性差別である旨を判示した［43段］。

諸指令上の性差別賃金禁止規定に関して妊娠・出産保護の適用除外規定がなかった。そのため、妊娠・出産に関する不就労・能力低下時の使用者による賃金保護（補償）[58]の是非が、男性差別と女性差別との両方向から問題となるという混乱した状況が生じていた。すなわち、一つの問題は、出産休業などに関して賃金補償することが、男性差別となるか否かである。もう一つの問題は、逆に、出産休業中などの賃金を補償せず不支給ないし減給したら、それは女性差別か否かである。

この問題に対して、1996年 Gillespie 先決裁定が、後者の賃金減額が女性差別か否かが争われた事案において、比較可能性モデルを用いて減額を容認したことは、前述したとおりである（第1節2(1)(c)）。しかし、男女の比較可能性に基づいて性差別の成否を決定することは、とりわけ、妊娠・出産領域では、妊娠・出産するのは女性のみであり様々な面で無理を伴うことになる。その後、欧州司法裁判所には、国内裁判所から妊娠・出産休業中の賃金の補償と減額との両事案が付託されて、1996年 Gillespie 先決裁定の性差別定義が用いた判示がなされていくが、その結論においても論理構成においても、比較可能性モデルの限界が顕在化するようになった。

(b)　判例の展開

i)　賃金保護（補償）と男性差別の成否について

1999年 Abdoulaye 先決裁定[59]において、産前産後休業中の女性に対する使用者による一定額の賃金補償（EU 法上の「賃金」に該当［11-15段］）が、EC 条約旧119条に違反する男性差別か否かが争点となった。

同先決裁定は、男女同一賃金原則は男女労働者が比較可能な状況にあることが前提であって、給付が産前産後休業を取得した女性が被る職業上の不利益の埋合せを目的とする場合には、男女は異なった状況にあり、条約旧119条に違反しないとした［16-20段］。

ii)　賃金減額・不支給と女性差別の成否について

まず、1998年 Boyle 事件[60]において、出産手当に関して、産前産後休業後に復

58)　EEC/EC 条約旧119条（現 EU 運営条約157条）にいう「賃金」は、雇用関係に基づき支給されるあらゆる報酬を意味する広い概念である。

59)　Case C-218/98, Abdoulaye［1999］ECR I-5723.

職しない場合には法定額を超える額の返還をすることを同手当の支給条件とする一方、他の一般疾病休業手当の場合には復職しない場合でも返還義務がないことが、女性差別か否かが争われた。先決裁定は、1996年 Gillespie 先決裁定と同様の比較可能性モデルによる性差別の定義を示したうえで［39段］、妊娠・出産と疾病とは比較可能ではなく［40段］、労働者一般の疾病手当と出産手当との扱いが異なっていても性差別ではないとした［42段］。妊娠・出産休業中の女性を、一般疾病休業男性より不利益に取り扱っても性差別ではないという、この珍妙とも思える結論は、比較可能性モデルを妊娠・出産領域へ適用することの欠陥を露呈したものであろう。

これに対して、1998年 Pederson 先決裁定[61]は、上記 Boyle 先決裁定を事実上覆す判断を示した。同先決裁定は、使用者が、妊娠・出産起因疾病による労働不能に対して社会保障給付が受給可能であるとして賃金を減額ないし不支給とした事案について、疾病による労働不能時には賃金全額の支払が加盟国法上の義務であることを指摘して、女性差別であると判示した［33-35段］。

さらに、2005年 McKenna 先決裁定[62]により、この Pederson 先決裁定を補強する判断が示された。同事件では、妊娠に起因する疾病による産前休業期間以前の欠勤について、他の疾病による欠勤と同様に賃金を減額したことが、EC条約前141条、1975年男女同一賃金指令に違反するか否かが問題となった[63]。先決裁定は、賃金減額は、妊娠以外の疾病による男性の欠勤の場合と同じ方法で取り扱われたものであり、また、支払額が妊娠労働者保護という目的を侵害するほど低いものでない場合には、違法ではないと判示した［50段］。そして、妊娠・出産を理由とする解雇に関する対応と結論を異にする理由について、解雇は、使用者の解雇権を否定することによってしか対応できないが、賃金の場合は、満額支払が適応しうる唯一の方法ではないとして、賃金減額も許容されうると説明している［57-62段］。これは、妊娠・出産休業者の処遇基準として、

60）Case C-411/96, Boyle［1998］ECR I-6401.
61）Case C-66/96, Pedersen［1998］ECR I-7327.
62）Case C-191/03, McKenna［2005］ECR I-7631.
63）2005年 McKenna 先決裁定では適用法令も争点の一つで、裁判所は、病気欠勤中の賃金継続支払は「賃金」に該当し、1976年男女平等待遇指令ではなく、条約前141条および1975年男女同一賃金指令が適用されると判示した。

「疾病休業男性の処遇を下回らず、かつ妊娠出産保護の目的を侵害しない」という下限を設定したうえで、使用者に課すべき妊娠・出産休業女性への配慮の範囲について、使用者の負担の程度や社会保障なども考慮して判断するという論理枠組みと考えられる。

さらに2010年 Parviainen 先決裁定[64]は、2005年 McKenna 先決裁定の判断枠組みを基礎としながら、より綿密な検討を求め、妊娠・出産保護時の賃金に関する減額の可否や程度は、当該保護措置の性格や内容ならびに当該賃金の種類や性格を具体的に検討して、それに基づき判断されなければならない旨を示した。この事件では、妊娠者の危険有害業務禁止による職種変更中の賃金減額が、母性保護指令に違反するか否かが問われた（なお、母性保護指令にいう妊娠による不利益処遇は性差別に該当する。男女平等統合指令２条２項ｃ号）。同先決裁定は、母性保護指令11条３項による「十分な手当の支払」の保護は、転換前の全報酬の支払を保障するものではないが[65]、妊娠労働者の安全衛生保護という目的を侵害することは許されず、また、妊娠労働者が使用者に委ねられた労働と職務を現に遂行し続けている事実を無視することは許されないとした。具体的には、(i)当該職務の前任者への支払額より低額とはできない、(ii)職業的地位に関連する手当（例えば、年功や勤続・職業資格に対する手当）を受ける権利は継続し、他方で、特定の職務の遂行に対する手当の支払は義務づけられない、と判示した[44、56-61段][66]。

64）　Case C-471/08, Parviainen［2010］ECR I-6533.

65）　先決裁定は、減額が可能な理由として、(i)同指令11条１項は“the pay”でなく“a pay”の継続を規定、(ii)同指令11条１項・４項で国内法に手当受給資格等の取扱いを委ねている、(iii)先例が職務の性質・労働環境を賃金格差の正当化要素としたこと、を挙げている［50-52段］。

66）　上記 Parviainen 先決裁定と同日に同一裁判部により判示された Gassmayr 先決裁定（Case C-194/08, Gassmayr［2010］ECR I-6281）では、上記の手当の種類・性質により不支給の可否を判断するという考え方を、産前産後休業取得者の場合にも適用した。すなわち、妊娠による産前産後休業中は不支給とされたオンコール出勤手当について、支払われる総額が母性保護指令の規定する最低保障を上回っているならば、不支給は許されると判示した［77-91段］。

なお、2016年 Ornano 先決裁定（Case C-335/15, Ornano ECLI:EU:C:2016:564）は、国内法により、裁判官に対する司法手当を強制出産休業中は不支給としたことが、性差別か否かが争われた事件について、Gillespie 先決裁定を引用して、手当の性格を分析することなく EU 法に違反しないと判示した。しかし、これは、Parviainen 先決裁定より後退した判示というよりも、事案からみて詳しい検討は不要と考えたものと思われる。

(3)　産前産後休業取得と不利益取扱い

(a)　昇格要件としての勤続期間の算定方法

2004年 Sass 先決裁定[67]は、加盟国法が母性保護指令の規定（14週）を上回る産前産後休業期間を定めている場合に、休業が強制か任意かを問わず、上記指令の規定を上回る休業中の休業取得日数について、それを昇格要件に関する勤務日数に算入しないことは、1976年男女平等待遇指令違反の性差別となると判示した［32-59段］。また、2006年 Herrero 先決裁定[68]も、有期公務員が期間の定めのない職に登用されたが、産前産後休業取得のため実際の着任は遅れた事案について、期間の定めのない職の勤続年数算定にあたって産前産後休業日数を不算入とすることは、男女平等待遇指令違反の性差別にあたるとした［37-47段］。

(b)　産前産後休業取得と他の休業取得との関係

2004年 Merino Gómez 先決裁定[69]では、産前産後休業期間と年次有給休業取得可能期間が重なった場合の取扱いが争点となった。先決裁定は、年次有給休業を現実に取得しうることが重要であること、上記両休業は目的が違うこと、妊娠・出産に関する女性の配慮（保護）規定が女性の労働条件に関して不利益な取扱いを生じさせえないことを指摘し、1993年労働時間指令７条１項[70]、母性保護指令11条２項 a 号、男女平等待遇指令５条１項により、労働者は、出産休業以外の期間に年次有給休業を取得できると判示した［28-41段］。

また、2003年 Busch 先決裁定および2005年 Com. v Luxembourg 判決では[71]、いずれも両親休業中に次子を妊娠ないし産前産後休業が開始する場合の取扱いが問題となった。前者は、使用者が、次子を妊娠し産前産後休業開始が予定されること理由に前子の両親休業の短縮・職場復帰許可を撤回することは、妊娠を理由とする直接性差別であり男女平等待遇指令２条１項に違反すると判示した［38-44段］。また、後者では、次子の産前産後休業開始を理由として前子の両親休業を当然終了させ短縮分の延長を認めない加盟国法について、前記

---

67)　Case C-284/02, Sass［2004］ECR I-11143.

68)　Case C-294/04, Herrero［2006］ECR I-1513.

69)　Case C-342/01, Merino Gómez［2004］ECR I-2605.

70)　労働時間指令（93/104/EC）において年次有給休業付与を保障した規定。

71)　Case C-320/01, Busch［2003］ECR I-2041, Case C-519/03, Com.v Luxembourg［2005］I-3067.

Merino Gómez 先決裁定を引用しながら、両親休業と産前産後休業は目的を異にし、両親休業指令に反すると判示した［32-34段］。

第３節　EU 法における妊娠・出産に関する性差別禁止法理の特徴

１　妊娠・出産に関する直接性差別禁止法理の到達点

以上に述べてきたように、EU 法は、妊娠・出産に関する不利益取扱いを直接性差別とする法理を生成した。この法理について、2005年 McKenna 先決裁定は、それまでの判例法理をつぎのように整理している［41-62段］。

(i)　妊娠・出産に関して、男女平等に関する EU 法ルールは、出産前後の女性の保護をその目的とする。
(ii)　妊娠・出産起因疾病およびそれに基づく就労不能は、妊娠に内在するリスクであり、妊娠の具体的特徴の一つである。
(iii)　妊娠から出産休業の終了までは特別の保護ルールが適用され、出産休業期間終了後は一般ルールが適用される。
(iv)　妊娠から出産休業の終了まで、妊娠・出産（妊娠・出産起因疾病）による不就労を理由とする解雇は、直接性差別である。
(v)　妊娠・出産による不就労時の賃金は、男性の疾病による不就労と同じ方法で取り扱われ、また、支払額が妊娠労働者の保護という法目的を侵害するほど低くない限り、賃金を減額しても性差別にはならない。

この McKenna 先決裁定の整理は、現在に至る妊娠・出産差別禁止法理の基本的規範内容を示すものである（なお、その後の先決裁定により、内容がより緻密化されていることは前述した）。その整理に沿って、若干の補足を加えつつ、妊娠・出産差別禁止法理の到達点を確認しておこう。

まず、EU 性差別禁止法は、性平等の保障として妊娠・出産保護することを目的とし、それに対する侵害いいかえれば女性固有のニーズへの配慮の不提供を、直接性差別として禁止する（妊娠・出産保護と性差別との関係）。そして、この妊娠・出産保護は、妊娠・出産自体だけでなく妊娠・出産に起因する疾病による不就労や就労能力低下も保護の対象に含む（「妊娠・出産」という保護事由の範囲)。また、性差別禁止法による妊娠・出産保護の期間について、判例は、妊娠から出産休業の終了までとしている（保護の期間的範囲)。妊娠・出産への配慮の具体的な内容および水準に関しては、判例は、妊産婦の配慮に使用者が果たすべき役割（負担の必要性）との関係で、雇用の継続や地位の保障に関する事項と不就労時の賃金支払に関する事項とを区別する。そして、前者については、使用者の関与・負担が配慮に不可欠だとして、不利益取扱い（解雇からの保護と性差別との関係、解雇・雇止め・労働条件改善受益の否定など）を違法とするが、後者については、妊娠・出産保護という法目的を侵害しない限度で、社会保障による補償なども考慮して、賃金不支給や減額も認めている（賃金保護の程度と性差別との関係)。[72)]

さて、上記のようにEU法は「女性固有のニーズへの配慮の不提供」を直接性差別の一類型として認めているが、では、どのような場合に、性差別禁止規範として妊娠・出産女性に対する配慮義務が生じるのだろうか。いいかえれば、国ないし使用者には、妊娠・出産に起因した就労不能について、差別禁止から直ちに配慮義務が生じるのか、それとも、妊娠・出産に対する保護の根拠が別の規定（例えば母性保護指令など）にあることが前提となって、その権利行使の侵害が差別とされるのだろうか。

判例は、母性保護指令制定前の産前産後休業取得や産前休業期間以前の妊娠起因疾病による休業を理由とする不利益取扱いを性差別と判示しており、他に具体的な妊娠・出産女性の権利を創設する規定がなくとも、実質的平等を目的とする性差別禁止法自体を根拠に、必要な保護を認めている。そもそも他の規定により保護が権利として創設されていなければ性差別とならないとすれば、性差別として規制する意味は事実上ないのであって、判例の見解は支持しうるものである。しかし、その配慮義務の発生の理論や、保護範囲を出産休業終了時で画した論拠は、不明である。

この点に関して、Sandra Fredmanは、平等は人権であり、国家は人権保障の責務を負う以上、消極的な禁止のみならず達成すべき最低水準を確保する義務を負うと主張する。[73)] EU性差別禁止法は男女の実質的平等の保障を目的とし

72)　なお、近時の2010年Parvianen先決裁定が、より綿密な検討を行っていることは、第2節3(2)(b)ii）で述べたとおりである。

ており、妊娠・出産女性の保護がその実質的平等を実現するうえで必要なものである以上、国ないし使用者はその最低限を確保する義務を負うと考えるのである。判例による、妊娠・出産起因疾病による休業に対する出産休業終了までの保護（出産休業終了後は男性との同じ扱い）や、妊娠・出産を理由とする採用拒否・解雇など雇用の得失、出産休業中の賃金に関する判断も、この法的に最低保護すべき範囲と水準について、社会的諸状況を勘案して判断したものと理解することができる。指令が「母性保護指令に規定する出産休業」に関する不利益取扱いを差別と規定したのも、母性保護指令上の出産休業に関する保障を最低水準と判断したと考えることができよう[74]。

2　妊娠・出産に関する直接性差別禁止法理の論理および構造

では、こうした規範内容をもつ妊娠・出産性差別禁止法理は、どのような論理構成を基礎として成り立っているのだろうか。判例では、つぎの３点が問題となってきた。すなわち、第１に妊娠・出産に関する女性への配慮の論拠および位置づけ、第２に差別事由としての妊娠・出産と性との関連性、第３に妊娠・出産を理由とする不利益扱いと差別概念との関係である。

(1)　妊娠・出産への配慮の論拠および位置づけ

妊娠・出産保護の論拠について、判例は、当初、妊産婦の生物学的保護（心身の保護）の他に「母と子の特別の関係」を挙げていた。しかし、現在では、女性のみに対する妊娠・出産保護は、女性が生物学的特質を有する妊娠・出産という領域に限定し、他方、育児については、仕事と家庭の両立支援（職業生活と家庭生活の調和）として男女共通に保護して、両者の法的扱いを異にしている。

そして、この妊娠・出産に関する女性保護について、1976年男女平等待遇指令や当初の判例は、性（男性）差別禁止の例外という視点から着目していた。

---

73)　[Freman 2008a：190-192].

74)　このように解する場合、最低保障が何かの判断を最終的には司法に委ねることになり、事件毎の事後的判断になるという問題がある。それゆえ、Fredman が主張するように、具体的に権利内容を立法化することが有益であり必要となる。しかし、立法化された内容だけが最低水準になるわけではない。社会的実態のなかで何が最低水準かは、最終的には司法判断となる。使用者に最低水準を履行すべき法的義務が存在することと、それを予見しえなかったときの法的責任の有無とは、分けて考える必要があるのではないだろうか。

しかし、1997年アムステルダム条約や1998年 Thibault 先決裁定を契機に、判例も諸指令も、妊娠・出産保護を、単なる性差別禁止の「例外」ではなく、むしろ、つぎにも述べるように、性差別を解消して実質的な性平等を実現するために必要な措置として、性差別禁止の一内容として再定位したと考えられる。[75]

(2)　妊娠・出産に対する不利益取扱いと性差別

妊娠・出産に関する不利益取扱いを直接性差別であるとする論理構成として、判例は、3つの理論構成モデルを用いている。

第1は、1990年 Dekker 先決裁定や1994年 Webb 先決裁定が示した、妊娠・出産という「女性固有の現象を理由とする不利益扱い」を性差別とするものである。「性差別」の概念を、「性」と「不利益」との結びつきとして（「直接性差別」は、性と不利益とが直接的に結びついた事案として）捉えている。人権という視点に立脚して、性という属性に関して不利益が生じることに対して、他の性の比較対象者の有無を問題とすることなく、性差別として否定するという論理である。直接性差別でも、男女の比較は一つの判断材料に留まるのであって、性と不利益との直接的結びつきが禁止の論拠とされている。

第2は、1996年 Gillespie 先決裁定が導入した比較可能性モデルを用い、妊娠・出産という「男女が比較可能でない状況では、特別ルールを適用するのが性平等であり、同じルールを適用することは性差別である」とするものである。性差別をあくまでも男女の比較の枠組みのなかで捉えたうえで、男性比較対象者のいない妊娠・出産の問題に対処しようとしたものといえよう。[76]

第3は、1998年 Thibault 先決裁定が示した、「女性固有のニーズへの配慮（男女が対等に働くために必要な配慮）の不提供」を性差別と捉えるモデルである。国連障害者権利条約（同条約2条）が、他者との比較を要件とせずに、障碍者

75)　*See*［Schiek 2002a：305］. ただし、判例の態度は一貫しているわけではなく、前述したように1999年 Abdoulaye 先決裁定は、妊娠・出産休業中の賃金保護について、実質的平等の論理を用いず、出産休業中の女性は就労中の男性と比較可能ではないので差別にはならないとして、形式的平等に基づく差別概念を用いて説明している。近年の形式的平等への回帰傾向については、第7章第2節参照。

76)　では、上記の比較可能性モデルに実質的平等を組み込む試みは、成功と言えるのだろうか、答えは否であろう。なぜなら、比較可能性モデルでは、妊娠・出産領域は男女が「異なった状況」にあり特別ルールを適用することが平等であると考えるが、どのような「異なったルール」が性平等に合致するか（性差別でないのか）については、この比較可能性モデルからは導けず、規範の空白をもたらすからである。

が必要とする合理的配慮義務の違反を「差別」の一類型と規定したことと通底する考え方が採られている[77]。

この３つの理論構成モデルは、1998年 Brown 先決裁定の試みにもかかわらず、第１・第３モデルと第２モデルとの間に理論的整合性がないことは、既に検討したとおりである（第１節２(1)(e)）。それにもかかわらず、欧州司法裁判所は３つのモデルを併存的に、事案に応じて使い分けている。すなわち、これまでの分析を総合すれば、裁判所は、妊娠・出産ないし関連する疾病を理由した不利益処遇を法的に規制すべきと考える場合には第１モデル（それ以前の本人ないし一般男性と比較して、性と不利益の結びつきを認定）を、また、一般男性も同じ不利益処遇を受ける場合でも妊娠・出産保護を認めるべきと考える場合には第３モデルを、他方、妊娠・出産保護の法的必要を超えていると考える場合には第２モデル（就業者とは同じではないとして、休業中の賃金減額など）を用いて、結論を理由づけていると考えられる。本来であれば、直接性差別においても、性という属性と不利益の結びつきが認められれば、男女比較を必須とすべきではない。また、男女が対等な主体として尊重と配慮を受ける権利の保障という観点（第８章２参照）からすれば、女性固有のニーズへの配慮侵害ないし不提供を性差別の一つの類型としたことを正面から位置づけて、法的なニーズ配慮が必要とされる範囲を検討し、性差別の範囲を画すべきであった。しかし、欧州司法裁判所は、妊娠・出産という、比較対象男性の選定が困難で、女性固有のニーズへの配慮が特に求められる領域でも、なお「等しいものは等しく…」という形式的平等の考え方に固執した結果として、上記のような理論的また実務上の混乱を招いたといえよう。

なお、本書は、EU 法は、妊娠・出産領域において、上記の混乱はあるものの、性差別概念を拡大して（上記第１および第３モデルの両理論構成）、「等しいものは等しく、等しからざるものは等しからざるように」という形式的平等の理念を超えた差別類型を認めたものと理解している。しかし、本書の捉え方とは異なる解釈をとる見解もある。すなわち、差別概念とはあくまでも比較を本質

77）「障碍差別における合理的配慮義務違反」について、差別概念を再構成し新たな差別類型を規定したものと捉えて「妊娠・出産を理由とする不利益取扱い」類型との共通性を指摘するものとして、［岩村／菊池／川島／長谷川 2014：６］における川島聡発言（同６頁）。

とするものであると捉えつつ、妊娠・出産領域では例外として同一取扱いが放棄されると理解する説、あるいは、アリストテレス的差別概念の「等しく取り扱う（同一に取り扱う）」ことの内容は「実質的に等しい」ものとして抽象化・相対化させたものである、と理解する説である[78]。しかし、すでに検討してきたとおり、EU法は、妊娠・出産領域では、混乱を残しつつも、比較を前提としない性差別類型の存在することを明確にしている。また、近時の立法では、障碍差別に関する合理的配慮の不提供やハラスメントにみられるように、比較を要件としない差別類型が、他にも規定されてきている[79]。このような動向に鑑みると、EU法においては、差別禁止の捉え方自体が、人権という観点に立脚して、比較を前提とした「同一取扱い違反」のみならず、「（比較抜きでの）属性を理由とした不利益」や、「不利益を生じさせる障壁の除去義務違反」、「不利益を生じさせないために必要な保護の不提供」をも差別と捉える見解へと、進展してきているとみることができる。したがって、妊娠・出産領域における差別概念の変化は、比較可能性モデルの単なる例外や緩和として把握するよりは、それに対する真っ向からの挑戦と捉えうるのではなかろうか。ただし、近年、こうしたEU法の妊娠・出産差別に関する論理に、判例上、変容がみられることについては、第Ⅲ部で検討する。

3　小括に代えて：学説による評価

これまでに述べてきたところによれば、EU法における妊娠・出産性差別禁止法理の最大の特徴は、妊娠・出産に対する不利益取扱いを性差別の範疇でとらえ、男女比較に基づかない新たな2つの直接性差別類型、すなわち「性を理由とする不利益取扱い」と「（妊娠・出産という）女性固有のニーズへの配慮の不提供」を確立したことであるといえる。

以下では、小括に代えて、判例および立法が、このように妊娠・出産と性とを直接に結びつけ、また、比較を前提としない差別概念を用いて新たな性差別

78）［富永2013：351, 357-369］参照。同論述は主としてドイツ法およびアメリカ法の検討であるが、ドイツ法解釈の前提としてのEU法の分析としても、同様の見解に立つものと思われる。

79）ただし、2000年雇用平等待遇一般枠組指令は、障碍者に対する合理的便宜の不提供を「差別」とは明記せず（5条）、指令前文で「障碍者の職場におけるニーズへの便宜手段の提供は、障碍に基づく差別と戦ううえで重要な役割を果たす」と記している［16段］。

類型を生成したことについて、EU の学説がどのように評価しているかを検討しておきたい。ここでは、妊娠・出産差別について性差別概念の捉え方との関係で論じている学説として、Robert Wintemute、Simon Honeyball、および Sandra Fredman の主張を取り上げる。

(1) Wintemute 説：間接性差別との主張

Wintemute は、欧州司法裁判所が1990年 Dekker 先決裁定や1994年 Webb 先決裁定等において、他の性との比較を要件とせずに女性のみが妊娠・出産することを理由として直接性差別と判示したことを批判し、妊娠・出産に関する不利益取扱いは、男性と比較して女性に不利益な効果を与える間接性差別と考えるべきであると主張する[80]。

Wintemute は、平等は比較概念であり、比較は差別の本質的特徴であるとする。すなわち、直接差別とは「他の者と異なった取扱いが、ある禁止事由が存在しなければ（but for…）生じなかった」ことであり、間接差別は「中立的な取扱いによって、ある集団に他の集団との不均衡な効果が生じた」ことである。比較は、禁止事由が異なった取扱いないし不均衡な結果の原因であることを示す本質的要素であって、比較を伴わない差別の主張はありえない、と述べる。そして、妊娠・出産女性に対する差別の場合には、比較対象者は、非妊娠・非出産者（多くは男性だが女性も含む）である、とする。

つぎに、妊娠・出産女性とそうでない者との比較が、性に基づく比較なのか否かを問題とする。ここで Wintemute は、性に基づく比較を「女性であること（being female）」と「男性であること（being male）」という各々のパッケージ、すなわち個別には取り出しえない諸要素の集合体の比較と捉えたうえで、妊娠・出産は、女性特有の身体的能力であるが、本人の選択が介在し「女性であること」自体ではないとして、妊娠・出産に関する不利益扱いは性に基づく直接性差別ではないとする。

一方で、Wintemute は、妊娠・出産に関する判例法理について、「(妊娠から生ずるニーズに対して）十分な配慮を提供しないという差別[81]」をも認めたものと

80） [Wintemute 1998].

81） 原文は、“discrimination resulting from failure adequately to accommodate the needs arising from her pregnancy”。

分析し、その結論自体を肯定しつつも、これを直接性差別の概念を拡大するという形で認めたことに異議を唱えている[82)]。妊娠・出産に必要な配慮（保護）の不提供は間接性差別に該当するものであり、実際にも、これらを間接性差別と解することにより、女性に不均衡に生じる効果の正当化審査という訴訟上公開された形で、妊娠・出産に必要な便宜と使用者の負担との衡量を図りうる、と主張する。

このWintemuteの主張は、第1に、差別は比較を要件とするとの前提に立ちつつ、比較対象者を男性でなく「妊娠・出産者でない者」とした点、第2に、禁止事由である「性」を「女性／男性であること」という諸要素のパーケージとして捉えた点、第3に、判例法理のなかに「必要な配慮の不提供」という差別類型を見いだし、妊娠・出産に関する差別の多くがこれに該当するものであること、そして、それは直接差別ではなく間接性差別と捉えるべきであるとした点で、重要な検討の視点を提起している。

(2)　Honeyball説：性差別とは別の差別類型という主張

Wintemuteの論理を批判して、妊娠・出産差別を性差別とは別の範疇の差別と捉えるべきであると主張したのが、Honeyballである[83)]。

Honeyballは、まず、差別が比較を本質とする概念であることには同意しつつ、その比較は、異なった取扱いの要因となった差別事由を洗い出し認識するための手段として求められるのであって、他者との比較が必須ではなく、差別事由がなかった（妊娠・出産していなかった）ときの被差別者の状態との比較であるという。

さらにHoneyballは、妊娠・出産に基づく差別を、直接にしろ間接にしろ、性差別とするのは誤りであると主張する。妊娠・出産者は女性というグループに属するからといって、妊娠・出産に関する差別が、必ずしも女性であることを理由とする差別であるとは限らないからである[84)]。たとえば、妊娠・出産に関

82)　Wintemuteは、1990年Dekker先決裁定（妊娠理由の採用拒否）や1998年Webb先決裁定（妊娠理由の雇止め）では、直接性差別概念を男性とは異なった女性特有の必要への便宜の提供を含むと拡大したが、1990年Herz先決裁定（出産休業終了後の解雇）や1996年Gillespie先決裁定（出産休業中の賃金未払い）では上記の考え方をとらず疾病男性と比較していることを指摘し、判例は一貫性が欠如していると批判する。

83)　［Honeyball 2000］.

する差別が、性以外の、若年者や非独身者への差別、有子者への嫉妬、独身女性の優遇（妊娠・出産者や男性より勤勉で信頼できる）等を理由として行われることもあり得ると述べる。[85]

結論として、Honeyball は、妊娠・出産差別は、性差別ではなく妊娠・出産という別の事由による差別と考えるべきであり、そのような立法をすべきだと主張する。そして、妊娠・出産差別では、男女の非妊娠・非出産者よりも不利益に取り扱われたという防御的な主張のみならず、妊娠・出産女性により優遇的な取扱いを正当と認める積極的主張のための規定（それは防御主張の代替ではなく、妊娠・出産者の要求に適合した保護という補充的形態）を設けるべきであると論じている。

この Honeyball の主張は、比較を、差別要因との結びつきを認識するための手段と明確に位置づけて、被差別者自身が妊娠・出産しなかったときの状態との比較がありうることを示した点、また、「妊娠・出産」を「性」とは別の差別事由と位置づけるべきだとした点で、Wintemute とは別の視点を提起している。他方、両者ともに、妊娠・出産に関する差別のなかに男女同一取扱い違反以外の類型、すなわち「性平等の実現に必要な保護（配慮）の侵害ないし不提供」という類型を肯定している。この Honeyball 論文は、1998年 4 月の Thibault 先決裁定や後述する Fredman らが実質的平等という考え方を提起した後に公表された論文（2000年発表）であることから、それらの考え方を踏まえてのものであろう。

(3)　Fredman 説：形式的平等に対する批判、実質的平等の議論

Fredman は、妊娠・出産に関して比較を本質とする男女平等取扱い原則を適用することを批判し、妊娠・出産女性にとって必要な具体的権利を立法で定めるよう提起するとともに、一連の論文において、実質的な性平等およびその実現のための積極的義務を主張している。そこでは、比較を前提としない実質的平等の概念を土台として、「性平等」と「妊娠・出産保護」とを結びつけて

84)　Honeyball は、カテゴリーの重なりと差別との関係の例として、生まれつき赤毛の人と白人との関係をあげ、生まれつき赤毛の人は全員白人に属するが、前者への差別が白人を理由としたものとはいえないことを指摘する。

85)　また、妊娠・出産差別を間接性差別とみると、正当化の余地が生じて問題だとする。

論じている。[86]

Fredmanは、男女同一取扱い原則の限界を強調する。すなわち、同原則は、「等しいものは等しく、等しからざるものは等しからざるように」という一貫した取扱いを求める形式的平等の視点に立つものであって、これを男女の差異を尊重すべき妊娠・出産に適用することは適切ではない、と批判する。また、欧州司法裁判所のDekker先決裁定およびWebb先決裁定については、「平等を創造的意味で用いること（the imaginative use of equality）」により比較対象者を不要と解し、男女同一取扱い原則における比較アプローチを超える試みをしたと高く評価しつつ、他の判例においては男性との比較可能性を問題としたものもあることから、判例法理は脆さを持っていると指摘した。[87] それらを踏まえて、Fredmanは、妊娠・出産に関しては、男女同一取扱い原則を適用して妊娠・出産女性を同一状況の男性と同一に取り扱わせるのではなく、妊娠・出産に注目しそれ自体を権利の源として、妊娠・出産に関する具体的権利を立法化すべきであると提起している。

ただし、この具体的権利の立法化提言が、条約や指令で規定される性平等ないし性差別の規範内容の明確化として主張されているのか、それとも権利の創設を求めているのかは、必ずしも明確ではない

(4)　検討

(a)　差別という概念の捉え方

EU法が、妊娠・出産に関して、とりわけ妊娠・出産に起因する就労不能ないし労働能力低下を理由とする不利益取扱いも含めて性差別と把握したこと、また、妊娠・出産女性に対して、疾病等により就労不能や労働能力低下した男性にはない法的保護を性差別禁止法理により保障したことは、形式的平等の考え方に基づく類型とは異なる差別類型、すなわち、比較を差別の必須ないし本質的な要素とはしない、「性平等の実現に必要な保護（配慮）の不提供」を差別とする類型を認めたもの、と考えられる。

その是非について、WintemuteおよびHoneyballは、差別というものは比

86)　[Fredman 1997：179-224, 2011a：12, 169-171].
87)　[Fredman 1997：187-192]. 問題ある判例として、1990年Herz先決裁定、1996年Gillespie先決裁定を挙げる。

較を本質とする概念であり、妊娠・出産に関する差別でも比較が要件となっていると主張する。しかし、両者も指摘するように、その比較は、「差別事由」と「不利益」との結びつきを洗い出すためのものであり、また、Honeyball が指摘したように、妊娠・出産事案での比較は、男性との比較ではなく、妊娠・出産していなかった場合の当該女性自身との比較である。そして、その比較は、妊娠・出産に関して不利益を受けたことを立証するための一手段にすぎないのであって、差別概念の本質からくるものではない。人権保障としての性差別禁止という視点に立つならば、「性という属性に基づいて不利益を受けること」自体をもって性差別と捉えるべきであり、男女比較を性差別の本質的要件とすべきではない。EU 法では、2002年改正男女平等待遇指令以降の性差別禁止に関する諸指令では、ハラスメントやセクシュアル・ハラスメント、性差別の指示などが性差別として規定されるなど、比較を要件としない差別類型が規定されている、妊娠・出産差別も、それらの一つである。

判例は、従来の、そして他の領域では一般的に用いられているところの、比較を前提ないし土台とする形式的平等概念（「等しいものは等しく、等しからざるものは等しからざるように」）との整合性を図るために、「等しからざるものに同じルールを適用するのは差別」であり、妊娠・出産による不就労と男性の疾病等による不就労とは等しからざるものだから同一に扱えば差別である、と論じている（1998年 Brown 先決裁定等）。しかし、Fredman が指摘したように、形式的平等は、「等しいもの」も「等しからざるもの」もいずれも比例的に平等に、一貫した基準にもとづいて取り扱うものであって、比較から離れたものではない。したがって、判例が、妊娠・出産に関する不利益取扱いを差別と判断するにあたって、男女別取扱いを包括的に是認する立場とは、形式的平等の考え方は本来は矛盾するものである。

(b)　妊娠・出産と性との結びつき

判例も指令も、妊娠・出産に関する不利益扱いを「性」差別としており、そのなかに妊娠・出産に起因する就労不能を理由とする不利益扱いも含むとするなど、差別事由としての「性」を、性別とは狭く理解していない。この点については、Wintemute が指摘しているように、「性」という概念は様々な要素を含みうるものであることから、妊娠・出産および妊娠・出産に起因する疾病が、性平等ないし性差別禁止法の目的からして「性」と一体のものと解釈すべき要因か否かが問題となる。

この点について、Honeyball は、性と関係のない（育児や家事などを理由とする）妊娠・出産差別がありうるとして、性差別とは別の差別類型として扱うべきと主張した。Wintemute もこれを直接に性に基づく差別としてではなく、女性に不均衡な影響を与えるという間接的なものとして、性との結びつきを認めている。

たしかに、女性にも非妊娠者が存在する。しかし、歴史的にもまた現在においても、性差別は、女性（非妊娠・非出産女性も含めて）が社会構造上、妊娠・出産や家事育児を担う、あるいは担う可能性のある非効率な補助的労働力として、劣位に置かれることに深く起因する。したがって、妊娠・出産・家事育児に関する不利益取扱いは、職場における女性差別の根幹的要因をなしている。

家事育児については、性を問わず男女が共に担うべきものであり、これに関しては、性に着目した法的対応は性別役割分業を温存し男女平等の実現を阻害することになりかねず、したがって性差別禁止規範とは別の法規範が適用されるべきである。他方、妊娠・出産（母乳授乳を含む）については、男女が固有の生物学的特質を有し、女性は、その固有の生物学的特質に関連して雇用上の不利益を受け、かつその生物学的特質に対する保護が必要とされる存在である。もちろん、女性全員が妊娠や出産をするわけではなく（とはいえ、集団の一部への不利益取扱いではあっても、集団的属性に関わるものである）、また、妊娠・出産には本人の意思も介在するが、「妊娠・出産」および「妊娠・出産に起因する労働不能ないし労働能力の低下」と「性」とを切り離すことはできない。妊娠・出産差別を、妊娠・出産に起因する就労不能ないし就労能力の低下も含めて、直接の性差別と解釈することは、性差別の本質を捉えたものと考える。ただし、直接性差別か否かを「一方の性のみに該当する理由」による不利益か否かによって判断することには（第1節2(1)(a)参照）、疑問がある。それは、判断要素の一つにすぎず、しかも現象面をとらえた基準にすぎないからである。

Witemute は、妊娠・出産差別を直接性差別とすることの問題点の一つとして、直接性差別は成文規定がない限り正当化が認められず、正当化審査による他の権利との調整が図れなくなることを指摘する。しかし、この主張については、そもそも直接差別の正当化に関する解釈自体に問題があるのではなかろうか。成文に規定のない正当化を否定することは、差別を厳格に禁止することにはなるが、あまりにも硬直に過ぎる。このような厳格な解釈が、逆に、1999年Abdoulaye先決裁定のように、出産休業中の女性の賃金保護（当時、EU法に賃金差別の正当化に関する規定はなかった）について、男性とは比較可能な状態にないという理由から差別の成立を否定するという解釈をもたらし、ひいては妊娠・出産差別に関する理論上の混乱を招くことになったのである。むしろ、妊娠・出産差別を直接性差別として認めたうえで、正当化の抗弁を認めるべきであろう[88]。

最後に、2002年改正男女平等待遇指令などの直接性差別の定義が他の性との比較可能性を要件としていることから、妊娠・出産差別を直接性差別とすれば、指令上の直接性差別の定義とは一致しなくなるという問題点が残る。しかし、これについては、むしろ指令の直接性差別の定義を修正して、人権としての差別禁止の視点から、比較を要件としないものをも含む、新たな規定を設けるべきなのではなかろうか。

---

88)　たしかに、間接性差別は、“性自体を理由とする異なった取扱いのみならず、性中立的であるが一方の性に対する障壁をも性差別とする”という意味で、直接性差別よりも差別概念が拡大されたものである。とはいえ、両者の違いは、性と不利益取扱いの理由と結びつきの遠近の違い（直接差別では性に基づく処遇そのもの、間接差別では一方の性に不利益を与える障壁）であって（なお、立証枠組みなどにも違いがある、第3章第3節2(2)）、その両者決定的な違いがあるわけではない（［Fredman 2011 a：203-214］も参照）。そして、直接差別にも正当化を認めるとすれば、妊娠・出産差別が直接性差別か間接性差別かを論じる実践的意味も、そう大きいものではなくなろう。

第５章　ハラスメントに関する性差別禁止法理の生成
——性差別として禁止する類型（性差別概念）の拡大Ⅲ

問題の所在

本章では、実質的平等アプローチによる性差別概念拡大の３つめの類型として、ハラスメントを取り上げて、その意義および課題について検討する。[1)]

ハラスメントに関しては、1970年～1980年代のアメリカにおいて、セクシュアル・ハラスメント問題が顕在化し、セクシュアル・ハラスメントを公民権７編違反の性差別とする判例法理が生成されて、その後、それが各国に波及した。[2)] EU では、2000年以前はハラスメントを規制する EU 指令はなく、加盟国の国内法において、刑法上の処罰対象としての強姦や強制わいせつ等の行為、人格権侵害としての不法行為、あるいは性差別など、様々な視点から違法行為と捉えられていた。[3)] EU 指令による規制は、まず性差別以外の領域に関して、2000年人種等平等待遇指令および同年雇用一般平等待遇枠組指令により、ハラスメントが差別として規定され禁止された。その後、性差別の領域でも、2002年改

1） EU 法のハラスメントおよびセクシュアル・ハラスメントについては、すでに、［濱口 2017：455-470］により立法政策の展開が紹介されており、また、［ウェザーフィールド 2008］［山﨑 2004、2012、2013］［内藤 2014］らにより、EU 加盟国国内法における規定との比較検討を中心とした紹介もなされている。本章では、これらの先行研究を参照しつつ、「性差別」「性平等」概念の把握および実質的平等法理の生成という視点から、EU 性差別禁止指令による「ハラスメント」および「セクシュアル・ハラスメント」法理について、生成された法理の内容を分析しつつ、その意義および課題を明らかにし、検討をさらに一歩進めていきたい。

2） アメリカでは、1970年代にフェミニズム運動により問題が顕在化されて、性差別訴訟が提起されるようになり、1986年連邦最高裁 Meritor Savings Bank v Vinson 判決（477 U.S. 57）によって、セクシュアル・ハラスメントが公民権第７編違反の性差別である旨が判示された。その後の判例により、対価型・環境型の２類型の法理が生成されてきた（日本での研究文献も多いが、さしあたり、［水谷 2001］［山﨑 2013］［相澤 2012：補論Ⅰ］参照）。国連でも、1985年国連女性会議のナイロビ戦略で「女性に対する暴力（女性であることに関連した暴力）」の一つとしてセクシュアル・ハラスメントが指摘され、1992年国連女性差別撤廃委員会一般勧告19号や1995年国連北京女性会議でも、性差別として撤廃を求めている。

3） *See*［Rubenstein 1987：chap.4］, *also*（*as to*）UK［ウェザーフィールド2008］.

正男女平等待遇指令により、ハラスメントおよびセクシュアル・ハラスメントが性差別として禁止され、現行2006年男女平等統合指令に踏襲されている。

さて、性差別領域に関するEU指令は、ハラスメントを、加害行為が性的性格を有するか否かにより「セクシュアル・ハラスメント（加害行為が性的性格をもつ類型）」と「性に関連したハラスメント（加害行為に性的性格はない類型[4)]）」とに区分し、両類型のハラスメントについて、性差別として禁止する旨を規定した（たとえば、2006年男女平等統合指令2条1項c号d号）。これは、本書のテーマである性差別の概念把握および法理構造との関係でいえば、他の性との比較を前提しない、いいかえれば、性差別を形式的平等ではなく実質的平等の視点からアプローチする、新たな性差別類型が、明文で規定されたことを意味する。

では、EU法は、ハラスメントおよびセクシュアル・ハラスメントを、どのような論拠ないし理解に基づいて「性差別」と捉えているのだろうか。どのような法理構造がとられているのだろうか。また、直接差別や間接差別など他の差別概念とは、どのような関係に立つのであろうか。その意義および問題点は何か。これらは、単に論理的な関心にとどまらず、その理解の仕方によっては、後述するように「同性間におけるハラスメントは性差別か」等々、具体的な規範内容や射程範囲の違いが生じてくる実践的な問題でもある。

また、EU性差別禁止法は、ハラスメントとセクシュアル・ハラスメントという2つの行為類型を区分して規定しており、「性に関する」行為であることは、前者では要件であるが後者では要件ではない。したがって、後者のセクシュアル・ハラスメントでは、性的な動機や意図ないし効果を有しない行為でも、人の尊厳を犯す行為が性的性格をもつ場合には、性差別とされる。この区分の意義および問題点は何か。すなわち、2種類の行為類型および各々の定義は、性差別概念の把握という理論的な観点、および性平等実現という実践的な観点からみて、適切であるのか、それとも問題を含むものであろうか。

これらの課題に接近するために、まず、EU法におけるハラスメントおよびセクシュアル・ハラスメントに関する歴史を、性差別として規制されていく経緯および論理に注目しながら振り返り、EU法における法理が、どのような位

4）　たとえば、「男みたいな女だ／ナヨナヨした男だ」として排除する、「やはり女の子では、責任ある仕事は無理だったのだ」と誹るなどの行為が該当する。

置づけと内容をもって生成されてきたかを概観して、そこから性差別の新たな類型としての法理の特徴および到達点を分析し（第1節）、そのうえで、学説からの批判を紹介しつつ、EU法におけるハラスメントおよびセクシュアル・ハラスメント禁止法理の意義および問題点を検討したい（第2節）。

なお、性差別領域におけるハラスメントないしセクシュアル・ハラスメントとEU差別禁止法上の差別概念の把握に関連する判例が見あたらないため[5)]、本章の検討は、専ら立法および学説を対象とする。

第1節　ハラスメントに関する性差別禁止法理の生成

1　立法化への準備段階

(1)　1987年専門家報告

EU法では、2002年改正男女平等待遇指令が、初めて「性に関するハラスメント」および「セクシュアル・ハラスメント」を性差別として規制したが、その基となったのがRubensteinによる1987年専門家報告[6)]である。

(a)　経緯

欧州議会は、1985年国連ナイロビ女性会議による女性差別撤廃の要請を受け止めて、1986年「女性に対する暴力に関する決議」[7)]においてセクシュアル・ハラスメントが男女平等待遇原則違反にあたる旨を指摘して、欧州委員会に対して、加盟国法を検討し不十分であれば新指令を提案するよう求めた[8)]。

5）　欧州司法裁判所は、EUの条約や指令に関する事案のみならず、EU職員規則違反に関する事案も管轄している。しかし、職員規則違反の事案は、EU指令上の性差別としてのセクシュアル・ハラスメントやハラスメント規定に関する判断ではないので、本書では検討の対象としない。なお、障碍差別概念との関係では、2008年Coleman先決裁定（Case C-303/06［2008］ECRI-5603）が障碍を理由とするハラスメントについて判示している。しかし、同事件は、子の障碍を理由に母が解雇の不利益を受けたことが障碍差別として禁止されるか否かという、障碍差別における差別被害者の対象範囲についての判示であって、「差別」概念自体の判示ではない。

6）　［Rubenstein 1987］.

7）　OJ［1986］C 176/73.

8）　欧州議会は、それまでも繰り返し取組みを求めていたが、この1986年決議では、一歩踏み込んでセクシュアル・ハラスメントは性差別であると明確に示し、各国政府や労組に対しても、性差別的性質に光を当てた取組みを求めた［40-41段］。

この欧州議会決議や理事会からの非公式要請を受けて、欧州委員会の嘱託専門家 Rubenstein により検討が進められ、1987年に報告書が欧州委員会に提出された。

(b)　Rubenstein の提起

この Rubenstein 報告は、EU 諸国におけるセクシュアル・ハラスメントの問題状況、国際的な研究および法的規制の展開等々について検討したうえで、EU としてセクシュアル・ハラスメントに関する特別の指令の制定を提言したものであり、その後のセクシュアル・ハラスメントに関する EU 法の発展の理論的基礎を築くものであった。

同報告のなかで、Rubenstein は、セクシュアル・ハラスメントは、職場における女性の従属的地位と密接不可分に関連し、被害者の性別が加害の決定的要因となって発生し、女性にとって働くうえでの重大な障害となっていることを挙げて、1976年男女平等待遇指令の男女平等待遇原則に違反する性差別であると指摘した。そして、セクシュアル・ハラスメントに対して、EU 諸国で採られている民事法や労働法、刑事法、さらに一般的な性差別禁止法による既存の法的手段では、法的対抗措置として不十分であること[9]、したがって、EU が主導力を発揮して性差別撤廃の視点からアプローチする必要があること、そして、セクシュアル・ハラスメントの被害申出や立証には困難が伴うこと等を鑑みて、特別の指令を制定して、性差別であると正式に認めるとともに、予防や再発防止を重視した内容を盛り込むべきことを強く主張した［4-5章］。

(c)　Rubinstein によるセクシュアル・ハラスメントの定義

Rubinstein は、特別指令の対象とするセクシュアル・ハラスメントについて、当時の国際的議論の到達点を基本として[10]、3つの基本要素（①身体的のみならず言語的行為も含む、②受け手にとって不快な望んでいない行為、③行為者が②を知っていたか知るべきだった）からなる、つぎの定義を示した［同報告6章23項］。

「セクシュアル・ハラスメントとは、性的性格（sexual nature）を有する言語的ないし身体的行為（verbal or physical conduct）であって、被害者にとって不

9）　報告は、不公正解雇法や安全衛生法、刑事法の対象の限定や立証上の困難、民事法や契約法上の義務の主体（責任を負う使用者の範囲）の制約や救済方法の不十分さ（損害賠償が主）、なによりも予防的教育的措置の不十分さを指摘する（同報告第4章）。

快（offensive）なものであることを行為者が知っていたか知るべきだった行為」

この定義では、セクシュアル・ハラスメントを「性差別」の一類型としてアプローチしているにもかかわらず、「性に基づく」行為であること（行為と性との因果関係に関する文言）が要件化されていない[11]。この点について Rubinstein は、「セクシュアル・ハラスメント」と「女性に対する差別」との関係は明白であって、各被害者はセクシュアル・ハラスメントを受けたことを立証すれば足り、性差別として違法とする上で性と差別との関連性（因果関係）の立証は不要とすべきと説明している[12]。

(2)　1990年理事会決議、1991年委員会勧告および行為準則

(a)　1990年理事会決議

しかし、上記の専門家報告にもかかわらず、欧州理事会の当初の反応は、ソフトローによる対応を選択するに止まるものであった。理事会は、1990年に、拘束力のない決議（Council Resolution）として「職場における男女の尊厳の保護に関する決議[13]」を発表し、欧州委員会に対して行為準則の策定を指示した。

同決議は、前文で「性的性格をもつ行為あるいは他の性に基づく行為は、職場における男女の尊厳を害し…一定の場合には、1976年男女平等待遇指令３、４、５条の平等待遇原則違反となる」と記し、若干曖昧ながら性差別の視点を提示したえで、規制対象とする行為の定義について、つぎのように規定している。すなわち、

「職場における男女の尊厳に影響を与える、性的性格をもつ行為あるいはその他の性に基づく行為――上司や同僚の行為を含む――は、労働者や訓練生の尊

10)　セクシュアル・ハラスメント法理の契機となったアメリカ法には、法文上の定義はない。雇用機会平等委員会（EEOC）の1980年「性差別に関するカイドライン」の定義では、セクシュアル・ハラスメントとして、対価型（行為の受入れを拒否すれば不利益を受ける類型）だけでなく、環境型（行為により就労環境が悪化する類型）も含めて「性差別」とし、対価型ないし環境型の弊害が性的性格の行為により生じる場合には、性との因果関係を明示的には要件とせずに、性差別としてのセクシュアル・ハラスメントの成立を認める。他方、禁止行為を「性的性格をもつ行為」に限定しており、「性的性格のない性に基づく／関連したハラスメント」、いわゆる「ジェンダー・ハラスメント」は、同ガイドラインによる性差別禁止の対象範囲には含まれていない。

11)　アメリカ EEOC の定義と同様である。

12)　[Rubenstein 1987：45].

13)　OJ［1990］C157/3.

厳を耐え難く侵害する行為であり、つぎの場合には許容することはできない。(a)そのような行為が受け手にとって、望んでいない（unwanted）もので、不合理（unreasonable）であり、かつ不快（offensive）なものである場合、(b)使用者あるいは労働者（上司あるいは同僚を含む）のそのような行為に対して、拒否（rejection）あるいは服従（submission）することが、明示ないし黙示に、職業訓練へのアクセス、雇用へのアクセスや継続、昇進、賃金や他の雇用上の意思決定に影響する決定の基礎として用いられる場合、かつ／あるいは、(c)そうした行為が、受け手にとり脅迫的敵対的屈辱的な労働環境（an intimidating, hostile or humiliating work environment）を生み出す場合」

この理事会決議における定義は、その後のEUのソフトロー、ハードロー両者におけるセクシュアル・ハラスメント定義の基本モデル、いいかえれば、EU法としての規制対象を画定する基準となっていく。この定義の特徴は、以下のとおりである。第1に、規制対象行為として、「性的性格の行為（セクシュアル・ハラスメント）」の他に、「その他の性に基づく行為（性的性格のない、いわゆるジェンダー・ハラスメント）」を挙げたこと。第2に、被害態様として、対価型と環境型との両者を想定していること。第3に、受け手の主観ないし反応に基づいて行為や被害を規定しており、行為者の主観や帰責性は要件とされていないこと。第4に、男女の尊厳の侵害と性差別とを関連させて捉えていること（ただし、この段階では、尊厳を侵害する程度に至っていることが成立要件か否かは明確でない）。このうち、第2、第3、第4は、アメリカや国連等での論議や研究成果を反映したものといえるが[14]、第1は、EUに特徴的であり、その後、後述するようにEU独自の展開が図られていくことになる。

(b)　1991年委員会勧告および行為準則

欧州委員会は、上記理事会決議に基づき1991年に、「職場における女性および男性の尊厳保護に関する勧告」および「セクシュアル・ハラスメントと闘う手段に関する行為準則」[15]を発表した。これらは法的拘束力を有しないが、より鮮明に、「性差別」として取り組む姿勢を打ち出している。すなわち、勧告は、セクシュアル・ハラスメントについて、様々な角度から違法である旨を述べた

14)　第2、第3の考え方は、アメリカ連邦最高裁の判例法理で生成され、その後、国際的に波及した。また、第4については、国連女性差別撤委員会一般勧告19号（1992年）参照。
15)　OJ［1992］L49/1.

うえで、性差別の側面に注目するとし、前記1990年理事会決議と同文で定義するとともに、1976年男女平等待遇指令の男女平等待遇原則違反の行為である旨を明記した。そして、加盟国に対して、認識の促進、行為準則の公的部門での率先実施、使用者・労働者代表への準則実施の奨励等を勧告した。

さらに、行為準則では、「性的性格の行為」および「その他の性に基づく行為」について、より詳細に説明している。また、セクシュアル・ハラスメントが性差別である理由について、受け手のジェンダーがハラスメントを受ける決定的要因になっていること、また、セクシュアル・ハラスメントには雇用のヒエラルキーにおける女性の地位が作用していること、を指摘している[16)]。そして、女性の平等機会や地位改善政策と関連した取り組みが効果的であるとし、使用者や労働組合がとるべき具体的措置を挙げている。

2　性差別としての立法化の実現

(1)　2002年に指令で差別として明記へ——ソフトローからハードローへ

(a)　アムステルダム条約改正とその実施指令の制定

このように、EU では、1980年代から1990年代初めまでは、セクシュアル・ハラスメント問題の重大性および性差別の視点からの取り組みの必要の認識が確立したものの、法的対応としては、ソフトローに止まっていた。

しかし、1997年アムステルダム条約によって、差別と積極的に闘うという EU の姿勢が打ち出され、また、差別禁止が性以外の人種や障碍等にも拡大されることになった。そして、アムステルダム条約実施のために2000年に制定された２件の指令により、まず、性以外の領域におけるハラスメントが差別として禁止され、それを踏襲する形で性差別に関しても、2002年改正男女平等待遇指令改正において、「(性に関連した) ハラスメント」および「セクシュアル・ハラスメント」の禁止が規定された。

(b)　2000年の２件の指令によるハラスメント禁止

2000年、アムステルダム条約改正による差別禁止事由の拡大を実施するため、人種等平等待遇指令が制定された。1990年代から、EU 各地でネオナチなど人

16)　[Bamforth/Malik/O'Cinneide 2008：475] は、決議および行為準則が、セクシュアル・ハラスメントを権力関係の問題と捉えている点に注目する。

種差別主義や排外主義を掲げる勢力が拡大しつつあり、人種差別を撤廃し、EU の統合を経済以外にも深化させることは、当時の重要な政治的課題であった。同指令は、人種または民族的出身に基づく差別と闘うことを目的に掲げ（1条)、平等待遇原則として直接差別および間接差別を禁止する（2条1項）とともに、「ハラスメント」および「差別の指示」が上記の差別にあたる旨を明文で示した（2条3項4項)。

この人種等平等待遇指令により、ハラスメントが、EU 法上初めて法的拘束力をもった形で、差別の一形態として禁止されたのである[17]。同指令は、差別として禁止されるハラスメントについて、つぎのように定義した（2条3項)。なお、同年制定の雇用平等待遇一般枠組指令（宗教・信条、障碍、年齢、性的指向に基づく差別の禁止）も、同文の（差別事由部分のみ異なる）規定を設けている（2条3項)。

> 「ハラスメント、すなわち、人種ないし民族的出身に関する望まれていない行為が、人の尊厳を犯すとともに、脅迫的・敵対的・冒涜的・屈辱的ないし不快な環境を生み出すような目的ないし効果をもつ場合には、1[18]項の意味において差別の一形態と考えられなければならない。この文脈において、ハラスメントの概念は、加盟国の国内法および実務にしたがって定義される」

ハラスメントを「差別」として禁止する必要および論拠について[19]、欧州委員会は、同規定の提案理由で「…ハラスメントは、人々の職業的経済的社会的領域における権利を深刻に侵害するものであり、差別と考えられなければならない」とし、欧州議会の委員会も、「欧州委員会は、平等を形式的な意味に限定していない。敵対的、脅迫的、屈辱的ないし不穏な環境は、法律上の平等の権利が実際に平等な取扱いへと導かれることを妨げるものであり、禁止される」と述べている[20]。

このハラスメントの定義は、差別事由（人種・民族的出身）と被害との結びつ

17） 2000年人種等平等待遇指令は、初めて、多様な差別の概念を整理し定義づけた指令である。

18） 「本指令において、平等待遇原則は、人種ないし民族的出身に基づく直接ないし間接の差別がないことを意味する」（2条1項)。

19） 雇用平等待遇一般枠組指令のハラスメント規定に対して、欧州経団連は、保護に異論はないが差別ではないと反対した［濱口2017：506］。

20） COM（1999）566 final at 7, A5-136/2000 at 35.

きについて、それまでの性差別指令での「基づく（based on）」ではなく「関する（related to）」という文言を用い、より広く解している。また、「目的ないし効果…をもつ場合」「1項の意味（筆者注：平等待遇原則とは直接および間接差別のないこと）において」と規定して、差別事由を認識ないし意図した直接差別に該当する場合の他、差別事由には中立的であっても差別的効果を生じる間接差別の場合も含むとしている。つまり、同指令は、ハラスメントを直接ないし間接差別の一場合と位置づけていると解される。

他方で、この定義は、かなり曖昧かつ問題も多い。すなわち、第1に、ハラスメントによる弊害として、文言上では、環境型は想定されているが、対価型への明確な言及はない。第2に、差別の成立について、「人の尊厳を侵害するとともに」として、尊厳を侵害する程度に至ることを要件とする文言となっている。第3に、「脅迫的・敵対的・冒涜的・屈辱的ないし不快な環境」という文言も内容は曖昧である。第4として、加盟国がハラスメントを再定義して実施することを認めており、研究者からは、EU法によるハラスメント禁止の効力を弱める危険性を指摘されている[21]。

(2) 性差別領域での指令による規制強化

2002年改正男女平等待遇指令は、平等待遇原則が直接ないし間接の差別のないことを意味する旨を規定（2条1項）したうえで、性差別領域において初めて、ハラスメントおよびセクシュアル・ハラスメントを定義し（2条2項）、性差別であることを明記して法的拘束力のある形で禁止した（2条3項）。さらに、「加盟国は……、性に基づくあらゆる差別の防止、とりわけハラスメントおよびセクシュアル・ハラスメントの防止措置を推進しなければならない（shall encourage … to take measures…）」と、積極的な差別是正も—推進義務ではあるが—規定された（2条5項）。これらの規定は、2006年男女平等統合指令でも踏襲されている（定義について、2条1項c号d号、同2項。防止措置推進について26条）。

ハードローへの規制強化の要因としては、すでに、2000年の2件の指令により性以外の差別事由におけるハラスメント禁止が規定されたこと、また、従来

21）［ウェザーフィールド 2008：35-36］。なお、［Ellis/Watson 2012：300］も、指令の「尊厳の侵害」要件は不要と批判する。

のソフトロー規制ではEU諸国における状況が改善していない旨の調査報告が出されていたことが挙げられる[22]。

2002年改正男女平等待遇が規定するハラスメントおよびセクシュアル・ハラスメントの定義は、以下のとおりである（なお、ハラスメントの定義は、差別事由以外は前記2000年の2件の指令と同文である）。

> 「ハラスメント：性に関する望まれていない行為が、人の尊厳を犯すとともに(and)、脅迫的・敵対的・冒涜的・屈辱的ないし不快な環境を生み出すような目的をもつ場合、あるいは効果を生じる場合[23]」（2条2項）
>
> 「セクシュアル・ハラスメント：あらゆる形態による、言語・非言語あるいは身体的な、望まれていない、性的性格をもつ行為が、人の尊厳を犯し、とりわけ、脅迫的・敵対的・冒涜的・屈辱的・不快な環境を生み出すような、目的をもつ場合、あるいは効果を生じる場合[24]」（2条2項）

また、ハラスメントおよびセクシュアル・ハラスメントが性に基づく差別として禁止される旨の規定（2条3項第1段）に続けて、2000年の2件の指令とは異なり、「人がこうした行為を拒否するか服従するかが、その人に影響を与える意思決定の基礎として用いられてはならない」（2条3項第2段）と規定し、対価型の被害の場合も対象に含めた。

(3)　定義の特徴

この性差別領域における定義の特徴について、つぎの点を指摘しておきたい。

第1に、本書で検討してきた平等概念との関係では、両定義とも「男女別取扱い」や「他の性との比較可能性」を必ずしも要件としておらず、形式的平等の考え方を超える差別類型である（これは2000年の2件の指令のハラスメント定義も同様である）。

第2に、ハラスメントとセクシュアル・ハラスメントとを、別の類型の性差

---

22)　(COM (96) 373 final)、[Ellis/Watson 2012 : 299]。

23)　原文は、“(c) ‘harassment’ :where an unwanted conduct related to the sex of a person occurs with the purpose or effect of violating the dignity of a person, and of creating an intimidating, hostile, degrading, humiliating or offensive environment.” である。

24)　原文は、“(d) ‘sexual harassment’ : where any form of unwanted verbal, non-verbal or physical conduct of sexual nature occurs, with the purpose or effect of violating the dignity of a person, in particular when creating an intimidating, hostile ,degrading, humiliating or offensive environment.” である。

別として規定したことである。前者では「性」と「ハラスメント」との因果関係が要件とされているが、後者では「性的性格の行為」が人の尊厳を害する目的ないし効果を有すれば、それだけで性差別としている。したがって、たとえば、個人的遺恨あるいは同性間で性的虐待が行われたような場合にも、文言上からすれば、セクシュアル・ハラスメントとして性差別に該当する。しかし、両者を区分した理由や両者の相互関係は明確ではない[25]。

第3に、ハラスメントおよびセクシュアル・ハラスメントの定義内容は、いずれも、これまでの国際的およびEUでの論議を反映して、(i)身体的行為以外の加害行為も広く対象とし、かつ、(ii)受け手が拒否していなくとも「(受け手から) 望まれていない」行為であれば足りるとする。(iii)環境型の他に対価型被害の場合も、性差別として規定している。

第4に、2000年の2指令での定義でも述べたように、「差別」の成立について、「人の尊厳を犯す」程度に至ることが要件となっている。

第5に、他方で、2000年の2件の指令とは異なり、ハラスメントやセクシュアル・ハラスメントの概念を加盟国が再定義することを許容する文言はなく、指令の法的拘束力がより強力なものとなっている。

現行2006年男女平等統合指令も、次節で具体的に検討するが、この2002年改正男女平等待遇指令の規定内容を踏襲している[26]。

3　小括

以上のように、EU法は、1990年代以降、性に関連したハラスメントやセクシュアル・ハラスメントの深刻さや重大性を認識し、とくに性差別という側面に注目して、性差別としての規制をソフトローからハードローへと強化してきた。これは同時に、国際的な議論を取り入れつつ、新たな性差別の概念を生成する過程でもあった。性差別領域に関するEU指令は、「ハラスメント」と

25)　これまでの専門家報告や理事会決議・委員会勧告等では、「セクシュアル・ハラスメント」と「その他の性に関連するハラスメント（いわゆるジェンダー・ハラスメント）」とを区分し、両者の関係を示してきたが、本指令の区分は、両者を単純に並列するのみで、後述する研究者の指摘のように、両者に重複する部分があるのか否かは不明である。

26)　2004年物・サービスに関する男女平等指令では、ハラスメントおよびセクシュアル・ハラスメントが性差別として禁止される旨のみを規定している（同指令4条3項）。

「セクシュアル・ハラスメント」という２種類の、他の性との比較を必ずしも要件としない、性差別類型を規定している。性差別の概念を、形式的平等の考え方を超えるものへと拡大した類型の一つといえよう。[27)]

定義についてみると、基本的には国際的議論を反映した内容であるが、他方で、「ハラスメント」と「セクシュアル・ハラスメント」の２類型を規定したこと、定義が必ずしも論理的に整理されていないこと、「人の尊厳」の侵害の程度に至ることを差別の成立要件とするなど、検討すべき点も多い。次節では、ハラスメントに関連して、上記の２類型を「性差別」として規定した論拠ないし論理、性差別禁止法全体のなかでの位置づけ、法理の具体的内容や射程範囲をさらに究明しつつ、ハラスメントに関するEU性差別禁止法理の意義および問題点を検討したい。

第２節　EU法におけるハラスメントに関する法理の特徴

1　性差別としてのアプローチ――形式的平等を超える差別概念

(1)　性差別とする論理とその意義

EU法は、性領域におけるハラスメントおよびセクシュアル・ハラスメントを性差別として禁止する。これらを男女平等原則に反する性差別と解する論拠について、EUの政策ないし立法に関する議論では、ほぼ共通の認識として、以下の諸点が指摘されてきた。[28)] 第１は性が加害の決定的要因となっていること、第２は男性よりも圧倒的に多くの女性たちが被害者であること、第３に女性の労働市場への参加や活動の障壁となっていること、第４に職場の女性の地位の低さや権力関係から構造的に生じる問題であること、である。

上記の第１の論拠は、たしかに、一方の性ゆえの被害という視点（女性／男性でなかったら［but for］…被害はなかった）から、形式的平等の枠内の論理とも

---

27)　ただし、消極的禁止を中心とし予防措置要求は抽象的であって、Rubensteinが提起した、予防を重視した特別の指令の制定とはなっていない。

28)　1987年Rubeinstein報告（４・５章）や1990年理事会決議（２章３項a）、1992年行為準則（３章）。

とれる。しかし、男女の比較や差異が問題とされているわけではなく、性と加害行為／被害との結びつき（性に起因する不利益）を論拠として性差別と捉えられている。前述（第4章第1節2(1)(a)）した、妊娠・出産差別を直接性差別とした考え方と通底する理論と考えてみるべきであろう。また、第2および第3の論拠は、間接性差別禁止法理の一適用である。さらに、2000年の2件の指令では、条文構成上も、ハラスメントは直接差別ないし間接差別の一類型として規定されており、性差別領域でも、その考え方が踏襲されていると考えられる。第4の論拠は、MacKinnon らフェミニストなどが強く主張するところの、差別は差異ではなく男女の権力関係の問題であり支配と従属ないし抑圧関係の問題であるとの主張を参照しつつ、間接差別禁止と共通する、「差別」を発生構造から捉えて禁止する法理を導入したといえよう。ただし、EU 法の文脈での権力関係ないし支配は、MacKinnon らの主張する男性の女性に対する性的支配ではなく、より社会的経済的な権力構造の問題と捉えられている。

このように、EU 法における特徴は、何よりも「ハラスメント」「セクシュアル・ハラスメント」を「性差別」として捉えて、その視点から法的規制を加えたことにある[29)]。両者が、形式的平等を超える「性差別」類型の一つとして、明確に位置づけられている。

このうち、後述するように、「セクシュアル・ハラスメント」は加害行為の性的性格に着目した類型である。また、「ハラスメント」すなわち「性に関する望まない行為」は、加害行為が性的性格を有しない行為、たとえば、容貌や衣装への攻撃的言及や、身体的虐待、軽蔑的格下げ（1991年行為準則）などの、いわゆる“ジェンダー・ハラスメント”をも含んでいる。両者は、被害者の心身への重大な侵害に着目して、性差別の被害として、配分的不正義（賃金、昇進、その他の政治的経済的な不正義）のみならず、承認的不正義（各人を対等・独立な存在とみない、人格的価値についての不正義）を重視している点（第Ⅲ部第8章第3節2参照）で、意義がある。また、この心身への加害行為を、単に加害者の

29）　ハラスメントやセクシュアル・ハラスメントを形式的平等違反（一方の性ゆえの男女別取扱い）として位置づける法制度もありうる。たとえば、イギリスの判例は、ハラスメントに対して“一方の属性でなかったならば被らなかった（but for …）、他の属性の者と異なる取扱い”という視点で性差別としてきた。*See*［Clark 2006］［Barmes 2007］.

女性蔑視や他の性への欲望という個人レベルの問題として捉えるのではなく、発生原因としての社会経済的な権力関係ないし抑圧構造に着目した点も重要である。これにより、発生原因の是正が重視されることになり、判例がないため明確とはなっていないが、積極的是正措置や義務負担者（使用者や国）の役割が重視されることになろう。

なお、EU 指令は、ハラスメント、セクシュアル・ハラスメントに関して性差別からアプローチしているが、これは、EU 加盟国が他の法的アプローチ（たとえば人格権侵害としての不法行為）をとることを否定するものではなく、むしろ併存が前提とされている。EU 指令は、上記のように、とくに性差別の側面に光を当てたものである。[30)]

(2)　指令が「セクシュアル・ハラスメント」を包括的に性差別とすることへの疑問

他方、EU 指令が、性領域のハラスメントについて、「ハラスメント」とは別個に、性との関連を要件としない「セクシュアル・ハラスメント」を性差別と規定したことについては、実質的平等アプローチを支持する論者からも、厳しい批判が加えられている。

たとえば、Rikki Holtmaat[31)]は、セクシュアルなハラスメント（性的性格の加害行為）であるだけで性差別とするのは、個人的な妬みからの性的加害や、女囚房／男囚房内の性的虐待のような事例も性差別とされてしまい、問題であると指摘する。そして、「ハラスメント」には、ハラスメントが性的な態様の場合——性差別として取り上げるべきセクシュアル・ハラスメント——も対象に入るのであって、それとは別に、性との関連を要件としない類型を規定することは、性差別の対象範囲を過大包摂かつ混乱させるものだと批判する。[32)]

30)　EU と加盟国との権限配分の点で、EU は、性平等領域について共有権限（加盟国は、EU が権限を未行使ないし行使中止した範囲で権限を行使する。EU 運営条約 2 条 2 項［中村 2016：87-89］参照）を有する。

31)　[Holtmaat 2011].

32)　セクシュアル・ハラスメントを公民権 7 編違反の性差別として禁止してきたアメリカでも、その論拠や性差別としての対象範囲をめぐり、学説から疑義が生じている。たとえば、Katherine M. Frank は、セクシュアル・ハラスメントが性差別であると主張されてきた論拠は、一方の性ゆえの被害（女性／男性でなかったら but for…）であること、職場における性的欲求に基づく行為であること、あるいは、女性に対する男性の支配（差別＝従属・劣位化論から）であることなど色々だが、いずれも必ずしも十分に説得的ではないと批判している［Frank 1997］。

EUの法規制化の原動力となった1987年専門家報告では、Rubensteinは、前述したようにセクシュアル・ハラスメントを性差別とする論理について、「女性に対する差別」との関係は明白であり、両者の関連性の立証は不要であると論じている。たしかに、多くのセクシュアル・ハラスメントが女性に対する差別といえることは事実であろう。しかし、Holtmaatが指摘するように両者が関連しない場合も存在する。また、セクシュアル・ハラスメントを女性に対する間接差別禁止と類似の法理と捉えるとしても、間接差別禁止であれば、性と関連性のない場合は正当化段階で排除しうるが、セクシュアル・ハラスメントでは、その余地は認められていない。性差別との高い関連性および被害者救済の観点から立証責任を軽減する問題と、セクシュアル・ハラスメントを包括的に性差別と定義して"性差別ではない"との反証の余地を排除した法理構造とは、別の問題である。論理的にみる限り、セクシュアル・ハラスメントを包括的に性差別として禁止することは過剰包摂であり、また、「ハラスメント」規定との重複でもあるといえよう（3で、立法政策論も含めた検討を行う[33]）。

2　他の差別概念との関係——法体系上の位置づけ

2000年の人種等平等待遇指令および雇用平等待遇一般枠組指令では、前述したようにハラスメントが直接ないし間接差別の一類型であることが、条文で明記されていた。これに対して、性差別領域の指令では、ハラスメント、セクシュアル・ハラスメントは直接差別・間接差別と並列的に定義されたうえで、「性にもとづく差別であり禁止される」と規定されており、他の差別類型との関係が必ずしも明らかではない。

立法経緯をみると、1987年Rubenstein報告、1990年理事会決議、1991年委員会勧告および行為準則のいずれも、セクシュアル・ハラスメント（この文脈

33）　なお、1987年Rubenstain報告の段階では、「性に基づくハラスメント」概念は登場しておらず、「セクシュアル・ハラスメント」の用語を持いて両方の問題が論じられていた。したがって、2つ類型を併設するか前者のみで足りるか、という論点は検討されていない。また、Rubensteinは、事前予防を重視した指令の制定を提起しており、予防的観点からの立法的政策として、特別の指令として、性差別の性格のものとそうでないもの（性差別でなくても、排除すべきハラスメントという点は共通する）を併せて、セクシュアル・ハラスメント全体を広く対象として規制することも、規制方法として相当と考えられる。本文は、同報告自体を批判するものではなく、セクシュアル・ハラスメントを包括的にかつ重複して性差別として禁止することへの疑問である。

では、性との関連性をもつハラスメント）を、1976年男女平等待遇指令にいう男女平等待遇原則に違反する性差別としてとらえており、直接差別や間接差別と異なるものではなく、重なり合う、ないしそれらの一部として捉えている[34]。また、2000年に性以外の事由に関する２件の指令が制定され、それらの基本的考え方を踏襲しながら、性以外の領域でも指令の改正や立法がなされてきた。こうした経緯を考えると、性領域の諸指令についても、2000年の２件の指令と同様に「ハラスメント」および「セクシュアル・ハラスメント」は、直接差別および間接差別と少なくとも共通性をもつものであり、したがって、それらの性差別の概念に包摂ないし重なる対象の一部に関して、2002年改正男女平等待遇指令以降の指令では、とくに、物的のみならず心身の被害の重大性に着眼して、別個に特別の規定を設けたと位置づけられよう。

では、特に別個に規定化した意味はどこにあるのだろうか。まず言えるのは、保護対象の性格の独自性である。すなわち、「脅迫的・敵対的・冒涜的・屈辱的ないし不快な環境を生み出す」という、加害行為により、とりわけ各人の人格的利益に密接に関連した侵害（アイデンティティ承認次元の侵害）が発生することに注目した規定である。

また、法理構造の面でいえば、直接差別禁止法理との関係では、2000年以降の差別に関する諸指令では、「直接性差別」は、他の性との比較可能性が要件とされている（この比較可能性を前提とする定義自体は、直接性差別の定義としても問題が多い[35]）。それに対して「ハラスメント」「セクシュアル・ハラスメント」は、他の性との比較を要件としないという点で、現行諸指令が直接性差別として定義する以外をも対象に含むという、特別の直接差別類型[36]と考える。また、間接差別との関係では、一般的には被害者の多くが女性であり、性平等実現への障壁の除去という点では通底するものの、間接差別の場合の「他の性と比べて相当程度に不均衡な不利益」という要件を用いておらず[37]、また、少なくとも

34）［Athela 2005：68, footnote 44］も、直接差別ないし間接差別の一場合と捉える。

35）第Ⅲ部第７章第１節２参照。

36）この点で、他の性との比較を要件としない「妊娠・出産に関する差別」という直接性差別類型と通底する考え方である。

37）［Ellis/Watson 2012：300］は、「不均衡な不利益」に代わる「行為が脅迫的・敵対的・冒涜的・屈辱的ないし不快な環境を生み出す」という要件が、前者より狭い基準であると指摘する。

条文上は正当化を認めていない。

これらを考慮すると、2002年以降の性差別領域における諸指令では、「ハラスメント」および「セクシュアル・ハラスメント」は、個人の心身の侵害による重大性、とりわけアイデンティティの承認面に及ぶ不正義に着目し、2000年の性以外の領域の2件の指令の考え方を基本的に踏襲しつつ進展させて、新たな性差別概念および性差別禁止法理を生成したと捉えるべきであろう。つぎの項では、改めて、この新たな類型の性差別禁止法理の内容を具体的に検討し、その意義および問題点を検討していきたい。なお、以下では、指令が「ハラスメント」と「セクシュアル・ハラスメント」の2類型を規定したことの問題点については一旦留保して、検討を加える。

3　指令における定義内容の検討

現行2006年男女平等統合指令は、2002年改正男女平等待遇指令を基本的に踏襲して、ハラスメント、セクシュアル・ハラスメントの成立について、つぎの3要件を規定する[38]。すなわち、(i)性に関連する（ハラスメントの場合）ないし性的性格をもつ（セクシュアル・ハラスメントの場合）望まれていない行為であること、(ii)その行為が人の尊厳を犯すこと、(iii)行為が脅迫的・敵対的・冒涜的・屈辱的ないし不快な環境を生み出す目的ないし効果をもつ（環境型）、ないし、行為の拒否ないし服従にもとづく不利益待遇である（対価型）こと、である。

これらの定義の意義については、前述したとおり、他の性との比較を要件としない実質的平等アプローチが採られていること、差別の被害について心身への侵害を重視して、被害者側の視点に立脚するとともに[39]、承認的不正義と配分

38）同指令2条1項「c. ハラスメント：性に関連する望まれていない行為が、人の尊厳を犯すとともに、脅迫的・敵対的・冒涜的・屈辱的ないし不快な環境を生み出すような目的をもつ場合、あるいは効果を生じる場合」「d. セクシュアル・ハラスメント：あらゆる形態による、言語・非言語あるいは身体的な、望まれていない、性的性格をもつ行為が、人の尊厳を犯し、とりわけ、脅迫的・敵対的・冒涜的・屈辱的・不快な環境を生み出すような、目的をもつ場合、あるいは効果を生じる場合」、同2項「本指令においては、以下のものが差別に含まれる。a. ハラスメントおよびセクシュアル・ハラスメント、ならびに、人がそうした行為を拒否したか服従したかに基づく、あらゆる不利益待遇」。

39）「望まれていない行為」という、被害者側を基準とし（ただし、被害者の純粋な主観に基づく基準なのか、被害者側からの客観的基準かは議論の余地がある）、かつ被害者の拒否の有無を問題としない（非自発的同意も含む）要件を用いたことは、その反映である。

的不正義の両面から捉えていることが挙げられる。

他方、批判として、「尊厳を犯すこと」という要件は、被害者の主張・立証責任を不必要に加重し、差別の成立を困難にすることが指摘されている[40]。さらに、「行為が脅迫的・敵対的・冒涜的・屈辱的ないし不快な環境を生み出す」という要件や、義務の負担者や内容の面でも曖昧さが問題となろう[41]。また、上記定義に関連して、同性間のハラスメントやブリング（bulling）・モブリング（mobbing）を含むと解しうるか否かという疑問[42]も投げかけられているが、これも定義内容の曖昧さと裏腹の問題である。

思うに、EU の条約上および EU 基本権憲章上の「平等の権利」「性差別禁止」というレベルでの規範の侵害という観点からいうならば、「行為が脅迫的・敵対的・冒涜的・屈辱的ないし不快な環境を生み出す」という要件は、悪質性が高く違法性が明確なものから軽微なものまで含み得るものであって、かなり曖昧な規定と言わざるを得ない。規定が「尊厳を犯す」という要件を付加しているのは――「尊厳」という概念自体の不明確さという問題点はあるものの――、規制対象が無限定に広がることに歯止めを掛けるものとして、その意義を認め得るのではなかろうか。もちろん、条約や基本権憲章の権利保障の下に、1986年専門家報告で Rubenstein が主張したように、予防のための立法政策として、ハラスメントに関する特別の指令を設けて規制対象を拡大することや広範囲の措置を設けることは、可能であり望ましいことでもある。しかし、現行の諸指令は、条約や EU 基本権憲章上の人権保障と同レベルでの具体化として、差別を禁止するものであり、それであるならば、現行の「行為が脅迫的・敵対的・冒涜的・屈辱的ないし不快な環境を生み出す」との要件のみでは曖昧といわざるを得ない。各国国内法で予防的視点から対象範囲を拡大することは別論として、EU の性差別禁止指令としては、やはり一定の歯止め要件が

40）たとえば、［Ellis/Watson 2012：300］は、通常の「差別」の成立要件が“弊害 harm”と“それが差別事由に基づくこと causation basis on a prohibited ground”のみであるのに比べて、加重な要件を課していると批判する。また、尊厳を差別成立の要件にすることの批判について、後記第Ⅲ部8章第1節も参照。

41）なお、Catherine Barnard は、1991年行為準則が、使用者に対して指令実施にあたっての指針の役割を持つ旨を述べる［Barnarad 2012：358-360］。それを前提としても、行為準則に法的拘束力はなく、規範的不明確さが払拭されるわけではない。

42）［Driessen-Reilly/Driessen 2003］.

必要だったといわざるを得ないだろう。

ブリング、モブリングが「ハラスメント」「セクシュアル・ハラスメント」に含まれるかは、「尊厳を犯す」程度に至っているか否かによる。また、同性間のハラスメントは、たとえば、「男／女らしくない」という性別役割分業意識に基づく加害行為であれば、異性間の行為か同性間の行為かは問わず、また男女双方が対象とされていても、他の性との比較を要件としない実質的平等アプローチからすれば、「ハラスメント」「セクシュアル・ハラスメント」に含まれると解される。

4　小括に代えて

EU 指令は、「性に関するハラスメント」「セクシュアル・ハラスメント」という、形式的平等アプローチを超える新たな性差別類型を規定した。本章で検討してきたように、その意義は大きい。

他方で、「性に関するハラスメント」以外に「セクシュアル・ハラスメント」を規定したことや、両規定の具体的な規範内容の曖昧さ、雑然とした規定ぶりなどの問題点も少なくない。EU 指令のセクシュアル・ハラスメント禁止が、法理論的に厳格な意味での「性差別」なのか、それとも予防面を重視して、立法政策上、指令により規制対象範囲を拡大したのか、は不明確である。この点について言えば、EU 法レベルでは、残念ながら Rubenstein が提起したような、人権保障を土台としつつもさらに広く予防政策を重視した特別のセクシュアル・ハラスメント指令を制定するには至らず、その代わりに、性差別禁止指令のなかで基本的視点のみを提示して、具体化を専ら加盟国に委ねたというのが、実相ではなかろうか。それが、性差別領域において、ハラスメントおよびセクシュアル・ハラスメント法理に関する国内裁判所からの先決裁定付託が未だにない一因でもあろう。

また、予防および積極的差別是正について、EU 指令は、加盟国に実効性ある防止措置の推進を義務づけるに止まり、その具体化を加盟国に委ねているが、この領域での予防等の重要性を考えるとき、大きな問題点と考える。

第6章　ポジティブ・アクションに関する法理の生成および展開
―― 一方の性に対する優遇による性平等の積極的な実現とその限界

問題の所在

(1)　一方の性に対する優遇・特別措置の必要

第Ⅱ部第3章〜第5章では、EU 性差別禁止法における実質的平等アプローチの導入による「平等の権利」保障の進展について、差別概念の拡大の観点から分析してきたが、本章では別の角度からの進展、すなわち性平等の積極的実現手段である、ポジティブ・アクション法理の生成および展開を取り上げて検討する。

EU をはじめとして世界各国で、男女別取扱いを法的に禁止して性平等の実現を追求してきたにもかかわらず、なお性差別は社会に根深く、かつ形を変えながら存続してきた。その限界に直面するなかで、国際的な一つの共通認識となったのが、積極的措置の必要性である。すなわち、性や人種などによる差別を排除し平等を実現するには、差別行為を消極的に禁止するだけでは足らず、より積極的に差別要因を取り除き、また、平等を促進するための法的措置が必要であるとの認識である。くわえて、積極的措置の一種として、不利益を受けてきた特定集団を対象とした優遇ないし特別の措置の必要も主張されてきた。これらの特定集団に対する優遇ないし特別の措置は、アメリカではアファーマティブ・アクション（affirmative action）、国連諸条約では暫定的特別措置（temporary special measure）、EU ではポジティブ・アクション（positive action）と呼ばれ[1]、それぞれの法制度のもとで法理が生成され発展してきた[2]。

他方で、アファーマティブ・アクションやポジティブ・アクションに対しては、逆差別による他の性への不利益取扱い、優遇することの有効性への懐疑、機会の平等か結果の平等か、グループライツ（集団への権利付与）か個人の権利の保障かなど、多方面からの疑問の提起や厳しい批判が加えられてきた。というのも、性差別をはじめとする差別禁止法理は、同一取扱い原則・別異取扱いの禁止を出発点とし、伝統的には性別や人種を考慮しないこと（sex / race blind）を法理の基軸としてきた。これに対して、特定集団の優遇ないし特別の措置は、性や人種などに基づく異なった取扱いであり、他集団に属する者に不利益を与え差別する危険があり、また、個人主義に反する可能性があるからである。

ここで留意すべきは、「積極的是正措置」自体と「一方の性に属する集団を優遇する手法を用いた、差別是正のための優遇措置」とを、分けて考える必要があることである。また、理論面でも、積極的差別撤廃および平等実現のための措置の内容は如何にあるべきか、ポジティブ・アクションという特定集団に対する別異取扱いは法的に許されるのか、許されるとすればその論拠は何か、その範囲をどう画定すべきか、などの検討が必要である。

これらの問いに答えるためには、「法が目的とする差別禁止とは何か」「その目的の実現手段として、ポジティブ・アクションはどのような役割を果たしうるか」という問題に遡って考察することが必要となる。そのような基礎的な考察を踏まえてはじめて、諸刃の剣ともなりうるポジティブ・アクションを、正義にかなう有効な性平等実現手段として、法的に活用することが可能となると考える。

とりわけ、現代の差別の多くは、雇用人事制度などの構造的な要因から生じ、また、性・人種・年齢・雇用形態その他の多様かつ複合的な事由がからみあっ

1）「アファーマティブ・アクション」や「ポジティブ・アクション」は、一般的には、特定の集団に属する者に対する優遇ないし特別の措置を意味する。しかし、より広義に、対象集団を限定せずに適用される積極的措置も含んで用いられることもある。また、その法的性質も、法律ないし行政命令による強制的措置、裁判所による救済命令の一内容、ならびに奨励や援助という法的拘束力を持たない政策的措置など多様である。

本書では、特定の集団に属する人々に対する優遇ないし特別の措置の意味において「ポジティブ・アクション」の語を用いる。ただし、必要に応じて、積極的措置ないし特別の措置の語も、互換的意味で用いる。なお、欧州司法裁判所は、1976年男女平等待遇指令２条４項およびEC条約前141条４項が許容する一方の性に対する特別の措置を、「ポジティブ・アクション」という文言を用いて表記している（e.g. Case C-319/03, Briheche［2004］ECRI-8807 para.30）。

2）諸外国におけるアファーマティブ・アクション、ポジティブ・アクション法制の発展について、［東京女性財団 1996］［辻村 2004、2011］が概括的に紹介している。また、アメリカにおけるアファーマティブ・アクション法理の発展について［安西 2005］など、EUについては［浅倉1996］［伊藤2005］［大藤 2004］などを参照されたい。

て発生している。そのため、仮に、特定集団を対象とする積極的措置が不的確に用いられたならば、逆に、差別を温存し拡大する危険性も高まっている。たとえば、差別是正がマイノリティ登用数の表面的な増加に終始して差別の発生要因が放置されれば、差別は温存され深化してしまうであろう。また、ある事由の被差別者（例えば白人女性）への優遇措置が、別の事由の被差別者（例えば黒人男性）に不利益を与えて、格差や貧困を拡大する危険も存在するのである。

(2) 別異取扱い禁止の例外規定とポジティブ・アクション

EU 性差別禁止法における初めてポジティブ・アクション規定は、1976年男女平等待遇指令2条4項である。同指令は、1条および2条1項で男女平等待遇原則を規定し性差別を禁止するとともに、2条4項で「本指令は、男女の機会の平等を促進する（promote）ための措置、とりわけ1条1項で言及した領域における女性の機会に影響を与えるような、存在する不平等を除去する（removing）措置を妨げるものではない」として、ポジティブ・アクションを受容する旨を規定した[3]。

欧州委員会による当初の指令案[4]では、1条1項で男女平等待遇原則の実施を確保すべきことを規定するとともに、同条2項において、「平等待遇とは、性…に基づくあらゆる差別を撤廃すること（the elimination of all discrimination）を意味し、女性に対して雇用…における平等な機会を提供するための適切な措置を含む」という規定をおいた。この原案は、平等待遇原則を、消極的な差別禁止だけでなく「あらゆる差別を撤廃する」という積極的な内容をもつものとして定義し、ポジティブ・アクションを、差別撤廃の実現手段として位置づけていた。ところが、加盟国から、EU が社会政策領域に踏み込むことに対して強硬な反対が生じた。その結果、同指令は、平等待遇原則の定義を、原案の「あらゆる差別を撤廃すること」（指令案1条2項）から「差別のないこと（no discrimination）」（指令2条1項）へと改定した。また、ポジティブ・アクションも、一方で機会の平等の促進措置と規定しつつも、他方で平等待遇原則を「妨げる

3） 男女平等待遇指令2条は、2項で職業上の理由による適用除外、3項で女性保護とりわけ妊娠・出産保護、そして4項にポジティブ・アクションを規定した。

4） COM（75）36 final. なお、同指令制定の契機となった1974年 EU 社会行動（OJ［1974］C 1/13）参照。

ものではない（without prejudice）」という表現となり、加盟国による措置導入を許容するに止められたため、法的位置づけが曖昧な規定となった[5]。さらに、許容される措置の具体的な内容あるいは適用範囲についても明確に規定されることはなかった。これらの点については、欧州司法裁判所による解釈（判例法理）および、その後のEU立法に委ねられることとなったのである。

欧州委員会は、1970年代半ばからの諸指令制定による法的整備に引き続き、1980年代に入ると、それら指令の具体的実施および実効性の確保の行動を積極的に進めた。EUが社会的経済的統合を実現するためには、オイルショック後の男女職域分離の拡大や女性の失業率の高まり、非正規労働への傾斜などへの対抗措置の具体化が急務となっていた。それだけにEUは、1976年男女平等待遇指令２条４項同項によるポジティブ・アクション許容規定を梃として、加盟国に対して、理事会勧告や行動計画の策定・財政支援などを通じて、国家レベルの法的な枠組みによるポジティブ・アクションの導入を強く求めていった[6]。そして、繰り返し、女性に対する特別措置を総合的に講じて男女の「機会の平等」を実現する必要を強調し、公務部門が女性優先雇用の模範を示すこと、クォータ制（優先割当制度）導入や女性の職業訓練・育児支援・労働時間政策を実施すること等を、提起していった[7]。これらを受けて、EU加盟国においても性平等に向けたポジティブ・アクション施策が進展し、1980年代には北欧諸国やドイツが法律でクォータ制を導入し、論争を巻き起こした。

第１節　ポジティブ・アクションに関する法理の生成

ポジティブ・アクションに関して最大の論争となったのは、クォータ制（割当制度）の是非である。同制度をめぐり、他の性への逆差別性やEU法が許容

5）以上の経緯について、［Hoskyns 1996：102-107］参照。
6）たとえば、欧州理事会は、1986年に理事会勧告（84/635/EEC, OJ［1984］L 34/331）を決議し、個人に対し男女平等取扱いの権利を付与するだけでなく、社会制度などから生ずる女性の権利侵害的効果への対抗行動が必要であるとして（前文３段）、加盟国にポジティブ・アクションの推進を求めた。
7）［柳沢 2001］。

するポジティブ・アクションの範囲が争われ、1995年 Kalanke 先決裁定および1997年 Marschall 先決裁定[8]により、ポジティブ・アクション法理の基本的枠組みが生成された。以下、両先決裁定について検討する。

1　1995年 Kalanke 先決裁定

(1)　事案および先決裁定の内容

本件は、欧州司法裁判所に係属した最初のポジティブ・アクション事件である。ドイツのブレーメン州法は、女性比率が少ない（以下「過少代表」という）地位への公務員の昇進について、男女候補者が同資質（equally qualified）であれば女性を優先するクォータ制を規定していた。これが1976年男女平等待遇指令2条1項4項に違反するか否かが問われた。

欧州司法裁判所は、つぎのように、同州法のクォータ制は同指令2条1項4項に違反すると判示した。

先決裁定は、まず、女性候補者を自動的に優先することは2条1項が否定する男性に対する差別を伴うとしたうえで［16段］、それが2条4項のポジティブ・アクションに該当して許容される措置にあたるか否かを検討した［17段］。そして、2条4項は、とくに包括的に「外形上は差別的だが、事実としては、社会生活に現存する具体的な不平等実例（actual instances of inequality）を撤廃し減少させることを目的とする措置」を認めた規定であり［18段］、「女性の労働市場における競争能力の向上」および「男性と同じ足場に立ちキャリア追求する」ための女性優遇措置を許容するとした［19段］。その理由として、先決裁定は「社会的な態度・行動・構造から生じる女性への妨害効果を減殺する対抗行動が…とられない限り、既存の平等取扱いに関する法規定…では不平等を撤廃するには不十分である」と指摘した［20段］。差別を形式的ではなく実態的に捉えるとともに、構造的差別の存在も認識し、撤廃のための対抗的な前進的な行動の必要を認めている。

しかし、同時に、先決裁定は「指令2条4項は、指令が規定する個人の権利の適用除外であり、厳格に解釈されねばならない」［21段］[9]と述べて、「女性に

8）　Case C-450/93, Kalanke［1995］ECR I-3051, Case C-409/95, Marschall［1997］ECR I-6363.

対して任命や昇進の優先を絶対的かつ無条件に保障する国内ルールは、平等な機会の促進を超え、指令２条４項の限界を逸脱する」と判示した［22段］。

また、先決裁定は「男女が同一の等級や水準において平等に代表されているという結果は、男女の機会の平等を通じて実現されなければならない」［23段］とし、同指令２条４項は結果の平等を保障するものではない旨を判示した。

(2) Kalanke 先決裁定の反響

Kalanke 先決裁定による判示、すなわちブレーメン州法が1976年男女平等待遇指令に違反するという判断は、ドイツなどクォータ制を促進してきた加盟国、そしてクォータ制を含むポジティブ・アクションを積極的に推奨してきた欧州委員会に、大きな衝撃を与えた[10]。欧州委員会は、同先決裁定の影響を危惧して、同先決裁定の射程範囲は自動的優遇型のクォータ制に限定される旨のコミュニケーションを発表した[11]。さらに、判例の影響を払拭するために男女平等待遇指令の改正案も準備されたが[12]、実現するには至らなかった。

Kalanke 先決裁定に対しては、男女同一取扱いを超える性平等の実現を主張する論者からは、個人主義および能力主義を偏重する先決裁定である[13]、あるいは本件クォータ制は間接性差別的な評価制度の是正手段であり実際には女性を有利に扱うものではない[14]などの、厳しい批判が加えられた。果たして Kalanke 先決裁定は、すべてのクォータ制を違法と判断したのか、どのような優遇措置ならば許されるのか、他の事案に対する欧州司法裁判所の判断が注目されるところとなった。

2　1997年 Marschall 先決裁定

(1) 事案および先決裁定の内容

ポジティブ・アクションに関して、欧州司法裁判で次に争われたのは、ドイ

9）同先決裁定は、先例として職業上の理由による男女平等待遇原則の適用除外の該当性が争われた1986年 Johnston 先決裁定（Case 222/84, ［1986］ ECR 1651）を挙げている［21段］。

10）［浅倉 1998：58-59］。

11）COM（96）88 final.

12）OJ［1996］C 179/8 .

13）［Fredman1997：391-393］.

14）［Schiek 1996］。なお、Schiek は、同論文で、本先決裁定は自動的クォータに限定した判断との解釈を示した。

ツのノルトライン・ヴェストファーレン州公務員法が規定するクォータ制である。同州法のクォータ制には、「とくに上位等級の職において女性が少ない場合には、(男性) 候補者に有利にバランスを傾ける特別の理由がない限り、適格性、能力、職務業績において同等の資質をもつ女性を優先しなければならない」として、一定の個別的で柔軟な判断を可能とする救済条項が設けられていた。こうした救済条項付のクォータ制が、男女平等待遇指令2条1項および4項に違反するか否かが問われた。

1997年 Marschall 先決裁定は、以下のとおり、本件救済条項付クォータ制は1976年男女平等待遇指令2条1項4項に違反しないと判示して、クォータ制でも内容により指令に適合することを認めた。

先決裁定は、同指令2条4項が、事実上の差別を除去・減少するための対抗手段として優遇措置を認めたことを確認し [26-28段]、あわせて、昇進決定における事実上の差別、すなわち、たとえ男女が同一資質でも、女性に対する偏見やステレオタイプな見方、あるいは、女性は家族的責任のためにキャリア中断や休業が多く労働時間にも柔軟性がないのではないかという危惧から、実際には男性が優先され、平等な機会が付与されない傾向のあることを指摘した [29-30段]。そのうえで、指令2条4項は個人の権利の適用除外規定であり、絶対的かつ無条件の女性優先は限界を超えるもので許されない旨を確認しつつ[15] [32段]、しかし、Kalanke 事件とは事案が異なり、救済条項によって「個々の候補者について各人特有のすべての要素を考慮する客観的評価が行われ、かつ、男性候補者の有利にバランスを傾ける、女性候補者に差別的でない1つ以上の要素がある場合には、女性優先を覆すことが保障されている」として、本件クォータ制は2条4項の限界を超えるものではないと判示した [33段]。

(2) Kalanke 先決裁定から Marchall 先決裁定への展開の意味

このように、1997年 Marschall 先決裁定は、1995年 Kalanke 先決裁定が絶対的かつ無条件のクォータ制を指令違反としたのとは異なり、救済条項付クォータ制は指令に違反しないと結論した。では、Kalanke 先決裁定から Marschall 事件への判例の展開は、どのような論理に基づくものと分析できるであ

15) ただし、Kalanke 先決裁定とは異なり、除外は厳格に解釈すべしとは述べていない。

ろうか。[16]

第1に、1976年男女平等待遇指令2条4項のポジティブ・アクション規定の位置づけについては、Kalanke 先決裁定も Marschall 先決裁定も共に、2条1項が定める男女平等待遇原則の適用除外であるとした。しかし、Marschall 先決裁定は、さらに、4項のポジティブ・アクションが1項の例外であるということの趣旨を、1項が形式的にセックス・ブラインドな「男女の同一取扱い」を規定したのに対して、4項は、それに社会実態を踏まえたセックス・コンシャスな観点を入れ、実質的な意味で男女同一取扱いを実現するための措置を認める規定と解釈した［26-28段］。そして、救済条項付クォータ制について、「男女同一取扱い」を実現するための方法——すなわち、男女が同資質でも男性が有利に評価される傾向に対して［29段］、そのマイナス効果を減殺して男女を等しく評価するために［31段］、原則として女性候補者を優先しつつ男性候補者に有利にバランスを傾ける事情があれば女性優先を覆すという、立証責任の転換に類似する方法を用いる制度——と捉え、したがって、2条4項の適用除外に該当すると判断したのである。

この意味で、Marschall 先決裁定は、男女平等待遇指令が目的とする性平等を「男女同一取扱い」と捉えつつ、Kalanke 先決裁定よりも一歩進んで、「同一」か否かを実態に則して判断するための手段がポジティブ・アクションであると解釈することにより[17]、クォータ制でも指令に適合する類型があるとの結論を導いたといえよう。とはいえ、Marschall 先決裁定は、2条4項に「労働市場で競争し男性と平等な足場に立ってキャリアを追求するための能力を向上させる観点から、女性に特定の優遇を与える措置を認めた」［27段］と形式的平等を超える目的を認めており[18]、女性優先を覆す「男性候補者の有利にバランス

---

16)　Kalanke 先決裁定から Marschall 先決裁定に至った、政治的社会的な背景および要因については［中村 1998：140-141］参照。

17)　［西原 2003：133-134］。これに対して、Schiek は、1995年 Kalanke 先決裁定が「平等待遇原則」を対称的（symmetrical）なものと解釈したのに対して、1997年 Marschall 先決裁定は、同原則を非対称的（asymmetrical）なものと解釈したと分析している［Schiek 1998a：155-161, 1998b：160-162］。しかし、後述する2000年 Badeck 先決裁定が、訓練分野等で男女の資質が異なっていても女性を優先するクォータ制を許容したのとは異なり、Marschall 先決裁定の段階では、なお、形式上か事実上かの違いはあっても、性平等を「男女を同一に扱う」という対称的概念と理解していたと捉えるべきではなかろうか。

を傾ける基準」の解釈（たとえば、男女の職務遂行能力に関する反証事実なのか、人種や貧困など性とは別の差別事由なのか、どの程度でバランスを傾けるのかなどの解釈）次第では、2条4項のポジティブ・アクションとして、実態に則して「男女同一取扱い」をも超える内容をもつ措置をも含む可能性を有していた。

第2に、上記の指令2条4項の位置づけの違いを反映して、両先決裁定には、「1項の例外」として認める基準ないし範囲に違いがみられる。すなわち、Kalanke先決裁定が、除外は厳格に解釈されるとしたのに対して、Marschall先決裁定は、例外判断の厳格さには言及しないまま、救済条項により各候補者の全基準を客観的評価して女性優先を覆しうるならば、除外の限界を超えないと判示した。すなわち、Marschall先決裁定は、2条4項は同条1項を実質的な面から補完するものと位置づけており、その見解からすれば、直ちに「例外は厳格に」という解釈には結びつかないことになる。[19]

第3に、個人主義の堅持か集団指向かの点でみると、Kalanke事件のクォータ制は、男女同資質の場合は、絶対的かつ無条件に女性優先であり両候補者の個人比較・評価を行わない制度であって、同先決裁定はこれを指令違反とした。これに対してMarschall事件の救済条項付クォータ制の場合には、女性優先は、個人比較・評価を実態に則して行うための一つの判断要素である。すなわち、Marschall先決裁定は、Kalanke先決裁定と同様に個人主義を堅持する見解に立ったうえで、救済条項の存在によって個人に基づく評価・決定が確保されると解釈していると考えられる。[20]

このように、Kalanke先決裁定からMarschall先決裁定への展開を経て、EU法におけるポジティブ・アクションに関する法理の枠組みが確定されることになった。あらためて整理すれば、以下のとおりである。①男女平等待遇指

18)　2004年Briheche先決裁定（Case C-319/03, [2004] ECRI-8807）のMaduro法務官は、Kalanke先決裁定、Marschall先決裁定、後述の2000年Badec先決裁定、2002年Lommer先決裁定について、欧州司法裁判所は男女の実質的平等を達成するための措置を含むような広い目的を示しながらも、「機会の平等という制限された概念」に言及することにより、2条4項を狭く解釈してきたと批判している［法務官意見27-29］。

19)　「例外は厳格に」という解釈について、Ellisは、1984年Hofmann先決裁定のDarmon法務官が、指令2条4項を同条1項の例外と解しつつ、4項が1項の例外を規定した趣旨からすれば4項の範囲は広く解釈すべきと主張していることを指摘する［Ellis 2005：298］。

20)　［西原2003：133-134］。

令2条4項は、事実上の性平等を達成しようとする規定であり、同1項の男女平等待遇原則の例外である。②2条4項の措置といえるためには、昇進に関するクォータ制では、(i)一方の性が過少代表である部門について、(ii)候補者男女が同一の資質を有し、かつ(iii)絶対的かつ無条件の自動的優先ではなく、候補者個別の事情に対する客観的評価が保障されることが必要である。

第2節　ポジティブ・アクションに関する法理の展開

1　アムステルダム条約改正とその後の立法展開

(1)　1997年アムステルダム条約改正

1995年 Kalanke 先決裁定により、欧州司法裁判所からクォータ制に対する厳しい見解が示されたわけだが、他方、欧州委員会および加盟国は、女性の労働市場への参加を奨励する法的手段としてのポジティブ・アクションという一方の性に対する優遇措置を推進する見解をとり続けた。そのため、両者の間には、緊張状態が生じることになった。このような状況の下で、欧州委員会および加盟国は、折から準備が進んでいた条約改正の一つとして、ポジティブ・アクションが法的に肯定されること自体は——Kalanke 先決裁定により限界が課されたとはいえ——変更はない旨を明らかにして、むしろ、これを制定法化し明確化すべきと考えた[21]。その結果、1997年アムステルダム条約改正において、EC 条約前141条（旧119条）4項に、以下の規定が追加された。

> 「労働生活における男女間の完全な平等を実際に確保する観点から、男女平等待遇原則は、加盟国が、過少代表状態にある性の人々に対して、職業活動の追求あるいは職業キャリア上の不利益の防止ないし補償をより容易とするために特定の利益を付与する措置を維持ないし採用することを、妨げるものではない[22]」

この条約前141条4項の意義および特徴は、つぎのとおりである。第1は、一方の性に対する優遇措置の正当性を EU 法の第一次法源である条約により明

21)　*See*［De Schutter 2007：806-807］.

確化し、かつ、単なる性平等の例外に止まるものではなく、性平等の実現手段としての役割を持つことを積極的に位置づけたことである。ただし、ポジティブ・アクションの具体的内容は必ずしも明確でなく、解釈に委ねられている。第2に、ポジティブ・アクションの目的を「完全な平等（full equality）」の実際の確保と規定し、条約が、ポジティブ・アクションを通じて形式的平等を超える内容をもつ平等の実現を目的としている旨を示したことである。ただし、「完全な平等」の具体的内容は明らかではなく、解釈に委ねられることになる。第3に、完全な平等を「実際に確保する（ensuring … in practice）」観点からと規定し、性差別を消極的に否定するに止まらず、積極的に性平等を推進する考え方に立つ旨を示した。これは、アムステルダム条約で示された基本姿勢（第1章第2節2参照）と共通するものである。

(2)　アムステルダム条約改正を反映した立法の進展

1997年アムステルダム条約改正を受けて、EUは、性差別に関する諸指令の改正および制定を進め、諸指令におけるポジティブ・アクション規定に関しても、つぎのような内容へと改正した。

(a)　2002年改正男女平等待遇指令

2002年改正男女平等待遇指令により、旧1976年男女平等待遇指令2条4項は、つぎのように改正された。

> 「加盟国は、職業生活における男女の完全な平等を実際に確保する観点から、条約141条4項にいう措置を維持ないし導入することができる」（改正指令2条8項）

改正前の1976年指令は、ポジティブ・アクションの目的を「男女の機会の平等を促進」「事実上存在する不平等除去」としていたが、改正後には「男女の完全な平等を実際に確保」というEC条約前141条4項と同じ文言の規定となった。また、措置の内容に関しても「男女の機会の平等を促進するための措置、

22）　原文は、"With a view to ensuring full equality in practice between men and women in working life, the principle of equal treatment shall not prevent any Member States from maintaining or adopting measures providing for specific advantages in order to make it easier for the under represented sex to pursue a vocational activity or to prevent or compensate for disadvantages in professional careers."。

とりわけ…存在する不平等を除去する措置を」から「条約前141条4項にいう措置」へと改正された。

この改正指令2条8項は、男女平等待遇指令のポジティブ・アクションの水準を、条約前141条4項と同等に引き上げる、ないし同水準であることを確認した規定である。ここでは、改正指令が積極的に実現を目ざす平等が、条約前141条4項と同様に「等しいものは等しく」という形式的平等を超えるものであることが、「完全な平等」という文言により明記されている。ただし、同指令も、ポジティブ・アクション措置の内容に関しては規定しておらず、1976年男女平等待遇指令上の措置と違いがあるのか否か、また、その具体的内容については、解釈に委ねられた。

同時に、改正指令は、ポジティブ・アクションの他に、父親出産休業（2条7項）[23]や両性を対象とした積極的差別是正機関の設置および活動（8条a）を規定している点も、特徴的である。これは、同指令が、性差別（現実の問題としては女性差別）の解消には、一方の性（女性）に対する特別の措置とともに、男性や両性を対象とする措置が必要である、との見解に立つことを示したものである。

(b)　2004年物・サービスに関する男女平等指令における規定

2004年物・サービスに関する男女平等指令は、男女平等を、雇用以外の物・サービスの分野にも拡大する指令である。同指令は、ポジティブ・アクションについて、「職業生活における男女の完全な平等を実際に確保する観点から、平等待遇原則は、加盟国が性に関連した不利益の防止ないし補償のために特定の措置を維持ないし導入することを妨げない」と規定した（6条）。「完全な平等」の確保を目的とするなど、これまでのポジティブ・アクションの到達点が反映されている。

(c)　2006年男女平等統合指令の制定

2006年男女平等統合指令は、性平等に関する改正男女平等待遇指令など4件の指令を統合し、その平易化・明確化を図った指令である。内容的には、これまでの性平等および性差別禁止に関する到達水準を確保し、同時に、その実現

23)　ただし、加盟国が父親出産休業の権利を認めることを許容する旨の規定である。

の推進とりわけ権利救済機関や差別是正機関、政策へのジェンダー視点の積極的導入など改善制度の推進に力点が置かれている。この指令におけるポジティブ・アクションについては、改正男女平等待遇指令2条の規定が踏襲された（3条）。また、父親出産休業規定の踏襲（16条）や両性を対象とした仕事と私生活の両立のための労使対話の促進奨励（21条）など、性別役割分業解消に視点が及んでいる点も特徴的である。

(d)　2009年リスボン条約の発効

2009年リスボン条約が発効し、EC条約前141条がEU運営条約157条に引き継がれるとともに、2000年に採択されたEU基本権憲章に法的拘束力が付与された。同憲章は、法の前の平等（20条）、あらゆる差別の禁止（21条）、多様性の尊重（22条）を保障するとともに、ポジティブ・アクションに関して、男女の平等を確保すべきこと、および「平等待遇原則は過少代表である性に対する特定の措置を維持ないし導入することを妨げない」（23条）と規定している。

2　1997年 Marschall 先決裁定以後の判例法理の展開

1997年アムステルダム条約は、前述したように、性差別の撤廃・性平等の実現にむけての積極的な取り組みの姿勢を打ち出し、EC条約前141条4項にポジティブ・アクションを容認する規定を追加した。このような中で、判例は、1997年 Marschall 先決裁定以後どのような展開をみせたのか、許容されるポジティブ・アクションの内容の具体化はどのように進んでいったのか、検討する。

(1)　クォータ制に関する判例の進展

2000年、クォータ制に関して、Badeck 先決裁定（3月28日）および Abrahamsson 先決裁定（7月6日）の2件の先決裁定[24]が示された。

(a)　2000年 Badeck 先決裁定による許容範囲の拡大

ドイツのヘッセン州法は、以下の①から⑤に示すような多様な類型のクォータ制を規定していた。本件では、これらが1976年男女平等待遇指令2条1項および4項に反するか否か（条約前141条4項・2002年改正男女平等待遇指令以前の事件—筆者注）が問われた。

24)　Case C-158/97, Badeck［2000］ECR I-1875, Case C-407/98, Abrahamsson［2000］ECR I-5539.

① 女性が過少代表である場合には、採用にあたり、男女候補者が同資質のときには、州法による女性進出計画の拘束目標の達成に必要で、かつ、法的により重要な理由に反しない限り、女性を割り当てなければならない（「結果を求める柔軟なクォータ制〔flexible result quota〕」）。

② 有期契約大学教員および大学助手について、女性割合が少なくとも卒業生・上位の学位保持者・当該分野の学生に占める女性割合と同じになるよう拘束目標を設定し、男女候補者が同資質の場合は女性を割り当てる。（有期契約大学教員および助手に関する拘束目標クォータ制）。

③ 女性が過少代表となっている公務に必要な訓練について、受講生は、国家が独占的に訓練を提供するものを除き、少なくとも２分の１は女性としなければならない。男女同資質は要求されていない。（訓練生に関するクォータ制）。

④ 女性が過少代表部門の面接では、必要条件を満たす女性について、男女が同資質の場合には、少なくとも男性と同数ないし全員を招集しなければならない。（面接でのクォータ制）。

⑤ 職場の委員会、助言委員会、取締役会、管理職会議などの団体の構成員の半数は、女性でなければならない（職場組織等への代表選出でのクォータ制）。

Badec 先決裁定は、Marschall 先決裁定の枠組みを採用して判断するとしつつ［23-25段］、つぎの理由をあげて、いずれのクォータ制も男女平等待遇指令２条１項および４項に違反しないと判示した。

①の「結果を求める柔軟なクォータ制」に関しては、裁判所は、「一般には男性より女性に有利」な基準であるとして男性に対する直接性差別（逆差別）の可能性を指摘しつつ、「社会生活で実際に生じる不平等を減少させることにより、形式的よりも実質的な平等を導くことを目的とする」として、目的の正当性を指摘した［32段］。そして、男女同資質でかつ進出計画の拘束的目標の遵守に必要な場合に、「より法的に重要な理由[25]に反しない限り」で女性を優先するものであって、自動的な優先ではないとして、指令違反ではないと判示した［33-38段[26]］。この女性優先を覆す事由は、Marschall 事件の「(男性) 候補者に有利にバランスを傾ける特別の理由」と比べてハードルが高く、女性優先が

25） 本件ヘッセン州法では「より法的に重要な理由」として、５類型（家事のための離職ないし無定職者の優遇、家事のためパートタイム労働だった者のフルタイム労働への転換、義務的期間以上の兵役従事者優遇、障碍者のより柔軟な職場進出、長期の失業の解消）が認められている（同先決裁定［35段］）。

より広く認められることになる。また、女性優先を覆すことの法的意味においても、両先決裁定には重要な違いがある。すなわち、Marschall 先決裁定は、「(男性) 候補者に有利にバランスを傾ける特別の理由」による女性優先の撤回を、男女を実態に則して等しく評価するための手法と捉えていた。他方、Badeck 事件の「より法的に重要な理由」は、法がより重視すべきと判断した事由 (長期兵役従事者や失業者、家族的責任従事者の優先) 以外では、女性が優先される。つまり、Badeck 先決裁定は、柔軟なクォータ制を、男女の同一取扱いを事実上も確保するという範囲を超えて肯定したのである。

②の有期契約大学教員・助手のクォータ制に関しては、これは「最良の人物を選択する」原則を限定するものであるが、男女候補者が同資質の場合において、有期の教育サービス・補助職に就いて教育訓練を受けることについて、絶対的上限ではなく学生等における男女割合と同じ最小割合についての女性優遇を定めるものであり、EU 法の観点から否定されないと判示した [41-44段]。論旨は必ずしも明確ではないが、後述の2004年 Briheche 先決裁定が示した論理も併せて考えれば、Badeck 先決裁定は、有期契約の大学教員・助手を正規教員に就くための教育訓練の場と捉えて、一定の条件の下であれば、女性優先を男性側の事情で覆すことのない絶対的クォータ制も、機会の平等の実現手段であって指令違反でないと判断したものといえよう。

③の訓練生のクォータ制に関しては、先決裁定は、職自体の割当ではなく職業に就くのに必要な資質を獲得するため (女性の可能性を改善するため) の教育訓練の場への割当とし、男女同資質は要件としていない。そして、2条4項は、男性と平等な土台に立ってキャリアを追求する能力の改善を目的とする規定であると述べ、同クォータは同項に該当するとした [54段]。逆差別については、女性応募者が十分でなければ男性を採用できること [51段]、他で訓練受講が可能であり男性を訓練から閉め出すものでないことを指摘して [53段]、本件措置は指令2条1項・4項に違反しないとした。これは、資質獲得の領域で、

26)　また、先決裁定は、家事の遂行能力や経験を、候補者の資質 (適性・能力・職業業績) の判断に重要であれば、男性に間接差別的効果は生じるが社会生活上の不平等を減少させ実質的な平等を導くために考慮すべきとし、他方、年功・年齢・最後の昇進日は上記資質に重要な場合でなければ考慮しえず、また、パートタイム労働・育児介護のための欠席や遅刻により判断に否定的な影響を与えてはならない旨を判示している [31段]。

一定の条件は付しているが、絶対的クォータ制を是認した判示である。

④の採用面接での女性優遇に関しては、面接者の数ないし割合を規定しているが、先決裁定は、最終的結果（採用ないし昇進）の達成措置ではなく、「職業生活への参入ないしキャリアを容易にするための追加的機会の付与」であって[60段]、候補者が必要資質を有しかつ男女同資質が前提となっており[27]、指令2条1項4項に反しないとした[61-62段]。これも、面接という機会の平等の領域で、条件付の絶対的クォータ制を是認した判示である。

⑤の職場代表や管理職組織への女性代表選出に関しては、性以外の基準も考慮しうるのであり、2条1項・4項違反ではないとした[65-66段]。各層の意見を反映した職場組織を構成するという目的、いいかえば、公正職場代表を目的とする場合は、性以外の事情も考慮しうるという条件付で、絶対的クォータ制を認めたと言えよう。

(b)　2000年 Abrahamsson 先決裁定による比例性審査の導入

上記のようにBadeck 先決裁定がクォータ制のEU法適合性を広く肯定した約2ヶ月後、今度は、別の類型のクォータ制についてEU法に違反するとのAbrahamsson 先決裁定が出された。本件スウェーデン法は、公的地位の選考に関して、過少代表状態にある性に属する候補者が当該地位に必要な資質を有する場合には、他の候補者の能力が任命の客観的要件を覆すほど大きくないかぎり——いいかえば、これまでの事案とは異なり、男女の資質が同等でなくとも——優先される旨を規定していた。そこで、このクォータ制が1976年男女平等待遇指令2条1項4項、EC条約前141条4項に違反するか否かが問われた。

先決裁定は、まず、1976年男女平等待遇指令との関係で、たとえ男女候補者が必要な資質を備えている場合でも、女性候補者の自動的な優遇は、候補者全員の特別な個人的状況を考慮に入れた客観的評価を経ないものであり、同指令2条4項のポジティブ・アクション措置に該当しないとした[52-53段][28]。つぎに、アムステルダム条約改正後のEC条約前141条4項との関係を検討し、同

27)　先決裁定は、男女候補者が事前試験に合格していることから男女同資質があるとしている。ここでの同資質の判断は、ある程度の幅を認めた緩やかな認定と考えられる。

28)　他に、本件優遇は、女性の職業キャリア上の不利益の防止ないし埋め合わせといえるのか不明確であることも指摘している（[50段]）。

項を引用したうえで「だからといって、その目的を追求するために比例的でない本件のような手段を選択することを許すものではない」[55段] と判示して、結論として、本件クォータ制は、指令2条1項4項にも条約前141条4項にも反すると判示した。[29]

(c) 両先決裁定の趣旨および意義

以上のとおり、欧州司法裁判所は、Badeck 先決裁定でクォータ制のEU法適合性をより広く認める判断を示し[30]、また、Abrahamsson 先決裁定は、1976年男女平等待遇指令2条4項にいう措置とアムステルダム条約改正後の条約前141条4項にいう措置とを区別して、後者をより広く捉えつつ、適合性拡大の限界を示した。

両先決裁定が適合範囲を拡大した基礎には、EU法が実現しようとする性平等の意味およびポジティブ・アクションの役割に関する捉え方の進展があったと考えられる。すなわち、前述したように、1997年 Marschall 先決裁定は、1976年男女平等待遇指令2条4項の措置を、1項の平等待遇原則すなわち「男女の同一取扱い」を実際に確保する手段と捉えたと解される。これに対して、Badeck 先決裁定は、条件付ではあるが、男性側の事情で女性優先を覆すことのない絶対的クォータをも是認しており、EU法がめざす性平等を、「男女の同一取扱い」を超える内容と捉えたと言える。Badeck 先決裁定は、当該加盟国立法の処遇基準に言及した傍論部分ではあるが、「実質的平等 (substantial equality)」を目的とするものと表現している点も、それを裏付けるであろう [32段]。

さらに Abrahamsson 先決裁定は、EC条約前141条4項の措置を、従来の1976年男女平等待遇指令2条4項の措置 (男女平等待遇原則の例外) と区別し、かつ、前者が「完全な平等」の確保を目的とした措置であることを確認して [55段]、ポジティブ・アクションの目的が形式的平等を超える内容をもつ平等の実現にあることを意識した。そのうえで、「目的追求のために比例的でない

---

29) 先決裁定は、本件措置について、1976年男女平等待遇指令2条4項該当性を判断したのち、さらにEC条約前141条4項の該当性を判断する手順をとり、指令2条4項の措置よりも条約前141条4項の措置を広く解している。しかし、具体的な違いは明確にしていない。

30) Badeck 先決裁定を、クォータ制を Marschall 先決裁定よりも広く肯定した先決裁定と評価し分析するものとして、[Küchhold 2001] [Bamforth/ Malik/ O'Cinneide 2008 : 407]。

ような」方法は許されないとして［55段］、ポジティブ・アクションの適法性の判断に、目的と実現手段との均衡すなわち比例性審査を導入して、許容の限界を画定した[31)]。

このポジティブ・アクションにおける比例性審査は、前述したBadeck先決裁定では言及されていなかったが、同先決裁定も、実際には目的と手段の比例性を審査していたものと思われる。すなわち、前述したように、同裁定は、クォータを用いた制度の種類（正規職への採用か教育訓練の場への採用かなど）により指令違反か否かの結論を異にしたが、それは、制度毎に異なる目的とクォータという手段との均衡を検討した結果と考えられる。しかし、Badeck先決裁定では、論理や判断過程が明確ではなかったが、Abrahamsson先決裁定は、ポジティブ・アクション一般の適法性判断手法として比例性審査を用いることを明示し、当該クォータ制について具体的に、その目的と手段との均衡性を比例性審査により検討した[32)]。ただし、2000年Abrahamsson先決裁定およびBadeck先決裁定は、1997年Marschall先決裁定のJacobs法務官が求めたような「他の取り得る手段がない」という厳格さを要求してはいない[33)]。ポジティブ・アクションを単なる男女同一取扱い原則の例外ではなく、性平等実現のための手段として積極的に位置づけているためと考えられる。

欧州司法裁判所は、ポジティブ・アクションについて、この目的と手段の比例性審査により、女性側の実質的平等を促進する必要と男性側が被る不利益と

31)　とはいえ、この「実質的平等」や「完全な平等」とは何か、また、その実現手段であるポジティブ・アクションの内容や範囲は、必ずしも明確にされてはいない。Badeck先決裁定では、実質的平等の内容として「機会の平等」という概念も用いられているが［62段］、「機会の平等」は多義的で「結果の平等」との違いも曖昧である。たとえば、Badeck先決裁定は、有期契約大学教員や助手・訓練生への採用は、正規の職における「機会の平等」の実現の一過程とみて、条件付で絶対的クォータを認めているが、有期契約大学教員などへの採用自体が「結果」でもあり、「機会の平等」を超えるとの解釈も可能である。

32)　なお、この比例性審査と、Kalanke先決裁定およびMarschall先決裁定によるクォータ制に関する「無条件・絶対的クォータ制はEU法違反、男女同一資格かつ候補者全員の特別な個人的状況を考慮に入れた客観的評価が適用条件」という判例法理との関係が問題となるが、Abrahamsson先決裁定は、それまでの判例法理を、1976年男女平等待遇指令に関する正当性審査から導かれる限界画定として位置づけているものと思われる。

33)　Marschall事件のJacobs法務官は、男女平等待遇指令2条4項の措置は比例的でなければならず、性に中立的な他の手段により目的が達成しうるならば比例的ではないとして、他の教育的ガイダンスや職業訓練等の手段をあげて、同事件のクォータ制は4項に該当しないとの意見を提出していた［法務官意見42-47段］。しかし、先決裁定は同意見を採用しなかった。

の調整を図るとともに、EU 法が重視する個人主義という価値の確保（被差別集団の権利ではなく個人の権利の保障）を追求したのではなかろうか。

(d)　2004年 Briheche 先決裁定：クォータ制に関する判例理論の統合・整理

クォータ制については、2004年 Briheche 先決裁定[34]で、再びその限界が問われた。同事件では、公務員採用試験の45歳以下という受験要件を、寡婦（配偶者を失った女性）は適用除外としながら寡夫（配偶者を失った男性）には適用する加盟国法が、1976年男女平等待遇指令3条1項、2条4項違反か否かが争われた。

先決裁定は、まず、1976年男女平等待遇指令に関して、寡婦の優遇は男性差別となるとしつつ、同指令2条4項の趣旨を述べたうえで［21-22段］、先例を引用して、男女が同資格であり、また自動的かつ無条件ではなく候補者全員の特別な個人的状況を考慮に入れた客観的評価がなされるならば、女性の優遇もEU 法に適合するとし［23段］、その結論が比例性審査により導かれる旨を確認した［24段］。1995年 Kalanke 先決裁定や1997年 Marschall 先決裁定による自動的かつ無条件なクォータ制は1976年男女平等待遇指令違反との判断基準を、2000年 Abrahamsson 先決裁定が判示した比例性審査の具体化として位置づけ直し、理論的統合を図ったのである。

先決裁定は、さらに、1976年男女平等待遇指令2条4項の目的が、形式的平等ではなく、社会に生じる事実上の不平等を減少して実質的平等を達成することにあり、したがって、同項の規定するポジティブ・アクションは、対象者の職業生活における不利益を防止し補償するものであることを確認しつつ［25段］、しかし、当該事件で争われている立法の寡婦優遇については、自動的かつ無条件な優遇であり、1976年男女平等待遇指令に違反する［26-28段］、と判示した。

そのうえで先決裁定は、さらに EC 条約前141条4項の検討が、1976年男女平等指令2条4項の検討とは別に必要であると述べて［29段[35]］、条約前141条4項違反か否かを検討した。そして、当該寡婦優遇は、目的追求の手段として比例性を欠いており、「1976年男女平等待遇指令2条4項では許容されないが、

34)　Case C-319/03, Briheche［2004］ECR I-8807.

35)　国内裁判所からの付託は、1976年男女平等待遇指令に関してあり、条約解釈は求めていなかった。

条約前141条4項で許容されるポジティブ・アクションか否かには関係なく」、条約前141条4項に該当しない［31段］と判示した。

このように、2004年 Briheche 先決裁定は、それまでの判例法理を踏襲しつつそれらを理論的に統合し、整理したのである。また、敢えて条約前141条4項にも言及して、1976年男女平等待遇指令2条と条約前141条4項とが異なる優遇措置を規定していることを、2000年 Abrahamsson 先決裁定と同様に示唆している。ただし、両規定がどのように異なるのかは言及していない。Briheche 裁定は、1976年男女平等待遇指令2条4項についても、その目的は実質的平等にあるとも述べており［25段］、両者の違いは曖昧なままである。

⑵　育児に関する女性優先措置についての判例変更

1997年以降、育児に関する女性優遇措置がポジティブ・アクションとして許容されるか否かが、問題として出現した。これが争点となった2001年 Griesmar 先決裁定、2002年 Lommer 先決裁定および2010年 Roca Álvarez 先決裁定を分析し[36]、判例法理の進展を検討したい。

(a)　2001年 Griesmar 先決裁定による女性優遇と性平等実現との関連性判断

同事件では、フランス法が公務員の退職年金の算定において、子のある女性には特別割増をし男性にはしないことが、EC 条約旧119条違反か否かが争点となった[37]。

先決裁定は、まず、退職年金が条約旧119条の「賃金」にあたる旨を判示し［25-38段］、ついで、当該フランス法の目的は女性公務員の家庭育児のための退職を促進することであり、育児に関して男女は差別判断の前提となる比較可能な状態にあるといえるとし［55-56段］、女性のみに退職年金の有子特別割増をすることは性に基づく異なった取扱いであるとした［58段］。

そのうえで、1992年マーストリヒト条約の社会政策議定書[38]が優遇措置を許容していることにより本件賃金差別が正当化されるか否か、という論点をあげた

---

36)　Case C-366/99, Griesmar［2001］ECR I-9383, Case C-476/99, Lommers［2002］ECR I-2891, Case C-104/09, Roca Álvarez［2010］ECR I-8661.

37)　申立人は、1986年職域社会保障に関する男女平等待遇指令（86/378/EEC）および1978年社会保障に関する男女平等待遇指令（79/7/EEC）違反も主張していたが、裁判所は、退職年金を「賃金」と判示し、EC 条約旧119条違反の問題とした。

38)　OJ［1992］C 91/191.［中村 1998：128-129］［中西 2012：8］参照。

[59段]。しかし、同議定書の判断に入る以前に［63段]、本件退職年金割増制度は、そもそも「女性公務員に対してその職業生活を支援することにより職業キャリア上被る不利益を補うような性質のものはな」く、「退職時に割増を認めることに限定されていて、女性職員が職業キャリアの間に直面する問題を救済するものではない」として［65段]、本件有子女性のみを対象とする退職年金割増を条約旧119条違反とした。

このGriesmar先決裁定は、女性の優遇を直ちに性平等実現の措置とは判断せず、女性優遇と性平等実現との関連性ないし有効性を審査した点で、注目される。これは、実は、どのような視点と考慮から両者の関連性や有効性を判断するかが問われる論点であり、その見解の相違が、つぎの2002年Lommer先決裁定と2010年Álvarez先決裁定との結論を分けることとなった。

(d)　2002年Lommers先決裁定による育児に関する女性優遇の肯定

本件では、保育施設利用資格を原則として女性のみに付与して、男性には緊急時のみ認めるオランダの公務員の保育利用制度が、1976年男女平等待遇指令2条1項4項に違反するか否かが問われた。

先決裁定は、まず、男女労働者は保育施設の利用に関して比較可能であり、子の父母として比較可能な状態にあり、上級職で女性が過少代表状態にあること、保育施設が不十分なため女性が仕事を諦める傾向があることを挙げて、本件は、雇用とキャリアへの女性のアクセス機会を現象させる要因を除去し、労働市場で競争し男性と平等な土台でキャリアを追求するための能力を向上させるための措置であって、同指令2条4項にいう「事実上の不平等を除去する措置」にあたるとした［36-38段]。しかし、続いて、男女平等待遇という個人の権利を制約する範囲の決定には比例原則が適用されるとし、本件措置は目的を達成するのに適切かつ必要な範囲に限定されると判示した［39段]。そして、具体的に目的と手段との均衡を検討した。そして、女性職員でも入園の待機者がいること、男性は民間保育サービスの利用もできること、また、男性にも緊急時には利用を認めており完全な排除ではないこと、さらに、職員男性の妻が育児のためキャリア追求困難は使用者が異なり男女平等待遇原則の範囲外であることを指摘して、本件措置は比例原則に反するものではなく指令2条1項4項に違反しないと判示した［42-49段]。

この先決裁定は、ポジティブ・アクションの限界について、比例性審査による手段の適切性および必要性の検討を行い、そのなかで、保育施設利用の女性優遇という措置が伝統的な男女の性別役割の分業を助長する危険性に触れて、男性にも同様の利用を認めることで男女平等目的を達成しうるなら比例性に反すると述べるなど［41-42段］、女性側の事情と男性側の事情を、他のとりうる手段の有無等も考慮に入れながら衡量して判断している。この点ではBadeck先決裁定などの先例を踏襲したものといえよう[39]。

しかし、同先決裁定に対しては、学説から、女性が育児の役割を担うことを前提とする性別役割分業の考え方に基づくもの、すなわち、本件措置は女性差別是正手段として不適切・逆効果であるとの批判がなされている[40]。女性の不利益という事実の解消レベルに止めるのか、それとも性平等の発生要因の解消まで視野に入れた法的措置を考えるのか、裁判所と学説との性差別禁止法が果たすべき役割に対する意識の深さの違いを示している。

(e)　2010年Roca Álvarez先決裁定による育児に関する女性優遇の否定

本件では、母である女性労働者には子の出生から9ヶ月間の休業取得を認めるが、他方、男性労働者には子の母が労働者であるときのみに同様の休業を認めるというスペイン法が、1976年男女平等待遇指令2条3項の妊娠・出産保護ないし同2条4項のポジティブ・アクションに該当するか否かが問われた。

先決裁定は、男女労働者は、子の父母として労働時間短縮の必要があるという点について比較可能であり、本件措置は指令2条1項にいう性に基づく差異を生じさせる、とした［23-25段］。

そして、まず、指令2条3項に関しては、本件休業は人工授乳にも適用されて父も取得も取得できる制度であることから、同項の妊娠・出産保護には該当しないとした［31段］。

つぎに、指令2条4項について、先決裁定は、男性労働者は妻が労働者のときのみに休業を取得しうるという方針は、「親の義務の行使について男性を女性の補助的役割をもつ存在にとどめ、男女の役割の伝統的な配分を維持しがちであり」、また、「自営業者である子の母の自営活動を制限させる」ことになる、

39)　2004年Briheche事件のMaduro法務官の先例分析［法務官意見38-42段］参照。
40)　［Ellis 2005：308-309］［Fredman 2011a：246-248］.

と指摘した［36-37段］。したがって、本件措置は、社会の不平等の排除・縮小手段ではなく、不平等の縮小によって「形式的平等と対立する実質的な平等を達成する手段」としては位置づけられず、EU 運営条約現157条４項に則った職業的キャリアの不利益の防止・補償手段とはいえず、指令２条１項３項４項および５条に違反すると判示した［38-39段］。

（f）Roca Álvarez 先決裁定の意義

2010年 Roca Álvarez 先決裁定は、2004年 Lommers 先決裁定を事実上変更したものである。欧州司法裁判所は、1983年 Com. v Italy 判決および1984年 Hofmann 先決裁定をはじめとして2002年 Lommer 先決裁定に至るまで、若干の修正は行いつつも、基本的には女性が育児の責任を負っている事実を前提として、育児責任を負う女性を保護して女性が被る不利益を補うことで、性平等の実現を保障するという見解に立ってきた。しかし、この理解は、一見すると女性の負担を軽減し性平等に資するようにみえて、実は、男女の役割分担という性差別の発生要因を温存し、性差別の撤廃に逆行するものであった。2010年 Roca Álvarez 先決裁定は、この従来の判例法理を転換させ、条約現157条４項および男女平等待遇指令２条４項が規定するポジティブ・アクションは、実質的な平等、社会の不平等の排除・減少の実現を目的とし、性差別の発生要因である性別役割分業の解消の実現を要求しているものと理解した。

この結論を導くにあたり、Roca Álvarez 先決裁定は、男女平等待遇指令２条１項の平等取扱原則の解釈について、比較可能性を前提とする「等しいものは等しく」という形式的平等の概念を用いつつ、EU 運営条約157条４項および上記指令２条４項のポジティブ・アクションは、実質的平等を目的とするものと解して、その措置内容として性差別の発生要因となっている性別役割分業に言及した。これは、男女平等待遇指令２条４項が規定するポジティブ・アクションは、２条１項の同一取扱い原則を超える平等を実現することを目的とするものであり、それは「機会の平等」に止まらない内容を持つものであることを、別の角度から示したものと考えられる。

なお、2015年 Maïstrellis 先決裁定[41]も、男性のみに配偶者（妻）が働いていな

41）Case 222/14, Maïstrellis, ECLI:EU:C:2015 : 473.

いことを理由として両親育児休業を認めないことは性差別か否かが争われた事案について、2006年男女平等統合指令３条にいうポジティブ・アクションに該当するか否かを検討し、そうした措置は、育児に関して男性を女性の補助的役割とする伝統的男女役割分業を助長するものであり、完全な平等を現実に保障するものではないとして否定している［50段］。EU 性差別禁止法において、育児に関する女性優遇はポジティブ・アクションとは認めないという、判例法理が確立し定着したとみてよいであろう。

第３節　EU 法におけるポジティブ・アクションに関する法理の特徴

１　ポジティブ・アクションに関する法理の到達点

EU 法におけるポジティブ・アクションをめぐっては、２つの視点が存在し、両者が交錯するなかで判例法理が生成され、また、法改正がなされてきた。[42)]

一つは、「男女同一取扱い（性差別禁止）の例外」として許容される範囲を画定するという視点である。1976年男女平等待遇指令２条４項の立法趣旨は、専らこの視点に立つものであり、同項は性差別禁止の例外という規定形式を採っている。また、Kalanke 先決裁定および Marshall 先決裁定をリーディングケースとして生成されたクォータ制に関する判例法理も、男性差別が許容される範囲の画定を、基本的視点とするものである。

もう一つは、ポジティブ・アクションを、「女性差別を撤廃し性平等を実現するための法的手段」として積極的に位置づける視点である。欧州委員会は、第一次行動計画当初より、この視点からポジティブ・アクションを積極的に奨励してきた。それは、性平等実現のためには性差別を消極的に禁止するだけでなく、女性にとっての就労上の障壁を除去し労働市場への参入機会を積極的に

42)　EU 性差別禁止法は、初期の指令である1976年男女平等待遇指令の段階で、ポジティブ・アクションの許容を規定しており（２条４項）、ポジティブ・アクションに関する訴訟は、ポジティブ・アクション自体は肯定したうえで、その許容範囲の画定をめぐり争われてきた。この点は、そもそもポジティブ・アクションという一方の性に対する優遇措置自体の可否が争われたアメリカとは異なる出発点といえよう。アメリカでのアファーマティブ・アクションをめぐる論争経過について、さしあたり［安西 2005］［松井 2009］参照。

付与することが不可欠であり、また、EU 経済雇用政策上も、女性の労働市場参加促進が重要目標であったからである。そのためにも、アムステルダム条約改正によって、ポジティブ・アクションの積極的位置づけが条約で明確化され、その後の諸指令にもそれが踏襲された。ただし、これらの規定もポジティブ・アクションを義務づけるものではなく、加盟国や使用者による導入・実施を許容するに止まる。

上記の二つの視点は、どのような関係に立つのであろうか。アムステルダム条約およびその後の指令改正により、ポジティブ・アクションは「性差別禁止の例外」という視点は廃棄されて、「性平等実現の手段」に置き換えられたのであろうか[43]。しかし、二者択一的なものではないと解される。EU 法上のポジティブ・アクション法理は、ポジティブ・アクションを性差別撤廃・性平等実現のためのポジティブな措置、すなわち、「完全な平等」（条約前141条4項、現157条4項など）を実現するための形式的平等を超えた実質的平等を実現するための法的手段と位置づけると同時に、他の性の権利を侵害する危険性も有するものとして、慎重にポジティブ・アクションの限界を画すことを基本的立場としている。判例は、双方の視点をふまえて、ポジティブ・アクションが正当化される許容範囲について、比例性審査を用いて慎重に画定しているのである。

このようなポジティブ・アクションの許容範囲の限界は、欧州司法裁判所では、これまでみてきたように、主としてクォータ制および妊娠・出産・育児に関する女性優遇措置に関する事案を中心に争点化されてきた。

過少代表となっている性に属する者へのクォータ制による優先割当について、判例は、男女同一取扱いの例外として厳格に解するという基本的視点に立ちつつ、事案ごとに許容範囲を判断するという一定の柔軟性も示し、さらに、当該措置が平等実現のためにどの程度必要かについても配慮している。すなわち、一般的な職や地位への採用・登用に関しては、絶対的無条件のクォータ制を違法として、許容されるクォータの範囲を厳格に画し、(i)同一資質の候補者間で、(ii)各候補者の全基準が客観的評価されて優先が覆しうる場合[44]、に限定する。他方、職業訓練（それに類似する職）の受講など資質獲得の領域に関しては、許容

43)　*See* [Barnard 2012 : 382].

範囲をより広く認めて、他の性の機会を完全に奪うものでないことを条件とするなど、他の性への一定の配慮の下に認めている。さらに、面接の機会付与など他の性の不利益な結果に直結しない場合では広く許容し、職場代表など一方の性の視座の反映が特に求められる事案では、クォータ制を肯定している。すなわち、クォータ制の目的および措置内容を、事案との関係で慎重に検討したうえで、両性それぞれに対する配慮および個人主義（個人の尊重）という基本を堅持しつつ、一応の類型的基準を確立しているといえよう。

また、妊娠・出産・育児に関連しては、判例は、当初は、育児も含めたポジティブ・アクションを認めていた。しかし、性別役割分業を助長するものとの批判を受けて、現在では、妊娠・出産と育児とを分けて取り扱っている。妊娠・出産に関しては、実質的平等を保障する観点からポジティブ・アクションを許容するが、他方、育児に関する女性優遇ないし特別の措置は、ポジティブ・アクションには該当せず、男性に対する逆差別として違法とし、育児領域では男女共通に法的保護を進める立場をとっている。この判例変更は、欧州司法裁判所が、性差別の解消を、性別役割分業という性差別の発生原因や差別構造に踏み込んだところから捉えるようになり、それを法解釈に反映させたものである。国連などの国際的な発展水準からすれば遅きに失した感はあるが[45)]、EU性差別禁止法の重要な進展といえよう。

2　学説の動向：ポジティブ・アクションの再定位

このように、EU性差別禁止法は、1990年代とりわけ1999年アムステルダム条約改正以降、消極的差別禁止や事後的個別的救済にとどまらず、積極的に差別と闘い平等を実現するという立場から、性平等を実現するための法的措置として、ポジティブ・アクションを許容してきた。しかし、ポジティブ・アクシ

---

44)　なお、「性」を判断のあくまでも「一要素」と位置づける考え方は、2003年アメリカ連邦最高裁Grutter判決（Grutter v Bollinger, 539 U.S. 306［2003］）の法廷意見（オコーナー執筆）が、人種を、ロースクール入試での黒人優遇措置が人種差別か否かの判断にあたり、多様性という目的に関する“一つのプラス考慮要素”であり決定的要素でないことに着目したことと、通底するものであろう。［巻 2013：133］参照。

45)　すでに1979年国連女性差別撤廃条約において、性別役割分業の撤廃（５条）および育児に関する親・男女共通保護（11条２項ｃ号）が規定された。また、ILOも1981年家族的責任条約（156号条約）により、育児に関して女性のみ保護から男女共通保護へと転換した。

ョンは一方の性に対する優遇ないし特別の措置であるため、他の性に対する逆差別や、集団的措置と個人主義（個人の尊重）との関係などの問題を内包しており、欧州司法裁判所は、その許容範囲を前述のように基本的に厳しく画してきた。学説でも[46)]、平等の実現に向けた差別是正・平等実現措置は不可欠としつつも、ポジティブ・アクションという手段については、一方の性に対する優遇が有効に機能しうる射程を再定位する必要性が主張されている。

以下においては、Sandra Fredman によるポジティブ・アクションの再考に関する論文を紹介しつつ、ポジティブ・アクションの位置づけや射程範囲を再検討するとともに、より広い視点からの、ポジティブ・デューティという新たな義務の提起について考察したい。

(1) Fredman によるポジティブ・アクションの再定位

(a) ポジティブ・アクションの位置づけ

Fredman は、ポジティブ・アクションを、男女別取扱いという点では形式的平等に反するものであるが、実質的平等の観点からみれば、平等の違反や例外としてではなく、むしろ平等の達成手段である、と積極的に位置づける[47)]。現状では性に関連して構造的に有利・不利が生じているため、性に意識的な積極的対抗措置、すなわち、最も必要としている者たちを対象とした施策が不可欠であるという。しかし同時に、一方の性に対する優遇措置には、平等を達成する戦法（strategy）としては重大な問題点があるということも強調する。なぜなら、優遇措置のすべてが平等の実現にとって有効というわけではなく、逆に、ステレオタイプな見方の助長や、差別構造の変革が放置されるなどの弊害をもたらす場合もありえるからである。

(b) 平等実現に有効か有害かの篩い分け

そこで、Fredman は、一方の性に対する優遇措置が、平等実現への真に有効な手段なのか、それとも逆に差別を導くのかを分別して、ポジティブ・アクションとして認められる範囲を画定することが必要かつ重要であると述べる。そして、これまでの判例法理などでは、実は、その篩い分けが、比例性審査を

---

46) e.g.［Fredman 2011a］［Moreau 2004：306-307（カナダ法の女性集団・少数民族集団に対するポジティブ・アクションによる性的指向少数者への逆差別に関連して）］。

47) 以下、［Fredman 2011a：232-233, 259-278］。

通じて、当該措置の目的の正当性および手段の有効性の両面から行われてきたと分析し、比例性審査を用いたポジティブ・アクションの範囲画定という技法を肯定的に提示している。

まず、正当な目的として、Fredman は、前述した実質的平等の目的を基礎に、(i)平等実現に対する障壁の除去ないし過去の不利益の救済、(ii)参加ないし排除されてきた集団の利益の代表、(iii)多様性の助成（fostering of diversity）およびロールモデルの生成、の３つを挙げる。

つぎに、手段審査すなわち上記目的と措置との適合性に関して、以下の検討事項をあげる。(i)当該措置が対象とする集団の範囲の問題（過剰包摂、過少包摂）。その際には、とりわけ集団内の多様性を踏まえて、目的との関係で対象範囲の限定が問題となる。[48] (ii)当該措置の有効性の有無および程度。ここでは当該特別／優遇措置が逆に性差別の助長や温存にならないか、また、差別構造自体を変革しうるか、それとも、表面上の男女割合の変更に止まるのかなどが問題となる。欧州司法裁判所で争点となってきたクォータ制に関しては、Fredman は、差別構造に踏み込んだ是正が図られない点を指摘して、懐疑的である。(iii)暫定的な特別 / 優遇措置の期間設定も、必要である旨を指摘する。

なお、比例性審査の厳格さについては、Fredman は、差別禁止とは異なり立法裁量が認められるとしつつ、国家は、措置が根拠なき断定や一般化あるいはステレオタイプ化に基づくものでないことを立証すべきとする。

(d)　他の性の構成員に及ぼす不利益や措置義務者の負担

また別の視点から、Fredman は、ポジティブ・アクションとして法的に許容されるためには、一方の性に対する優遇措置が他の性の構成員に及ぼす不利益や実施の義務を負う者の負担が過度にならないことが必要であるとする。その理由として、性別のみが差別ないし被抑圧事由ではないこと（たとえば、黒人男性や貧困男性など他の差別を受けている者の存在）をあげている。逆に、過度でない範囲で負担を受忍すべき理由については、国家や使用者は差別を是正し

---

48)　目的が「不利益の救済」である場合には、女性でも貧困者のサブグループに対象を絞り、富裕女性を除外することが必要となる。他方で、目的が「女性集団の利益代表の選出」の場合については、Fredman は、Iris Young のいう女性として意見は違っても経験など「視座」を共通にするとの考え方を引用し、適合性を肯定的に捉える［Fredman 2011a：263］。

平等を実現すべき地位にあり義務を負っていること（したがって、義務の程度の問題となろう）、他方の性の者に関しては、差別的社会構造の下で見えない恩恵を享受していることを指摘して、配分的正義の観点を提起している。

このようにFredmanは、負担が許容される程度か否かの審査も、比例性審査において、一方の性の差別是正ないし平等実現の目的と手段との適合性の面から検討されるものとみている。

(2) Fredmanによる新たな提起

(a) ポジティブ・アクションの再定位が意味するもの

以上のように、Fredmanは、ポジティブ・アクションについて、差別の撤廃および平等の実現をプロアクティブかつ包括的に進める措置として高く評価しつつ、同時に、一方の性に対する優遇ないし特別に取り扱う措置としての危険性も指摘して、その射程範囲を比例性審査により画定することを肯定する。欧州司法裁判所の判例と比較すると、裁判所は、ポジティブ・アクションを、個人の権利の保障および救済の観点・性差別禁止の例外という視点から許容・範囲を慎重に画しているのに対して、Fredmanは、女性集団の劣位化を是正し権力関係を変革させる点を重視する。両者の間は、考え方の基礎や力点で違いがあり、また、具体的なポジティブ・アクション許容範囲にも、一定の相違は生じるであろう。しかし、具体的なポジティブ・アクションの手段の実効性評価や範囲画定手法は、かなり共通しており、Fredmanの言説には、判例法理を理論的に補強する部分があるように思われる。

(b) ポジティブ・デューティの提起

Fredmanは、ポジティブ・アクションの限界を認識し、さらなる積極的措置として、ポジティブ・デューティを提起している。このポジティブ・デューティは、差別を是正し平等を促進すべき立場にある者（国・公的機関、使用者など）が、差別が生じたことに有責か否かを問わず、差別を是正し平等を促進させる義務を負うとする、積極的かつ構造的に差別を変革する法的手段の提起である。

これまでは、EU法でも国連差別撤廃条約でも、積極的措置として専ら一方の性に対する優遇措置（ポジティブ・アクションやアファーマティブ・アクション）が取り上げられることが多く、それ以外の男女共通の措置（たとえば、ワーク・

ライフ・バランスに関する措置）は、福祉政策ないし雇用政策の領域の問題として把握されてきた。これらは、差別や平等と密接に関連すると認識はされているが、性差別ないし性平等の中心課題としての規範的検討は、ほとんどなされてこなかったのである。Fredman は、EU 法のポジティブ・アクション偏重に疑義を提起し、より広く深い視点から、差別構造の変革を実現するための措置として、ポジティブ・デューティの検討を提起している[49)]。Fredman の差別禁止および平等に関する主張については、さらに第Ⅲ部第8章第3節において検討する。

49）なお、この Fredman によるポジティブ・デューティの提起は、イギリス2006年平等法や2010年平等法により一部導入され、実践も始まっている。*See*［Fredman 2011b, 2012 : 285-287］. イギリス差別禁止法へのポジティブ・デューティ導入については、［長谷川 2012b］参照。

第Ⅲ部　近年の立法・判例動向と理論研究の進展
——次のステージへの課題と挑戦

進展と停滞と、そして次のステージへ向けて

第Ⅰ部および第Ⅱ部では、1970代後半から2000年代初めにかけて、EU 性差別禁止法が、形式的平等を徹底するなかで差別是正を進めると同時に限界にも直面したこと、その限界を乗り越える過程のなかで、実質的平等アプローチにもとづく様々な法理が生成されたことを明らかにした。これらの実質的平等法理の生成により、EU 性差別禁止法は、差別の撤廃に向けて規範的内容が飛躍的に強化された。しかし、EU 法の展開は、必ずしも“形式的平等から実質的平等へ”と一直線を辿っているわけではない。これまでも、第Ⅱ部で分析したように、形式的平等アプローチと実質的平等アプローチとの桎梏ないし捻れは、性差別の前提としての比較可能性要件の導入などをめぐって現れていたし、また、実質的平等アプローチ自体も諸法理それぞれに限界や課題を内在している。

2000年代に入り、状況はいっそう混沌としてきた。一方で、EU 法は、立法面では、さらに次のステージへの進展がみられるが、他方で、欧州司法裁判所の判例においては、停滞や形式的平等への回帰傾向が現れている。全体としてみると、性差別是正の流れは、かつての勢いを失っているかに見える。こうした状況下において、差別禁止法研究の領域では、形式的平等の限界を前提としつつ、そのうえで、これまでの実質的平等アプローチが抱える問題点をどのように克服して、次のステージへと「平等の権利」や「差別禁止」の規範の解釈を発展させ、また、現代社会に相応しい性差別禁止法を再構築していくか、が焦眉の課題となっており、様々に議論が展開されている。

そこで、第Ⅲ部では、まず、第７章において、近年の立法および判例動向を分析し、その前進面および問題点を明らかにする。そのうえで、第８章において、学説による差別禁止法の再構築に向けた理論提起および論議について検討する。

第7章　近年の立法・判例動向をめぐって

第1節　立法面での前進と問題点

1　次のステージへの立法展開

EU 差別禁止法の発展について、Hepple は2009年発表の論文で、EU 法およびEU 加盟国の国内法における差別禁止法の発展を4段階に区分し、第二次大戦後の平等の基本的人権としての確立（第1ステージ、1948-58年）および、形式的平等の実現（第2ステージ、1957-75年）を経て、実質的平等の段階（第3ステージ、1976-99年）へ、そして、2000年以降は、平等の包括的かつ変革的な追及（第4ステージ）へと向かっていると論じた[1]。同氏は、この第4ステージは、性別や国籍以外の事由も含めて包括的に差別を禁止し、かつ、社会構造的に生じる差別を排除して貧困や不利益を根絶することを目的に、実質的平等と社会経済的権利を強く関連させて、潜在能力の平等の保障、積極的な障壁排除やニーズに対応した資源配分を保障する段階だと論じている。

この区分を参照にしながら振り返ると[2]、立法面では、たしかに、EU 法は、第Ⅰ部第1章第3節でも概観したが、Hepple のいう第1・第2ステージを経て、さらに2000年代初頭以降、差別規制の対象事由を拡大し、また、差別禁止法の内容を拡充してきた。

その土台となったのは、1997年アムステルダム条約改正および2009年リスボン条約発効による EU 基本権憲章への法的拘束力の付与である。

アムステルダム条約は、EU 統合を経済面のみならず政治面等へと拡大・深

1）［Hepple 2009］.

化させるために、EU が自由・民主主義・人権および自由の尊重・法の支配の原則を基礎とした共同体であることを明確化し（前 EU 条約 6 条 1 項 2 項）、EU の社会政策および活動の権限を強化した。その具体化の一つとして、差別禁止を、従来の国籍差別や性差別のみならず、人種または民族的出身、宗教または信条、障碍、年齢、性的指向に基づく差別へと拡大し、EU が差別と闘うため法的根拠（前 EC 条約13条 1 項）を規定するとともに、性差別に関しては、さらに「完全な平等を確保するため…過少代表にある性の人々に対する優遇措置」を許容する旨を明記した（前 EC 条約141条 4 項）。そして、このアムステルダム条約を実施するため、差別事由を拡大する立法として、前 EC 条約13条 1 項を根拠として、2000年人種等平等待遇指令（人種・民族的出身差別について）、同年雇用平等待遇一般枠組指令（宗教または信条、障碍、年齢、性的指向に基づく差別について）が制定された。この2000年の 2 件の指令は、差別禁止法の法的内容の拡充という点でも、差別形態として「直接差別」のみならず「間接差別」「ハラスメント」「他人を差別するよう指示すること」を規定し、「障碍者に対する合理的配慮」も義務づけた[3)]。その後の性差別関係の諸指令も、差別の定義につ

2）　ここで、以下の歴史的展開の背景事情について述べると、EU は、1993年発効のマーストリヒト条約により、経済のみならず政治的側面も含めたより深い統合をめざす新たなステージへ進み、すでに述べてきたとおり、1999年発効のアムステルダム条約改正でその方向はさらに強化され、同条約実施のための諸指令も立法化されていった。しかし、2000年代に入ると、EU は様々な問題に直面することとなった。東欧諸国の加盟（経済的困難や低人権保障水準などの問題を抱えて）や主要加盟国における社会民主主義政権の後退、EU 議会における保守勢力の伸張などにより、それまでのような形で権利の保障水準を向上させていくことは困難となった。また、憲法条約批准の失敗やユーロ危機、難民問題、イギリスの EU 離脱決定など、EU の影響力が急速に低下して、統合自体が大きく揺らいでいる。加えて、経済のグローバル化は、国際経済競争を激化させ、EU の軸足を、かつてのソーシャル・ヨーロッパの建設――人権保障を進めるなかでの持続的経済発展――から、ネオリベラリズム経済主義を強く反映したものへと移させつつある。統合面でも人権保障の進展でも、EU は困難な時期を迎えている。

　一方で、憲法条約は失敗に終わったものの、本文に述べるように、2009年にはリスボン条約が発効し、EU 基本権憲章に法的拘束力が付与された。性平等領域では、2006年男女平等統合指令の制定、2010年両親休業指令改正などが行われている。また、人権保障と持続的経済発展をめざしたリスボン戦略は未達成となったが、見直しされて、新たに2020年戦略（Lisbon Presidency Conclusion, 23 and 24 March 2000）が提起された。加盟国市民の EU 不信に直面するなかで、EU の求心力と統合を強化するためには、EU が市民にとってより身近かつ求められる存在となること、具体的には、より EU 組織の民主主義化を進めるとともに、多様性を肯定した平等をはじめとする EU 市民の人権を保障する力となる必要性も、再認識されてきている。

　以上について、[Barnard 2012：4-35]［中村 2016：129-142］［井上／吉井 2018］参照。

いて、この2000年の2件の指令を基本的に踏襲している。また、完全な平等を実際に確保するため、「ポジティブ・アクション」も規定されるようになった。[4)]

さらに、2009年に法的拘束力が付与されたEU基本権憲章は、法の前の平等(20条)、あらゆる差別の包括的禁止（21条[5)]）、文化的・宗教的・および言語の多様性の尊重（22条)、男女平等の雇用を含むすべての分野での確保・過少代表である性への優遇措置の許容（23条）を規定している。

以上のように、立法面では大きな進展がみられ、EU性差別禁止法は、Hepple のいう次の第4ステージへ、すなわち包括的な差別禁止および構造変革による平等の実現へと、充分とはいえないが、踏み出したといって良いであろう。ただし、この立法的前進は、1990年代に準備されてきた内容（権利水準の向上や適用範囲の拡大）が、1997年アムステルダム条約を土台として、2000年代以降において指令の制定ないし改正として結実したという色合いが濃い。EU基本権憲章も、その制定自体は2000年である。2009年リスボン条約により憲章に法的拘束力が付与されたが、他方で、条約と同一の法的価値を持つとされるものの、憲章はEU権限を拡大するものではない旨も規定されたうえ（新EU条約6条1項)、条約の本文ではなく添付の形がとられている。そのため、同憲章は現在のところ、指令や条約本体の解釈原理という形をとって、その範囲内という限定を受けつつ、法規範の発展（現代化）に活用されている。[6)]

2　立法面の問題点

より重大な問題は、2000年代以降の差別に関する諸指令自体が、直接差別の定義について、他者との比較可能性を要件とし、厳格な形で形式的平等アプロ

3）　人種等平等待遇指令2条、雇用平等待遇一般枠組指令2条、5条。なお、「障碍者に対する合理的配慮」違反が差別か否かは、指令の規定上は明らかではない。ただし、EUが批准ずみの国連障害者の権利条約は、合理的配慮義務違反を差別と明記している（同条約2条)。

4）　e.g. 2000年人種等平等待遇指令5条、同年雇用平等待遇一般枠組指令7条、2002年改正男女平等待遇指令2条8項。

5）　21条は「性別、人種、肌の色、民族的もしくは社会的出身、遺伝子的特徴、言語、宗教もしくは信条、政治的もしくはその他の意見、国内における少数民族への帰属、財産、出生、障碍、年齢または性的指向を理由とするいかなる差別も禁止する」と規定し、それまでの指令の対象事由を超える事由を例示したうえで、包括的に差別を禁止している。

6）　欧州司法裁判所の判例では、EU基本権憲章が解釈の根拠の一つとして引用される傾向が顕著となっている（第2節3参照)。

ーチをとる旨を規定したことである。

その端緒となった2000年人種等平等待遇指令は、「ある者が比較可能な状態において（in a comparable situation)、他の者が取り扱われるか、または取り扱われたであろうよりも、不利益に取り扱われる場合に、直接差別が生じる」（2条2項a号）と規定し、これを、以後の諸指令は、性差別に関する指令も含めて踏襲している。

直接差別は、男女同一（価値）労働同一賃金原則や男女別取扱い禁止など、形式的平等の考え方を主として土台とする概念ではある。しかし、欧州司法裁判所も、1990年代初めまでは、比較可能性を直接差別の前提要件とはしていなかったし（第2章第3節2参照)、1990年代までの性差別に関する諸指令も、セックス・ブラインドに男女を同一に取り扱う旨を規定するのみで、男女の比較可能性を要件とは規定してはいなかった[7]。また、EU法では、比較対象者のいない妊娠・出産に関する差別を、直接性差別と位置づけた法理が確立している（第4章)。したがって、EU法は、直接差別の概念を「性別を直接の理由とする不利益な取扱い」と捉え、“男女比較”は、性別と不利益な取扱いとの関連性を判断する手法の一つであり、「男女比較は困難だが、性別と不利益との関連性がある事案」という、形式的平等アプローチからは逸脱する形態も、直接差別の射程に含みうるものであった[8]。ところが、2000年以降の指令は、直接差別について、こうした解釈の余地を排し、形式的平等アプローチに立脚する旨を明示したのである。

なぜ、こうした定義となったのか、立法過程からは必ずしも明らかではない。2000年人種等平等待遇指令の審議経過をみると、当時の議論の中心は、主として、間接差別およびハラスメントを差別類型として規定することの是非および定義如何であり、直接差別の定義には、欧州委員会の立法提案や欧州議会の委

7）1975年男女同一賃金指令「条約119条にいう同一賃金原則は…性別に基づくすべての差別（区別discrimination）の撤廃を意味する」（1条1項）や1976年男女平等待遇指令「平等待遇原則は、男女が性別に基づく差別なく同じ条件を保障されること」を、2006年男女平等統合指令「直接差別：性にもとづき、ある者が比較可能な状況において他の者が取り扱われるか、取り扱われたか、また取り扱われるであろうよりも、不利益に取り扱われる場合」（2条1項a号）と比較対照されたい。

8）たとえばSchiekは、2002年改正男女平等待遇指令における直接性差別の定義改定に関して、男女比較を要件とした点を批判し、比較は差別を推察するためのテストに過ぎないと修正すべきと指摘している［Schiek 2002a：314]。

員会報告でも、特段の留意が払われた様子はみられない[9]。そもそも、直接差別の定義について、当初の欧州委員会による立法提案では、「直接差別は、人種あるいは民族的出身に基づいて、ある者が、他の者が取り扱われるか、取り扱われてきたか、あるいは取り扱われるだろうよりも、不利益に取り扱われる場合に生じる[10]」とされ、差別事由と不利益との直接的な因果関係のみを要件とし、比較可能性は要件に入っていなかった。

ところが、欧州議会の経済社会評議会から、直接差別の定義を「明確化のために、…直接差別は、ある者が比較可能な状況において他の者よりも不利益に取り扱われる場合に生じる」と修正すべきだと意見が出され[11]、結局、比較可能性を要件とする指令が成立した。比較可能性を要件に付加した理由は、文書上は、「明確化のために」と記載されているに止まり、要件に付加された場合とそうでない場合との理論上および実際上の相違が、どこまで検討されたのかは明らかではない。とはいえ、第I部第2章第3節で指摘した、欧州司法裁判所での比較可能性を前提とする判例展開が、指令制定過程での検討にあたっても、大きく影響したことが推測される。次節では、欧州司法裁判所の形式的平等への回帰傾向のさらなる展開など、近年の性差別に関する判例動向について分析する。

第2節　近年の性差別に関する判例動向

1　形式的平等への回帰

近年の判例動向として、つぎの4点を指摘したい。第1は、形式的平等を厳格に貫く比較可能性モデルが、直接性差別のみならず、間接差別も含め性差別一般へ拡大する流れが定着してきたことである。2010年代の半ば以降、すなわ

9）欧州委員会提案についてCOM（1999）566 final、欧州議会の市民の自由と権利・正義と家庭問題委員会の報告についてFINAL A5-0136/2000。

10）原文は、“direct discrimination shall be taken to occur where one person is treated less favourably than another is, has been, or would be treated on ground of racial or ethnic origin”。1999.11.25, COM（1999）566 final at 15.

11）*See*, OJ［2000］C 204/85.

ち1997年アムステルダム条約改正を実行する諸指令の制定も一段落した時期の前後から、欧州司法裁判所の判例に、形式的平等への回帰と位置づけられる傾向が顕著にみられるようになった[12)]。第2の特徴は、妊娠・出産に関する直接性差別の理論構成である。ここでは、実質的平等モデルと形式的モデルが混在してきたが、新たな妊娠・出産形態が出現して、改めて差別理論の検討が必要となったが、判例は、形式的平等モデルによる論理構成への傾斜を強めている。第3の特徴は、比較可能性モデルを用いて、男女同一賃金原則と性差別禁止法理とを理論的に統合化したことである。第4の特徴は、このような、形式的平等への回帰傾向や経済主義の台頭という、かつてのように人権保障の水準向上を推し進めることが困難となっている状況の下でも、既得の権利水準の範囲内において、権利行使を立証面で容易にし、権利の保障を確実に実現する努力が示されていることである。以下、順次、検討する。

2　比較可能性モデルの一般化傾向

(1)　これまでの状況

EU性差別禁止法は、既述のように、当初の1957年ローマ条約では、「等しいものを等しく」という形式的平等を目的とする男女同一労働同一賃金原則の規定のみであったが、1980年代以降、男女の比較を要件としない、形式的平等を超える規範内容をもつ各種の法理を生成してきた。

しかし、欧州司法裁判所は、1993年Roberts先決裁定[13)]を契機として、性差別の領域に[14)]、男女の比較可能性を平等の前提とし、比較可能でない状況では男女別取扱いがあっても性差別の問題にはならないとする比較可能性モデルを導入するようになった。この比較可能性モデルは、既に検討したように、当初は、

12)　欧州司法裁判所に関してみると、係属する事案自体にも変化がみられるようになった。差別領域でも、明白な男女別に関する事案から間接性差別事案へ、そして、近年では、禁止される差別事由の拡大傾向を反映して、年齢差別や障碍差別事案が増加し、性差別に関しては、妊娠・出産関連や男女別公的年金制度に関する差別事案が増大している。もっとも、紛争事案の種類が変化しても、EU市民にとって、EU差別禁止法が、引き続き人権を保障し推進するための重要な法的根拠としての意味を有していることに変わりはない。

13)　Case C-132/92, Roberts［1993］ECR I-5579.

14)　それまでは、比較可能性モデルは、EU法の一般的な差別のモデルとして、国境を越える取引と加盟国の国内取引との差別取扱いなど、EU市場統合に関する領域では用いられていたものの、少なくとも人権保障を基礎とする性差別の領域に適用されることはなかった。

明文以外の例外が認められていない直接性差別に関する特殊な事案（公的年金に関連した雇用上の男女別処遇）において、不合理な結論を回避するための技法として用いられた（第2章第3節2参照）。それが、つぎには、妊娠・出産差別の事案にも波及して、妊娠・出産保護を男性差別ではないとする技法としても用いられるようになった（第4章第1節2参照）。とはいえ、この段階までは、比較可能性モデルの波及は、直接性差別に関連した事案のうち、従来の判例枠組みでは対処困難な領域に限定されていた。

ところが、前節で述べたように、2000年人種等平等待遇指令および同年雇用平等待遇一般枠組指令は、比較可能性を直接差別の要件として規定し、これ以降の性差別に関する諸指令もまた、かかる規定を踏襲していった。以後は、直接差別一般について、比較可能性モデルが立法的に選択され、確定されるところとなった。

現在、EU判例法理が直面している問題は、この比較可能性モデルを直接差別事案以外にも波及させていくのか否かである。上記の各指令は、直接差別以外の差別の定義においては、比較可能性を明文の要件としては規定しておらず、この問題は解釈に委ねられる。性差別概念を拡充してきた歴史をみるならば、EU性差別禁止法は、形式的平等を超える実質的平等を目的とする法理として、比較可能性を要件としない差別類型を構築することが十分に可能であり、それこそが本来的なあり方であろう。しかし、近時の判例は、このような方向性には逆行するものであり、性をはじめとする差別一般について、形式的平等に基づく比較可能性モデルを拡大する流れが定着してきている。

(2)　比較可能性モデルの波及

(a)　間接性差別への波及

間接性差別禁止法理への比較可能性モデルの波及は、第3章第2節3で述べたとおり、当初は、妊娠・出産に隣接する育児領域の事案においてみられた（1999年Gruber先決裁定―「育児休業後の退職」と「重大な理由による退職」との退職手当額の格差―、同年Lewen先決裁定―育児休業中のボーナス不支給―など）[15]。

その後、2000年半ば以降、欧州司法裁判所は、育児休業以外の事案において

15)　Case C-249/97, Gruber [1999] ECR I-5295, Case C-333/97, Lewen [1999] ECR I-7243.

も間接差別法理適用の前提として比較可能性を要求するようになり、現在では、間接差別全般で比較可能性モデルが及ぼされている。たとえば、2004年 Wippel 先決裁定[16]では、呼出労働者（使用者からの呼出時のみ就労する労働者）とそうでない労働者との処遇格差が、間接的な女性差別か否かが争われた。欧州司法裁判所は、1976年男女平等待遇指令の性差別禁止は、「一般的平等原則、すなわち比較可能な状況は客観的に正当化されない限り異なって取り扱われることは許されないという原則の特定の表現」であって、この原則は「比較可能な状況にある者の間においてのみ適用され」るとして［56段］、提示された労働について「就労の時間が固定され、諾否選択権のない労働者」と「就労の時間が固定されず、諾否可能な呼出契約労働者」とは比較可能な状態にはないと判断して、性差別を否定した［63-65段］。また、翌2005年には、Nikoloudi 先決裁定[17]が、有期労働契約と期間の定めのない労働契約とは、「性質が基本的に異なっている」として比較可能な状況にはないと判断し［22段］、両者の処遇の違いは差別ではないと判示した。[18]

上記の２件の判例は、雇用形態を理由とする不利益取扱いに関して間接性差別の成否が争われた事案だが、欧州司法裁判所は、これまで、多数のパートタイム事案については間接性差別禁止法理を適用したうえで、正当化の審査において、不利益扱いの理由として主張される様々な要素を考慮するという手法をとってきた。また、有期雇用労働についても、1999年 Seymour-Smith 先決裁定[19]は、有期労働と期間の定めのない雇用労働との比較可能性を問題とすることなく、間接性差別禁止法理を適用し、そのうえで正当化審査の段階で、有期雇用を理由とした別異取扱いについて、その目的の正当性および手段としての必要性、適切性を検討した。こうした従来の先決裁定と比べると、上記2004年 Wippel 先決裁定や2005年 Nikoloudi 先決裁定が、呼出労働契約者に仕事の諾否を選択する自由のあることや有期契約であることを理由に、最初に比較可能性を否定する判断を行い、そもそも間接性差別禁止法理自体が適用されないと

16） Case C-313/02, Wippel［2004］ECR I-9483.
17） Case C-196/02, Nikoloudi［2005］ECR I-1789.
18） *See*［Numhauser-Henning 2007: 169-170］［Rönnmar 2011:171］.
19） Case C-167/97, Seymour-Smith［1999］ECR I-623.

したことは、従前の法理とは見解を異にするものである。

また、2013年 Kenny 先決裁定[20]では、一般事務職と警察官出身事務職との職種の違いを理由とする賃金格差が、間接的な女性差別か否かが争われ、欧州司法裁判所は、比較可能性が間接性差別の前提要件である旨を明示して審査するとともに、前提要件を満たした場合には、間接性差別禁止法理が適用されて正当化審査も行われる旨を判示している［24、52段］（同先決裁定については、本節４⑵(b)で改めて検討したい）。

このように比較可能性モデルの適用は、欧州司法裁判所において、性差別に関する事案一般に及んでいる[21]。学説の多くはこれを強く批判しているが[22]、判例レベルにおいては、現在では、かなり定着している。こうした判例動向が、形式的平等を超える規範内容と法構造をもつ間接差別禁止法理などの諸法理にどのような影響を与えることになるのか、EU 法は大きな課題に直面しているといえよう。

(b)　比較可能性に関する判断方法および基準の明確化

比較可能性モデルの定着と並行して、欧州司法裁判所は、比較可能性の有無の判断方法ないし基準に言及して、同モデルの適用における明確化を図ろうとしている。たとえば、2011年 Test-Achats 先決裁定[23]では、男女別生命保険料・保険給付を許容する指令が EU 法違反か否かが問われ、統計上の保険リスクが異なるところから、男女の被保険者としての地位の比較可能性が争点となった。先決裁定は「対象事項および EU 指令が男女別に区分した目的の視点から評価」すべき［29段］との判断基準を示した。ただし、具体的判断は事実上、回避している[24]。さらに2011年 Römer 先決裁定（性的指向差別）は、同性婚登録パ

20)　Case C-427/11, Kenny ECLI:EU:C:2013:122.

21)　欧州司法裁判所が、比較可能性モデルを他の差別事由による間接差別にも及ぼすのか否かは、今のところ明確ではない。たとえば、年齢差別に関する2007年 Lindorfer 先決裁定（Case 227/04 P, ［2007］ECRI-6767）や性的指向差別に関する2011年 Römer 先決裁定（Case E-147/08, ［2011］ECRI-3591）では比較可能性モデルを用いているが、2018年 Ruiz Conejero 先決裁定（Case C-270/16, ECLI:EU:C:2018:17）など障碍差別では、障碍者と非障碍者を比較するが、比較可能性には言及していない。他の差別事由に関しても、間接差別の事例自体が少なく、判断は難しい。

22)　とりわけ間接性差別への比較可能性モデルの導入を批判するものとして、たとえば、［Barnrd/Hepple 2000：570］［Schiek 2007：38-40］。

23)　Case C-236/99, Test-Achats ［2011］ECR I-773.

24)　［中村 2011：75-69］参照。

ートナーと法律婚配偶者との退職年金額格差が差別か否か争われた事案で、比較可能性の判断に関して「第1に、状況の同一性までは必要なく比較可能であればよく、第2に、その比較可能性の評価は、全体的かつ抽象的な方法ではなく、当該給付の観点から特定的・具体的に行う」[43段] と判示した。とはいえ、いずれにしろ抽象的レベルに止まっている。

(3)　比較可能性モデル適用の問題点とその要因

ここで改めて、比較可能性モデルの問題点とその要因について考えたい。同モデルの性差別領域一般への波及は、EU 性差別禁止法の変容を招きかねない危険性を有していると考えるからである。

(a)　比較可能性モデルの問題点

比較可能性モデルの問題点として、まず、それ自体が、さまざまな面において多くの曖昧さを残していることを指摘したい。すなわち、当該モデルは、差別を「比較可能な（comparable）状況に同じルールを適用し、あるいは異なった状況に同じルールを適用すること」と定義するが、「比較可能な状況」とは何か、その意味するところは何か、そして、具体的な判断要素や基準についても、明確性を欠いている。さらに、比較可能性の判断要素と正当化の判断要素の違いも曖昧である。たとえば、男女の賃金に格差があるとき、従事している労働（価値）の違いが、なぜ賃金格差の正当化要素ではなく、比較可能性の判断要素なのだろうか。具体的な先決裁定でも、軍務経験者を有利に扱うことが間接差別か否かが争われた類似事案で、2000年 Schnorbus 先決裁定[25)]は正当化の問題として扱い、2004年 Österreichischer Gewerkschaftsbund 先決裁定[26)]は比較可能性の問題とした。比較可能性審査と正当化審査とでは、立証責任の負担者も異なり（前者では被差別労働者、後者は使用者）、また、比較可能性は差別の俎上に載るか否かの択一的判断であって、正当化審査のような割合的判断（1993年 Enderby 先決裁定[27)]参照）が許されないという違いがある。近時の先決裁定は、比較可能性の判断基準について、男女別取扱いや性に不均衡を生ずる取扱いの目的と対象との関係から評価するとしているが、比例性審査手法と比べ

25)　Case C-79/99, Shnorbus [2000] ECR I-10997.
26)　Case C-220/02, Österreichischer Gewerkschaftsbund [2004] ECR I-5907.
27)　Case C-127/92, Enderby [1993] ECR I-5535.

ると、手段審査がほとんど行われず、緻密さ・透明性にも欠け、裁判所の恣意が入り込み易くなっている。

また、間接差別禁止法理には、正当化審査という利益調整手段が存在しており、同法理適用の前提要件として比較可能性の立証を求めることは、原告労働者に過重な立証責任を負わせるものである。

さらに、比較可能性モデルの「異なった状況に同じルールを適用すること」が差別であるという定義の後半部分について、論理的に考えれば、本来は、その違いの程度に比例した、前半・後半一貫した基準による処遇でなければ差別になる、という意味として解釈すべきなのではなかろうか。ところが、判例は、これを単に、異なる処遇の許容と解しており、その結果、何が許される別異処遇なのかに関しては、規範の空白を招いている。

(b)　比較可能性モデル拡大の要因

EU 性差別禁止法は、第Ⅱ部でみたように、1980年代以降、間接性差別禁止法理や妊娠出産差別禁止法理など、形式的平等の限界を超えて実質的平等を目的とする法理を生成し発展させてきた。それなのになぜ、今となって、それに逆行するような比較可能性モデルの適用拡大が生じているのだろうか。ここでは、実質的平等概念の曖昧さという理由にくわえて、さらに EU 性差別禁止法に内在する諸要因について指摘しておきたい。

まず、男女別公的年金制度の許容に関連した事案への比較可能性モデルの導入についていえば、これは、一方で直接性差別禁止の例外は明文規定以外には認めないという厳格な立場を維持しつつ、他方で、EU 法が社会保障領域の男女別取扱いを一部許容したこととの整合性を図るための、一つの解決策であった。ここにおいては、強力だが硬直的に過ぎる規制（明文規定以外の例外を認めない直接差別禁止法理）と、緩やか過ぎる規制（漸進的実現を許容する社会保障領域に関する差別禁止立法）との、両方の弱点が要因であったといえよう[28]。

また、妊娠・出産事案における比較可能性モデルの適用は、実質的平等という概念や理論に関して、比較に依らない平等や差別に関する理論的な検討や、

---

28)　Parchal は、比較可能性モデルの問題点を指摘するとともに、判例が比較可能性を性差別の前提要件としてきた要因として、直接性差別に関する明文以外の例外を厳格に禁止していることを挙げる。[Prechal 2004 : 543-546]。

女性に固有のニーズへの配慮に関する性差別禁止法理からの論拠づけが、十分には構築されていなかったことが要因となっている。そのような弱点を、比較可能性モデルの白地規範を利用して、埋めあわせようとしたものではないだろうか。

さらに、性差別事案一般への当該モデル適用の拡大は、男女同一（価値）労働同一賃金原則という、本来は性差別禁止の立証ルールの一つにすぎない原則（本節4参照）を絶対視したこと、すなわち、賃金に関する性差別は同原則によるアプローチ以外にも成立しうるにもかかわらず、賃金差別の前提として男女が同一（価値）労働に従事していること（男女の比較可能性）を絶対視したことが、主要因になったのではないだろうか。

これらEU性差別禁止法に内在する諸要因は、EU法上の個々の性差別禁止規範や法理が、最高法規である条約の男女同一（価値）労働同一賃金原則の文言に引きずられつつ、法体系全体のなかでの位置づけや相互関係が不十分なままに展開されてきた結果であろう。また、根本的には、EU法上、形式的平等に正統性をみいだしてきた経済ルール中心の「EU法の一般原則としての平等」（経済的公正競争ルールとしての「平等」であれば、等価交換に適合する「等しいものは等しく」という形式的平等の考え方が適合的である[29]）を、近年、経済活動を重視する傾向が強まるに従って、経済的公正以上の法的要請を有する人権保障としての性差別禁止法理に、そのまま適用したところに問題があると考える[30]。

3　妊娠・出産に関する法理の形式的平等への傾斜

(1)　生殖医療の進展による想定外の問題の出現

近時、欧州司法裁判所は、生殖医学の進展に伴い、従来のEU条約や諸指令の立法時には想定をしていなかった、新たな妊娠・出産形態をめぐる問題に直面することとなった。すなわち、“対外授精による妊娠”や“代理母による出産”という新たな事象に対して、EU法は性差別禁止の保障を及ぼすのか否かが争点となり、あらためて、性差別禁止の規範内容および法的枠組みが、妊娠・出産差別を性差別として禁止する目的や論拠に遡ったところから問われる

29)　*See*［Barnard 2012 : 289-290］［Deakin/Morris 2012 : 609-613］.
30)　e.g. Case C-144/04, Mangold［2005］ECR I-9981 at paras.75-77.

こととなった。[31]

これまで、欧州司法裁判所判例では、妊娠・出産に関する直接性差別法理の理論構成については、第Ⅱ部第2章で分析したとおり、男女の比較可能性の有無を軸にした論理構成をとる形式的平等モデル（代表例として、1996年 Gillespie 先決裁定、なお、1998年 Brown 先決裁定も参照[32]）と、比較可能性の有無を前提としない、性と不利益の結びつきモデル（代表例として、1990年 Dekker 先決裁定、1994年 Webb 先決裁定[33]）および実質的平等を目的に掲げて女性固有のニーズ配慮の侵害ないし不提供を差別とするモデル（代表例として、1998年 Thibault 先決裁定[34]）の三者が、用いられてきた。妊娠・出産という男性比較対象者が存在しない領域では、比較可能性モデルの理論構成の無理は顕著であり、また、他の差別モデルとの理論的一貫性にも欠けており、その後の判例による修正が期待されるところであった。しかし、欧州司法裁判所は、新たな事象により論理の再検討の必要に直面しながらも、なお、形式的平等を偏重する比較可能性モデルの論理構成を堅持する姿勢を示している。

(2) 問題となった先決裁定

(a) 2008年 Mayr 先決裁定[35]――試験管授精をした女性の解雇と性差別

2008年 Mayr 事件では、試験管内での卵子授精は終了したが授精卵の体内移植前に母親となる女性が、授精に関連した体調不良のため数日欠勤したところ解雇され、それが1992年母性保護指令ないし1976年男女平等待遇指令違反か否かが問われた。

欧州司法裁判所は、最初に、1992年母性保護指令10条の妊娠開始から産後休業終了までの解雇禁止に違反するか否かを検討し、同指令を適用するには、その文言および目的（妊産婦の健康と安全の保護）の視点からみて「妊娠」が開始していること必要であり、授精卵の体内移植が済んでいない場合に拡大することはできないと判示した［36-42段］。[36]

31）*See* Opinion of Advocate General（Kokott）for Case C-166/12, C.D. ECLI:EU:C:2013:600 paras. 40-41.

32）Case C-342/93, Gillespie［1996］ECR I-475, Case C-349/96,Brown［1998］ECRI-4185.

33）Case C-177/88, Dekker［1990］ECR I-3941, Case C-32/93,Webb［1994］ECR I-3567.

34）Case C-136/95 Thibault［1998］ECR I-2011.

35）Case C-506/06, Mayr［2008］ECR I-1017.

その後、改めて、1976年男女平等待遇指令２条１項・５条１項が規定する性差別禁止に違反するか否かを検討した[37)]。まず、先決裁定は、従前の判例法理について、「判例によれば…妊娠…を理由とする解雇は女性のみに影響をあたえ、したがって、性に基づく直接差別となる」［46段］と説明した[38)]。そして、試験管授精を理由とする解雇が性差別か否かは、「その理由が双方の性に同様に適用されるのか、それとも一方の性のみに適用されるのか」により決せられる旨を判示し［48段］、卵胞刺子および受精卵体内移植は「女性のみに直接的に影響する」のであり、それを理由とする解雇は直接性差別である」と判示した［50段］。

上記の判示は、「一方の性のみに適用される」理由か否かを、直接性差別か否かの判断基準としているが、1990年 Dekker 先決裁定では、この「一方の性のみに適用される」理由か否かは、あくまでも、女性という属性と直接に結びいた不利益処遇か否かという文脈のなかに位置づけられていた［10–12段］。ところが、本先決裁定は、属性との直接的結びつきの判断という文脈ではなく、男女別取扱いか否かという異なった視点から判断していることが覗える。これは、既述（第４章）のように、1994年 Webb 先決裁定［25段］などの先例が妊娠・出産に関して男女は比較できないとし、男女比較によらない直接性差別概念を生成してきたことを、事実上無視するものといわなければならない。

この、妊娠・出産領域における直接性差別の概念を男女比較にもとづく「男女別取扱い」と捉える考え方は、つぎに述べる2014年の C.D.先決裁定[39)]および Z 先決裁定[40)]では、より明確な表現で判示されていくこととなる。

---

36)　先決裁定は、授精卵子が体内移植するまでの期間が不確定なまま保管が続けられたり、移植されずに終わる場合にも、指令の適用が及ぶことの不都合をも指摘する［41–42段］。

37)　国内裁判所からの付託はなかったが、欧州司法裁判所が独自に、1976年男女平等待遇指令を検討することが必要と判断した［43–44段］。

38)　先決裁定は、産後休業後に妊娠・出産起因疾病による欠勤を理由として解雇された1998年 Herz 先決裁定を参照に挙げつつ、「男女労働者は同じく疾病に罹患するのであり、仮に女性労働者が男性と同じ状況で病気欠勤を理由に解雇された場合には、性に基づく直接差別ではない」［49段］と判示している。しかし、Hertz 先決裁定は、既述したように、妊娠と疾病を比べた点について事実上後に判例変更されている。

また、本件先決裁定は、試験管授精を受けた女性の解雇は「1976年男女平等待遇指令２条３項の保護の目的にも反する」［51段］と述べるが、性差別概念との論理的関係をどう捉えているかは曖昧である。

39)　Case C-167/12, C.D., ECLI:EU:C:2014:169.

(b)　2014年C.D.先決裁定およびZ先決裁定——代理出産を依頼した母に対する産後休業拒否と性差別

2014年3月18日、代理出産を依頼して子の母となった女性（以下、「代理出産依頼母」という）に対する産後休業取得の拒否は性差別か否かに関して、2件の先決裁定が示された。両先決裁定は担当部が異なるが、以下に述べるように、性差別の成否に関する判示内容および論理構成は基本的に共通している。

C.D.事件は、代理依頼母が代理出産直後から授乳や育児を行い、使用者に出産休業を申し出たが拒否された事案である[41]。先決裁定は、最初に、1992年母性保護指令の出産休業の保障が代理出産依頼母に適用されるか否かについて、上記休業の目的は、妊娠という特別に傷つきやすい状況にある母の健康保護にあり、休業の権利者は子を妊娠し出産した労働者であるとして、代理出産依頼母は対象外と判示した［36-40段］。そのうえで、2006年男女平等統合指令違反の有無が検討された。先決裁定は、まず、同指令14条にいう直接・間接の性差別にあたるか否かを論じ、直接性差別の成否については、「出産休業拒否の基本的理由が一方の性に排他的に適用されるものであるならば、2006年男女平等待遇統合指令2条1項a号の性に基づく直接差別となる」［46段］が、代理出産では「代理出産を依頼した父も、比較可能な代理出産依頼母と同様に取り扱われ…出産休業の権利はな」く、男女同一取扱いであることを理由として否定した［47段］。また、間接性差別についても、女性が男性と比べて不利益を受けているとの立証はないとして否定している［48-49段］。さらに、同指令2条2項c号の妊娠・母性出産休業に関する不利益取扱い禁止という性差別類型についても、代理出産依頼母は1992年母性保護休業の対象ではなく該当しないとし［53段］、以上から、代理出産依頼母に対する出産休業の拒否は、2006年男女平等待遇統合指令14条にいう性差別にあたらないと判示した［54段］。

Z事件は、代理出産依頼母の卵子とその夫の精子を人工授精して代理母が懐胎し出産し、代理出産依頼母が、子の出生直後から養育していたものの休業取

40)　Case C-363/12, Z., ECLI:EU:C:2014:159.
41)　C.D.事件は、代理出産依頼母の夫の精子と代理出産者の卵子による妊娠である。代理出産依頼母と子の間での養子縁組はしていない。なお、当該代理出産を依頼した女性が勤務する会社では、出産休業や養子縁組休業制度はあったが、代理出産に関する休業制度はなかった。

得を拒否された事案である。代理出産依頼母に対して出産休業と同様の休業取得を拒否することは、2006年男女平等統合指令違反か否か。仮に指令違反でないとすれば、同指令自体が、EU 運営条約ないし EU 基本権憲章の男女平等条項等に違反しないか、などが争われた[42)]。

同先決裁定は、2006年男女平等統合指令違反の有無に関して、２条１項ａ号の直接性差別は、代理出産依頼の母も父も出産休業の権利がなく一方の性の労働者のみに適用される理由による拒否でないので成立しない［51-52段］、また、２条１項ｂ号の間接性差別も女性が男性と比べて特に不利益処遇されたと立証するものはない［53-54段］とし、さらに、２条２項ｃ号の母性保護指令の出産休業に関する不利益取扱い類型の性差別も、代理出産依頼母は母性保護指令の対象ではないとして否定した［56-61段］。そして、同指令の EU 運営条約ないし EU 基本権憲章違反については、結論に影響を与えるものではなく検討しないとした［64-66段］。

(3)　比較可能性の有無を基準とする形式的平等への傾斜

両事件の先決裁定は、実際の受胎や出産をしていない女性を、1992年母性保護指令が規定する出産休業の対象と認めなかった[43)]。この判示自体は、妊産婦の健康と安全の確保という同指令の目的からみて、妥当な判断である。また、両先決裁定は、妊娠・出産に関する性差別は、指令が明文で「差別」と規定[44)]するところの母性保護指令にいう妊娠・女性出産休業に関する不利益待遇（以下、「母性保護指令に関する不利益待遇」という）以外にも、ありうると判示した。この点も、従前からの判例の立場ではあるが[45)]、上記2006年男女平等待遇統合指令の下でも同様であることを確認したという点で、有意義な判示である。さらに、性差別の成立を否定した結論も、妥当といえよう。しかし、問題は、その結論

---

42)　Ｚ事件でも養子縁組をしておらず、代理依頼母に対して養子縁組者と同様の休業付与を拒否することが、2006年男女平等統合指令違反か否かも問題となった。先決裁定は、養子縁組休業の付与は男女差別でない限り加盟国の裁量である、として指令違反を否定した［61-63段］。また、同事件の代理依頼母が卵巣は正常だが子宮がないために人工授精および代理出産の手段がとられており、性差別の成否の他、障碍差別（2000年雇用平等待遇一般枠組指令）などの成否も問題となったが、否定されている［68-91段］。

43)　ただし、受胎前であっても、人工授精に関わって母性保護のための休業が必要な場合に、出産休業を認める余地までを完全に否定する判断ではないであろう。

44)　2006年男女平等待遇統合指令２条２項ｃ号、2002年改正男女平等待遇指令６条２項。

に至る理論構成である。

(2)で述べたように、Mayr 先決裁定、C.D.先決裁定ならびにZ先決裁定は、母性保護指令違反以外の妊娠・出産に関する「直接性差別」の概念について、「比較可能な男女における異なった取扱い」と捉えることを明確化し、男性も女性と同じ取扱いをされている場合には、直接性差別は成立しないとした。しかし、繰り返し述べてきたように、EU 性差別禁止法は、妊娠・出産に関して、従来、男女の比較に依拠することなく、女性という属性と不利益との直接的結びつきをもって、あるいは、女性固有のニーズへの配慮の侵害ないし不提供をもって、直接性差別の成立を認めるという法理を確立してきた。妊娠・出産に関する不利益待遇は、女性という属性による直接的な不利益取扱いであり、男女が比較可能か否かを問わず、性差別として禁止するのが当然である。同様に、妊娠・出産に関する女性固有のニーズへの配慮の侵害ないし不提供も、それが男性の場合にはない配慮であったとしても、直接性差別の一類型として判示されてきた。ところが、上記の一連の先決裁定では、これらの理論的進展を無視し、比較可能性モデルの理論構成が用いられている。

たしかに、2002年以降の性差別禁止指令は、直接性差別について、男女の比較可能性を前提とした男女別取扱いと規定している[46)]。その意味では、母性保護指令に関する不利益待遇でもなく、男女別取扱いに該当しない待遇を、「直接性差別」と解して性差別として禁止することが難しかったのかもしれない。しかし、それでは、2002年以降の指令を、それまでの判例法理を大きく後退させる形で解釈することになろう。2002年以降の指令に関しても、条約の適用ないし条約に基づく指令解釈として[47)]、従来の妊娠・出産に関する判例法理を、比較可能性を前提とした直接差別の規定とは別類型の、妊娠・出産に関する直接性差別類型として維持することも可能であったのではなかろうか。にもかかわら

45)　たとえば、1990年 Dekker 先決裁定［14段］は妊娠を理由とする採用拒否について、また、1998年 Brown 先決裁定［25段］は妊娠起因疾病による欠勤を理由とした解雇について（出産休業の前か休業中かは問わず)、1976年男女平等待遇指令2条1項、3条1項に違反する直接性差別であると判示している。上記1976年指令には、出産休業を理由とする不利益取扱いが性差別である旨の明文規定はない。

46)　2002年改正男女平等待遇指令2条2項、2006年男女平等統合指令2条1項a号。

47)　C.D.事件およびZ事件も有給の出産休業に関する事案であり、本来であれば、EC 条約前141条（性差別賃金の禁止）の適用・解釈を示すことが考え得た事案である。

ず、これらの先決裁定が、妊娠・出産に関する性差別法理について、人権保障の視点からすれば発展的というよりも、むしろ近時の形式的平等への回帰の傾向を反映した形の解釈を示したことは問題である。上記の各事案の具体的判断としては、たしかにMayr事件では、正当理由のない解雇であった可能性は高いが、性差別といえるかは疑問であろう。また、C.D.事件およびZ事件については、代理依頼母への産後休業付与拒否は性差別禁止違反でないとした結論自体は妥当と考えるが、論理としては、育児は男女共通に担うべきものであり、女性固有のニーズとしての法的配慮が必要な場合にあたらず、男女同一取扱いが求められる領域であって、性差別の成立は否定されると解釈すべきだったのではなかろうか[48]。

くわえて、2017年Otero Ramos先決裁定[49]では、妊娠・出産保護に関する固有のニーズへの配慮の不提供が問題となった事案についても、1998年Thibault先決裁定が実質的平等を論拠としたのとは異なり、あえて「等しいものは等しく、等しからざるものは等しからざるように」という形式的平等モデルに填め込んで、直接性差別の成立を認めた。同事件は、授乳中の女性に対して有害な職場環境の影響度検査を行うことを拒否したことが、性差別か否か争われた事案である。先決裁定は「授乳は母性と密接に関連しており、妊産婦と同様に保護されるべきであって、授乳中の女性であることによる不利益取扱いは、2006年男女平等統合指令２条２項ｃ号の対象であり[50]、直接性差別である」[59段]とした。そのうえで、「授乳中の労働者は、特別の状態にあり、使用者による特別の取扱いが必然的に要求されるのであって、他の労働者と同じ扱いをすることは許されない」[62段]とし、授乳中の労働者の有害リスク評価を怠ったことは、2006年男女平等統合指令に反する性に基づく直接差別である[63段]と判示した。敢えて、他の労働者との比較を持ち出している点が、問題で

48)　Ｚ事件のWahl法務官意見は、妊娠・出産に関する直接性差別禁止法理において、男女比較を依拠する類型と、男女比較に依拠せず女性の生物学的保護を前提とする類型の両者を含むと分析し、Ｚ事件は女性の生物学的保護を前提としない類型であり、男女同一取扱いが求められる事案であると述べる[法務官意見55-63段]。男女同一取扱いにおいて比較可能性を要件としている点は疑問だが、参考になる意見である。

49)　Case C-531/15, Otero Ramos, ECLI:EU:C:2017:789.

50)　2006年男女平等統合指令２条２項ｃ号は「1992年母性保護休業にいう妊娠または出産休業に関係する女性への不利益待遇」と規定していて、文言上は授乳に関する規定がない。

ある。

たしかに、欧州司法裁判所の妊娠・出産に関する直接性差別法理に関する判断は、第4章でも述べたとおり必ずしも一貫しておらず、これまでも1998年Brown先決裁定[51]のように、比較可能性モデルに実質的平等を組み込むモデルも存在した（第4章第1節2(1)(e)参照）。したがって、欧州司法裁判所が、妊娠・出産領域の性差別判断で、固有のニーズ配慮不提供類型を放棄したとまではいえない。しかし、上記の各判例における、妊娠・出産領域で男性との比較判断が不適切な事案が多いことを捨象したかのような形で論理の進め方や、他の労働者との比較への言及は、形式的平等モデルへの傾斜の強まりを示すものといわなければならない。

4　男女同一賃金原則と性差別禁止法理の論理の統合化

(1)　これまでの状況

近時の判例動向の特色として、つぎに、比較可能性モデルを用いつつ、男女同一賃金原則と性差別禁止（直接性差別禁止・間接性差別禁止）法理との理論的統合が図られている点を指摘したい。

EU性差別法は、既述のとおり、当初は男女同一労働同一賃金原則の規定しかなく、それが指令や判例法理を通じて、パッチワーク的に補強され拡充されてきた。そのために、それぞれの法理の法体系上の位置づけや、法理相互の理論的な関係ないし整合性が曖昧という問題点を内在してきた。とりわけ問題となるのが、男女同一賃金原則と性差別禁止法理との関係である。EU法は、第一次法源である条約（旧119条・前141条・現EU運営条約157条）において男女同一賃金原則を規定し、下位法である1975年男女同一賃金指令をはじめとする諸指令により、同原則を「性差別禁止」を意味すると再定位した[52]。しかし、男女

51)　Case C-394/96, Brown［1998］ECR I-4185.

52)　この点は、男女同一賃金原則の解釈および射程にも関わる問題である。同原則を、「男女が同一（価値）労働に従事する場合には、同一額の賃金の支払を求める原則」と最も厳格に解するとすれば（他の決定要素はそれが正当化するかぎりで賃金決定において考慮しうる）、同原則は、職務を原則として基準とする賃金決定システムを要求するものとになり、賃金決定システム自体を変革させる機能をもつ規範となる。Barnardは、同原則を、そのように消極的な性差別禁止規範を超える、性平等賃金システムを変革する機能をもちうる法理と解しうると位置づけ、具体例として、イギリスの同一賃金法や2010年平等法を挙げる。[Baranard 2012: 314-317]）。

同一賃金原則と性差別禁止法理とを関係づける理論的道筋は自明ではない。そもそも同一労働同一賃金原則の起源となった国連人権規約の規定は、職務給賃金制度を前提においた賃金額の決定に関するルールである。[53] それがどのように「性差別禁止」という法理と関連づけられて、EU 法の賃金全般に広く――職務給以外の賃金制度にも、また、賃金額以外の事項に関しても――適用されるのだろうか。あるいは、1975年男女同一賃金指令や判例法理が、条約旧119条の「男女同一（価値）労働同一賃金原則」を「性差別禁止」と再定位したのは、この条文が性差別禁止を定めたものと読み替えて、男女が「同一（価値）労働」に従事していることは同条違反の必須要件ではない、と解しているのだろうか。

欧州司法裁判所は、付託された事項に答えるという先決裁定制度の性格もあって、長い間、個々の要件の解釈を示すことはあっても、男女同一賃金原則そのものに関しての、論理的な全体像や同原則の法体系上の位置づけを示すことはなかった。さらに、同一価値労働か否かを論じる場合にも、「同一価値労働」であることが「性差別禁止」法理においてどのような意味を持つのかについては、曖昧なままにしてきた。たとえば、同条違反の成立要件として、一方で、男女別取扱いが明白である男女別公的年金受給年齢に伴う男女別の企業年金の事案では、男女が同一（価値）労働に従事していたか否かは全く問題としない判断が示されているのに、他方で、職種間の賃金額格差が問題となった1993年 Enderby 先決裁定や2000年 JämO 先決裁定[54]では、男女が同一価値労働に従事していることを、性差別禁止法理適用の前提ないし加重要件とすると解しうるような判示が、なされてきたのである。[55]

(2)　判例法理の展開

(a)　2001年 Brunnhofer 先決裁定：理論的統合化の試み

男女同一賃金原則と性差別禁止法理とを統合する論理を、最初に、比較可能性モデルを介在させつつ示したのは、2001年 Brunnhofer 先決裁定[56]であった。

53)　［水谷 1994］参照。
54)　Case C-236/98, JämO ［2000］ ECR I-2189.
55)　*See* ［Barnard 2012 : 314］.
56)　Case C-381/99, Brunnhofer ［2001］ ECR I-4961.

Brunnhofer 事件は、女性銀行員が、労働協約で同一の職務等級にある男性同僚銀行員との賃金格差（基本給は男女同一だが男性は付加給も得ていた）について、男女同一賃金原則違反であるとして提訴した事案である。これに対して使用者銀行は、当該女性銀行員には残業義務がないこと、同僚男性は重要な顧客を担当し銀行の名で取引締結権限があるが、原告女性は同権限はなく接客業務も少ないこと、原告女性の労働の質も低下していたことなどを理由にあげて、男女同一賃金原則違反ではないと主張した。国内裁判所は、欧州司法裁判所に対して、労働協約上同一の職務等級にあれば同一労働ないし同一価値労働といえるか、立証責任[57]を誰が負うか、男女の職務能力の違いが採用後に判明したことを理由とする男女賃金格差を正当化しうるかなどについて、先決裁定を付託した。

欧州司法裁判所は、まず、同一労働ないし同一価値労働か否かを決定するために、色々な要素を考慮して、労働者が比較可能な状況か否かを確認しなければならないが［43段］、労働協約上で同一職務等級にあるだけでは同一労働ないし同一価値労働とはいえず、具体的に「労働の性質、必要な教育訓練および労働環境などの諸要素を考慮した上で、当該労働者が同一ないし比較可能な労働に従事している」か否かによって判断する、と判示した［47-48段］。そのうえで、立証責任に関して、以下のように判示した。すなわち、通常は差別を主張する労働者に立証責任がある。しかし、判例上、男女同一賃金原則を行使する効果的手段確保にとって必要な時には立証責任の転換が認められ、とりわけ、賃金制度が透明性を欠いている場合に男女平均賃金の格差が立証された場合には、立証責任が転換されると指摘する［52-55段］。しかし、本件に関していえば、賃金構成は透明性に欠けるものではなく明確であるから、立証責任は転換

57）　なお、男女同一賃金原則における立証責任については、1980年 Macarthys 先決裁定（Case C-129/79［1980］ECR1275、同一の職に前後して就労した男女の賃金格差が問題となった事案）が、「異なる時期にある一つのポストに就いた2人の労働者の間の賃金格差は、性に基づくいかなる差別とも関連しない要因によるものと説明できれば、条約119条に違反しない」とし［12段］、申立人が同一労働の男女間の賃金格差を立証することにより性差別が推定され、この推定に対して、使用者が男女賃金格差が性差別ではないと反証できれば条約違反を免れうるという、解釈を示していた。なお、この先決裁定のあった1980年は、いまだ間接性差別禁止法理は生成されておらず、同先決裁定による性差別の推定は、直接性差別すなわち男女別取扱いがあったことの推定を意味していたと考えてよいであろう。

されず［56段］、それゆえ原告が、男女が比較可能な労働に従事しながら賃金格差のあることを証明しなければならない、とした［57-58段］。そして、原告がそれらを立証すれば、性差別が推定され（prima facie case、差別について一応有利な事件）、つぎに、使用者が男女同一賃金原則に違反していないことを証明しなければならない、と判示した［60段］。裁判所は、さらに、使用者は、男女の具体的労働が比較可能でないことを証明して同一賃金原則の要件の充足を否定するとともに、「性別に関係のない違いが存在することを証明することによって、差別に関係のない客観的要因により賃金格差を正当化しうる」、と判示した［62段］。そのうえで、時間給の場合に、雇用契約を締結した後に判明した事実によって賃金を引き下げることは、正当化されないとした。

この2001年 Brunnhofer 先決裁定で示された男女同一賃金原則の理論的な構造は、つぎのように整理しうるであろう。すなわち、(i)男女同一賃金原則の「同一（価値）労働」という要件を、性差別の前提要件である男女が比較可能であることの具体化として位置づけたうえで、(ii)申立人が比較対象となる男女の同一（価値）労働および賃金格差を立証すれば、直接ないし間接の性差別が一応推定され、使用者が、賃金格差の原因が性と無関係であると証明すれば、直接差別が否定され、(iii)そのうえで比例性原則にも合致すれば、間接差別も正当化により否定される、という判断枠組みをとったものと考え得る。これは、比較可能性モデルの適用を通じて、男女同一賃金原則を性差別禁止法理のなかに組み込み、両者の理論的統合を図ったものと解される。

ただし、本件は、男女同一賃金原則から性差別を立証することを前提とした理論の構成であって、必ずしも、男女同一賃金原則が、賃金に関する性差別の必須の前提であることを明確に述べているわけではない。残された問題としては、賃金に関する性差別の立証はこの男女同一賃金から出発する枠組みに限定されるのか否か、いいかえれば「男女が同一（価値）労働でない場合には、賃金に関する性差別は成立しないのか。もしそれ以外にも賃金に関する性差別が成立しうるとすれば、それはどのような場合なのか、どのような理論的な構成になるのか、立証枠組みはどうなるのか」という問いである。

(b)　2013年 Kenny 先決裁定：間接性差別禁止法理への波及

2001年 Brunnhofer 先決裁定による男女同一賃金原則と性差別禁止法理との

統合化の試みは、2013年 Kenny 先決裁定[58]において、具体的に、間接性差別の事案に適用されることになった。

同事件では、警察官出身事務職と一般事務職との賃金格差が間接性差別か否かが争われ、先決裁定は次のように判示した。まず、付託事項に対する先決裁定の前提として、2001年 Brunnhofer 先決裁定を引用して、申立人が他の性の比較対象者との賃金格差および同一（価値）労働を立証すると性差別が一応推定（prima facie）され、つぎに使用者が同一賃金原則違反のないことを反証する段階へ、すなわち労働が事実上比較可能でないこと、ないし性差別と関係のない客観的理由により正当化されることを立証する段階となる旨を、判示した［18-20段］。そのうえで、同事件において、国内裁判所は間接的なジェンダー差別であることを前提としつつ正当化に関して付託事項としているが、「国内裁判手続では賃金格差しか立証されていない」として［22段］、「男女平等賃金原則は、男女が同一ないし比較可能な状態にあることが前提」であり、「当該労働者が EC 条約前141条および1975年男女同一賃金指令1条が目的とするないし同一価値に帰する労働を行っていたことの確認が必要である（Brunnhoffer 先決裁定［39段］参照）」と判示した［24段］。先決裁定は、さらに、「一つの労働者集団の賃金が他の集団より著しく低く、かつ前者のほとんどが女性で後者が圧倒的に男性であって、当該2つの集団が、少なくとも同一価値の義務を遂行し、統計上その状況が有効といえる場合には、性差別が推定され」るとも述べている［42段］。

本件判旨は、前述した2001年 Brunnhofer 先決裁定（同事件は、個人である女性が個人である男性との同一賃金を主張した事案であり、男女1対1の比較の事案といえる）における、男女の同一（価値）労働性と賃金格差から性差別を推定する論理を、間接差別の事案に用いたものである。その際、従来の判例法理が示してきた間接性差別を推定する要件（性中立的制度による一方の性への差別的効果）に、男女同一（価値）労働同一賃金原則を、性差別の前提要件（男女が同一価値の労働に従事しているという要件）として加重したと考えられる。これは、指令の定義上、間接差別では比較可能性は要件とされていないにもかかわらず、男

58)　Case C-427/11, Kenny ECLI:EU:C:2013:122.

女同一（価値）労働を前提としない間接賃金差別の成立可能性を否定することにつながるものである。これまでの、1986年 Bilka 先決裁定をリーディングケースとして確立された間接性差別禁止法理そのものを変容させ、適用範囲を不当に狭めるものではなかろうか。このような結論が導かれたのは、これまで述べてきたように、近時の判例が性差別一般について形式的平等を基礎とする比較可能性モデルをとり、形式的平等を超える性差別概念を事実上制限してきたことの帰結といえよう。

5　権利水準の保持と権利行使の容易化

ネオリベラリズム経済主義が台頭し、人権保障に関する困難性が浮上する近年の状況の下で[59]、EU 法は、権利保障の水準を、1980年代や1990年代のように積極的に向上させていくことが困難となっている。2009年リスボン条約の発効による基本権憲章への法的拘束力の付与（新 EU 条約６条１項１段）も、付与反対論への配慮から「同憲章の規定は、基本条約に規定する EU の権限をいかなる意味でも拡大するものではない」（同項２段）との制限が付された。ただし、権利保障水準自体の向上に代わって、近年の判例では、既得の権利水準の範囲内において、権利行使を容易にして保障の実現を確実にする努力が示されている。

その一つが、EU 基本権憲章規定による、EU 差別禁止法の積極的な解釈のための論拠の補強である。性差別の領域では、2011年 Test-Achats 先決裁定[60]が基本権憲章を用いて、EU 指令を EU 法の一般原則違反と判示した。同事件では、2004年物・サービスに関する男女平等指令５条２項が規定する男女別保険料算定の許容が、EU 法の一般原則である男女平等待遇原則に反するか否かが争われた。先決裁定は「基本権憲章21条および23条は、各々、性に基づくあらゆる差別を禁止し、男女平等を全領域において保障（ensure）する。…同指令５条２項の有効性は、これらの規定の視点から評価されなければならない」［17段］のであり、「性中立な保険料および保険金のルールからの免除を期限の限定なしに維持させる規定は、2004年指令の目的である男女の平等取扱いの達成に反する働きをし、基本権憲章21条および23条と一致しない」［32段］とし

59）　前掲注２）参照。
60）　Case C-236/09, Test-Achats［2011］ECR I-773.

て、同項は適切な移行期間経過後は無効だと判断した。本件では、従来の権利水準を超える規範内容が新たに示されたわけではないが、基本権憲章が既存の規定を積極解釈するうえで重要な役割を果たしたケースとして注目される。

同様に、既得の権利保障を確実にする努力が、いくつかの先決裁定に反映している。2011年 Kelly 先決裁定[61)]および2012年 Meister 先決裁定[62)]では、1997年挙証責任指令・2002年改正男女平等待遇指令・2006年男女平等統合指令などの諸指令が、申立人に対して他の性の入学者・入社者のデータの証拠開示を求める権利を保障しているか否かが争われた。2011年 Kelly 先決裁定は、指令は証拠開示を求める権利を保障してはいないと判示はしたが［38、48段］、同時に「とはいえ、…被告による証拠開示の拒否は、指令が追求する目的の達成を損ない、とりわけ指令4条1項（※性平等、筆者注）の効果を奪う危険が考えられる」［39段］として、国内裁判所に具体的な対処を行うように求めた。ただし、Kelly 先決裁定は、指令が情報開示請求権を付与していないにもかかわらず、証拠開示拒否による指令の実効性侵害を防ぐための方途や法律論をどうすべきかについて、具体案を示したわけではない。翌2012年の Meister 先決裁定は、同様に、指令による証拠開示請求権の保障については否定しつつも［43、46段］、一歩進んで、「とはいえ、被告による情報へのアクセスの容認の完全な拒絶は、直接ないし間接の差別があったことを推定しうる事実の文脈において考慮すべきことの一つであることは、否定できない」として、証拠の不開示が性差別の重要な推定要素になる旨を判示し、非開示に対する法的対応手段を具体的に示した。これらは、証拠開示を事実上促進させる判断といえよう[63)]。

61）Case C-104/10, Kelly［2011］ECR I- 6813. 職業訓練としての大学院入学における性差別の有無が争われた事案。

62）Case C-415/10, Meister ECLI:EU:C:2012:217. 企業入社における性・人種差別の有無が争われた事案。

63）2012年 Meister 先決裁定は、証拠不開示を差別の推定要素とする論理として、「EU 条約4条3項第2・3段の文言（注：EU は差別と闘う・統合と連帯の促進させる）に基づき、加盟国は『とりわけ、条約から生じる義務ないし共同体機関の行為の結果を完全に確保するために、…すべての適切な方法をとらなければならない』また、『指令が追求する目的を含め、共同体の目的達成を脅かすいかなる措置をも慎まなければならない』（先例引用）」［41段］「したがって、（加盟国の機関である）国内裁判所は、被告による証拠開示拒否について、原告への差別を推定させる事実の立証との関係で…指令が追求する目的の達成を損なうものでないことを確認しなければならない」［42段］として、加盟国（国内裁判所）の EU 法遵守・確保義務に言及している。なお、［Barnard 2012：396］は、Kelly 先決裁定について、一定評価しつつも 'really weakly' に国内裁判所の判断に委ねるに止まったと批判していた。その批判に、Meister 先決裁定は一定答えるものであろう。

第8章　次のステージへの挑戦：理論研究の進展

「実質的平等」概念への批判

第7章で検討したように、近時のEU判例は形式的平等への回帰の傾向が顕著となっている。では、学説は、これまでの実質的平等アプローチの展開そして近時の欧州司法裁判所の変化に対して、どのような姿勢を示しているのだろうか。

1980年代末以降、研究者間では、伝統的な形式的平等アプローチの限界が認識されていき、現在では、形式的平等を超える規範の必要性自体は、ほぼ共通の理解になっているという[1]。他方で、形式的平等を超える規範を支える理論は、未だ構築の途上にある。これまで「実質的平等」概念を用いて形式的平等を超える規範が語られてきたが、そもそも「実質的平等とは何か」が必ずしも明確ではなかった。その結果、「(実質的) 平等の権利として何が保障されるのか」や「何が差別として禁止されるのか」の判断基準や現代的解釈の確立、それを支える理論などの構築が不充分なままとなってきた。たとえば、欧州司法裁判所は、妊娠・出産に関する性差別禁止法理やポジティブ・アクション法理について、「実質的平等」を目的とする旨を判示しているが、その「実質的平等」の意味や内容を具体的には判示していない[2]。これらの領域で「異なった取扱

1）［O'Cinneide 2006：353］［Grant 2007：328］.

なお、既述の形式的平等批判の他、EU法が経済共同体から出発して人権保障などへと統合の質を深めていることとの関連でも、経済ルールにおける「平等」「差別」概念と人権保障の文脈における各概念の違いを指摘して、差別禁止法における形式的平等という目的の不充分さが指摘されている。たとえば、DeakinとMorrisは、形式的平等アプローチは、経済市場の秩序（商品取引上の公正）を目的とするときの平等であると指摘し（［Deakin/Morris 2012：611-612］、商品取引の基本原則は等価交換であり、経済市場ルールでは「等しいものは等しく…」取り扱うことが公正に適う)、Barnardもこれに賛同して、形式的平等からは経済的社会的資源の配分を規制できないと批判し、EU法が経済市場秩序と人権保障の目的を有していて両者の衝突の危険が内在されている旨を指摘している［Barnard 2012：289-295］。

い」や「優遇措置」が必要な論拠や範囲も、必ずしも明確には示されていない。また学説も、論者によって、実質的平等を「結果の平等」（地位や配分を同一にする）という意味で使ったり、「機会の平等」（スタート地点を同一にする）と説明したりと、多義的に用いてきた。[3)]

要するに、これまでEU性差別禁止法では、形式的平等の限界を超える様々な法理が、法実践として生成されたものの、それらを基礎づける理論の検討が必ずしも充分でないままに展開されてきたのである。この理論上の、そして、それを反映した実務上の曖昧さが、欧州司法裁判所を、最近の利害関係が錯綜し差別形態も変容した事案の判断にあたって、積極的な判示へと踏み込むことを躊躇させ、形式的平等という経済合理性ルールに適合しかつ伝統的で手堅い解釈の選択へと導く、重要な要因の一つとなっているのではなかろうか。

他方で、近年、EU加盟国では、2000年以降のEU諸指令の進展（1900年代末までに生成されてきた実質的平等アプローチを導入した諸法理が立法化されている）を国内法化する取り組みが進められており[4)]、それらの国内法枠組みの確立や解釈の生成という意味でも、形式的平等を超える規範内容をもつ差別禁止法の理論構築が焦眉の課題となっている[5)]。さらに、近年、同性間のハラスメントや代理出産、障碍者への合理的配慮義務、差別事由の複合化など、従来の形式的平等に基づく差別解釈では差別禁止法の対象外に放置されかねない、今日的課題がつぎつぎと出現しており、「差別」「平等」とは何か、なぜ「差別」は禁止されなければならないのか、という本質的な部分からの法の再考が求められている。

2）　e.g. Case C-136/95, Thibault［1998］ECRI-2011 para.26, Case 158/97, Badeck［2000］ECRI-1875 para.32.

3）　実質的平等という概念の曖昧さを厳しくし批判する学説として、後述のCollinsの他、［Smith 2007］などがある。

また、「実質的平等」という考え方自体は積極的に支持しつつ、「結果の平等」や「機会の平等」を「実質的平等」と捉える説に対しては、それらは実質的平等の一つの適用場面を捉えたに過ぎずないとの批判がある（*See*［Fredman 2011a：14-19］［Fredman 2016a：720-724］［Barnard 2012：291-294］）。「機会」を平等に与えられても、それだけでは、育児責任を負う女性や教育的ハンディを負ってきたマイノリティが機会を実際に活用できる保証はないし、「結果」を同一にしただけでは、差別が生じる仕組みは放置されたままであり、これらは実質的平等の一つの適用場面に過ぎず、実質的平等についてのより掘り下げた分析が必要である、との指摘である。

4）　たとえば、イギリス2010年平等法（Equality Act 2010）。

5）　イギリスでいえば、2010年法に関して、［Hepple 2014］をはじめとする多くの研究がなされている。

このように新たな理論的課題が顕在化してくるなかで、研究者の間では、つぎに紹介するように、さまざまな角度からの形式的平等を超える差別禁止法理論をめぐる研究と提起が――性以外の事由による差別も広く対象として――、比較法研究や学際的な「平等」「差別」に関する研究の成果などを参照しつつ、進められている[6]。

第１節　比較法研究の展開

１「尊厳」概念の導入による「実質的平等」概念の明確化

差別禁止法の理論研究において、まず注目されたのが外国法の先進例である。特に、カナダ法および南アフリカ法における実質的平等アプローチの導入とそこでの理論構築、すなわち、「人間の尊厳[7]」を「平等の権利」の中核的価値として差別禁止法の発展的解釈を導くという、判例法理の生成が注目され、分析・検討が進められてきた。

(1) カナダ法・南アフリカ法における実質的平等アプローチ

両国法における平等および差別に関する規定をみると、1982年カナダ人権憲章15条１項[8]も、1996年南アフリカ憲法９条[9]も、条文上は、必ずしも「平等」が形式的平等を意味するのか、それを超える規範的内容を含むのかは明確ではな

6）欧米での差別禁止法の理論展開を概観し分析したものとして、[McColgan 2016]。

7）「尊厳」と「人間の尊厳」は、厳密には同義ではない。しかし、本章との関係において、関連の判例や先行研究では、両者を区別することなく同義に用いている場合が多く、本書でも、特別の場合以外には両者を同義で用いる。

8）カナダ人権憲章15条１項「すべての個人は、法の前および法の下において平等であり、差別されることなく――とりわけ…性別…を理由に差別されることなく――、法の平等な保護および平等な利益を受ける権利を有する」。カナダ連邦最高裁は、1990年代は保守的見解を堅持していたが、後述するLaw判決を契機に、実質的平等へと解釈を発展させ、同じ英連邦のイギリスをはじめEUの多く研究者が注目するところとなった（[Grabham 2002] 参照）。カナダ基本権憲章15条に関する日本の研究として、[白水 2011a、2011b、2012a、2012b][松井 2012：225-255] がある。

9）南アフリカ憲法９条「１項　すべての人は、法の前に平等であり、法の平等な保護と利益を受ける権利を有する。２項　平等は、すべての権利の完全かつ平等な享受を含む。平等の実現を推進するために、不公正な差別による不利益を受けた人ないし人の範疇を保護するための立法および他の措置がとられなければならない。３項　国は、如何なる人に対しても、人種、性…を含む、一つないしそれ以上の事由に基づき、直接ないし間接に不公正な差別をしてはならない。(4-5項略)」。

い。しかし、両国の裁判所は、1990年代後半以降の判例展開のなかで、つぎのように、「人間の尊厳」の保障を「平等の権利」の目的ないし基礎的価値として位置づけることにより、形式的平等を超える規範内容と差別禁止事由を認める解釈へと拡大する判例理論を生成した。

カナダ連邦最高裁の形式的平等から実質的平等アプローチへの転換において、重要な位置を占めたのが1999年 Law 判決[10]である。同事件では、遺族年金給付について、35歳未満で扶養する子がなく障碍者でもない配偶者には受給資格を否定する措置が、カナダ人権憲章15条1項に反する年齢差別か否かが問題となった。Iacobucchi 裁判官による法廷意見は、同15条1項は、同項違反の有無を3段階（異なった取扱いないし効果が存在するか、それが同項に例示されたか類似の事由に基づくか、異なった取扱いないし効果が平等保障の目的からみて差別的か）、で審査する枠組みを示した［39、75、88段］。そして、第3段階の差別的か否かの審査において、平等保障の目的は「人間の尊厳が…侵害されることを防止し、また、すべての人が等しく法により、…平等な法的能力を有し、平等な関心・尊重・配慮を受けるに値する…と承認された社会」の推進にあり、この目的は、異なった取扱いやステレオタイプな取扱いの他、各人の人間ないし社会構成員として能力ないし価値を劣位視することにより侵害される［51段］とし、さらに、「人間の尊厳は、…個人および集団に対する周辺化（marginalized）、無視（ignored）、劣位評価（devalued）」により侵害される」と判示した［53段][11]。これは、人権憲章15条1項の平等の権利について、「人間の尊厳」を解釈原理および差別判断の基準の一つとして用いることにより、差別類型として、個人や集団に対する「周辺化」「無視」「劣位評価」などの、社会構造的な要因を主とする類型、形式的平等を超える規範内容をもつ差別類型が存在する旨を判示したものである[12]。

一方、南アフリカ憲法裁判所は、1997年 Hugo 判決において「不公正差別禁

10)　Law v Canada［1999］1 SCR 497. 同判決について、［Grabham 2002］［Fudge 2007：239-242］［O'Connell 2008］［松井 2012：230］参照。

なお、カナダ最高裁が、人権憲章15条1項「平等の権利」の解釈に最初に言及したのは、1989年 Andrews v Law Society of Brithish Columbia 判決（［1989］1 SCR 143）である。*See*［Fudge 2007］.

11)　結論的には、30歳以下の遺族は収入回復の見込みが高いとして、当該措置の正当性を認め適法とした。

止の核心にあるのは、新憲法と民主主義秩序の目的が、すべての人間に対して、属する集団の如何を問わず、平等な尊厳および尊重が保障される社会の設立にあることの認識である[13]」と判示し、それを土台として同年 Prinsloo 判決では「(憲法9条が規定する) 不公正差別の主たる意味は…本来的に等しい尊厳を有するという人間としての基本的な尊厳を侵害するような方法で、人を異なって取り扱うこと[14]」と判示した。以後の判例では、「尊厳の侵害」を差別の判断基軸としながら、禁止される差別事由や差別類型が拡大されてきている[15]。

(2) 判例法理の理論的背景

これらの判例法理の理論的背景[16]として、研究者から、学際的な「平等」「差別」論の発展による影響が指摘されている[17]。

まず、これまで「平等」概念や差別禁止法に思想的基礎を提供してきた法哲学の分野では、1970年代に入り、John Rawls や Ronald Dworkin ら現代リベラリズム哲学論者により、「個人の尊重」や「自律 (autonomy)」を基礎として、「正義」や「平等」の必要を提起する理論が提起された[18]。Rowls は、各人が自らの考える善を追求する自由 (個人の選択の自由、自律) を基底におきつつ、社会の構成原理としての「正義」として不平等の是正の必要を主張した[19]。さらに、

12) ただし、第1段階で「異なった取扱い」の有無を審査するなど、形式的平等アプローチへの固執も色濃くみられる。なお、同判決は、「人間の尊厳」侵害の有無の判断要素として (要件ではない)、(i)原告が属する集団が受けてきた社会的不利益、(ii)別異取扱い事由と原告の性質や状況との関係、(iii)他のより不利益を受けている者 / 集団への是正の目的ないし効果、(iv)影響を受ける原告の利益の性質の4つを挙げている [62-75段]。

13) Case CCT11/96, The President of the Repubic of South Africa v Hugo, 1997(6) BCLR 708 para.41.
なお、Fredman は、「尊厳」概念の曖昧さの例証として、この Hugo 判決の裁判官の間で「尊厳」の解釈が多様に分かれたことを挙げる [Fredman 2011a : 23]。

14) Case CCT4/96, Prinsloo v Van der Linde 1997(3) SA 1012 (CC) para.31.

15) 南アフリカ憲法9条の不公正差別の判断枠組みについては、1998年 Harksen 判決 (Harksen v Lane NO 1998(1) SA 300 (CC)) をリーディングケースとして、判例法理が確立している。ただし、領域によっては、形式的平等への回帰した解釈をとっている (e.g. Case CCT31/101, S v Jordan)。*See* [Albertyn 2007] [Grant 2007].

16) なお、実質的平等アプローチの発展の社会的政治的背景としては、カナダについては、多民族国家における差別撤廃・アイデンティティ尊重の強い要求が、南アフリカについては、アパルトヘルトの負の遺産を現実に解消し克服する必要が挙げられる。

17) e.g. [Moreau 2004] [O'Connel 2008 : 6-10].

18) 現代リベラリズムおよびその後の研究の展開について、[有賀 / 伊藤 / 松井編　2000] 参照。

19) Rowls は、Immanuel Kant による「尊厳」を人間の無条件絶対的な価値とし「自律」をその基礎と捉える言説を、現代リベラリズム論として発展させた。[Rawls 1971]、[益山 2006] 参照。

Dworkinは、「正義」の根幹を――Rawlsによる基本的自由の平等分配による不平等の是正との見解を批判的に継承し――、政治共同体の構成員に対する「平等な尊重と配慮（equal respect and concern）」と捉え、その実現のための資源配分上の不正義の是正を主張する[20)]。すなわちDworkinは、「平等」とは、各人が社会の一員として、等しく、自分の生き方を自律的に選択できる人間として扱われ（尊重）、苦痛や失望に陥らないよう配慮されること（配慮）であり、その実現のために配分的不正義の是正が求められると解し、平等を内実をもつ概念として提起したのである[21)]。翻ってみるに、前述したカナダ連邦最高裁事判決も南アフリカ憲法裁判所判決も、「尊厳（dignity）」を「平等な尊重と配慮」と関連させながら理解している。Dworkinらの言説を参照して、「平等の権利」を各人の人格的価値や地位と結びついた内実をもつものとして、さらに、配分的の不正義の是正とも関連するものと捉えていることが見てとれる。

一方、法学分野でも、1980年代以降、Peter Westenによる「平等という空虚な概念」批判[22)]を一つの契機として、国際的なレベルで法的視点からの差別論争および研究が進展してきた。

Westenは、「等しいものは等しく…」という形式的平等を前提に、「等しさ」の決定は他の価値基準に依存しているのであり、「平等」には独自の意義はなく自由を普遍的に保障するに留まるという意見を提起した。これに対して、第二波フェミニズムやアメリカの憲法学説によって、「差別」を「差異」と捉えることに強い異議が示され[23)]、差別の本質を社会構造的に捉え直したところから反論が加えられた。すなわち、「差別」とは、女性や人種などの特定集団に対する劣位化ないし支配／従属化であって、「平等」は、「等しいものは等しく…」という諸権利ないし諸利益の分配原則を超えるもの、すなわち、社会における地位ないしヒエラルキーという権力関係の問題――とくに特定集団に対する抑圧――としてとらえ、その法的是正手段として差別禁止法が位置づけられ

20）　Dworkinによる平等論は、後述するアメリカ憲法学のKarstらによる平等を反劣位化と捉える理論の形成にも示唆を与えるなど、平等や差別をめぐる法理論に大きな影響を与えた。

21）　また、Dworkinは、平等を、上位規範としての「平等な存在として処遇される（treating as equals）権利」と派生規範としての「平等に取り扱われる（treating equally）権利」の二層構造と捉える。[Dworkin 1977：273-274. 邦訳Ⅱ：65-67]。後述の総括：3(2)参照。

22）　[Westin 1982].

23）　e.g. [MacKinnon 1979] [Karst 1983] [Colker 1986].

るとの見解（以下、「反従属説」という）である。この説は、平等保護ないし差別禁止は、差別の社会構造的要因に法的メスを入れるものであり、実体的意味を有するとその意義を強調する[24]。また、反従属説では、差別禁止法の中核は集団的抑圧の撤廃にあるとし、被差別集団の権利（グループライツ）を独自の意義をもつものとして、個人的権利の保障手段に留まらないものと位置づける論者が多い。こうした差別における権力関係や集団的抑圧への着眼は、実質的平等アプローチを基礎づける一つの考え方である[25]。カナダ連邦最高裁 Law 判決が、人間の尊厳を害する「差別」として「周辺化」「無視」「劣位評価」というを挙げたのも、また、南アフリカ最高裁の差別解釈も、差別を権力関係の問題として捉える反従属説の考え方を参照したものといえるであろう。

これらの学際的研究の発展は、後述する近年の差別禁止法研究においても、差別禁止法の基礎となる思想的ないし法社会学的蓄積として、その評価や反映の仕方は様々であるものの、各研究者が現代の差別禁止法を考察するうえでの共通の前提ないし土台となっている[26]。

24）［黒岩 2012b：59-68］参照。

25）［Schiek/Wadding/Bell ed. 2007：30］は、グループライツの考え方をとる学説として、［McCrdden 2001：251, 255］を挙げる。フェミニズム哲学や法学の考え方を反映させる形で、差別を特定集団への「抑圧」と捉えることを主張しており、「実質的平等」概念は用いず、代わりに、差別を社会実態に則して「抑圧」に言い換えて差別禁止法の中核におき、「集団」の地位に着目する考え方といえよう。近年では、Aileen McColgan が、法哲学者 Joseph Raz の見解を土台にし、また、フェミニズム法哲学者の Iris Marion Young（［Young 1990］）や Elizabeth Anderson（［Anderson 1999］）らの見解を参照しつつ、差別禁止法は集団的「抑圧（oppression）」を廃絶する法と位置づけられる旨を主張する［McColgan 2014：37, 228-235］。

たしかに、性差別や人種差別など多くの差別は、社会実態として、その要因や構造も特定集団に対する抑圧であり、差別の中核には、被差別集団と差別集団との間にある権力構造の問題があるといえよう。しかし、差別是正を被差別集団の地位向上としてグループライツ的発想に依拠することに対しては、個人を基本とする人権保障（支配集団に属する者も含めてすべての人の権利保障）との桎梏が指摘されている。また、差別されている状況は、女性の中でも、各人が属する人種や階級・階層により異なるという批判（本質主義 essentialism――女性は共通の本質をもつとの考え方――への批判）も加えられている（批判について［Chamallas 2013：93-94］参照）。

差別の実態把握や撤廃措置に関して集団的観点が重要である旨の主張は、多くの差別禁止法学者に受け止められ差別禁止法の重要な課題となっている。ただし、社会実態としての「抑圧」を法的概念としても用いることの是非――「抑圧」概念自体が曖昧さを持つ――、近代法の個人を基本とする普遍的な人権保障に合致するのか、グループライツ批判に答え得ているか等々への疑問は、なお残されたままといえよう。

26）*See*, e.g.［Hepple 2009b：162］.

2 「尊厳」概念の有為性および危険性への認識

しかし、比較法研究が進むにつれて、「尊厳（digniy）」を平等の権利の目的ないし基礎的価値とする判例法理に対しては、研究者から、“差別禁止法は形式的平等を超える規範内容をもつ”という方向性自体は肯定しつつも、その論拠として「尊厳」概念を用いることの有為性と危険性との両面が、指摘されていった。

有為性という点では、「尊厳」概念を介することにより、平等の権利が「空虚な概念」ではなく実体的内容を持つと解されることや、差別要因を社会構造的に把握しうること、さらに積極的措置を論拠づけうること等が指摘された。また、実践的にも、平等の権利をすべての人に対して保障する論拠となること、「低い水準に合わせる形での平等（equally bad）」を許さない解釈が導かれること、差別禁止の事由や対象の発展的解釈の余地があること、などが指摘されている。[27)]

しかし同時に、「尊厳」概念を用いることの危険性も、つぎのように、強く指摘されている。[28)] 第1に、「尊厳」概念自体が不明確であって、裁判官や立法者により、恣意的あるいはマジョリティの認識に添って解釈される危険性がある。第2に、仮に「尊厳」が人権一般の基礎的価値ないし解釈原理であるとしても、なお「尊厳」と「平等の権利」との関連性が、いいかえれば「尊厳」が「平等の権利」概念の明確化に果たす役割が曖昧である。第3に、「尊厳」の侵害が差別成立の要件とされることにより、差別立証への負担が加重され、それにより法的規制が限定化される。第4に、「尊厳」概念は個人主義の視点に立脚するものであり、差別の集団的性質が軽視される、との疑問も示されている。

とくに法実務では、第3の原告側の差別立証の負担加重、すなわち権利保障を事実上制約する点に対して厳しい批判がなされ、カナダ連邦最高裁は、次第に「尊厳」概念を媒介とせずに、平等の権利の具体化を図る方向へと転換している。[29)]

27）さしあたり［Fredman 2011a：20-23］参照。
28）［Grabham 2002］［Fudgy 2007：241-243］［Fredman 2011a：23-25］etc.

3　研究者からの新たな理論提起へ

こうした比較法研究の蓄積を踏まえつつ、「平等の権利」ないし差別禁止法について、現代社会の差別実態に適切に対応した形式的平等を超える規範として、どのように理論構築するかに関して、近年、様々な主張が提起されている。

主なものとして、一方で、差別禁止法を「平等」とは別の概念ないし観点から捉えるべきとする説がある。他方で、差別禁止法の論拠を「平等」におき、平等の目的や基礎的価値の分析をさらに進めて、規範内容の導出および明確化を試みる説がある。以下、それぞれの主張を概観し、検討する。なお、研究者の議論は、性差別に限定することなく差別禁止法一般が対象となっており、また、論争の広がりも欧米を中心に国際的レベルの展開となっている。そこで、以下でも、性差別禁止法やEUの研究者を中心にしつつも、限定することなく概観する。

第2節　Collinsによる社会的包摂を差別禁止法の目的とする見解

差別禁止法を「平等」概念とは別個の観点から再構成することを主張[30]する、代表的かつ体系的考察を提起している言説が、Hugh Collinsによる、「社会的包摂」を差別禁止法の目的とする見解[31]である。

29)　2010年Kappa判決（R v Kappa, [2008] 2 SCR 483）は、「人間の尊厳を法的審査として用いることにより…いくつかの困難な問題が生じてきた。人間の尊厳が15条の平等保障の基礎をなす本質的な価値であることは疑いない。…しかし、人間の尊厳は、抽象的かつ主観的な概念であり…原則の負担を加重する…」（21段）と述べ、尊厳概念を用いることの問題点を指摘する。

30)　「平等」以外の規範的価値ないし観点は、たとえば、法哲学者のJoseph Razらによっても提起されてきた。Razは、平等概念は修辞学的道具に過ぎず、肝心の尊厳や承認に対する害悪を隠す危険性を有している旨を指摘し、「不平等」は害悪が存在することの徴候であるとし、不平等の裏にある「害悪」（貧困や劣位化など）からの救済を主張した。*See*［Raz 1987］［Bamforth/ Maleila/ O'Cinneide：181-182］も参照。

31)　以下、［Collins 2003a］［Collins 2005］による。なお、これらの論文では「反差別法（anti-discrimination laws）」という語が用いられ、消極的禁止のみでなく積極的是正を規定する法という意が込められている。ただし、本書では、混乱を避けるため、その意も含んでCollinsの主張との関係でも「差別禁止法」の語を用いる。

1　Collins の基本的見解

Collins は、差別禁止法は、被保護集団（protected groups）に対する構造的（structural）ないし制度的（systematic）な不利益[32]という現代的課題を取り扱う法であり、同一取扱いを原則としつつも、配分目的に基づく異なった取扱いを必要とする場合（たとえば、妊娠女性や障碍者に対する特別の取扱い、積極的差別是正）がある旨を指摘して、差別禁止法による配分的介入の論拠および範囲画定の重要性を強調する。そして、「平等（実質的平等）」概念を用いた説明は不明確であると厳しく批判し、代わって、差別禁止法を「社会的包摂（Social Inclusion）」という、「公正（fair）」を目的とする法と捉えることによって、法的介入の論拠および範囲や程度が明確化される旨を主張した[33]。

ここで、Collins は、「社会的包摂」を、つぎのように定位している。すなわち、結果ないし配分の仕方（distributive pattern）に関心を払う点では、社会的包摂も実質的平等も同じだが、社会的包摂は、集団間の不利益の比較ではなく、絶対的に不利益な状態にある集団に着目して優先的に福利（well-being）を付与し、もって全市民が最低基準の福祉（welfare）を得ることを求める[34]。つまり、社会的包摂は、資源や機会の平等それ自体ではなく、資源や機会が極めて少ない集団に対して、社会的に排除されている地位から救済することを目的とする。全市民が社会に参加して、社会の制度とその可能性に価値を認めるようになるための条件および機会を確立し、社会的結束（social cohesion）を実現することが、その最終目的であると述べている[35]。

32）　Collins は、構造的不利益を、(i)不利益のパターン、ないし不均衡かつ永続的に劣った地位にある集団があり、(ii)それが永続的な仕組み（arrangement）や慣行（practices）、制度（institutions）から生じているもの、と定義している［Collins 2003a：26］。

33）　［Collins 2003a：16-21］［Collins 2005：899-908］。西原博史は、Collins の社会的包摂理論の提示は「平等取扱原理（※注、本書でいう同一取扱い原理）からの逸脱を正当化するための上位原理を探し求める文脈においてである」と指摘する［西原 2012：179］。

34）　ここにおいて、社会的包摂が問題とする「福利」とは、物質的な財のみならず、非物質的財としての社会生活を有意義に過ごすことなど、労働、教育、政治参加、文化活動などを本質的な重要要素として含む、としている。たとえば、労働は、物質的富を得る手段としてではなく、それ自身が目的ということになる。さらに、被不利益集団が非物質的財（諸活動）へアクセスできることや、各人がそれらの活動について選択の自由を享受しうることが、重要であるとする。［Collins 2003a：23-24］.

35）　［Collins 2003a：21-26］.

2　社会的包摂を目的と捉えたときの差別禁止法の構造

Collinsによれば、社会的包摂を目的とする法的介入の範囲と構造は、以下のとおりである。

差別禁止法の救済対象となるのは、他者全体と比較して、その構成員が不均衡に社会的に排除されている集団である。カテゴリーが生物学的か社会的あるいは法的か、その種類や不変性の有無は問われない[36]。そして、差別禁止法の「社会的包摂」目的による配分的介入において、国ないし使用者は、社会的に排除された集団を対象として、平等にではなく、優先的に福利を付与して社会的に包摂することが義務づけられる、と論じている。被差別者に対する特別ないし優遇措置としてのポジティブ・アクションは、まさに社会的包摂を達成する手段として位置づけられることになる[37]。

是正すべき「不利益」に関して、社会的排除の視点から捉えると、それは、当該集団にとって、生活手段を確立するメカニズムへの参加の機会や共同体における諸関係を否定されること、あるいは、自尊という感覚を否定されることを意味するという。労働へのアクセスは、差別禁止法による社会的包摂の主要事項だが、その理由は、一つには、雇用＝使用者による職の分配が、富を得る主要手段としての重要性をもつからであり、同時に、労働自体が、社会との関係や自尊という社会的包摂の目的だからでもある。そして、職を得るための教育訓練や経験を積む権利の重要性を、指摘している。

また、Collinsは、社会における公式・非公式両領域での制度的仕組みによ

---

36)　対象集団の典型例として「ひとり親」集団があげられている。他方で、「性」は、集団画定の基準としては不明確であるとする。その理由としては、女性集団もその内部は多様であるし、また、仮に女性集団に妊娠可能性という点で共通性を見いだすとしても、男性集団の内部も多様であるのだから、男女を一括りに対象集団とみるべきではなく、より限定すべきである（たとえば「子を養育する女性」）という趣旨と思われる［Collins 2003a：27］。

37)　Collinsは、法的に許容されるポジティブ・アクションとは、使用者に対して、排除された集団の構成員が、その技能や潜在能力に適した職を得るにあたり障害となる物を克服できるように、差異を意識的にとらえて、合理的な適合措置を講じさせる（make reasonable adjustments）ものだとする。具体的には、使用者は、雇用アクセスへの障害を取り除くべく、職場の組織化や職務の構成の方法、労働者の技能や潜在能力の向上策など、多くの事柄を考慮すべきである、と主張する。他方で、統計的格差を解消するためのクォータ制については、つぎのような2つの理由を挙げて、社会的排除の目的に適合する措置ではないと述べる。一つには、労働者が当該の職から福利が得られるのか否かの考慮がないこと、二つには、社会的包摂の原因に踏み込んでいないことである［Collins 2003a：36-39］。

り、社会的排除をもたらす既存の配分パターンが維持されていると分析し、差別禁止法は、社会的排除の構造をもたらしている公式な制度的ルールと非公式な社会的規範の両者を是正対象とする、と述べている。[38)]

3　社会的包摂論の意義および問題点

以上に概観したCollinsによる社会的包摂論の意義として、つぎの３点を挙げたい。

第１は、差別禁止法による配分的介入（再配分）の必要を強く求めていることである。Collinsは、近時の差別の問題は構造的差別にあるとし、その解決のために、包摂のための基礎として求められる範囲の再配分の必要、いいかえれば基礎的部分に関しては、結果の平等の必要を認めて、それを差別禁止法の枠組みにおける、もう一つの軸として提示している。[39)] 第２に、差別禁止法における配分的介入・差別禁止法の再構築の論拠として、「平等」概念を放棄して、「社会的包摂」という新たな概念および枠組みを提起したことである。[40)] これは、社会的包摂論の最大の特色である。差別禁止法を、必ずしも「平等」概念により理解しなくてもよいとして、より適切な概念を用いるべきだとする大胆な発想の転換がなされている。これは、まったく新しい考え方の提起といえる。第３に、社会的包摂論が、労働の重要性を、社会との関係や自尊という感覚の生成も含めて強調し、差別禁止法の内容である雇用へのアクセス障害の除去として、職場の組織化や職務の構成の仕方、教育訓練や能力開発など幅広い措置の必要を指摘した点にも注目したい。

では、Collinsの差別禁止論をどのように評価するか。これは、差別禁止法における配分的介入の目的を「社会的包摂」に置くことが、果たして適切か否

38)　たとえば、長時間労働という制度的ルールと、女性が子育ての責任を負うという社会規範が、女性を良質で高賃金の雇用から排除しているという。また、非公式な社会規範も是正の対象であり、したがって、現代差別禁止法の包摂目的からの救済では、個人の選択であっても、社会的排除を補強するような選択は尊重されないという［Collis 2003a：30-31］。

39)　［Ellis &Watson 2012：７］も、この点において、Collinsは排除された特定集団の結果の平等を求めると評する。

40)　Barnardは、Collinsが差別禁止法の目的として「平等」とは別の「社会的包摂」という概念を用いたことを評価しつつ、「社会的包摂」の代わりに「連帯」という概念を用いるべきことを主張する［Barnard 2004］。ただし、その「連帯」が何を意味するのかや、連帯の正統性論拠は、必ずしも明確ではない。

か、という点に絞られるであろう。その点からみると、社会的包摂論にはいくつかの難点がみられる。

第1は、配分的な介入ないし考慮をするか否かの基準となる「社会的排除」や「社会的包摂」の概念それ自体が、かなり曖昧なことである。「社会的排除」には、雇用全般からの排除をはじめ良好な職や上位職階からの排除など、幾重もの段階や様々な形態があるのであり、「社会的包摂」という概念が権利や福利を付与するか否かの判断基準となりうるのかは、疑問である。

第2の問題点は、「社会的包摂」という概念が、社会の主流への同化や多様性否定の危険性を含むことである。いいかえれば、主流のあり方を見直す視点が欠如する危険性を、内包しているのではないだろうか[41]。また、「社会的包摂」は、「社会内」と「社会外」を峻別する概念でもある。さらに、社会的包摂がパターナリスティックな原理であることは、Collins も認めるところであり、各個人の自律の侵害や生活のあり方の強制にも繋がるおそれもある。こうした点からすると、「社会的包摂」は、構造的差別に介入する有用ではあるが危険性のある概念である。そして何よりも問題となるのは、差別禁止による再配分を、「平等」概念を放棄して「社会的排除」の視点からのみ理解すべきなのか、これまで「平等」として築かれてきたものを捨ててよいのかである。

第3として、差別禁止法における配分的考慮について、Collins が「社会的排除」という絶対的不利益状態のみに限定的に認めて、それ以外は同一取扱いアプローチで足りるとすることにも疑問がある。「包摂」されれば、差別の原因となる権力関係は解消されるのだろうか。たとえば、パートタイム労働者が、職場の基幹労働力として「包摂」されつつ劣位におかれているという現状を、どう捉えるのだろうか。現実の差別構造の最大の問題点は、「包摂」しつつ、権力関係ないし序列化が維持ないし強化されているところに、あるのではないだろうか。

これらの点を考えるならば、差別禁止法について、社会的包摂を実現するための再配分という観点から再考する必要性を認識したうえで、さらに、平等とは何かという観点からの考察が求められる。次節で紹介する Fredman らによ

41)　*See*［McColgan 2016：35-36］.

る近時の実質的平等の探究は、Collinsによる社会的包摂の提起を積極的に受けとめたうえでの、平等研究の進展である。

第3節　Fredmanによる実質的平等に関する多元的分析枠組みの提起

1　Fredmanの基本的見解

「平等（実質的平等）」を差別禁止法の基軸とする見解の中心的提唱者の一人が、ここでとりあげるSandra Fredmanである。同氏は、差別禁止法への実質的平等アプローチの導入を強く主張しつつ、同時に、Collinsらによる実質的平等という概念の不明確さに対する批判を受け止め、また、「平等」の解釈に「尊厳」を要件として介在させる危険性を指摘する[42]。そして、「平等は開かれた概念である[43]」として平等を固定的に定義することを避けつつ、以下の2つの視点から「平等（実質的平等）の権利」を分析して、現代的解釈の導出および差別禁止法の理論的再構築を試みている。第1は、「何を差別として是正し、平等に向けて何をめざすのか」を考察して、差別および平等の規範内容を具体化するという視点からの分析である。第2は、そうした差別是正および平等目的を実現するためのメカニズム（法的手段）が、「平等の権利」の規範内容として、差別禁止法や平等法には含まれると捉える視点である。

2　学際的な研究の進展からの英知

Fredmanによる差別禁止法に関する考察の基礎となっているのが、近年のフェミニズムや政治哲学、差別法学における議論である。

42）Fredmanは、カナダ連邦最高裁の判例を分析して「尊厳の侵害」を差別の要件とすることの危険性を指摘し、「尊厳」は平等の目的の一つであり「尊厳の侵害」は差別の一類型ではあるが、全部ではないと主張する。[Fredman 2011a：19-25] etc.

43）［Fredman 2016a：714］は「平等の権利は、内容が限定されていない開かれた原則であるが、どんな内容をも盛り込めるような空虚な概念ではない。実質的平等という概念は、法および学問研究におけるこれまでの理解および発展に基づくものでなければならない」と述べて、「平等の権利」の現代的解釈を探究している。「平等の権利」を固定的ではなく発展的に解釈する必要と方法を示したものであり、国連女性の権利条約や障害者の権利条約が「差別」を、「あらゆる形態」の差別を禁止するという発展的解釈の余地をもって定義していることと、通底する考え方といえよう。

その一つが、社会の不公正に対する「再配分（redistribution）」「承認（recognition）」「構造的変革（structual change）」ならびに「参加（participation）」という観点からの分析である。「平等」「差別」概念をめぐって、1970年代末から1990年代にかけて、第二波フェミニズムやアメリカ憲法学などから、差別の本質を被差別集団の劣位化ないし支配と従属の権力関係にある旨が主張されたことは前述した。その後、1990年代後半から2000年代には、フェミニズム研究者や批判理論哲学者らにより[44]、その劣位化ないし支配と従属の仕組みや性質について、政治経済的構造に根ざした経済的な「配分」に関わる不公正という側面と、アイデンティティの「承認[45]」に関する文化的価値的な不公正という側面が存在し、それぞれに対応した是正策が必要であることが主張された[46]。たとえば、Nancy Fraserは、ジェンダーの問題は、配分と承認が混合した形態であると分析している。すなわち、ジェンダー的不公正は、一方では、政治経済的側面として、家庭および職場でのジェンダー分業に起因する搾取・周縁化・剥奪にみられる。つまり、家庭内では男性が稼ぎ手・女性は家事・育児という分業が、そして、職場では、男性は高収入で中核の管理職や熟練職、女性は低収入で周縁的かつ女性向きとされる（pink-collar）職に職域分離するという、経済構造の問題である。他方、ジェンダー的不公正は、文化的価値の側面をもち、男性中心主義（男性的なものに関連する特徴の特権化と、女性的なものの低価値視）を標榜するものでもある。したがって、ジェンダー的正義の実現には、再配分と承認との両面の変革が必要であると論ずる[47]。

また、Fredmanの平等論の重要な基礎となっているのが、Amartya Senお

44）さしあたり［Fraser 1997］［Fraser/Honneth 2003］。

45）「『承認』という用語は…各人が相手を対等であると同時に独立した存在と見なすような主体間の理想的な相互関係を意味している」［Fraser /Honneth 2003：邦訳11］。なお、研究者により、承認と配分の関係についての見解が異なる。Honneethは、承認が問題の中心で配分はそれに付随して派生すると考える。一方、Fraserは、配分と承認とは、密接に関連はするが独立した次元の問題であり、両者を統合する核心的規範として「参加の平等」、すなわち「正義は社会の（成人の）構成員すべてに、相互に仲間として交渉することを許可するような社会的取り決め」が存在すると主張する［Fraser/Honneth 2003：邦訳40-44］。

46）たとえば、政治経済的配分が中心問題となるのが、搾取や周縁労働化、貧困化の問題であり（社会の経済構造に根ざす階級類似の格差）、文化的価値的支配が不公正の軸となる典型が、同性愛者に対する嫌悪やハラスメントである（社会的地位の序列化）［Fraser /Honneth 2003：邦訳 23-26］。

47）［Fraser 1997：邦訳30-32］.

よびMartha Nussbaumによる潜在的能力（capability）論[48]である。Senらは、個々人の生活は、さまざまな機能（ある状態になること・何かすること）の集合体であり、その人の可能な機能を組み合わせたものが個人の自由の範囲を示す「潜在能力」であるとして、「潜在能力の平等」を主張した。これは、個人の自律性の尊重を基礎に、平等とは、物質の配分や機会の付与の問題にとどまらず、各人が配分された物質や機会を現実に活用しうるという基本的な潜在能力の平等をいう、と解する考え方である。したがって、平等の保障について、配分された機会を行使しうる能力の育成や環境の整備などを含めて捉えることになる。

さらに、比較法研究を通じて、Fredmanは、「尊厳」概念を用いる意義と危険性を認識するとともに、カナダや南アメリカをはじめとする各国の差別法学の進展からも、差別の弊害分析をはじめとして、大きな影響を受けている。

Fredmanは、これら諸研究の発展を基礎に自説を導き、平等の権利は、「主流の外におかれた集団が経験してきた配分上・承認上・構造上そして排他的な弊害を認識し、それらに取り組む多元的な構造をもつもの」として、発展的に理解されなければならない[49]とし、つぎのような4つの重なり合う次元からなる分析枠組みを提起している（以下、必要に応じて「多元的平等分析」という[50]）。すなわち、

（i）不利益の救済[51]を目的とする次元。これは、平等の配分的側面に注目して、資源や利益の再配分を求めるものだが、Fredmanは、ここにいう不利益を、単なる物質的・資源上の不利益のみでなく、自律的選択を妨げる障壁

48）さしあたり［Sen 1992］［Nussbaum 2000］。

49）［Fredman 2016a：738］etc.

50）*See*［Fredman 2001a］［Fredman 2007］［Fredman 2011a：25-33］［Fredman 2014b］［Fredman 2016a］. 4つの次元の具体的区分の仕方は、Fredmanの上記各論文中でも、多少の変化がある。しかし、基本的視点はもちろん共通しており、本文では、［Fredman 2011a：25-33］［Fredman 2016a］を基に紹介した。なお、Sophia R. Moreauらも、「差別」の弊害には多様な類型があり、そのなかには他者との比較が適さない弊害類型もある旨を主張しており（［Moreau 2004］参照）、Fredmanの多元的平等枠組みは、そうした研究と通底する、ないし近年の差別研究の成果を基礎においた見解といえよう。

51）性差別との関係では、社会の権力構造に性が組み込まれて役割を果たしており、その女性に不利益をもたらす構造の変革、すなわち、家庭および職場そして他の権力関係における女性の従属的地位の変革などジェンダー構造の変革を意味する。そのためには、不利益を解消するという範囲においては、女性優遇措置という男女非対称な措置も平等には反しない［Fredman 2009b：419-420］。

（裕福だが家庭に拘束された女性、潜在能力に関する障壁など）や自律的選択に伴う不利益（任意のパートタイム労働選択による不利益など）も含むものと捉えている。

(ii)　アイデンティティ侵害の救済を目的とする次元。これは、平等の承認的側面として、スティグマ（自尊侵害）やステレオタイプ化・屈辱・暴力からの救済など、文化的価値的従属や承認上の誤りによるアイデンティティ侵害の排除を求めるものである。

(iii)　差異への配慮（accommodation）および構造的変革を目的とする次元。ジェンダーなどの特性は個人のアイデンティティの一要素であり、問題は、差異自体ではなく、差異に結び付けられている不利益である。したがって、平等の目的の一つは、差異に尊重と配慮を払い、差異と結びつけられた不利益を除去することにあり、これまでの社会構造を、差異に配慮したものへと変革しなければならない[52)]。

(iv)　社会的包摂および政治的発言力（political voice）を、目的とする次元。これは、平等の参加的側面として、人が社会的存在として完全であるために（to be fully human）、社会への平等な参加の可能性を求めるものである。これは、配分および承認両面での平等の積極的促進が、パターナリスティックな押し付けとならないためにも必要となる。

ここで、上記のように承認的側面と配分的側面とが密接に関連していることに鑑みると[53)]、平等の権利は、社会経済的権利[54)]として認識されてきた内容と重なり合い、かつ、類似した性格をもつことになる。この平等の権利と社会経済的権利との関係について[55)]、Fredman は、両者は、それぞれに独自の意味を有しつつ、互いに補完し合う関係にあると論じている[56)]。すなわち、平等は、広い意

52)　各人の差異および多様なアイデンティティの尊重は、男性規範に基づく制度や社会構造の変革、家庭・社会両域での力の不均衡の変革、そして、女性の間での差異への配慮も求める［Fredman 2009b：421-422］。

53)　*See*［Fredman 2007].

54)　Fredman の論文では「社会経済的権利」を特段に定義せず用いているが、国連社会権規約など国際人権法にいう社会的経済的権利を想定しているものと思われる。

55)　Fredman は、経済的不利益の再配分を差別の観点からアプローチする方法（たとえば、差別事由に「貧困」を加える）も示唆する［Fedman 2010：294]。なお、他に実質的平等と社会経済的権利との関係を論じたものとして、［Albertyn 2007］［Liebenberg/Goldblatt 2007］などがある。

味では比較の概念であって、それゆえの限界も存在するものであり、だからこそ、平等を適切に機能させるうえでの社会経済的権利という実体的権利との連携の必要性が生じると述べる[57]。他方、社会経済的不平等を生み出す構造的要因の一つが性差別であることを考えれば、単に女性にも男性と同様に社会経済的権利保障を及ぼせばよいわけではない。社会経済的権利の内容自体を、女性の不利益の救済や構造変革・固有のニーズへの配慮・女性の参加など、性平等の視点を考慮したものへ改める必要があると論ずる[58]。平等の権利と社会経済的権利は相互に関連しており、両者は協働することによって、より実効性をもち発展すると主張する。

3　平等実現に必要な積極的メカニズムについて

Fredman は、第２の視点として、平等実現にむけた積極的メカニズムの必要を提起する。

従来の伝統的な差別救済モデル、すなわち、被差別者個人による申立によって個別的に救済するというモデルについて、Fredman は、被差別者の負担が過大であり、また、救済も事後的であって是正の範囲は限定され、さらに、使用者との敵対関係を招きやすい、と指摘する。現代における性差別撤廃の主たる課題は、個人による悪意ある取扱いの禁止ではなく、女性を劣位化し従属させている社会的構造の変革にある。それにもかかわらず、個人申立救済モデルでは差別の構造的要因の是正は限定的となる、と厳しく批判する。そして、それに代わるプロアクティブ（Proactive、前向き）なモデルにおける具体的措置として、とりわけポジティブ・デューティ、すなわち、差別是正／平等促進をなすべき立場にある者（国・公的機関、使用者など）が、積極的かつシステマティックに差別を変革するモデルを提唱する[59]。第６章で検討したポジティブ・ア

56）［Fredman 2009b］.

57）いいかえれば、Fredman は、「平等の権利」ないし「差別禁止」は、社会における他者との関係性（社会の主体としての対等な地位）の問題であり、他方、「社会経済的権利」ないし「自由権／社会権」は、当該個人単体を捉えての権利保障であって、両者には、人権保障への視点の違いが存在すると捉えていると思われる。後述の総括：3⑴参照。

58）たとえば、労働する権利という社会経済的権利は、男性規範に基づいてではなく、男女共に育児・家事にも参加しうることを前提とした内容の権利として、解釈される必要がある［Fredman 2009b：437-438］。

クションが“一方の性の優遇”という「結果の平等」の実現を主目的とするのに対して、このFredmanのポジティブ・デューティ提起では、差別が生じる雇用構造やシステムの変革が重視されている。個別被害の救済もポジティブ・デューティの対象範囲に入るが、主眼は、受動的で個別的な救済にあるのではなく、積極的に、被差別集団全体と差別の構造自体に向けて制度的な変革を図るというところにある。[60)]

ここで改めて問題となるのは、女性ないし男性といっても多様でありそれらを集団として捉えうるのか／捉えてよいのか、という疑問であり、また、国や使用者主導の変革がパターナリスティックな押し付けとなるおそれがないか、という疑問である。

前者の疑問に対しては、Fredmanは、一方で、以下の諸点をあげて、集団的アプローチの必要性を強調している。すなわち、従来の個人申立救済モデルには限界があること、また、性差別や人種差別という集団に向けられた差別に対峙するには、個々人に着眼するだけでは足りないことを指摘する。他方で、集団内部や差別事由における多様性という問題についても考慮して、法の対象となる集団は法の目的との関係で画定されるとして、ポジティブ・デューティの対象集団が過大包摂とならないように、サブ集団化による絞りをかけることによって解決を図る。[61)] たとえば、教育訓練の対象として、女性集団を包括的に対象とするのではなく、目的にあわせて移民女性や貧困女性というサブ集団に対象を絞ることが必要となる。また、パターナリスティックな押し付けとなる危険性については、そのことを十分に意識したうえで、対象集団の決定過程への参加によりその危険性を回避しようとしている。

ポジティブ・デューティについては、さらに、その法的性質が問題となる。すなわち、これは、「平等の権利」から当然に生じる義務なのか、立法政策による義務づけなのか、また、司法的審査は及ぶのか、などの問題である。Fredmanは、あらゆる権利は国家に対して、消極・積極という両面の義務を

59）　e.g.［Fredman 2011a：299-321］.

60）　e.g.［Fredman 2011a：279-280］. Fredmanの想定するポジティブ・デューティは、一般に広義の意味で用いられているポジティブ・アクション（男女共通施策も含む積極的措置）の義務づけと、ほぼ同義と解してよいであろう。

61）　e.g.［Fredman 2009a：81-84］.

課すものだとして、差別禁止ないし平等規範を義務の論拠としている[62]。そのうえで、司法的効力の有無については、具体的な積極的施策の決定は配分が関わる問題であるとして、立法府の裁量を広く認めつつ、同時に、立法府はかかる施策の実施および内容の合理性に関して説明責任を負い、司法はそれを審査しうる、と述べる。したがって、司法がポジティブ・デューティとして具体的な内容を義務づけることはできないが、立法府の不作為や決定された施策が不合理であることに対しては、司法審査が可能であると論じている[63]。

4　Fredmanによる提起の意義および問題点

このようなFredmanによる提起の意義として、つぎの諸点を指摘したい。

第1に、平等規範に関して、(i)フェミニズムや法哲学の研究成果を踏まえて社会実態としての差別の原因と構造を把握し、それを土台として、構造的差別を変革しうる差別法の構築に向けて法理論の構築に挑戦し、(ii)「平等の権利」を発展可能性をもつ開かれた概念であると捉えて、定義して内容を固定するのではなく、「平等の権利」を多元的に分析して具体化するための枠組みを提起したことである。さらに、(iii)Collinsが差別禁止法による配分的介入の論拠を「平等」以外の規範概念に求めたのに対して、Fredmanは、「平等」という規範概念そのものを深めるなかで上記のような論理を発展させ、さらに、平等概念の限界ないし他の権利との協働の必要をも示すに至ったことも、注目される。

第2に、差別禁止法ないし平等法として、差別是正や平等促進を実現するための積極的かつ差別を生じる構造自体を変革しうるメカニズムが求められるとして、その具体的措置について、ポジティブ・アクションに限定せず、両性に対する措置も含めたポジティブ・デューティとして、国・使用者の義務を提起したことである[64]。これは、個別申立に依存しない積極的包括的措置の必要を、性本質主義批判に応えうる形で実現を図ったものとして、注目したい。

他方、Fredmanの主張の問題点として、以下を指摘しておきたい。

---

62)　e.g.［Freman 2008a：65-91］.

63)　e.g.［Fredman 2005b］［Fredman 2008a：182-189］［Fredman 2012：281-285］.

64)　Fredmanのポジティブ・デューティの提起は、イギリスの2006年平等法・2010年平等法において、公的機関の平等義務として法文化され、消極的差別禁止から積極的平等の実現へと法の展開が図られている。*See*［Fredman 2011b：285-287］.

第１に、平等概念について、４つの多元的な目的をもつものとして分析しているが、これらは並列的に列挙されており、各次元を統合する上位の理念や「平等の権利」「差別禁止」の構造の解明という点では、不明確さが残る。さらに、差別や平等を承認や配分の観点から実体的に捉えれば捉えるほど、他の自由権や社会権の保障と重なりあう。なぜ「自由権および社会権」アプローチ以外に「平等」アプローチが必要なのか、平等の人権体系上の意味が問われているように思う。たしかに、次元間の重なり合いや衝突[65]、社会経済的権利との連携[66]に関連しての論述はあるが、なお、４つの次元を包括する枠組みないし上位規範、そして、全法体系のなかでの平等アプローチの体系的な整理および意義づけが、不明確のように思われる。

第２に、差別是正や平等促進を実現するための積極的なメカニズムの主張が、社会政策ないし立法政策として提起なのか、性差別禁止ないし性平等の権利の解釈問題としての主張なのか——特別に立法化されたときに創設される権利／義務なのか、それとも特別の立法がなくても実質的平等から本来的に解釈上生じる権利／義務なのか——が必ずしも明確ではない。「平等の権利」を発展的解釈の余地のある規範としてみるだけに、４つの次元で論じられている内容が、政策レベルではなく、性差別禁止ないし性平等の権利の規範レベルの問題だとするならば、その権利／義務の主体や論拠ないし理論構成について、より詳しい説明が求められる。権利／義務として認めるに足りる規範の明確性や、立法と司法の権限の範囲との関係についての検討がさらに必要であろう[67]。

第３に、ポジティブ・アクション（一方の性に対する特別ないし優遇措置）については、まず、障碍に対する配慮（accommodation）のように「個人」の不利益の具体的な救済という視点からのアプローチと、ポジティブ・アクションのように被差別「集団」に主に着目したアプローチとがある。各々の特徴を踏まえた位置づけと役割、相互関係をより明確にすることが必要であろう[68]。その際、

65）e.g［Fredman 2016a：734-738］.

66）e.g［Fredman 2007］［Fredman 2009a］.

67）Fredman は、国家および使用者に対して、差別に関して有責でない場合にも差別除去の義務を課し、その論拠として、従来の故意・過失に立脚した責任論を批判しつつ、「差別除去をなしうる立場にある者が義務をおう」という考え方を主張する（e.g.［Fredman 1997：384］）。しかし、国家に関しては、国の国民に対する保護義務を論拠とするとしても、私的使用者の責任（義務）に関しては、論証がさらに必要と思われる。

ポジティブ・アクションは、男女「集団」に着目するところから、近代法の基礎とする個人主義と矛盾しないかとの疑問、また、集団内および差別事由の多様化という問題点を内在する。Fredmanは、多様化に対してはサブ集団化による対象の絞り込みを提起するが、それで問題が解消するのか疑問が残る。前者の個人主義との関係については、Fredmanの見解は、より曖昧かつ揺れ動いているようにみえる。[69]

第4節　異なった角度からの実質的平等の探究と提起

前節で取り上げたFredmanによる、「平等の権利」を差別禁止法の論拠として位置づけて、多元的な分析枠組みにより規範内容を具体化するという提起は、基本的に、多くの研究者に肯定的に受けとめられて、ゆるやかな形での共通認識として議論の土台となってきている。

そのうえで、さらに、別の角度からの「実質的平等」の検討、ないし「尊厳」概念の再評価に基づく平等論も、提起されている。つぎに紹介するDagmar SchiekやEvandné Grantの主張は、その一つである。

1　Schiekによる差別の包括的禁止という角度からの検討

Schiekは、形式的平等アプローチを厳しく批判し、差別禁止法は実質的平等を要素とすべきという基本に立ったうえで、とりわけ、差別が様々な事由が絡み合って生じること（intersectional discrimination、交差差別）[70]を指摘し、個別の差別事由毎に立法を増やす（additive approach）のではなく包括的に差別を禁止する法（integrated approach）が必要であることを提起して、すべての事由を

68）　イギリスの2010年平等法は、両者を規定する。

69）　Fredmanは、個人主義を批判する（以前は特に強く［Fredman 1997：14-15］）。しかし、その後の論文［Fredman：2008a］などでは、各個人の人権からの視点が強まっており、また、Senらの「潜在的能力論」を導入するなど、基本的にリベラルな個人主義が土台とされているように思われる。

70）　差別事由が複合する場合を「複合差別」と呼ぶ例も多いが、Schiekは単に事由が重なっているだけではなく、事由が絡み合って差別が生じていることを重視して、「交差差別」の語を用いている［Schiek 2005：454］［Schiek/Lawson ed. 2011：3］。ただし、本書では、Schiekへの言及以外については、両者を一括して「複合差別」という語を用いる。

包括する差別禁止の論拠や理論枠組みを検討している。[71] すなわち、Schiek は、まず、差別および平等に関する法を、不正義・社会的差別の是正を目的とし、人権としての実質的平等、つまり、人や集団の差異ないし多元性を尊重し、社会的包摂の視点を持ち、算数的・比例的でない非対称アプローチをとる平等を基底とする法と捉える。[72] これは、すべての人は性など個人的属性に関わりなく平等な価値を有することに基づき、法を通じて、何人も集団的属性により機会を奪われない社会の実現を、めざすものである。そして、この目的の下に、現代平等法は2つの具体的な目的、すなわち、(i)個人の属性を理由とする剥奪に抗して各人に実質的に平等な機会を保障すること、(ii)不利益を受けることなく集団の構成員であると主張できる権利の保障を設定することを有すると論ずる。[73]

そのうえで、Shiek は、差別禁止法の現代的課題として、各人は多種の集団ないし範疇に属して多様なアイデンティティを有し（たとえば、下層階級の黒人女性）、差別は多様な事由が絡み合って生じているのであって、差別事由毎に別々に差別にアプローチする法枠組みではなく、絡み合った差別を包括的に禁止する必要があると主張する。そして、各差別事由によって禁止の論拠の重点が異なり（たとえば、性差別ではステレオタイプ化や性別役割分担の廃止、人種・民族的出身差別では社会的包摂や多様性の承認、宗教差別や性的指向差別では自己決定の保障）、各論拠の間で衝突も生じうる旨を分析した。そして、その各論拠の衝突や優劣を調整する過程で、差別禁止の規範力が薄められる危険性があることを指摘し、包括的差別禁止に向けて、多様な論拠を統合する論拠が必要であると論じている。[74] その統合する論拠に関しては、主要な差別事由の論拠に共通する

71） *See*［Schiek 2002a］［Schiek 2002b］［Schiek 2005］［Schiek/Wadding/Bell 2007：25-28］［Schiek 2009］.

72） e.g.［Schiek 2002a］［Schiek 2002b］. なお、実質的平等と EU 法の実体法解釈との関係については、Schiek は、1997年アムステルダム条約改正により EC 条約に EC（現 EU）の任務として差別の排除・平等の促進が規定されて（前 EC 条約3条2項、現 EU 運営条約8条・10条）、EU 平等法は根本的に変化したこと、その後の「平等待遇」を題する諸指令は、形式的な同一取扱いを超えた、より実質的な目的と内容を持つものであると解釈している（［Schiek 2005：427-442］［Schiek/Wadding/Bell ed. 2007：25-30］）。ただし、これが、アムステルダム条約以前は、実質的平等が基礎とされていなかったという意味か、それとも同条約改正により規範内容が明確化されたという趣旨かは明らかではない。

73） ［Schiek 2002b：152］.

74） ［Schiek 2005：443-454, 465-466］.

ものとして、他者として排除された者の不利益の保護、自己決定および自律の保護（個の主体化 enabling individuation）、ならびに差異の尊重（respecting difference）を挙げている[75]。

実質的平等の解明に関して、Schiek の主張の特徴および意義は、第１に、上記のように多様な事由が絡み合った差別の包括的禁止への観点から、差別禁止の包括的論拠の必要を提起したことである。これは、様々な論拠を統合する、その上位の論拠（規範）を見出そうとするものであり、平等の権利の規範構造を重層的に捉えるものといえよう。この重層構造という捉え方は、Schiek が、「平等（equality）」と、「非差別（non-discrimination）」「同一取扱い（equal treatment）」とを区別したうえで、それらを立体的に法体系上に位置づけたことにも見い出せる[76]。すなわち、Schiek は、上位の法理念（idea）として、“すべての人の平等な価値”に依拠した平等（equality）をおき、その下に、具体的行為規範としての非差別や同一取扱いが存在するものととらえ、その非差別規範には、「不利益取扱いを禁止する消極的義務」および「差別を積極的に除去する積極義務」が含まれるとする。また、下位の具体的規範である「同一取扱い」違反は、差別の一つの類型に止まるのであって、同一取扱いが、上位の平等（equality）の理念に反する場合（「平等の権利」の侵害となる場面）もあるとしている[77]。

関連して、Schiek が、実質的平等とは何かについて、個人の尊重という個人主義的視点からアプローチするのか、それとも被差別集団の劣位化された地位の是正（グループライツ）からアプローチするか[78]を論じている点も注目される。Schiek は、前者のアプローチは、各自のアイデンティティを尊重して性別を考慮しない（セックス・ブラインドな）取扱いを求めるものであり、後者は、少数集団の保護を基礎とした多様性をもつ集団の尊重を求めると分析したうえで、現代の法は、その両者を統合する必要があるとする。すなわち、法は、個人の自律という価値を尊重しなければならないが、同時に、差別事由は集団に関連

75）［Schiek 2016：50-51,62］. 単一の統合的論拠を明確化する迄には至っていない。
76）［Schiek/Wadding/Bell ed. 2007：26］.
77）*See*［Schiek/Wadding/Bell ed. 2007：26］［Schiek 2009：10］［Shiek 2016：50］.
78）［Schiek/Wadding/Bell 2007：30］は、後者のグループライツの考え方をとる学説として、［McCrdden 2001：251, 255］を挙げる。

し集団の構成員であるゆえに不利益を受けるのであるから、差別の集団的側面を意識しなければならないと述べる[79]。そして、差別事由によって重視すべき価値や両者への比重の置き方が異なるとし、前述したように、性や性的指向による差別では、個人をステレオタイプな集団属性から解放することが重要となるし、民族的差別では集団的保護に力点がおかれると指摘している[80]。

2　Grantによる「尊厳」概念の再評価および再位置づけ[81]

Grantは、形式的平等アプローチの限界を批判し、Fredmanによる4つの次元からの実質平等分析を積極的に受けとめつつ[82]、「人間の尊厳」を「平等の権利」の中核をなす価値として法解釈の土台とすることで、「平等」「差別」概念の明確化、具体的規範内容の充実、ならびに法枠組みの統合が図れる旨を主張する。

Grantは、まず、「尊厳」概念が不明確であるという批判に対して、国際人権法や比較法研究を基に反論する。すなわち、「人間の尊厳」概念は、人権保障の歴史のなかで、その中核的内容——すべての人間は固有かつ不可侵な「尊厳」を等しく有しそれが人権の根源であることや、「人間の尊厳」には精神的（承認）次元と物質的（配分）次元さらに共同体的（参加）次元があることなど——が形成され確立しており、国連の自由権規約や社会権規約、EU基本権憲章、ドイツ基本法、南アフリカ憲法をはじめとする各国憲法に規定され判例も展開されてきたことを指摘する[83]。

つぎに、「平等の権利」と「人間の尊厳」の関係について、南アフリカ憲法裁判所の判例法理では、「不公正な差別」の成否を、「尊厳侵害」の観点から3つ要素（マイノリティが被ってきた不利益・ステレオタイプ化・傷つき易さ、差別是正や社会変革の必要、ならびに、すべての人々の尊厳を保障することへの影響）を軸として、個人や集団の社会的経験を分析することにより判断している[84]。そして、こ

79)　[Schiek 2002a : 304] [Schiek/Wadding/Bell ed. 2007 : 31].

80)　[Schiek/Wadding/Bell ed. 2007 : 31].

81)　[Grant 2007].

82)　[Grant 2007 : 328].

83)　[Grant 2007 : 302-314]. Grantは、「人間の尊厳」は定義されていないが、人権の歴史や基本構造から——国連人権規約やEU基本権憲章の立法経緯や趣旨、「尊厳」概念に関する哲学的神学的政治学的蓄積、規約や憲章の規定文言や文脈などを基に——、その意味を見出しうると述べる。

れは、2つの点で、実質的平等への優れたアプローチであると評価する[85]。すなわち、第1に、実質的平等を実現するための首尾一貫したアプローチを提供する。Fredmanは実質的平等を4つの次元から分析することを提起しているが、「人間の尊厳」はこれら4つのすべての次元を包括する概念である。かつ、現代の差別は、様々な事由が交差あるいは複合して生じており、特定集団に向けられた差別でも各集団構成員への影響は一律ではなく、それゆえ、「平等の権利」侵害の有無を「人間の尊厳」を基礎として分析することにより、集団に向けられた構造的差別が、各集団構成員に実際にどう影響しているかを確認しうる。第2に、「人間の尊厳」を「平等の権利」の解釈・適用の基礎的原理とすることにより、平等権をはじめ社会経済的権利やプライバシーの権利などの様々な権利が、交差的あるいは相互的に機能しながらすべての人々の人権を保障する、という統一的な法体系を提示しうる、と論じている[86]。

このGrant説の特徴および意義は、「尊厳」概念の曖昧さへの批判を充分に認識したうえで、なお「人間の尊厳」を再評価し、実質的平等へのアプローチの中核に位置づけるべき旨を主張した点にある。すなわち、「人間の尊厳」という概念および規範内容が、すでに歴史的に確立されているとし、そのうえで、南アフリカ憲法裁判所の3要素を軸とする尊厳侵害の判断に、Fredmanの4次元分析枠組みと類似する手法を見出し、Fredmanのいう4次元を包括する概念（上位規範といって良かろう）として「人間の尊厳」を位置づけて、それを「尊厳の侵害」を解釈・適用の原理としながら、実質的平等アプローチにおける「平等の権利」や「差別」の具体化を図るモデルを提起したのである。

第5節　差別禁止法理論の進展の方向性ないし可能性

以上のように、学説は、形式的平等の限界を克服する必要があるという共通

84）［Grant 2007：315-325］. Grantは、判例法理には不充分な点もあるが、尊厳を中軸とした実質的平等へのアプローチは、不確定でも集団的視点に欠けるわけでもないと、判例法理への批判に答えている。

85）［Grant 2007：328-329］.

86）［Grant 2007：325-328］.

認識の基に、新たなステージへと差別禁止法を再構築するための基礎理論や法的枠組みを活発に論じている。現状は百家争鳴ともみえる論争の渦中にあるが、理論面では、議論のなかで一定の方向性もみえはじめているようにも思われる。近時の論争を振り返りつつ整理し、差別禁止法の再構築に向けて、どのような理論的方向性ないし可能性が見出しうるかを検討したい。

1　論争を振り返って

Collins は、形式的平等を超える規範の論拠として用いられてきた「実質的平等」概念の不明確さを痛烈に批判して、差別禁止法を「平等」にではなく「社会的排除」という新たな視点から再構築した論を提示した。この Collins の社会的包摂論の大きな特徴は、差別禁止法の目的を社会的包摂と捉えて、最低限の権利保障たる社会的包摂部分に関して、伝統的な「同一取扱い」「機会の平等」ではなく、社会的な差別構造の変革や「結果の平等」も含む配分的介入を、差別禁止法の規範内容として組み入れたところにある。この Collins の提起を契機とした論争のなかで、「社会的排除」が差別の重要な一類型であることが、研究者の共通認識になってきた。と同時に、社会的排除の視点では把握しきれない差別のあることも、差別の諸弊害の研究等々を通じて再確認されてきている[87]。

一方、Fredman は、Collins らからの「実質的平等」概念や規範内容の不明確さに対する批判を、「実質的平等とは何か」をさらに探究する形で受け止めた。そして、実質的平等についての多元的な分析枠組みを提起して、そのなかで、Collins の提起した社会的包摂も、平等の一つの次元として位置づけた。この Fredman による平等の目的に関する４つの次元の主張は、学際的な先行研究を踏まえて平等実現にとって何を排除あるいは是正することが不可欠かを検討して、それらを「法が排除すべき差別」ないし「法が目的とする実質的平等」の内容として示し、「差別」および「平等の権利」の規範内容について、多元的な観点から具体化する分析枠組みを提示したものといえよう。これによ

87）　e.g. [Hepple 2014：30-31]. なお、1979年に採択された国連女性差別撤廃条約１条は、性差別を性に基づく「区別、排除、または制限であって…」と規定し、「排除」を差別の一つの類型として位置づけている。

り、形式的平等では把握されて来なかった差別類型を捉えることが可能となる。また、Fredmanの主張では、実質的平等の内容として、差別の禁止と共に、よりプロアクティブ（前向き）な措置が提起されていることも重要である。

他方で、Fredmanの提起では、平等の4つの次元が並列的に挙げられており、4つの次元を包括ないし統合する上位の概念ないし規範には言及しておらず、平等法ないし差別禁止法の全体的ないし体系的な規範構築という点では、必ずしも充分とはいえない。SchiekやGrantによる包括的概念の必要性の主張、そしてGrantの「人間の尊厳」の再定位は、このFredmanの説の弱点を補強するものと考えうるのではなかろうか。すなわち、交差差別や複合差別への対抗として包括的に差別を禁止し、差別事由を超えて次元間の衝突調整や補強をし、かつ、平等以外の他の諸権利との関連を図るためには[88]、SchiekやGrantが指摘するように、解釈原理として、平等の各次元や諸権利を横断する包括的ないし統合的な規範（上位規範）を見出すことが[89]、やはり必要であろう[90]。そして、人権の歴史や人権法体系からみて、「人間の尊厳」を、その包括的統合的な上位規範として解することが相応しいと考える[91]。もちろん、「人間の尊厳」という概念および規範には――Grantのいう歴史的な蓄積や確立はあるものの――、曖昧さが伴う。Fredmanの4つの次元分析枠組み（ないしGrantが紹介する尊厳侵害を判断する3つの要素）は、「人間の尊厳」を原理として、その曖昧さから生じる危険性を排しつつ、「差別禁止」や「（実質的）平等の権利」

88）　たとえば、平等権と社会経済的権利との有機的関連を図ることにより、各々の規範内容の解釈を拡充する必要性は、Fredmanも強調するところである［Fredman 2009b］。

89）　平等を二層構造とみる考え方は、もともとDworkinが主張しており（脚注21）、上位規範としての基本理念（concept）とその下位規範である具体的な観念（conception）を分別し、前者の基本的理念に対応する基本的権利として「平等な存在として処遇される（treating as equals）権利」――平等な主体としての権利――があり、後者に対応する派生ないし導出される権利の一つとして「平等に取り扱われる（treating equally）権利」が存在すると主張した。したがって、Dworkinの見解によれば、「平等に取り扱われる権利」は、「平等な尊重と配慮」を実現するための下位規範として位置づけられ、上位規範の趣旨にそって適用範囲および内容が特定ないし限定されることになる。［Dworkin 1977：273-274／邦訳Ⅱ：65-67］.

90）　Fredman自身は、各次元間の補強の問題として対応すべき旨を述べており［Fredman 2016a］、統括的ないし上位規範を不要と捉えている。「尊厳」概念の危険性を考慮するゆえであろう。

91）　Shiekが様々な差別禁止類型に共通する論拠として挙げるところの（第4節1参照）、他者として排除された者の不利益の保護、自己決定および自律の保護（個の主体化）、差異の尊重も、「尊厳」の主要な内容である。

の規範内容を具体的に導き出し、解釈・適用していく過程において、まさに重要な役割を果たしうるものと考える。

2 「平等の権利」「差別禁止」規範の再構築へ

そこで、Schiek や Grant の見解を導入するならば、Fredman の多元的平等の提起をつぎのように理解することができるのではなかろうか[92]。すなわち、

平等について、現代人権法体系[93]全体のなかでの位置づけると、まず、法の最上位の根本原理として「人間の尊厳」が存在する[94]。つまり、すべての者は人格的価値において同等であり、「平等な尊重と配慮を受ける権利」を有する。また、各人が社会共同体の対等な主体であることも[95]、この「平等な尊重と配慮を受ける権利」の論拠である。そして、この「平等な尊重と配慮を受ける権利」という根本的な権利ないし原理の下に、Fredman でいえば平等の4つの次元（再配分、承認、構造変革、参加）に関する、より具体的な規範が派生する。

「人間の尊厳」は、人権全般に関する根本原理であり、平等の権利や差別禁止以外にも、「生きる上で不可欠な自由」や「社会経済的利益」の保障の論拠でもある。「平等な尊重と配慮を受ける権利」の保障は、自由権や社会経済的権利の保障と目的や内容が重なり合うが、それらが各人の状況それ自体を個別に注目した権利保障（個人の尊厳に必要とされるものの保障、そういう意味では個人の状況自体に注目した権利）であるのに対して、平等の権利や差別禁止は、共同体における他者との関係性に注目した原理である（なお、「尊厳ある平等」として実体も存在する）。

92）　Schiek や Grant の主張を位置づけ直すにあたり、Dworkin の主張の他、日本での基本的人権保障に関する議論、とりわけ後述する佐藤幸治の言説［佐藤 2011：120-140、196-215］を参照している。

93）　現代民主主義国家における共通の憲法的伝統としての現代法体系をいう。

94）　憲法等により、道徳的なものから法的権利として取り込まれ保障される［佐藤 2011：121-122］。

95）　近年、法哲学の分野では、Elizabeth Andersen により関係的平等論（市民としての地位の平等）が有力に主張されている［Andersen 1999］。同氏は、平等の意義は、自律的な市民として対等関係で相互行為（民主社会の市民としての対等関係）にあるとし、消極的手段として、生まれや社会的アイデンティティに基づく道徳的価値序列を否定し、積極的には、すべての者が等しく道徳的行為主体であるための「潜在能力」の平等を主張する。政治分野の平等を対象に論じられているが、差別禁止法／平等法の思想的法哲学的論拠と正統性を与えるものであろう。Aileen McColgan をはじめ、多くの差別禁止法研究者が自説の論拠としており［McColgan 2014：16-17, 35］法学にも大きな影響を与えている。Anderson に関する日本の論文として［森悠一郎 2016b, c］を参照。

上記のように位置づけ解釈することにより、「性差別の撤廃とは、集団的地位向上（グループ・ライツ）か、個人の権利保障か」という問いへの回答にもなると考える。すなわち、性差別は、社会実態としては、性という集団的属性を理由とする女性に対する集団的な劣位化を本質とするものであり、それゆえに、性差別の集団性を意識した法的対応が必要となる。しかし、その集団性は、性差別では、多くの場合に、女性という属性をもつ人々が集団的一般的に劣位化の対象となるという、一つの加害の特徴であって、それに対抗するうえで法が依拠すべき権利および論拠は、集団の地位向上ではなく、個々の被害者における基本的人権としての「個人の尊厳」保障に求められる。もちろん、事案によっては、個人の尊厳を保障するための手段として集団的権利（人種的アイデンティティ保障のための民族自治権のように）や、集団的ないし包括的是正措置が認められることもありうる。しかし、その最終目的は、あくまでも個人の尊厳の保障である。Schiek が集団の権利と個人の権利のバランスの考慮を求めた趣旨も、そこにあったと解される。同じ性集団の構成員でも、人種や階級・階層、学歴、家族状況などにより、性差別被害の現れ方は一様ではない。また、男性規範（たとえば、家族的責任を無視した働き方）の押しつけが、男性の人権侵害を生じさせる場合もある[96]。くわえて、差別は、性以外にも多様かつ複合的な事由から生じる。これらを考えれば、各個人の人権保障に立ち戻ったところから法の理論を組み立てることが、不可欠であり、かつ実践的にも有効と考える。

なお、Fredman の平等の 4 つの次元から導かれる具体的内容に関しては、差別ないし平等に関する権利としての規範部分と、よりプロアクティブかつ包括的な政策的措置とに、理論上は区分して考え得るであろう。ただし、これは、「平等の権利」「差別禁止」を消極的禁止規範に限定することにはならない。プロアクティブな措置の具体的内容の決定や実施が、基本的に立法府の裁量に委ねられるとしても、司法府は、立法府が上記の作為義務を履行しなかった場合

96）性差別という、女性集団の劣位化は性別役割分業を土台として思想的にも社会構造的にも構築されており、したがって、男性であっても、性別役割分業に反する／逸脱する場合、たとえば、家族的責任を担う男性や“女性風”な生き方を志向する男性は、不利益やハラスメントの対象とされてきた。また、仮に、性別役割分業とは無関係な単純に恣意的な男性に対する差別であったとしても、男性という生来的属性を理由とする差別は、人権保障の観点からして法的に禁止されなければならない。性平等・性差別禁止をグループライツ（女性の地位向上のための権利）として位置づける考え方は、一面的すぎる見方ではなかろうか。

には、不作為の違法を確認することが可能であり、作為義務者である国は、不作為の正当性・妥当性に関する説明責任を負うことになると解されるからである[97]。Fredman も、国の保護義務とそれに基づく説明責任を強調している。私的使用者に対しても、人を自らの事業に使用し利益を得る者としての労働契約上の義務として、差別撤廃・平等実現に関する作為義務を導くことが可能と考える。Fredman の実質的平等の4つの次元による分析枠組みは、立法者や使用者がプロアクティブな施策および立法化を決定する際に考慮しなければならない内容、施策や立法が差別を生じさせないための、重要な違法判断の基準となるであろう。

もちろん、差別禁止法の位置づけや論理構造をめぐっては、本書で言及した以外にも、多くの議論や提起がなされている。各学説の対立は依然として激しく、上記は今後の方向性ないし可能性について一つの推論に留まる。しかし、少なくとも、長年の議論のなかで、研究者間では、共通の理解が、ゆるやかではあるが形成されてきていることは間違いないであろう。

97）国の不作為の違法に関して、日本での議論として［吉田 2015：163］［植木 2011、2015］参照。

総括：EU 性差別禁止法の展開の意義および課題
——性差別禁止法の再構築に向けて

1　これまでに検討した内容

本書では、伝統的な形式的平等の概念のみに依拠して性差別禁止法を理解するのでは、現代の性差別の形態の変化や発生メカニズムに有効に対抗しえず、人権保障の観点からみても不十分でないかとの問題意識の下に、EU 性差別禁止法の展開について、実質的平等法理の生成と展開に注目しながら分析してきた。

第Ⅰ部では、EU 性差別禁止法における形式的平等法理を代表する「男女同一賃金原則」および「直接性差別禁止法理」をとりあげて分析した。EU 法における性差別禁止は、公正経済競争を主眼とするルールから人権保障を主目的とするものへとその性質を発展させつつ、「男女別取扱い禁止」を徹底して男女差別の是正を図った。しかし、裁判例が蓄積されていくなかで、形式的平等アプローチの様々な限界性（比較対象者の選定の困難やレベルダウンによる救済の是認、差別を生み出す社会／雇用構造要因を変革しえないなど）が顕在化していったことを明らかにした。

第Ⅱ部では、1980年代後半から2000年代前半において、形式的平等法理の限界を克服するものとして、実質的平等アプローチに基づく諸法理が生成され展開されていった過程を検討した。第3章～第5章では、実質的平等アプローチにより差別概念を拡大（解釈上・立法上）して新たな差別類型を確立した諸法理として、間接差別禁止法理、妊娠・出産に関する性差別禁止法理、ハラスメント禁止法理を取り上げ、また、第6章では、実質的平等実現の手段としてのポジティブ・アクション法理について分析して、以下の検討結果を得た。

間接性差別禁止法理についてみると、アメリカの差別的効果法理を起源としつつ、EU 法独自の発展をみせている。すなわち、差別意図の有無を問題とせず、生じた結果（差別的効果）に着目して、その結果から遡って「性平等への障壁」となっている規定・基準・処遇を洗い出し、この障壁の正当性が証明されない限り、「性平等への障壁」が存在することを性差別として禁止する法理を確立した。これは、直接性差別禁止とは異なった視点から性差別にアプローチする法理であり、同法理の対象には、性差別の意図を隠して性中立的外形を装った事案（EU 法では直接性差別の対象にも該当しうる）も、性差別の意図がない事案も含まれる（直接差別か間接差別かは二者択一ではなく、別々の視点に立つ法理である）。また、間接性差別禁止法理では、平等への障壁となっている雇用システムが禁止の対象に含まれ、使用者や国に差別的制度の撤廃を促す機能を持つ。

妊娠・出産に関する性差別禁止法理では、EU 法は、男性の比較対象者の選定が困難な妊娠・出産という領域に関して、他の性に属する者との比較を要件としない２つの新たな性差別類型を確立している。一つは、「妊娠・出産に関する不利益」と「性（女性であること）」との直接的結びつきに着目して、男性との比較を要件とせずに、「性という属性を理由とした不利益取扱い」をもって直接性差別とする類型である。もう一つは、妊娠・出産に伴う「女性固有のニーズへの配慮の不提供」をもって、直接性差別とする類型である。この差別類型は、男女が労働者として対等な立場に立つためには、妊娠・出産に関する固有のニーズへの配慮が不可欠であるところから、その不提供を性差別として確立したものであり、障碍に対する合理的配慮義務違反を差別とする法理に通底する構造をもつ。

ハラスメント禁止法理については、EU 指令は「性に基づくハラスメント」と「セクシュアル・ハラスメント」の２類型を性差別として規定している。前者を性差別と解する論拠は、「性」と「不利益」との直接的結びつきにあり、そこでは他の性との比較は要件とはならない。後者の「セクシュアル・ハラスメント」に関しては、性的性格を持つ加害をもって性差別と規定しているが、これには過剰包摂であるとの批判もある。

ポジティブ・アクション法理は、平等実現の法的手段の側面からのアプローチである。EU 法は、ポジティブ・アクションについて、性差別禁止の「例外」として許容する見解から、「性平等の実現措置」という積極的な位置づけへと見解を進展させている。ただし、当該の「一方の性に対する優遇措置」が性平等の実現手段としての必要かつ適切な手段か、他の性への不利益（逆差別）との関係など、射程範囲を適切に画することが必要であり、とくに欧州司法裁判所ではクォータ制が争点となってきたことを示した。

第Ⅲ部では、2000年代に入り、立法面では、1997年アムステルダム条約改正による差別事由の拡大等を実施するための諸指令の制定が進み、さらに次の包括的差別禁止や構造変革ステージへと進みつつあるが、他方で、欧州司法裁判所では、形式的平等への回帰と位置づけられる傾向が顕著となっていることを指摘した。また、判例の分析から、形式的平等への回帰が、それまでに確立されてきた実質的平等に関する諸法理の内容をも変容させ、性差別禁止の機能を弱体化させる危険性があることが明らかとなった。この形式的平等への回帰の要因の一つとして、「実質的平等」の概念や内容の曖昧さがあり、学説において、性差別禁止法の論拠や理論、規範内容の明確化と拡充をめぐって研究が進められていることを紹介し検討した。

これらの分析結果を踏まえて、以下では、EU 性差別禁止法の展開の特徴および意義を確認するとともに、その問題点および残された課題を明らかにし、そのうえで、日本法への示唆を導出していきたい。

2　EU 性差別禁止法の意義および問題点

(1)　形式的平等から実質的平等へ

EU 性差別禁止法の展開の最大の特徴および意義は、形式的平等の考え方に基づく男女別取扱い禁止を徹底しつつ、さらに、形式的平等アプローチを超える規範内容をもつ諸法理を生成し展開してきた点にある。

ここで改めて、「平等の権利」「性差別禁止」に実質的平等アプローチが導入されたことの意義について考えておきたい。というのも、伝統的な（かつ現在も主流を占める）差別禁止法に関する理論では、平等とは形式的平等を意味するとされ、形式的性平等を超える法規範は、性差別禁止ないし性平等の範疇ではなく、社会権あるいは社会経済政策の問題であるとされているからである。また、一方の性のみに対する法的措置は、性差別是正／性平等実現措置ではあっても、「平等の例外」として厳格な審査の下で許容されるものとして位置づけられており、現在も、この立場を堅持する法体系が、日本法も含めて多数を占める[1)]。しかも、第Ⅲ部で分析したように、EU 性差別禁止法自体に、近年、形式的平等に基づく比較可能性モデルが一般化・定着化し、形式的平等へと回帰する傾向がみられる。それゆえに、実質的平等を追求することの意義を明確にし、同時に、実質的平等アプローチに関する問題点や課題を検討することが、必要不可欠であると考えるからである。

形式的平等は、たしかに、経済取引ルール、とりわけ市場統合を目的として国境を越える取引に対する障壁——国外からの取引と国内取引との別異取扱いが典型例——を排除して自由移動を図るルールには、もっとも適合する平等モデルといえよう[2)]。人権保障という観点からも、身分制を廃して個人（ここでは抽象的人間として）の尊重を重視し、偏見や恣意・ステレオタイプな見方を排し、性別を考慮せずに一貫した取扱いを行うことは、近代法の基軸をなす重要な課題である[3)]。

しかし、性平等や性差別を、社会に具体的に存在する人間像を土台として、個人の尊厳の尊重という人権保障の観点から再考するならば、各個人は、対等な人格的価値を有し、また、社会共同体の対等な主体であり、その独自性・自律性・多様性を前提としたうえで、平等な尊重と配慮[4)]をもって扱われなければならない。それゆえに、たしかに、「等しいものを等しく、等しからざるものは等しからざるように」という一貫した取扱いを平等とし、その違反行為を差別とすることは、平等ないし差別の基本類型の一つではある。しかし、それが全てではない。いいかえれば、人権保障の観点からは、法によって形式的平等を超える規範内容が、男女が“対等な主体”として“等しく尊重され配慮される”ために必要不可欠とされる場合が、存在するのである[5)]。性平等として、形式的平等を包摂しつつ、より広い内容をもつ概念と規範が想起されなければならない。たとえば、個人を、性という不可変の属性を理由にして不利益に扱う

1）　日本の憲法14条解釈の通説的見解もこの立場を取る。本節 4(2)参照。
2）　*See* ［Barnard 2012：289-290］.
3）　e.g.［芦部 2000：2-3, 8-13］。
4）　*See* ［Dworkin 1997：邦訳65-67］.［Kymlicka 2002：邦訳 6-7, 256］.
5）　EU 性差別禁止法の発展段階を、経済ルールから人権保障へという視点から評価を行ったものとして、たとえば［prechal 2004：547-551］がある。

ことは、仮に、男女が比較可能な状態にないとしても、他の人権との衝突や社会公共利益などとの関係で正当化される場合を除いては、差別として法的に否定され排除されなければならない[6)]。また、妊娠・出産など男女間に固有の差異が存在する場合には、各個人の多様なアイデンティティを前提とした平等を実現するためには、男女同一取扱いではなく、異なった配慮や特別の取扱いが法的に必要なのである。

そして何よりも、現代社会の性差別は、偏見や恣意に基づく行為からだけではなく、社会構造や雇用構造自体に性別役割分業システムが組み込まれていることに起因して発生する。性差別撤廃のためには、使用者による労働者の取扱いの過程を対象とした形式的平等アプローチだけではなく、社会構造や雇用構造自体を是正することが必須であり、それが現代社会における差別撤廃の基軸とならなければならない。

このように考えると、EU 法が、形式的性平等を超える性平等の概念として、「実質的平等」を設定し、それらを、単なる「福祉政策」や「平等の例外として許容されるもの」として扱うのではなく、EU 法が目的とする「性平等」「性差別禁止」そのものの規範として位置づけてきたことは、極めて大きな意義を有している。

⑵　EU 法における展開の問題点ないし課題

他方で、EU 法では「実質的平等」とは何かが曖昧なままに推移し、論者により概念が多義的に用いられてきた。そのことが、欧州司法裁判所に、EU 主導の積極司法から加盟国への補完的役割を重視した消極司法へと転じている近年の状況の下で、EU 法としての介入を形式的平等の範囲内に手堅く留めさせ、それを超える規範の生成は加盟諸国に委ねて推移を見守るという態度決定——比較可能性モデルの適用を性差別一般へ波及——へと仕向けている一つの要因と考えられる。

また、複合差別への対応や差別構造の変革も、EU 法に残された課題である。

6）　たとえば、男女別賃金制度は、男女が同一（価値）労働に従事しているか否か、現実の職務能力が同一か否かを問わず、性差別として違法であり排除されなければならない。日本の秋田相互銀行判決（秋田地判昭50・4・10、労民集26巻2号388頁）参照。*Also see* [Schiek/Waddington/Bell 2007：208-209].

たしかに、1997年アムステルダム条約改正により差別禁止事由が拡大され、それに基づき2000年には人種等平等待遇指令および雇用平等待遇一般枠組指令も新たに制定された[7)]。しかし、EU法は差別禁止事由を限定列挙し、指令も差別事由ごとに立法されており、複合差別を想定した差別事由の連関・競合メカニズムに対応した明文規定（たとえば、2つの事由が複合してはじめて差別が生じるという場合の立証方法に関する規定）は存在しない。その点を解釈で補うべき欧州司法裁判所も、複合差別に関して沈黙したままである[8)9)]。現代の差別は、様々な事由が絡み合って発生する複合差別や交差差別が多数を占めるにもかかわらず、EU法は、単純に差別禁止事由を増やしたに止まり、包括的な差別禁止や諸差別の禁止を統合する論理や法枠組みは確立していないのである。つぎで論ずる性差別禁止法の再構築においては、交差差別や複合差別の問題や包括的差別禁止の方向を視野に入れつつ、差別禁止法の基礎理論や枠組みを検討することが求められる。

また、「平等の権利」「差別禁止」の規範内容を、差別構造の変革という視点

7）人種等平等待遇指令（人種・民族的出自に関する差別禁止）、雇用平等待遇一般枠組指令（宗教・信条・障碍・年齢・性的指向に関する差別禁止）。なお、2009年リスボン条約の発効により、EU基本権憲章に法的拘束力が付与され（EU条約6条1項）、同憲章21条では「あらゆる差別」が禁止されている。しかし、同憲章はEUの権限を「如何なる意味でも拡大するものではない」（EU条約6条1項）と規定しており、現在のところ、EU法では、専ら列挙された差別事由が前提とされている。

8）この点について、Kristina Koldinskáは、2007年Lindorfer先決裁定（Case C-227/04 P Lindorfer [2007] ECRI-6767）などを例にあげて、差別事由の競合メカニズムについて考慮することを必要とする事件が、すでに欧州司法裁判所に付託されているにもかかわらず、裁判所は、未だ各差別事由についてバラバラに成否を判断するのみだと批判している［Koldinská 2011：1691］。他に［Schiek/Mulder 2011］［Schiek 2016：38］も、EU法の複合差別への対応の遅れを批判する。

9）さらに、EU法は、性差別を是正するうえで重要な関連をもつ契約属性（パートタイム契約や有期契約、派遣労働契約）による差別について、現状では、性別や人種などの不可変な個人属性を理由とする差別と位置づけを異にしており、市場政策目的が色濃く表れている。もちろん、これら契約属性による差別についても、他の経済取引活動上の差別（自由移動の観点からの国境を越える取引に対する別異取扱い禁止など）とは質的に異なり、人権保障が問題となることは前提されているが（たとえば、パートタイム労働指令〔1997/81/EC〕前文23項、24項参照）、不可変の個人的属性に基づく差別への対応とは温度差があるように思われる。学説も、たしかに、契約形態差別など“本人の意思（選択）が介在する事由”による差別も、個人的属性を事由とする差別と本質的に区別すべきではないとする有力な見解はあるが（［Fredman 2008a：10-16］［Fredman 2016a：739］, *also see*［Fudge/Owens 2006］）、今のところ、全体としては、契約形態差別禁止に関する人権保障の視点からの理論構築については、議論があまり進んでいないように見受けられる。今後の大きな研究課題であろう。

から解釈し具体化するという点では、ポジティブ・アクションの対象範囲の画定方法や、一方の性に優遇に限定されない積極的差別是正措置の法的義務づけなども、今後の課題として残されている。

3　性差別禁止法への再構築、次のステージに向けて

(1)　形式的平等と実質的平等との関係——形式的平等の再定位

次のステージに向けて実質的平等アプローチをさらに深めて進展させるとしても、それが形式的平等や男女同一取扱いを軽視するものではないことを、まず確認しておきたい。「実質的平等」は、「形式的平等」をその重要な一部として包摂する概念であり、形式的平等は、実質的平等の考え方を採る場合にも、差別禁止法の基本であり出発点として位置づけられるからである。とりわけ性差別においては、Schiek が述べているように[10]、性を理由とするスティグマやステレオタイプな見方からの解放や平等な参加を実現することが重要であり、また、性別役割分業を土台とする差別的雇用構造を変革する試みとしても、男女同一価値労働同一賃金原則の実現などの形式的平等の実現は、その第一歩である。Fredman が提示した平等の 4 つの次元の目的も、形式的平等を否定するものではない。

とはいえ、形式的平等のみに依拠し男女比較を要件とする伝統的な差別禁止法から、実質的平等アプローチを導入した、現代的な差別類型にも対抗しうる法へと再構築が求められている。すなわち、差別ないし平等に関する法は、社会共同体の主体としての個人について他者との関係性を扱う法領域であり、したがって、広義では他者との比較が問題となる法領域ともいえる。しかし、具体的な法規範としての「差別禁止」については、たとえ直接差別の禁止であっても、前述したように、その論拠は、性に基づく恣意的取扱いやステレオタイプな見方による行為やスティグマの押しつけの禁止にあり、したがって、男女が比較可能な状況にあることや男女の比較が必須要件とはいえないはずである[11]。

(2)　「実質的平等」の法規範としての具体化

それでは、形式的平等を超える「実質的平等」とは何を意味し、どのような

10)　[Schiek 2005：443]、第 8 章第 4 節 1 参照。

形で法規範として具体化されるのであろうか。

この問題について、Fredman は、「平等（実質的平等）」を 4 つの重なり合う次元（資源や利益の再配分、アイデンティティの承認、多元性／差異への配慮と構造的変革、参加／社会的包摂）からなる多元的概念と捉え、4 つの次元からの分析枠組みを提起して、この課題の克服に向けた一つの手がかりを提示している。たしかに、同氏の主張自体は、4 つの次元を列挙した分析枠組みの提起に留まる。しかし、これを補完する形で「平等の権利」を二層構造の規範と捉えて、性平等に関する法の理念ないし原理として理解されるべき部分（上位規範）と、その理念ないし原理から派生する具体的規範部分とが含まれると読み解き、上位規範としての「平等な尊厳」を基礎および解釈原理に置きつつ、後者の具体的な派生規範に関して Fredman の 4 つの次元の分析枠組みを用いることにより、「平等の権利」規範を実質的平等の観点から具体化し適切な解釈・適用を進めることができると考える。

EU 性差別禁止法の展開でいえば、上位規範から派生する具体的な規範として、「男女別取扱い禁止」という形式的平等法理以外に、実質的平等アプローチにより、様々な差別類型および法理が生成され位置づけられてきた。法が禁止する「性差別」としての「性平等の障壁」（間接性差別禁止法理）、「妊娠・出産に関する不利益取扱い」や「女性固有のニーズ配慮の不提供」（妊娠・出産に関する直接性差別禁止法理）、「ハラスメント」（「尊厳」が明文の解釈原理として用いられている）、などの性差別類型および禁止法理が生成されてきたのである。[12]

Fredman ら近時の学説は、さらに、実質的な平等の実現として、社会構造

11）直接性差別は「性という属性を理由とする不利益な取扱い」を禁止する規範であり、EU 性差別禁止法が、比較対象男性が存在しない妊娠・出産に関連した不利益取扱いを直接性差別とする法理を生成したのは、まさに、この人権保障の視点からの「直接性差別」概念の再構築であったといえよう（第 4 章参照）。

もっとも、男女間格差は、この「性に基づく不利益な取扱い」を推定する重要な事実であり、それゆえ、男女同一賃金原則は、性を理由とする賃金差別の重要な立証法則の一つである。しかし、同一労働ではない男女間においても、他の差別類型や差別立証方法があることは否定されるものではないはずである。EU 性差別禁止法における男女同一アプローチの徹底は、性差別禁止法のあり方を考えるうえで示唆を多く含むものであるが、同時に、比較可能性性差別モデルの導入など EU 法の混迷に対しては、批判的にみていくことが必要である。

12）このような性差別禁止の規範内容からいえば、実質的平等は、必ずしも「結果の平等」や「一方の性の優遇」を意味するものではないし、「機会の平等／実質的な機会の平等」のみを意味するものでもない。

や雇用構造の変革、潜在能力の平等を実現するための教育訓練および環境整備、重要な決定への参加の機会保障の必要などを主張しており、社会実態を踏まえた規範解釈の進展の余地も残されている。

(3) 性差別撤廃の法的手段

形式的平等アプローチから実質的平等アプローチへの展開は、同時に、「平等の権利」「差別禁止」を実現するための法的手段の再考でもあった。この点に関して、性差別禁止法は、伝統的には特定の行為を禁止する法規範として理解され、違法行為に対しては、被害者の申立により事後的個別的に救済される法枠組みが採られてきた。しかし、これでは個人に過大な負担がかかり、また是正の範囲も限定される。被害に対しても、これは遡及的・事後的な救済にとどまり、平等に向けたプロアクティブ（前向き）な措置ではない。形式的平等に対する批判では、より積極的で包括的かつプロアクティブな平等の実現に向けた法的手段の必要性も指摘されてきたところである。

EU 性差別禁止法は、この限界の克服を、２つの方向から試みている。

一つは、性差別概念を拡大することにより、事実上、性差別撤廃への作為を求めるような機能を持たせるという手法である。たとえば、間接性差別禁止法理は、性平等の障壁となる制度自体を性差別として禁止し、その結果、使用者に対して性差別的効果を生じる制度の導入防止・点検・是正を求めるという、積極的で変革的な機能を有する。また、妊娠・出産性差別禁止法理は、使用者に対して、妊娠・出産に関する女性固有のニーズへの配慮の提供を、強力に促進するという機能をもつ。いずれも、伝統的な差別禁止の規範枠組みのなかで、それを最大限活用することにより――いずれも個人申立に依拠するなどの限界はあるが――、差別是正や平等への作為を「事実上」求めるものである。

もう一つは、ポジティブ・アクションによる過少代表への特別ないし優遇措置という手法である。EU 性差別禁止法は、1997年アムステルダム条約によるEC 条約前141条４項（現 EU 運営条約157条４項）の追加改正により、「完全な平等」を確保するために EU 加盟国によるポジティブ・アクションの導入・維持を許容する旨を規定した。ただし、あくまでも「許容」にとどまり「義務づけ」ではない。また、他の性に属する者に対する逆差別の危険性をもつために、その適用範囲は厳格に画定されてきた。

今後は、差別禁止規定違反に対する事後的個別救済にくわえて、より積極的また包括的な差別是正／平等実現のための法的措置を検討する、という課題が残されている（Fredman によるポジティブ・デューティの提起は、その具体例として考えられるであろう）。さらに、そうしたポジティブ・デューティなどの積極的また包括的措置が、性平等ないし性差別禁止規定自体から根拠づけられるのか、それとも立法政策の問題なのかという点も、重要な検討課題である。Fredman は、権利性と司法的救済の限界とを分けて考えたうえで、実質的平等を実現するのに必要な措置を策定する法的責務は立法府が基本的に負うが、裁判所は、立法府が必要な措置を講じなかったこと、ないし立法に関する充分な説明をなさなかったことについて「立法不作為」について司法的判断を行いうる旨を論じており[13]、参考になる考え方であろう。

4　日本法への示唆

(1)　課題および規範の共通性

いまや、差別や平等をめぐる法論議は、各国の法体系の相違を踏まえつつも、それを超えて国際的レベルで展開されている。EU 法や日本法をはじめ各法体系[14]は、いずれも人権保障の歴史的成果（現代民主主義国家における共通の憲法的伝統としての現代法体系）を土台とし、「平等の権利」や「差別禁止」に関する共通した憲法的規範を有する。また、差別形態の変化や伝統的な形式的平等論の限界は、グローバル経済の進展とともに各国で問題化している。現代社会に相応しい差別禁止法への再構築は、日本法はじめ各法体系に共通する課題である。

序で述べたとおり、日本では、男女雇用機会均等法が施行されて30余年を経過したが、男女格差や女性の劣位な状況の是正は捗捗しくは進展しておらず、その大きな要因は、法律が構造的差別に有効に対抗しえていないことにある。たしかに、男女雇用機会均等法の数度の改正を含め、非正規雇用に関する法規制やワーク・ライフ・バランスに関する法的保護の拡充などの努力は払われてきた。しかし、それらは、「少子高齢化や女性活用」を主眼とした政策立法が、

13）［Fredman 2008a：182-189］［Fredman 2012：272-285］．ただし、司法救済の限界についても厳しく指摘する。

14）ここでは、一応、資本主義経済をとる法体系を前提とする。

パッチワーク的に実施されたに留まる。基本的人権としての「平等の権利」や「差別禁止」の保障は、現行の法律上は形式的平等の範囲内に留まり[15]、その例外としての実質的平等の保障の是非は、政策判断に委ねられている。そのため、たとえば、構造的差別に対する有効な手段の一つである間接差別禁止は、均等法ではごく限定された事項のみが対象とされているに過ぎない。日本国憲法14条の公権的解釈および多くの学説も、いまだに形式的平等論に留まっているのが現状である。今こそ日本において、現代社会に相応しい憲法14条解釈を確立し、その下で立法および法解釈を前進させ拡充させることが必要となっている[16]。この課題の追求にあたっては、本書で紹介したEU 法における実質的平等アプローチの生成・展開、それを支える理論構築へ向けた学説の発展から、重要な示唆を導くことが可能であろう。

(2)　憲法14条解釈の再検討

日本国憲法14条１項は「法の下の平等」および「差別の禁止」を規定しているが、最高裁は、同項の差別禁止が直接差別のみならず間接差別をも含むか否かについては、明確な判断を示していない[17]。そして、従来の学説では、憲法14条は「等しいものは等しく」という形式的平等を保障し、性差別でいえば男女別取扱い（直接性差別）を禁止するものと考えられてきた[18]。したがって、間接差別や妊娠・出産差別の禁止は、憲法上の保障を超える立法政策事項とされている。また、実質的平等の実現に必要な国の積極的施策は社会権に委ねられていて、一方の性に対する積極的措置は、憲法14条との関係では、形式的平等の例外として許容されるに留まると解されている[19]。

---

15)　しかも、EU 性差別法と比較したとき、形式的平等の保障も不徹底である。たとえば、性平等の例外は、EU 法では第 I 部で述べたように、立法上（比例原則の明文化）も解釈上も厳格に規定されている。しかし、日本法では、例外を限定する法枠組みは規定されておらず、判例・通説も経済目的を理由として格差の合理性を広く認め差別を否定する傾向がある［浅倉 2016a］。また、採用・配置・昇進などの違いによる賃金の男女格差は、そもそも労基法４条（男女賃金差別禁止）の対象外とされている（ただし、兼松事件・東京高判平20・１・30 労判959号85頁は、同４条の問題と認めた）。

16)　日本法の再構築を試みる研究の一つとして、［浅倉／西原 2016］所掲の緒論文。

17)　最高裁では、間接性差別として、民法の夫婦同氏規定が憲法14条１項に反するか否かが争われたが、判決は、同条が間接性差別禁止を規範内容とするか否か曖昧なまま、合憲と結論づけた（夫婦同氏規定事件・最大判平27・12・26 民集69巻８号2427頁）。

18)　憲法学説の動向について、［辻村 2018：157-159］参照。

しかし、近年、日本での憲法学でも、佐々木弘通や安西文雄らにより、前述したDworkinやShiek、Grantらと同様に「平等の権利」を二層構造で、つまり「基底（上位規範）としての地位の平等」と「それを実現するための具体的規範（下位規範）としての平等および差別禁止」という重層構造と捉える主張がなされている[20]。また、佐藤幸治に代表されるように、憲法13条「個人の尊厳」[21]を同14条1項の解釈原理として位置づける見解、すなわち、「人格の平等」を、「尊厳をもった存在として人は等しく扱われるべきであるという要請を内実」とする、国政のあらゆる場面で貫徹されるべき「客観的原理」であるとし、「そのような原理に関わる一定のものが主観的権利（平等権）として国民に保障される」と論じる説[22]も有力である。これらの考え方を、筆者の視点から課題に則して展開しつつ、「憲法14条が規定する性差別禁止とは何か」について考察していきたい。

まず、二層の平等規範構造のうち前者の「基底（上記規範）としての地位の平等」とは、「すべての人々が、平等に尊重と配慮を受けるべき地位にある」ことを意味し[23]、その論拠は、近代法が根本とする“人格的価値の平等”および“社会共同体を構成する主体として平等”に求められる。すなわち、日本国憲法をはじめ近代憲法の基本は、個人の尊重すなわち、一人ひとりの人間が人格的自律の存在（自己の生の作者）として対等な人格的価値を有するものとして扱われ、その存在が最大限尊重されることにある。また、市民は皆、社会を構成する主体として対等な地位にあることを土台とする[24]。憲法は、すべての人々が、人格的価値において優劣はなく平等であり、かつ、対等な社会構成主体であることを、その根本原理としているのである。他方、規範構造の後者は、上記の「基底としての地位の平等」を実現するための様々な、事実に対応した具体的

19）たとえば、［芦部 2000：7、18-20］。なお、実質的平等と憲法14条に関する諸学説について［吉田 2015］参照。

20）［佐々木 2009：328-333］［安西 2015］。

21）佐藤は、「個人の尊厳」を、憲法等により道徳的なものから法的権利として取り込まれ保障されると位置づけ、ドイツ憲法研究などを基に「一人ひとりの人間が人格的自律の存在（…各人が社会にあってなお“自己の生の作者である”ということ）として最大限尊重されなければならない」ことを意味すると述べる［佐藤 2011：121-122］。

22）［佐藤 2011：123-124, 199］。

23）［Dworkin 1977：272-273］（邦訳Ⅱ, 65頁）参照。

24）［佐藤 2011：120-122］参照。

規範からなる。

日本国憲法14条は、前者にいう上位規範を背景的原理とし、それを土台として、派生的規範として、様々な内容で「平等の権利」および「差別禁止」を具体的に保障しているといえよう。その具体的規範としての「差別の禁止」の規範内容を考えるにあたっては、背景原理である「基底としての地位の平等」がその解釈原理となる。また、憲法14条は、具体的規範としての「差別の禁止」について、「性差別」の形態を限定せず、「基底としての地位の平等」への侵害をもたらす「あらゆる形態の差別」を禁止していると考える[25]。たしかに、憲法14条の性差別禁止の基本かつ出発点となったのは「男女別取扱いの禁止」であるが、社会の変化に伴い、性差別として問題となる形態は変化する。憲法14条が禁止する性差別は、「男女別取扱い」に止まるものではない。

そこで、憲法14条における具体的規範としての性差別禁止について、近時の学際的な「差別とは何か」に関する論議にその手がかりを求めつつ、検討してみたい。

差別に関する学際的論争のひとつは、差別の本質は「差異」か「支配と従属」かの争いであり、それを反映した形で、日本法の差別概念の解釈についても、差別は「別異取扱い」なのか「スティグマの押しつけ、ないし地位の格下げ」なのかが論議となっている[26]。思うに、社会実態と法規範とは区別して考えるべきであり、社会実態としての差別の本質論から直ちに法的差別概念を導くことには、飛躍があるように思われる。たしかに、社会実態としての性差別は、歴史的にみるならば、その基幹をなしてきた女性差別の本質は、女性集団に対する抑圧・劣位化／男女の集団的ヒエラルキーという権力関係[27]にあったと捉えることができるであろう。しかし、集団としての女性に向けられた抑圧・劣位化であっても、それが個々人に与える影響は一律ではなく、法的救済として女性集団／男性集団を一律に捉えた法理を正当化することは、特別の場合を除い

25)　この点で、Fredman のいうように「平等の権利は開かれた原則」[Fredman 2016a：720、邦訳25] であって、国連女性差別撤廃条約 1 条が、「あらゆる形態の差別」の撤廃を規定して、「差別」の定義を限定していないことと通底すると考える。

26)　[安西 1992-1999] [安西 1999] 参照。

27)　ただし、筆者は、「支配と従属」論を主張する McKinon とは異なり、「男性の女性に対する支配」が性差別の本質であるとは捉えない。社会・経済・雇用構造として男女のヒエラルキーが組み込まれ「男性対女性」「男女間の格差」の形で表れていると考えるからである。

ては困難である[28]。また、法規範としての「性差別の禁止」は、あくまでも「個人の尊厳」を基礎とし個に立脚した規範である。したがって、集団的劣位化による各構成員への侵害の分析を土台として、上位規範である「（個々人における）基底としての地位の平等」を解釈原理としながら、法的規範として個人の尊厳の視点から構築し直す作業が必要と思われる。

そこで、（各人にとって）性差別とは、どのような侵害なのか、が改めて問題となる。この点に関しては、Nancy Fraser らにより、性差別の侵害には、政治経済的構造に根ざした権利や利益の配分上の不正義という側面と、文化価値的なアイデンティティの否定（承認の否定）[29]の側面がある旨が明らかにされてきた。また、前述したように、Fredman は、上記 Fraser らの研究を土台として「実質的平等（substantive equality）」について、４つの次元（資源や利益の再配分、アイデンティティの承認、構造的変革、参加）からなる分析枠組みを提起している（第８章第３節）。この Fredman の提起は、「基底的な地位の平等」を保障するために不可欠な４つの視点の提示、と理解できるのではなかろうか。いいかえれば、上位規範たる「基底的な地位の平等」という法理念を実現するためには、上記の４視点からの具体的な派生規範が必要となる。そして、その具体的派生規範としての性差別禁止規範を考えたとき、上記の侵害の内容からして、いずれの側面においても、性に基づく「別異取扱い」を禁止し、「男女同一ないし一貫した取扱い」を保障しただけでは――仮に法律上だけなく事実上の保障も求めたとしても――性差別という侵害を否定して「基底として地位の平等」を保障するに足るものではない。なぜなら、男女が等しい尊重と配慮を受けるためには、権利や利益の享受する上で障壁となっている諸制度を排除・是正し、また、同一取扱いを超えた、固有のニーズへの配慮なども必要になるからである。たとえば、間接性差別禁止法理は、上記の性別役割分業を土台とした諸制度により一方の性に属する者にとっての障壁が生み出され、権利や利益の享受が害されることに対して、性差別効果からその障壁の存在を洗い出し

28）一方の性に対する特別の措置が認められる場合として、妊娠・出産などの生物学的差別による領域や、性差別是正に不可欠かつ相当な場合（イスラム圏の女子を対象とした特別教育プログラムなど、比例性審査による精査が要件となる）が考えられる。

29）「『承認』という語は……各人が対等であると同時に独立した存在とみなすような主体間の理想的な相互関係を意味している」[Fraser /Honneth 2003：邦訳11]。

禁止する法理であり、「基底としての地位の平等」を保障するために不可欠な具体的規範である[30]。

従来の憲法14条の「性差別禁止」を「男女別取扱い禁止」に限定して考える学説は、日本国憲法は「同一取扱い」を超えて実質的な平等を実現するための保障は――上記の Fredman のいう配分的正義／財の再配分や潜在能力の開発などが該当すると思われる――社会権に委ねていると解する。しかし、これは、「平等」という“社会における各人の地位ないし関係性”の問題を、“個々人の法益に着目した権利の保障”の範囲や法的手段の問題として捉えるという、論理の混乱があるのではなかろうか。私見によれば、たとえば、間接性差別禁止は、平等実現にとり障壁となっている制度やシステムを禁止する規範として、現代社会において「基底としての地位の平等」という上位規範を実現するために不可欠な具体的ルールであり、憲法14条１項がいう差別禁止に含まれると考える。

(3)　憲法14条の現代的解釈に基づく差別禁止法の再構築

このように憲法14条の「平等の権利」を、個人の尊厳を基礎的価値におく、実質的平等を保障する規範ととらえるならば、同条が禁止する「性差別」として、直接差別（男女別取扱い）以外にも、より広く差別類型を見出すことが可能かつ必要となる。少なくとも、前述した間接差別のほか、妊娠・出産に関する差別、ハラスメントが含まれると解されるし、また、消極的な差別禁止だけではなく平等実現のための積極的措置も、平等の権利の内容となる（ただし、基本的には立法府が措置を策定する義務を負い、司法審査は、立法不作為の違法ないし説明義務違反の範囲と考える）。

そして、こうした憲法上の保障の下に、とりわけ私人間での効力を明確化し具体化するために、差別に関する法律の改正および再構築が重要となる。

第１に、現行法に関してみれば、まず、均等法については、間接性差別禁止

---

30)　私見に対しては、どこまでが、憲法14条の保障する性差別禁止規範の範疇に入るのか、その外延が不明確で憲法上の権利性を弱める、ないし立法政策に委ねられた領域との批判もあり得よう。しかし、これは、社会の変化に則して憲法規範を解釈・適用する際には必ず直面する問題でもある。立法政策という多数決原理に委ねられる問題としてではなく、憲法上の規範内容の解釈として、現代社会の実態に則した形で、具体的内容を「基底としての地位の平等」から見い出す作業であると考える。

の対象が政令事項に限定されているが、憲法14条にもとづき包括的に禁止されていると解される。省令が規定する間接差別類型は、間接性差別であることの立証が不要である点で意義を有するものと解されなければならない。今後、省令事項を拡充するとともに、間接差別の包括的禁止を法律上明記することが求められる。また、「妊娠・出産に関する不利益取扱い」および「性に基づくハラスメント」については、これらが性差別であることの解釈上の確立が必要であるとともに、法文上に明記し、前者については、妊娠・出産に起因して生じた労働能力の低下・不能の場合も対象とし、また、妊産婦固有のニーズへの配慮義務違反が含まれることを、さらに、後者のハラスメントについては、具体的定義ないし比例性審査基準などの判断枠組みを規定することが求められる。さらに、積極的差別是正に関しては、全労働者を対象とする措置や個別是正措置を含めて、必要な措置の導入・適用が使用者の法的義務であることを明記し、また、一方の性に対する優遇措置が必要な場合の判断枠組みを規定することが求められる。

また、育児介護休業法や女性活躍推進法等のワーク・ライフ・バランスに関する諸法律についても、基本的人権としての性平等の保障の視点から、その内容が充分であるか否かを再検討し、拡充していくことが必要である。

さらに、従来は、性平等の保障の問題とは認識されて来なかった、労働時間規制や教育訓練に関する法規定に関しても、性平等の視点からの再検討が必要である。

第２に、差別禁止法の再構築という点では、性以外の差別事由を広く含む包括的差別禁止法を立法し、また、複合差別や交差差別の事案に関する立証責任や責任負担に関する規定を設けることが課題となる。

第３に、本書ではほとんど触れられなかったが、今後の課題として、パートや有期契約など雇用形態に関する不利益取扱いについても、現在は政策的観点からの形式的平等に基づく法規定となっている[31]が、憲法14条の差別禁止の保障の一つとして、実質的平等保障を及ぼすことの検討が必要となる。

31）　そのため比較対象者の存在が法律要件となっており（旧労働契約法20条、改正短時間労働者・有期雇用労働者法 8-12条）、不利益是正の大きな障害となっている（メトロコマース事件・東京地判平29・３・23 労判1154号５頁等）。

おわりに

EU 法では、2009年リスボン条約の発効により、基本権憲章に法的拘束力が付与され、EU 法上、はじめて基本的人権が第一次法源として規定された。これまで条約上唯一の規定だった男女同一賃金原則にくわえて、人間の尊厳（1条）、法の前の平等（20条）、あらゆる差別の禁止（21条）、多様性（22条）、男女平等の確保（23条）などが第一次法源として加わり、さらに、連帯（第4章）や市民の権利（第5章）も規定されるようになった。今後の性平等法の発展に向けての土台が築かれたといえよう。

EU 性差別禁止法の今後の課題としては、構造的差別に対抗するための差別構造変革アプローチを後退させずにさらに推進すること、そのためにも多元的平等の本格的具体的化が求められている。これまでのパッチワーク的な法理の発展から、個人の尊厳やあらゆる差別の禁止、男女平等の確保という第一次法源を上位規範として、その下で、形式的性平等法理を基本におきつつも、その限界を超える諸法理を拡充し、かつ理論的体系的に整備・再構築しながら展開することが期待される。

しかし、近年、EU において、厳格な形式的平等を目的とする比較可能性モデルが、性差別領域一般に定着しつつあることも、厳然たる事実である。EU 法は、この混乱と後退をどのように克服し、法規範を発展させていくのだろうか。EU 法が、今後、基本権憲章が目的とする多様性を尊重した平等や、共同体の主体としての平等な地位と尊重という視点から、形式的平等の限界を超えて、差別構造を変革し性平等の保障内容を拡充していくとすれば、そこにおいては、本書がとりあげた「実質的平等」の意味や位置づけの明確化が重要な課題とならざるをえない。EU 法が今後、どのような現代における性平等の理論と法理を構築していくのか、その動向に注目しつつ、現在社会における性差別禁止法のあり方について考えていきたい。

引用欧州司法裁判所判例一覧

判決日、事件番号、事件当事者（太字が本文記載の事件名）、掲載判例集

1963-02-05 Case 26/62, **Van Gend en Loos** v Nederlandse Administratie der Belastingen [1963] ECR 1
1964-07-15 Case 6/64, **Costa** v ENEL [1964] ECR 585
1971-05-25 Case 80/70, Defrenne v Belgiun State (**Defrenne I**) [1971] ECR 445
1972-06-07 Case 20/71, **Sabbatini**, née Bertoni v Parliament [1972] ECR 345
1972-06-07 Case 32/71, **Chollet**, née Bauduin v Commission [1972] ECR 363
1974-02-12 Case 152/73, **Sotgiu** v Deutsche Bundespost [1974] ECR 153
1976-04-08 Case 43/75, Defrenne v SABENA (**Defrenne II**) [1976] ECR 455
1978-03-09 Case 106/77, Amministrazione delle finanze dello Stato v **Simmenthal** [1978] ECR 629
1978-06-15 Case 149/77, Defrenne v Sabena (**Defrenne III**) [1978] ECR 1365
1979-02-20 Case 120/78, Rewe-Zentral AG v Bundesmonopolverwaltung für Branntwein (**Cassis de Dijon**) [1979] ECR 649
1979-07-12 Case 237/78, CRAM v Palermo, née **Toia** [1979] ECR 2645
1980-03-27 Case 129/79, **Macarthys** v Smith [1980] ECR 1275
1981-03-11 Case 69/80, **Worringham** and Humphreys v Lloyds Bank [1981] ECR 767
1981-03-31 Case 96/80, **Jenkins** v Kingsgate [1981] ECR 911
1982-02-09 Case 12/81, **Garland** v British Rail [1982] ECR 359
1982-02-16 Case 19/81, **Burton** v British Railways Board [1982] ECR 554
1983-10-26 Case 163/82, **Commission** v **Italy** [1983] ECR 3273
1983-11-08 Case 165/82, **Commission** v **United Kingdom** [1983] ECR 3431
1984-03-20 Case 75 and 117/82, **Razzouk** and Others v Commission [1984] ECR 1509
1984-07-12 Case 184/83, **Hofmann** v Barmer Ersatzkasse [1984] ECR 3047
1984-12-13 Case 106/83, **Sermide** v Cassa Conguaglio Zucchero and others [1984] 4209
1986-02-26 Case 152/84, **Marshall** v Southampton and South-West Hampshire Area Health Authority [1986] ECR 723
1986-05-13 Case 170/84, **Bilka**-Kaufhaus v Weber von Hartz [1986] ECR1607

1986-05-15 Case 222/84, **Johnston** v Chief Constable of the RUC [1986] ECR 1651
1987-06-11 Case 30/85, **Teuling** v Bedrijfsvereniging voor de Chemische Industrie [1987] ECR 2497
1988-02-04 Case 157/86, **Murphy** v An Bord Telecom Eireann [1988] ECR 673
1988-06-30 Case 312/86, **Commission** v **France** [1988] ECR 6315
1989-07-13 Case 171/88, **Rinner-Kühn** v FWW Spezial-Gebäudereinigung [1989] ECR 2743
1989-10-17 Case 109/88, Handels-og Kontorfunktionærernes Forbund i Danmark (acting for **Danfoss**) v Dansk Arbejdsgiverforening [1989] ECR 3199
1989-12-13 Case C-102/88, **Ruzius-Wilbrink** v Bedrijfsvereniging voor Overheidsdiensten [1989] ECR 4311
1990-05-17 Case C-262/88, **Barber** v Guardian Royal Exchange Assurance Group [1990] ECR I-1889
1990-06-27 Case C-33/89, **Kowalska** v Freie und Hansestadt Hamburg [1990] ECR I-2591
1990-11-08 Case C-177/88, **Dekker** v Stichting Vormingscentrum voor Jong Volwassenen [1990] ECR I-3941
1990-11-08 Case179/88, Handels- og Kontorfunktionærernes Forbund (acting for Hertz) v Dansk Arbejdsgiverforening [1990] ECR I-3979
1991-02-07 Case C-184/89, **Nimz** v Freie und Hansestadt Hamburg [1991] ECR I-297
1991-05-07 Case C-229/89, **Commission** v **Belgium** [1991] ECR I-2205
1991-07-25 Case C-345/89, Criminal Proceedings against **Stoeckel** [1991] ECR I-4047
1992-06-04 Case C-360/90, Arbeiterwohlfahrt der Stadt Berlin v **Bötel** [1992] ECR1-3589
1992-07-16 Case C-63/91, 64/91, **Jackson** and Cresswell v Chief Adjudication Officer [1992] ECR1-4737
1992-11-19 Case C-226/91, **Molenbroek** v Sociale Verzekeringsbank [1992] ECR I-5943
1993-10-27 Case C-127/92, **Enderby** v Frenchay Health Authority [1993] ECR I-5535
1993-11-09 Case C-132/92, Birds Eye Walls v **Roberts** [1993] ECR I-5579
1993-11-30 Case C-189/91, **Kirsammer-Hack** v Sidal [1993] ECR I-6185
1994-02-03 Case C-13/93, Office national de l'emploi v **Minne** [1994] ECR I-371
1994-02-24 Case C-343/92, **De Weerd, née Roks** v Bestuur van de Bedrijfsvereniging voor de Gezondheid [1994] ECR I-571
1994-05-05 Case C-421/92, **Habermann-Beltermann** v Arbeiterwohlfahrt [1994] ECR I-1657
1994-07-14 Case C-32/93, **Webb** v EMO Air Cargo [1994] ECR I-3567
1994-09-28 Case C-408/92, **Smith** v Avdel Systems [1994] ECR I-4435
1994-12-15 Case C-399/92, C-409/92, C-425/92, C-34/93,C-50/93,C-78/93, Stadt Lengerich v **Helmig** [1994] ECR I-5727
1995-02-14 Case C-279/93, Finanzamt Köln-Altstadt v **Schumacker** [1995] ECR I- 225
1995-05-31 Case C-400/93, Specialarbejderforbundet i Danmark v Dansk Industri (acting for **Royal Copenhagen** A/S) [1995] ECR I-1275
1995-10-17 Case C-450/93, **Kalanke** v Freie Hansestadt Bremen [1995] ECR I-3051

1995-12-14 Case C-317/93, **Nolte** v Landesversicherungsanstalt Hannover [1995] ECR I-4625
1995-12-14 Case C-444/93, **Megner** and Scheffel v Innungskrankenkasse Vorderpfalz [1995] ECR1-4741
1996-02-01 Case C-280/94, **Posthuma-van Damme** v Bestuur van de Bedrijfsvereniging voor Detailhandel [1996] ECR I-179
1996-02-06 Case C-457/93, Kuratorium für Dialyse und Nierentransplantation v **Lewark** [1993] ECR I-243
1996-02-08 Case C-8/94, **Laperre** v Bestuurscommissie [1996] ECR I-273
1996-02-13 Case C-342/93, **Gillespie** and Others v Northern Health and Social Services Boards [1996] ECR I-475
1996-03-07 Case C-278/93, **Freers** and Speckmann v Deutsche Bundespost [1996] ECR I-1165
1996-05-23 Case C-237/94, **O'Flynn** v Adjudication Officer [1996] ECR I-2617
1997-05-29 Case C-400/95, **Larsson** v Føtex Supermarked [1997] ECR I-2757
1997-10-02 Case C-1/95, **Gerster** v Freistaat Bayern [1997] ECR I-5253
1997-10-02 Case C-100/95, **Kording** v Senator für Finanzen [1997] ECR I-5289
1997-11-11 Case C-409/95, **Marschall** v Land Nordrhein-Westfalen [1997] ECR I-6363
1998-04-30 Case C-136/95, CNAVTS v **Thibault** [1998] ECR I-2011
1998-06-17 Case C-243/95, **Hill** and Stapleton v Revenue Commissioners [1998] ECR I-3739
1998-06-30 Case C-394/96, **Brown** v Rentokil [1998] ECR I-4185
1998-10-27 Case C-411/96, **Boyle** and Others v EOC [1998] ECR I-6401
1998-11-19 Case C-66/96, Handels- og Kontorfunktionærernes Forbund i Danmark (acting for **Pedersen**) v Fællesforeningen for Danmarks Brugsforeninger [1998] ECR I-7327
1999-02-09 Case C-167/97, R v Secretary of State for Employment, ex parte **Seymour-Smith** and Perez [1999] ECR I-623
1999-05-11 Case C-309/97, Angestelltenbetriebsrat der Wiener Gebietskrankenkasse v **Wiener Gebietskrankenkasse** [1999] ECR I-2865
1999-09-09 Case C-281/97, **Krüger** v Kreiskrankenhaus Ebersberg [1999] ECR I-5127
1999-09-14 Case C-249/97, **Gruber** v Silhouette International Schmied GmbH & Co. KG. [1999] ECR I-5295
1999-09-16 Case C-218/98, **Abdoulaye** v Régie Nationale des Usines Renault SA [1999] ECR I-5723
1999-10-21 Case C-333/97, **Lewen** v Denda [1999] ECR I-7243
1999-10-26 Case C-273/97, **Sirdar** v Secretary of State for Defence etc. [1999] ECR I-7403
2000-01-11 Case C-285/98, **Kreil** v Bundesrepublik Deutschland [2000] ECR I-69
2000-02-03 Case C-207/98 **Mahlburg** v Land Mecklenburg-Vorpommern [2000] ECR I-549
2000-02-10 Case C-50/96 Deutsche Telekom AG v **Schröder** [2000] ECR1-743
2000-03-28 Case C-158/97, **Badeck** v Landesanwalt beim Staatsgerichtshof des Landes Hessen [2000] ECR I-1875

2000-03-30 Case C236-98, Jämställdhetsombudsmannen v Örebro läns landsting (JämO) [2000] ECR I-2189
2000-04-06 Case C-226/98, **Jørgensen** v Foreningen af Speciallæger [2000] ECR I-2447
2000-07-06 Case C-407/98, **Abrahamsson** v Elisabet Fogelqvist [2000] ECR I-5539
2000-12-07 Case C-79/99, **Schnorbus** v Land Hessen [2000] ECR I-10997
2001-06-26 Case C-381/99, **Brunnhofer** v Bank der österreichischen Postsparkasse AG [2001] ECR I-4961
2001-10-04 Case C-438/99, **Melgar** v Ayuntamiento de Los Barrios [2001] ECR I-6915
2001-10-04 Case C-109/00, **Tele Danmark** A/S v Handels- og Kontorfunktionærernes Forbund i Danmark [2001] ECR I-6993
2001-11-29 Case C-366/99, **Griesmar** v Ministre de l'Economie [2001] ECR I-9383
2001-12-13 Case C-206/00, **Mouflin** v Recteur de l'académie de Reims [2001] ECR I-10201
2002-03-19 Case C-476/99, **Lommers** v Minister van Landbouw [2002] ECR I-2891
2002-09-17 Case C-320/00, **Lawrence** v Regent Office Care Ltd [2002] ECR I-7325
2003-02-27 Case C-320/01, **Busch** v Klinikum Neustadt GmbH [2003] ECR I-2041
2003-03-11 Case C-186/01, **Dory** v Bundesrepublik Deutschland [2003] ECR I-2479
2003-03-20 Case C-187/00, **Kutz-Bauer** v Freie und Hansestadt Hamburg [2003] ECR I-2741
2003-09-09 Case C-25/02, **Rinke** v Ärztekammer Hamburg [2003] ECR I-8349
2003-09-11 Case C-77/02, **Steinicke** v Bundesanstalt für Arbeit [2003] ECR I-9027
2003-10-23 Case C-4/02, C-5/02, **Schönheit** v Stadt Frankfurt am Main (C-4/02) and Silvia Becker v Land Hessen (C-5/02). [2003] ECR I-12575
2004-01-13 Case C-256/01, **Allonby** v Accrington & Rossendale College [2004] ECR I-873
2004-03-18 Case C-342/01, **Merino Gómez** v Continental Industrias del Caucho SA [2004] ECR I-2605
2004-03-30 Case C-147/02, **Alabaster** v Woolwich plc and Secretary of State for Social Security [2004] ECR I-3101
2004-05-27 Case C-285/02, **Elsner-Lakeberg** v Land Nordrhein-Westfalen [2004] ECR I-5861
2004-06-08 Case C-220/02, **Österreichischer Gewerkschaftsbund** v Wirtschaftskammer Österreich [2004] ECR I-5907
2004-09-30 Case C-319/03, **Briheche** v Ministre de l'Intérieur [2004] ECR I-8807
2004-10-12 Case C-313/02, **Wippel** v Peek & Cloppenburg GmbH & Co. KG [2004] ECR I-9483
2004-11-18 Case C-284/02, Land Brandenburg v **Sass** [2004] ECR I-11143
2004-12-09 Case C-19/02, **Hlozek** v Roche Austria Gesellschaft mbH [2004] ECR I-11491
2005-02-01 Case C-203/03, Commission v **Austria** [2005] ECR I-935
2005-03-10 Case C-196/02, **Nikoloudi** v OTE [2005] ECR I-1789
2005-04-14 Case C-519/03, Commission v **Luxembourg** [2005] I-3067
2005-09-08 Case C-191/03, North Western Health Board v **McKenna** [2005] ECR I-7631
2005-11-22 Case C-144/04, Werner **Mangold** v Rüdiger Helm [2005] ECR I-9981

2006-02-16 Case C-294/04, Sarkatzis **Herrero** v Imsalud [2006] ECR I-1513
2006-10-03 Case C-17/05, **Cadman** v Health & Safety Executive [2006] ECR I-9583
2007-09-11 Case C-227/04 P, **Lindorfer** v Council [2007] ECR I-6767
2007-10-11 Case C-460/06, **Paquay** v Société d'architectes Hoet + Minne SPRL [2007] ECR I-8511
2007-12-06 Case C-300/06, **Voß** v Land Berlin [2007] ECR I -10573
2008-02-26 Case C-506/06 **Mayr** v Flöckner OHG [2008] ECR I-1017
2008-07-17 Case C-303/06 **Coleman** v Attridge Law and Steve Law [2008] ECR I-5603
2009-07-16 Case C-537/07, Gómez-Limón **Sánchez-Camacho** v INSS et al. [2009] ECR I-6525
2010-07-01 Case C-194/08, **Gassmayr** v Bundesminister für Wissenschaft und Forschung [2010] ECR I-6281
2010-07-01 Case C-471/08, **Parviainen** v Finnair Oyj [2010] ECR I-6533
2010-09-30 Case C-104/09, **Roca Álvarez** v Sesa Start España ETT SA [2010] ECR I-8661
2010-11-18 Case C-356/09, Pensionsversicherungsanstalt v **Kleist** [2010] ECR I-11939
2011-03-01 Case C-236/09, Association Belge des Consommateurs **Test-Achats** ASBL v Conseil des ministres [2011] ECR I-773
2011-05-10 Case C-147/08, **Römer** v Freie und Hansestadt Hamburg [2011] ECR I-3591
2011-07-21 Case C-104/10, **Kelly** v National University of Ireland [2011] ECR I- 6813
2011-10-20 Case 123/10, **Brachner** v Pensionsversicherungsanstalt [2011] ECR I- 10003
2012-04-19 Case C-415/10, **Meister** v Speech Design Carrier Systems GmbH. ECLI:EU:C:2012:217
2013-02-28 Case C-427/11, **Kenny** v Minister for Justice, ECLI:EU:C:2013:122
2013-06-20 Case C-07/12, **Riežniece** v Zemkopības ministrija, ECLI:EU:C:2013:410
2014-03-06 Case C-595/12, **Napoli** v Ministero della Giustizia ECLI:EU:C:2014:128
2014-03-18 Case C-167/12 **C.D.** v S.T., ECLI:EU:C:2014:169
2014-03-18 Case C-363/12, **Z.** v A Government department, ECLI:EU:C:2014:159
2014-07-17 Case C-173/13, **Leone** v Garde des Sceaux et al.ECLI:EU:C:2014:2090
2015-04-14 Case C-527/13, Cachaldora **Fernández** v INSS & TGSS, ECLI:EU:C:2015:215
2015-07-16 Case C-222/14, **Maïstrellis** v Ypourgos Dikaiosynis, Diafaneias kai Anthropinon Dikaiomaton, ECLI:EU:C:2015:473
2016-07-14 Case C-335/15, **Ornano** v Ministero della Giustizia, Direzione Generale dei Magistrati del Ministero, ECLI:EU:C:2016:564
2017-10-18 Case C-409/16, Ypourgos Esoterikon v **Kalliri**, ECLI:EU:C:2017:767
2017-10-19 Case C-531/15, **Otero Ramos** v Servicio Galego de Saúde, ECLI:EU:C:2017:789
2018-01-18 Case C-270/16, Ruiz Conejero v Ferroser Servicios Auxiliares SA, ECLI:EU:C:2018:17

引用・参考文献一覧（英文）

Ahtela, Karoliina［2005］：'The Revised Provisions on Sex Discrimination in European Law: A Critical Assessment'（2005）11(1)European Law Journal 57-78
※本文中の引用では［Ahtela 2005：(該当頁)］と記す（以下、同じ）
Albertyn, Catherine［2007］：'Substantive Equality and Transformation in South Africa'（2007）23(2) South African Journal on Human Rights 253-276
Albertyn, Catherine ／ Fredman, Sandra ／ Fudge, Judy［2007］：'Introduction: Substantive Equality, Social Rights and Women: A comparative Perspective'（2007）23 (2) South African Journal on Human Rights 209-213
Anderson, Elizabeth S.［1999］：'What Is the Point of Equality?'（1999）109 Ethics 287-337
Bamforth, Nicholas［2004］：'Conceptions of Anti-Discrimination Law'（2004）24(4)Oxford Journal of Legal Studies 693-716
Bamforth, Nicholas ／ Malik, Maleiha ／ O'Cinneide, Colm［2008］：*Discrimination Law: Theory and Context*（Sweet & Maxwell, 2008）
Barmes, Lizzie［2009］：'Equality Law and Experimentation: The Positive Action Challenge' 68(3)Cambridge Law Journal（2009）623-654
Barmes, Lizzie ／ Ashtiany, Sue［2003］：'The Diversity Approach to Achieving Equality: Potential and Pitfalls'（2003）32(4)Industrial Law Journal 274-296
Barrett, Gavin［2003］：'Re-examing the Concept and Principle of Equality in EC Law, Discrimination, Equality and Social'（2003）22(1)Years Book of European Law 117-153
Barnard, Catherine［2004］：'The Future of Equality Law: Equality and Beyond' in Barnard, Catherine ／ Deakin, Simon ed. *The Future of Labour Law*（Hart Publishing, 2004）213-228
――――――［2006］：*EC Employment Law 3rd ed.*（Oxford Univ. Press, 2006）
――――――［2007］：'Social Policy Revisited in the Light of the Constitutional Debate', in *The Fundamental of EU Law Revised: Assessing the impact of the Constitutional Debate*（Oxford Univ. Press, 2007）109-151
――――――［2012］：*EU Employment Law 4th ed.*（Oxford Univ. Press, 2012）
Barnard, Catherine ／ Hepple, Bob［1999］：'Indirect Discrimination: Interpreting Seymour-Smith'（1999）58(2) Cambridge Law Journal 399-412

———— [2000]：'Substantive Equality'（2000）59(3)Cambridge Law Journal 562-585

Barrett,Gavin [2003]：'Re-examining the Concept and Principle of Equality in EC Law'（2003）22 Yearbook of European Law 117-153

Beck, Gunnar [2007]：'The state of EC anti-sex discrimination law and the judgment in Cadman, or how the legal can become the political'（2007）32(4) European Law Review 549-562

Bell, Mark [2000]：'Equality and Diversity: Anti-discrimination Law after Amsterdam' in Shaw ed. *Social Law and Policy in an Evolving European Union*（Hart Publishing, 2000）157-170

———— [2002]：*Anti-Discrimination Law and the European Union*（Oxford Univ. Press, 2002）

———— [2004]：'Equality and the European Union Constitution' Industrial Law Journal（2004）33(3)242-260

———— [2005]：'Walking in the Same Direction ? The Contribution of the European Social Charter and the European Union to Combating Discrimination'（2005）in De Búrca and Witte ed., *Social Rights in Europe*（Oxford. Univ. Press, 2005）

———— [2011]：'The Principle of Equal Treatment: Widening and Deepening'（2011）in Craig, Paul ／ De Búrca, Gráinne ed. *The Evolution of EU Law 2nd ed.*（Oxford Univ. Press, 2011）611-639

Bell, Mark ／ Waddington, Lisa [2003]：'Reflecting on Inequalityies in European equality law'（2003）28(3) European Law Review 349-369

———— [2011]：'Exploring the Boundaries of Positive Action under EU Law: A Search for Conceptual Clarity'（2011）48(5)Common Market Law Review 1503-1526

Boch, Christine [1998]：'Official: During Pregnancy, Females are Pregnant'（1998）23 European Law Review 493

Bowers, John ／ Moran, Elena [2002]：'Justification in Direct Sex Discrimination Law: Breaking the Taboo'（2002）31(4)Industrial Law Journal 307-320

Brest, Paul [1976]：'The Supreme Court 1975 Term, Foreword: In Defense of the Antidiscrimination Principle'（1976）90(1)Harvard Law Review 1-54

Burri, Susanne ／ Prechal, Sacha [2009]：'Comparative approaches to gender equality and non-discrimination within Europe' in Schiek, Dagmar ／ Chege, Victoria ed., *European Union Non-Discrimination Law*（Cavendish, 2009）215-247

Burrows, Noreen ／ Robison, Muriel [2007]：'An Assessment of the Recast of Community Equality Laws'（2007）13(2)European Law Journal 186-203

Chamallas, Martha [2013]：*Introduction to Feminist Legal Theory 3rd ed.*（Wolters Kluwer Law & Bbusiness, 2013）

Clarke, Linda [2006]：'Harassment, Sexual Hrassment, and the Employment Equality（Sex Discrimination）Regulations 2005'（2006）35(2)Industrial Law Joural 161-178

Colker, Ruth [1986]：'Anti-Subordination above All: Sex, Race, and Equal Protection'

(1986) 61(6) New York University Law Review 1003-1066

Collins, Hugh［2003a］: 'Discrimination, Equality and Social Inclusion' 66 Modern Law Review 16-43

――――［2003b］: *Employment Law*, (Oxford Univ. Press, 2003) ＝イギリス労働法研究会訳『イギリス雇用法』［成文堂、2008年］)

――――［2005］: 'Social Inclusion: A Better Approach to Equality Issues ?' (2005) 14 Transnational Law & Contemporary Problems 897-918

――――［2011］: 'Theories of Rights as Justifications for Labour Law' (2011) in Guy Davidov ／ Brian Langille ed., *The Idea of Labour Law* (Oxford Univ. Press) 137-155

Costello, Cathryn ／ Davies Gareth［2006］: 'The case law of the Court of Justice in the field of sex equality since 2000' (2006) 43(6) Common Market Law Review 1567-1616

Cunningham, Naomi［2009］: 'Indirect Discrimination: Between the Wheat and the chaff' (2009) 38(2) Industrial Law Journal 209-214

Craig, Paul ／ De Búrca, Gráinne［2015］: *EU Law: Text, Cases, and Materials 6th ed.* (Oxford Univ. Press, 2015)

Dashwood, Alan ／ O'Leary, Síofra ed.［1997］: *The Principle of Equal Treatment in EC Law* (Sweet & Maxwell, 1997)

De Schutter, Olivier［2007］: 'Positive Action' (2007) in［Schiek ／ Warrington ／ Bell 2007 : 757-869］

Deakins, Simon/ Morris, S Gillian［2012］: *Labour Law 6th ed.* (Hart Publishing, 2012)

Dine, Janet/ Watt, Bob［1995］: 'Sexual Harassment: Moving Away From Discrimination' (1995) 58 Modern Law Review 343-363

Doyle, Braian ／ Casserley, Catherine ／ Cheetham, Simon ／ Gay, Vivienne ／ Hyams, Oliver［2010］: *Equality and Discrimination, The New Law* (Jordan Publishing Limited, 2010)

Driessen-Reilly, Miriam ／ Driessen, Bart［2003］: 'Don't shoot the messenger: a look at Community Law relating to harassment in the workplace' (2003) 28(4) European Law Review 493-507

Dworkin, Ronald［1977］: *Taking Rights Seriously* (Bloomsbury Academic, 1997) ＝木下毅ほか訳『権利論（増補版）』（木鐸社、2003年）、小林公訳『権利論Ⅱ』（木鐸社、2001年）

――――［1985］: *A Matter of Principle* (Harvard Univ. Press, 1986) ＝森村進ほか訳『原理の問題』（岩波書店、2012年）

――――［2000］: *Sovereign Virtue: The Theory and Practice of Equality* (Harvard Univ. Press, 2000) ＝小林公ほか訳『平等とは何か』（木鐸社、2002年）

Ellis, Evelyn［1993］: 'Protection of Pregnancy and Maternity' (1993) 22(1) Industrial Law Journal 63-67

――――［1994］: 'The Definition of Discrimination in European Community Sex Equality Law' (1994) 19(6) European Law Review 563-580

――――［1998］: 'Recent Developments in European Community Sex Equality Law' (1998) 35(2) Common Market Law Review 379-408

―――― [2000]：'The Recent Jurisprudence of the Court of Justice in the Field of Sex Equality' 37(6) Common Market Law Review (2000) 1403-1426

―――― [2005]：*EU Anti-Discrimination Law* (Oxford Univ. Press, 2005)

Ellis, Evelyn ／ Watson, Philippa [2012]：*EU Anti-Discrimination Law 2nd ed.* (Oxford Univ. Express, 2012)

Fenwick, Helen ／ Hervey, Tamara K. [1995]：'Sex Equality in the Single Market: New Directions for the European Court of Justice' (1995) 32(2) Common Market Law Review 443-470

Fiss, Owen M. [1976]：'Groups and the Equal Protection Clause' (1976) Philosophy & Public Affairs 107-177

Fitzpatric, Barry ／ Docksey, Christopher ／ Jacqmain Jean [1994]：'Pregnancy as Grounds for Dismissal' (1994) 23(4) Industrial Law Journal 355-359

Forshaw, Simon/ Pilgerstorfer, Marcus [2008]：'Direct and Indirect Discrimination: Is There Something in between ?' (2008) 37(4) Industrial Law Journal 347-364

Foubert, Petra [2002]：*The Legal Protection of the Pregnant Worker in the European Community; sex equality, thought of social and economic policy and comparative leaps to the United States of America* (Kluwer Law International, 2002)

Frank, Katherine M. [1997]：'What's Wrong With Sexual Harassment ?' 49 Stanford Law Review (1997) 691-772

Fraser, Nancy [1997]：*Justice Interruptus, Critical Reflections on the "Postsocialist" Condition* (Routledge, 1997) ＝仲正昌樹監訳『中断された正義――「ポスト社会主義的」条件をめぐる批判的省察』（御茶の水書房、2003年）

Fraser, Nancy ／ Honneth, Axel [2003]：*Redistribution or Recognition?, A political-Philosophical Exchange* (Verso, 2003) ＝ドイツ語版からの加藤泰史訳『再配分か承認か？――政治・哲学論争』（法政大学出版局、2012年）

Fredman, Sandra [1992]：'European Community Discrimination Law: A Critique' (1992) 21(2) Industrial Law Journal 119-134

―――― [1994]：'Equal Pay and Justification' (1994) 23(1) Industrial Law Journal 37-41

―――― [1996]：'The Poverty of Equality: Pensions and the ECJ' (1996) 25(2) Industrial Law Journal 91-109

―――― [1997]：*Women and the Law* (Clarendon Press, 1997)

―――― [2001a]：'Equality: A New Generation ?' (2001) 30(2) Industrial Law Journal 145-168

―――― [2001b]：'Combating Racism with Human Rights: The Right to Equality' in Fredman ed., *Discrimination and Human Rights* (Oxford Univ. Press, 2001) 9-44

―――― [2003]：'The age of Equality' in Fredman ／ Spencer, Sara ed. *Age as an Equality Issue* (Hart Publishing, 2003) 21-69

―――― [2004a]：'Marginalising Equal Pay Laws' (2004) 33(3) Industrial Law Journal 281-285

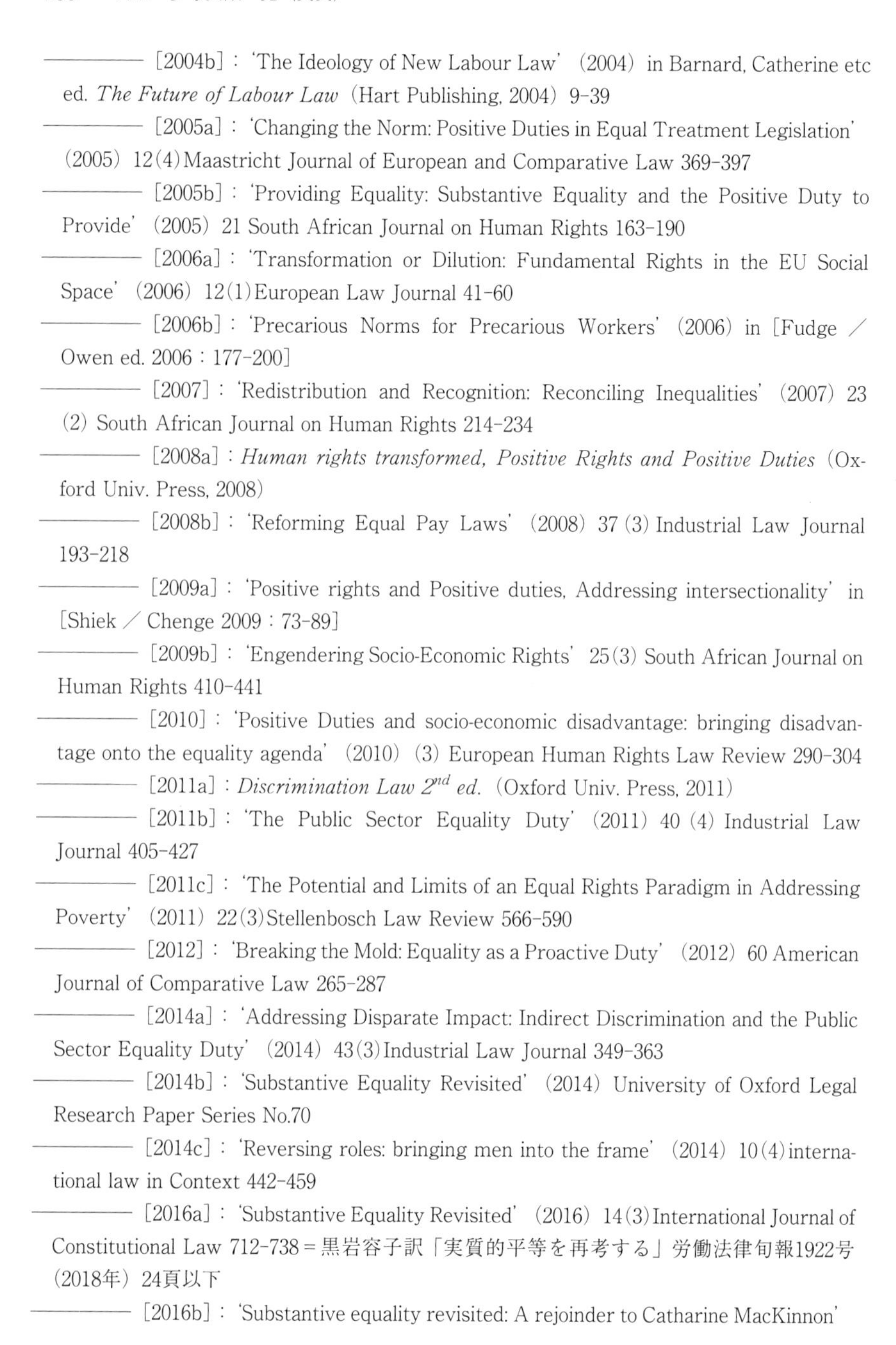

———— [2004b]：'The Ideology of New Labour Law'（2004）in Barnard, Catherine etc ed. *The Future of Labour Law*（Hart Publishing, 2004）9-39

———— [2005a]：'Changing the Norm: Positive Duties in Equal Treatment Legislation'（2005）12(4) Maastricht Journal of European and Comparative Law 369-397

———— [2005b]：'Providing Equality: Substantive Equality and the Positive Duty to Provide'（2005）21 South African Journal on Human Rights 163-190

———— [2006a]：'Transformation or Dilution: Fundamental Rights in the EU Social Space'（2006）12(1) European Law Journal 41-60

———— [2006b]：'Precarious Norms for Precarious Workers'（2006）in [Fudge／Owen ed. 2006：177-200]

———— [2007]：'Redistribution and Recognition: Reconciling Inequalities'（2007）23 (2) South African Journal on Human Rights 214-234

———— [2008a]：*Human rights transformed, Positive Rights and Positive Duties*（Oxford Univ. Press, 2008）

———— [2008b]：'Reforming Equal Pay Laws'（2008）37 (3) Industrial Law Journal 193-218

———— [2009a]：'Positive rights and Positive duties, Addressing intersectionality' in [Shiek／Chenge 2009：73-89]

———— [2009b]：'Engendering Socio-Economic Rights' 25(3) South African Journal on Human Rights 410-441

———— [2010]：'Positive Duties and socio-economic disadvantage: bringing disadvantage onto the equality agenda'（2010）(3) European Human Rights Law Review 290-304

———— [2011a]：*Discrimination Law 2nd ed.*（Oxford Univ. Press, 2011）

———— [2011b]：'The Public Sector Equality Duty'（2011）40 (4) Industrial Law Journal 405-427

———— [2011c]：'The Potential and Limits of an Equal Rights Paradigm in Addressing Poverty'（2011）22(3) Stellenbosch Law Review 566-590

———— [2012]：'Breaking the Mold: Equality as a Proactive Duty'（2012）60 American Journal of Comparative Law 265-287

———— [2014a]：'Addressing Disparate Impact: Indirect Discrimination and the Public Sector Equality Duty'（2014）43(3) Industrial Law Journal 349-363

———— [2014b]：'Substantive Equality Revisited'（2014）University of Oxford Legal Research Paper Series No.70

———— [2014c]：'Reversing roles: bringing men into the frame'（2014）10(4) international law in Context 442-459

———— [2016a]：'Substantive Equality Revisited'（2016）14(3) International Journal of Constitutional Law 712-738＝黒岩容子訳「実質的平等を再考する」労働法律旬報1922号（2018年）24頁以下

———— [2016b]：'Substantive equality revisited: A rejoinder to Catharine MacKinnon'

(2016) 14(3) Intenational Journal of Constitution Law 747-751

――――― [2016c]：'Coming if Age:Socio-economic Rights as Human Rights' (2016) in Fredman, Sandra ／ Megahan Cambell ed. *Social and Economic Rights and Constitutional Law*, Edward (Elgar Publishing, 2016) xi-xli

――――― [2016d]：'The Reason Why: Unravelling Indirect Discrimination' (2006) 45(2) Industrial Law Journal 231-243

Friedman, Gabrielle S ／ Whitman, James Q. [2003]：'The European Transformation of Harassment Law :Discrimination versus Dignity' 9(2) Columbia Journal of European Law (2003) 241-274

Fudge, Judy [2007]：'Substantive Equality, The Supreme Court of Canada, and the Limits to Redistribution' (2007) 23(2) South African Journal on Human Rights 235-252

Fudge, Judy ／ Owens, Rosemary ed. [2006]：*Precarious Work, Women, and the New Economy: The Challenge to Legal Norms* (Hart Publishing, 2006)

Gill, Tess ／ Monaghan, Karon [2003]：'Justification in Direct Sex Discrimination Law: Taboo Upheld' (2003) 32(2) Industrial Law Journal 115-122

Grabham, Emily [2002]：'Law v Canada: New Directions for Equality Under the Canadian Charter ?' (2002) 22(4) Oxford Journal of Legal Studies 641-661

Grant Evandné [2007]：'Dignity and Equality' (2007) 7(2) Human Rights Law Review 299-329

Hepple, Bob [1990]：'Discrimination and Equality of Opportunity—Northern Irish Lessons' (1990) 10(3) Oxford Journal of Legal Studies 408-421

――――― [1997]：'The Principle of Equal Treatment in Article 119 EC and the Possibilities for Reform' (1997) in [Dashwool ／ O'leary 1997：137-152]

――――― [2004]：'Race and Law in Fortress Europe' (2004) 67(1) Modern Law Review 1-15

――――― [2006]：'The European Legacy of Brown v. Board of Education' (2006) 1(3) University of Illinois Law Review 605-624

――――― [2008]：'The Aims of Equality Law' (2008) in *Current Legal Problems 61(1)* (Oxford Univ. Press, 2008) 1-22

――――― [2009]：'Equality at Work' in Hepple,Bob ／ Veneziani Bruno ed., *The Transformation of Labour Law in Europe, A comparative study of 15 countries 1945-2004* (Hart Publishing, 2009) 129-163

――――― [2011]：'Enforcing Equality Law: Two Steps Forward and Two Steps Backwards for Reflexive Regulation' (2011) 40(4) Industrial Law Journal 315-335

――――― [2014]：*Equality, The Legal Framework 2nd ed.* (Hart Publishing, 2014)

Hepple, Bob/ Coussey, Mary ／ Choudhury, Tufyal [2000]：*Equality : A New Framework, Report of the Independent Review of the Enforcement of UK Anti-Discrimination Legislation* (Hart Publidhing, 2000)

Hepple, Bob ／ Szyszczak, Erika M. ed. [1992]：*Discrimination: The Limits of Law*

（Mansell Publishing, 1992）
Hervey, Tamara K.［2005］: 'Thirty years of EU Sex Equality Law: Looking Backwords, Looking Forwards'（2005）12(4) Maastricht Journal of European and Comparative Law 307-325
Holtmaat, Rikki［2009］: 'Sexual Harassment as Sex Discrimination: A Logical Step in the Evolution of EU Sex Discrimination Law or a Step Too Far?' in M. Bulterman et al. ed., *Views of European Kaw From the Mountain : Liber Amicorum Piet Jan Slot*（Kluwer Law International, 2009）27-39
――――［2011］: 'Sexual Harassment and Harassment on the Ground of Sex in EU Law: a Conceptual Clarification'（2011）2 European Gender Law Review 4-13
Holtmaat, Rikki / Tobler, Christa［2005］: 'CEDAW and the European Union's Policy in the Field of Combating Gender Discrimination'（2005）12(4) Maastricht Journal of European and Comparative Law 399-425
Honeyball, Simon［2000］: 'Pregnancy and Sex Discrimination'（2000）29(1) Industrial Law Journal 43-52
Hoskyns, Catherine［1996］: *Integrating Gender, Women, Law and Politics in the European Union*（VERSO, 1996）
Income Data Service Ltd［2010］: *The Equality Act 2010*（Income Data Service Ltd, 2010）
Karst, Kenneth L.［1977］: 'The Supreme Court 1976 Term, Foreword: Equal Citizenship Under The Fourteenth Amendment'（1977）91(1) Harvard Law Review 1-68
――――［1983］: 'Why Equality Matters'（1983）17(2) Georgia Law Review 245-289
――――［1989］: *Belonging to America, Equal Citizenship and the Constitution*（Yale Univ. Press, 1989）
Keller, Perry［1998］: 'Re-Thinking Ethnic and Cultural Rights in Europe'（1998）18(1) Oxford Journal of Legal Studies 29-59
Kenner, Jeff［2003］: *EU Employment Law, From Rome to Amsterdam and Beyond*（2003, Hart Published）
Khaitan, Tabunabh［2015］: *A Theory of Discrimination Law*（Oxford Univ. Press, 2015）
Kilpatrick, Claire［2011］: 'The Court of Justice and Labour Law in 2010: A New EU Discrimination Law Architecture'（2011）40(3) Industrial Law Journal 280-301
Kittay, Eva Feder［1999］: *Love's Labor: Essays on Women, Equality, and Dependency*（Routledge, 1999）＝岡野八代ほか訳『愛の労働あるいは依存とケアの正義論』（白澤社、2010年）
Koldinská, Kristina［2011］: 'Case law of the European Court of Justice on sex discrimination 2006-2011'（2011）48(5) Common Market Law Review 1599-1638
Küchhold, Kristina［2001］: 'Badeck-The Third German Reference on Positive Action'（2001）30(1) Industrial Law Journal 116-120
Kymlicka, Will［2002］: *Contemporary Political Philosophy: An Introduction 2ed.*＝千葉眞ほか訳『新版 現代政治理論』（日本経済評論社、2005年）

Lacey, Nicola [1992]：'From Individual to Group?' in [Hepple /Szyszczak ed., 1992：99-124]

Lester, Anthony [1988]：'The Overseas Trade in the American Bill of Rights'（1988）88 Columbia Law Review 537-561

Liebenberg, Sandra ／ Goldblatt, Beth [2007]：'The Interrelationship between Equality and Socio-Economic Rights under South Africa's Transformative Constitution'（2007）23(2) South African Journal on Human Rights 335-361

MacKinnon, Catharine A. [1979]：*Sexual Harassment of Working Women*（Yale Univ. Press, 1979）＝村山淳彦監訳『セクシャル・ハラスメント オブ ワーキング・ウィメン』（こうち書房、1999年）

———— [2016]：'Substantive equality revisited: A reply to Sandra Fredman'（2016）14(3) Intenational Journal of Constitution Law 739-746

Masselot, Annick [2007]：'The State of Gender Equality Law in the European Union'（2007）13(2) European Law Journal 152-168

McColgan, Aileen [2005]：*Discrimination Law 2nd ed.*（Hart Publishing, 2005）

———— [2014]：*Discrimination, Equality and the Law*（Hart Publishing, 2014）

McCrudden, Christopher [1982]：'Institutional Discrimination'（1982）2(3) Oxford Journal of Legal Studies 303-367

———— [1986]：'Rethinking Positive Action'（1986）15 (1) Industrial law Journal 219-243

———— [2001]: 'International and European Norms Regarding National Legal Remedies For Racial Inequality' in Fredman, Sandra ed. Discrimination and Human Rights, The Case of Racism（Oxford Univ. Press, 2001）

———— [2007]：'Equality Legislation and Reflexive Regulation: a Response to the Discrimination Law Review's Consultative Paper'（2007）36(3) Industrial Law Journal 255-266

———— [2009]：'Equality and Discrimination' in Feldman, D. ed. *English Public Law 2nd ed.*（Oxford Univ. Press, 2009）499-571

McCrudden, Christopher ／ Kountouros, Haris [2007]：'Human Rights and European Equality Law' in [Meenan ed. 2007：73-116]

McGlynn, Clare [2000]：'Pregnancy, parenthood and the Court of Justice in Abdoulaye',（2000）25 European Law Review 654-662

Meenan, Helen ed. [2007]：*Equality Law in an Enlarged European Union*（Cambridge Univ. Press, 2007）

Mock, William B.T.／ Demuro, Gianmario ed. [2010]：*Human Rights in Europe, Commentary on the Charter of Fundamental Rights of the European Union*（Carolina Academic Press, 2010）

Moore, Sarah [1994]：'Current Survey, Economic and Social Polices'（1994）European Law Review 653-660

――――― [2000]：'Case C-167/97, R v. Secretary of State for Employment, ex parte Nicole Seymour- Smith and Laure Perez. Judgement of 9 February 1999, nyr'（2000）37(1) Common Market Law Review 153-161

More, Gillian [1999]：'The Principle of Equal Treatment: From Market Unifier to Fundamental Right?' in Craig, Paul / De Búrca, Gráinne ed. *The Evolution of EU Law*（Oxford Univ. Press, 1999）517-553

Moreau, Sophia R. [2004]：'The Wrongs of Unequal Treatment'（2004）54 University of Tronto Law Journal 291-326

Nielsen, Ruth [1992]：'Judgment of the European Court of Justice: Case C-177/88'（1992）29(1)Common Market Law Review 160-169

Numhauser-Henning, Ann [2007]: 'EU sex equality law post Amsterdam' in [Meenan ed. 2007：145-177]

――――― [2011]：'EU Equality Law – Comprehensive and Truly Transformative ?' in Rönmar, Mia ed. *Labour Law, Fundamental Rights and Social Europe*（Hart Publishing, 2011）113-136

Nussbaum, Martha C. [2000]：*Women and Human Development, The Capabilities Approach*（Cambridge Univ. Press, 2000）＝池本幸生ほか訳『女性と人間開発――潜在能力アプローチ』（岩波書店、2005年）

O'Cinneide, Colm [2006]：'Positive Action and the Limits of Existing Law'（2006）13(3) Maastricht Journal of European and Comparative Law 351-364

――――― [2007]：'The Commission for Equality and Human Rights: A New Institution for New and Uncertain times'（2007）36(2)Industrial Law Journal 141-162

O'Connell, Rory [2008]：'The role of dignity in equality law: Lessons from Canada and South Africa'（2008）6(2)International Journal of Constitutional Law 267-286

O'Leary, Síofra [2001]：'Defrenne II Revisited' in Maduro, Miguel Plores／Azoula, Loïc, ed. *The Past and Future of EU Law*（Hart Publishing, 2001）274-285

Phillips, Ann [1995]：*The Politics of Presence*（Clarendon Press, 1995）

Prechal, Sacha [2004]：'Equality of treatment, non-discrimination and social policy: Achievements in three themes'（2004）41(2)Common Market Law Review 533-551

Prechal, Sacha／Burrows, Noreen [1990]：*Gender Discrimination Law of the European Community*（Dartmouth Publishing, 1990）

Rawls, John [1971]：*A Theory of Justice*（Harvard Univ. Press, 1971）＝川本隆史ほか訳『正義論改訂版』（紀伊国屋書店、2010年）

Raz, Joseph [2008]：'On the Value of Distributional Equality' University of Oxford Legal Research Paper 41（2008）

Rönnmar, Mia [2011]：'Flexicurity, Labour Law and the Notion of Equal Treatment' in [Rönnmar ed. 2011：153-181]

Rönnmar, Mia ed. [2011]：Labour Law, Fundamental Rights and Social Europe（Hart Publishing, 2011）

Rubenstein, Michael [1987]：*The Dignity of Women at Work: A Report on the Problem of Sexual Harassment in the Member States of the European Communities*（Office for Official Publication of the European Communities, 1987）

―――― [1992]：'Sexual Harassment European Commission Recommendation and Code of Practice'（1992）21(1) Industirial Law Journal 70-74

Sandel, Michael [1982]：*Liberalism and the Limits of Justice*（New York University Press, 1982）＝菊池理夫訳『自由主義と正義の限界』（三嶺書房、1992年）

Schiek, Dagmar [1996]：'Positive action in Community Law'（1996）25(3) Industrial Law Journal 239-246

―――― [1998a]：'More Positive Action in Community Law'（1998）27(2) Industiral Law Journal 155-161

―――― [1998b]：'Sex Equality Law After Kalanke and Marshall'（1998）4(2) European Law Journal 148-166

―――― [2002a]：'A New Framework on Equal Treatment of Persons in EC Law ?, Directives 2000/43/EC, 2000/78/EC and 2002/???/EC changing Directive 76/207/EEC in context'（2002）8(2) European Law Journal 290-314

―――― [2002b]：'Torn between Arithmetic and Substantive Equality ? Perspectives on Equality in German Labour Law'（2002）18(2) International Journal of Comparative Labour Law and Industrial Relations 149-167

―――― [2005]：'Broadening the scope and the norms of EU Gender Equality Law: Towards a Multidimensional Conception of Equality Law'（2005）12(4) Maastricht Journal of European and Comparative Law 427-466

―――― [2007]：*EU Non-Discrimination Law, Selfstudy materials*（2007）

―――― [2009]：'From European Union non-discrimination law towards multidimensional equality law for Europe' in [Shiek／Victoria ed. 2009：3-27]

―――― [2011]：'Organizing EU Equality Law Around the Nodes of "Race", Gender and Disability' in [Schiek／Lawson ed. 2011：11-27]

―――― [2016]：'Intersectionality and the notion of disability in EU discrimination Law'（2016）53(1) Common Market Law Review 35-64

Schiek, Dagmer／Chenge, Victoria ed. [2009]：*European Union Non-Discrimination Law, Comparative perspectives on multidimentional equality law*（Cavendish, 2009）

Schiek, Dagmar／Lawson, Anna ed. [2011]：*European Union Non-Discrimination Law and Intersectionality, Investing the Triangle of Racial, Gender, and Disability Discrimination*（Ashgate, 2011）

Schiek, Dagmar／Mulder, Jule [2011]：'Intersectionality in EU Law: A Critical Reappraisal' in [Schiek／Lawson ed. 2011：259-273]

Schiek, Dagmar／Waddington, Lisa／Bell, Mark ed. [2007]：*Cases, Materials and Text on National, Supranational and International Non-Discrimination Law*（Hart Publishing, 2007）

Schwarze, Jürgen［1992］：*European Administrative Law*（Sweet and Maxwell, 1992）

Sen, Amartya［1992］：*Inequality Reexamined*（Oxford Univ. Press, 1992）＝池本幸生ほか訳『不平等の再検討』（岩波書店、1999年）

Simon, Denys［2010］：'SABENA is dead, Gabrielle Defrenne's case is still alive: the old lady's testament.'（2010）in Maduro/ Axoulai ed, *The Past and Future of EU Law, The Classics of EU Law Revisit on the 50th Anniversary of the Rome Treaty*（Hart Publishing, 2010）

Smith, Nicholas［2007］：'A Critique of Recent Approaches to Discrimination Law' New Zealand Law Review（2007）499-525

Snell, Jukka［2002］：*Goods and Service in EC law*（Oxford Univ. Press, 2002）

Solanke, Iyiola［2009］：'Putting Race and Gender Together: A New Approach To Intersectionality'（2009）72(5) Modern Law Review 723-749

Stott, David［2002］：'What Price Certainty ?' European Law Review 27（2002）351-357

Sunstein, Cass R.［1994］：'The Anticaste Principle'（1994）92 (8) Michigan Law Rev. 2410-2455

――――――［1997］：*Free Market and Social Justice*（Oxford Univ. Press, 1997）

Taylor, Charles et al.［1994］：*Multiculturalism: Examining the Politics of Recognition*（Princeton Univ. Press, 1994）＝佐々木毅ほか訳『マルチカルチュラリズム』（岩波書店、1996年）

Tobler, Christa［2005］：Indirect Discrimination: A Case Study Into the Development of the Legal Concept of Indirect Discrimination Under EC Law（Intersentia, 2005）

Travis, Michelle A［2014］：'Disabling the Gender Pay Gap: lessons from the Social Model of Disability'（2014）91(4) Denver University Law Review 893-923

Tridimas, Takis［2006］：*The General Principles of EU Law 2nd ed.*（Oxford Univ. Press, 2006）

Vickers, Lucy［2011］：'Promoting equality or fostering resentment ? The public sector equality duty and religion and belief'（2011）31 Legal Studies 135-158

Waddington, Lisa［2004］：'The Development of a New Generation of Sex Equality Directives'（2004）11(1) Maastricht Journal of European and Comparative Law 3-11

Waddington, Lisa ／ Hendriks, Aart［2002］：'The Expanding Concept of Employment Discrimination in Europe: From Direct and Indirect Discrimination to Reasonable Accommodation Discrimination.'（2002）18 (4) International Journal of Comparative Labour Law and Industrial Relations 403-428

Watt, Horatia Muir［2001］：'Gender Equality and Social Policy after Defrenne', in Maduro, Miguel Plores/ Azoula, Loïc, ed. *The Past and Future of EU Law*（Hart Publishing, 2001）

Westen, Peter［1982］：'The Empty Idea of Equality'（1982）95 Harvard Law Review. 537-596

Wintemute, Robert［1998］：'When is Pregnancy Discrimination Indirect Sex Discrimination ?'（1998）27(1) Industrial Law Journal 23-36

Young, Iris Marion［1990］：*Justice and the Politics of Difference*（Prinston Univ. Press, 1990）

引用・参考文献一覧（邦文）

愛敬浩二［2007］:「リベラリズムとポジティブ・アクション」田村哲樹ほか編『ポジティブ・アクションの可能性――男女共同参画社会の制度デザインのために』（ナカニシヤ出版、2007年）41頁以下

※ 本文中の引用では［愛敬 2007：○（該当頁）］と記す（以下、同じ）

相澤美智子［2003］:「間接性差別禁止規定導入についての思索――アメリカ法における差別的効果理論とイギリス法における間接差別理論の比較から」（2003年）社会科学研究54巻1号171頁以下

――――［2005a］:「間接差別法理の内容と適用可能性」（2005年）日本労働研究雑誌538号32頁以下

――――［2005b］:「男女雇用平等への新段階へ――男女雇用機会均等政策研究会報告書」（2005年）日本労働法学会誌105号129頁以下

――――［2012］:『雇用差別への法的挑戦――アメリカの経験・日本への示唆』（創文社、2012年）

――――［2017］:「雇用平等法の課題」日本労働法学会編『講座労働法の再生　第4巻』（日本評論社、2017年）209頁以下

赤松良子［1985］:『詳説　男女雇用機会均等法及び改正労働基準法』（日本労働協会、1985年）

浅倉むつ子［1984］:「雇用上の間接差別禁止立法の意義――イギリスの性差別禁止法を対象として」（1984年）青木宗也先生還暦記念論文集刊行委員会編『労働基準法の課題と展望』（日本評論社、1984 年）367頁以下

――――［1991］:『男女雇用平等法論――イギリスと日本』（ドメス出版、1991年）

――――［1996］:「EU・EC」［東京女性財団1996：3頁以下］

――――［1998］:「性差別の『例外』とポジティブ・アクション」労働法律旬報1439・40号（1998年）52頁以下

――――［2000］:『労働とジェンダーの法律学』（有斐閣、2000年）

――――［2004］:『労働法とジェンダー』（勁草書房、2004年）

――――［2013］:「イギリス2010年平等法における賃金の性平等原則」根本到ほか編『労働法と現代法の理論　西谷敏先生古稀記念論集 下』（日本評論社、2013年）283頁以下

――――［2016］:「雇用分野のジェンダー不平等は、なぜ解消されないのか」法社会学82号

（2016年）81頁以下
――――［2016］:『雇用差別禁止法制の展望』（有斐閣、2016年）
浅倉むつ子／角田由紀子編［2007］:『比較判例ジェンダー法』（不磨書房、2007年）
浅倉むつ子／西原博史編著［2017］:『平等権と社会的排除――人権と差別禁止法理の過去・現在・未来』（成文堂、2017年）
芦部信喜［2000］:『憲法学Ⅲ　人権各論(1)［増補版］』（有斐閣、2000年）
芦部信喜（高橋和之補訂）［2015］:『憲法　第六版』（岩波書店、2015年）
阿部浩己［2014］:「女性差別撤廃条約とフェミニスト・アプローチ」『国際人権を生きる』（信山社、2014年）2頁以下
阿部照哉［1991］:『憲法　改訂版』（青林書院、1991年）
阿部照哉／野中俊彦［1984］:『平等の権利』（法律文化社、1984年）
荒木座長［2011］:荒木尚志座長ほか『雇用形態による均等処遇についての研究会報告書』（労働政策研究・研修機構、2011年）
荒木尚志／大内伸哉／大竹文雄／神林龍編［2008］:『雇用社会の法と経済』（有斐閣、2008年）
有賀誠／伊藤恭彦／松井暁編［2000］:『ポスト・リベラリズム――社会的規範理論への招待』（ナカニシヤ出版、2000年）
――――［2004］:『現代規範理論入門――ポスト・リベラリズムの新展開』（ナカニシヤ出版、2004年）
石井保雄［1993］:「EC法の均等待遇原則と女子労働者の深夜労働禁止」労働法律旬報1315号（1993年）6頁以下
石田信平［2017a,b］:「雇用差別禁止法の正統化根拠に関する基礎的考察（上）（下）」法律時報89巻4号（2017年）85頁以下、89巻5号（同年）149頁以下
伊藤洋一［2002］:「EU基本権憲章の背景と意義」法律時報74巻4号（2002年）21頁以下
――――［2005］:「ヨーロッパ法における積極的措置」［内閣府ポジティブ・アクション研究会 2005b：1頁以下］
井上達夫［1989］:「平等〔法哲学の側から〕」［星野／田中 編著1989：85頁以下］
――――［2004］:「リベラル・フェミニズムの二つの視点」日本法哲学会編『ジェンダー、セクシュアリティと法』（有斐閣、2004年）68頁以下
井上典之［1995-1998］:「平等保障の裁判的実現――平等審査の方法とその権利保護(一)～(四・完)」神戸法学雑誌45巻3号（1995年）533頁以下、46巻1号（1996年）127頁以下、46巻4号（1997年）693頁以下、48巻2号（1998年）301頁以下
――――［2003］:「平等保障の理論展開――結果の平等・積極的差別是正措置をめぐって」ジュリスト1237号（2003年）48頁以下
井上典之／吉井昌彦編著［2018］:『EUの揺らぎ』（勁草書房、2018年）
岩村正彦／菊池馨実／川島聡／長谷川珠子［2014］:「座談会　障害者権利条約の批准と国内法の新たな展開――障害者に対する差別の解消を中心に」論究ジュリスト8号（2014年）4頁以下
植木　淳［2011］:『障害のある人の権利と法』（日本評論社、2011年）

――――［2015］:「日本国憲法と合理的配慮」法律時報87巻1号（2015年）74頁以下
ウェザーフィールド, アリソン［2008］:「性と人種を理由とするハラスメント―イギリスのアプローチ」日本労働研究雑誌574号（2008年）28頁以下
上野千鶴子［2011］:「比較ジェンダー・レジューム論の構想」辻村みよ子編『ジェンダー社会科学の可能性 第1巻』（岩波書店、2011年）
内野正幸［2005］:『憲法解釈の論点〔第4版〕』（日本評論社、2005年）
浦部法穂［2016］:『憲法学教室 第3版』（日本評論社、2016年）
大木喜美子ほか［2018］:「特集 男性労働」日本労働研究雑誌55巻5号（2018年）1頁以下
大藤紀子［2000a］:「男女平等取扱原則適用の限界――同性愛関係の差別をめぐって」貿易と関税48巻2号（2000年）95頁以下
――――［2000b］:「陸海軍女性入隊差別事件」貿易と関税48巻12号（2000年）116頁以下
――――［2004］:「欧州連合（EU）における男女共同参画政策とポジティヴ・アクション」［辻村編 2004：49頁以下］
――――［2007］:「平等原理・差別禁止原則の射程――欧州司法裁判所の判断を題材に」吉田善明先生古稀記念論文集刊行委員会偏著『憲法諸相と改憲論』（敬文堂、2007年）141頁以下
――――［2008］:「『平等』／『差別禁止』原則について」獨協法学77号（2008年）159頁以下
大屋雄裕［2007］:「平等理論とポジティブ・アクション」田村哲樹ほか編『ポジティブ・アクションの可能性』（ナカニシヤ出版、2007年）64頁以下
奥山明良［1998］:「女子保護規定の廃止に伴う法律問題――時間外・休日労働、深夜労働を中心に」日本労働法学会誌92号（1998年）81頁以下
緒方桂子［2013］:「女性の労働と非正規労働法制」根本到ほか編『労働法と現代法の理論 西谷敏先生古希記念論集 上』（日本評論社、2013年）457頁以下
小俣勝治［2011］:「法的パターナリズムと労働者保護――ドイツの議論を中心に」山田省三他編『労働者人格権の研究 上巻』（信山社、2011年）89頁以下
神尾真知子［2017］:「保護と平等の相克――女性保護とポジティブ・アクション」日本労働法学会編『講座労働法の再生 第4巻』（日本評論社、2017年）137頁以下
紙谷雅子［1997］:「ジェンダーとフェミニスト法理論」『岩波講座 現代の法11』（岩波書店、1997年）37頁以下
川岸令和［2017］:「第14条【法の下の平等, 貴族の禁止, 栄典】」長谷部恭男ほか編『注釈日本国憲法(2)』（有斐閣、2017年）161頁以下
川崎 修編［2014］:『岩波講座政治哲学第6巻 政治哲学と現代』（岩波書店、2014年）
川島 聡［2012］:「英国平等法における障害差別禁止と日本への示唆」大原社会問題研究所雑誌（2012年）641号28頁以下
川本隆史［1995］:『現代倫理学の冒険――社会理論のネットワーキングへ』（創文社、1995年）
菅野淑子［2014］:「性差別解消の現在から見た均等法施行規則の改正――次なる改正へ向けての考察」季刊労働法246号（2014年）34頁以下

木村草太［2008］:『平等なき平等条項論――Equal proection 条項と憲法14条１項』（東京大学出版会、2008年）
―――［2010］:「平等権――誰の何に関する何のための平等か」長谷部恭男編『講座人権論の再定位３　人権の射程』（法律文化社、2010年）３頁以下
黒岩容子［2007］:「EC 法における間接性差別禁止法理の展開」ジェンダーと法４号（2007年）68頁以下
―――［2008a］［2009］:「EC 法における間接性差別禁止法理の形成と展開(1)(2)」早稲田法学会誌59巻１号（2008年）89頁以下、59巻２号（2009年）173頁以下
―――［2008b］:「2002年 EC 指令が仮想比較対象者を認めたことの意義とその影響――同一価値労働同一賃金原則から『価値に比例した賃金原則へ』」労働法律旬報1675号（2008年）37頁以下
―――［2010a］:「EU 法における男女同一賃金原則」早稲田法学会誌61巻１号（2010年）191頁以下
―――［2011a］［2011b］:「妊娠・出産保護に関する EU 法の展開――性平等、性差別概念の理論的検討の視点から(1)（２・完)」早稲田大学大学院法研論集137号（2011年）57頁以下、139号（2011年）93頁以下
―――［2012a］［2012b］［2013］:「EU 法におけるポジティブ・アクション法理の展開とその意義――性平等分野に限定して(1)(2)（３・完)」早稲田大学大学院法研論集141号（2012年）105頁以下、144号（2012年）55頁以下、146号（2013年）71頁以下
―――［2014a］:「EU 法における反性差別禁止法理の展開とその課題――比較可能性を差別の前提要件とする判例法理の検討から」早稲田大学大学院法研論集150号（2014年）131頁以下
―――［2014b］:「性平等に向けての法的枠組み――EU 法における展開を参考にして」日本労働研究雑誌648号（2014年）60頁以下
―――［2015］:「EU 性差別禁止法の展開――実質的平等法理生成の意義と課題」日本労働法学会誌126号（2015年）170頁以下
―――［2016a］:「女性活躍推進法の意義および課題」季刊労働法253号（2016年）83頁以下
―――［2016b］:「［EU 判例研究］代理出産依頼母に対する出産休暇拒否と性差別ないし障害差別の成否」法律時報88巻５号（2016年）134頁以下
―――［2017a］:「間接性差別禁止法理の形成と『平等』・『差別』概念の発展――EU 法における展開を素材として」［浅倉／西原 2017：41頁以下］
―――［2017b］:「ジェンダーと労働法――ジェンダー視座アプローチの有効性と今後の課題」日本労働法学会編『講座労働法の再生 第６巻』（日本評論社、2017年）255頁以下
―――［2018］:「サンドラ・フレッドマンの多元的平等論――形式的平等から実質的平等へ、さらに次のステージへ」労働法律旬報1922号（2018年）16頁以下
毛塚勝利［2004］:「差別禁止と均等待遇」ジュリスト増刊『労働法の争点（第３版)』（2004年）118頁以下
―――［2011］:「労働法における差別禁止と平等取扱――雇用差別禁止法理の基礎理論的

考察」『労働者人格権の研究　下巻』（信山社、2011年）3頁以下
――――［2013］：「非正規労働の均等処遇問題への法理論的接近方法――雇用管理区分による処遇格差問題を中心に」日本労働研究雑誌636号（2013年）14頁以下
現代史出版会編集部編［1975］：『国際婦人年　メキシコ会議の記録』（現代史出版会、1975年）
小泉良幸［2002］：『リベラルな共同体――ドゥオーキンの政治・道徳理論』（勁草書房、2002年）
――――［2003］：「人権と共同体」ジュリスト1244号（2003年）38頁以下
――――［2007］：「自己決定とパターナリズム」長谷部恭男ほか編『岩波講座憲法２　人権論の新展開』（岩波書店、2007年）169頁以下
――――［2013］：「人権とオートノミー――自律の教説は公共社会の“物語”たりうるか？」憲法問題24号（2013年）63頁以下
小島妙子［2006］：「改正均等法の『実効性』――改正均等法は雇用における男女平等を推進できるのだろうか？」季刊労働法214号（2006年）125頁以下
国際女性の地位協会編［1992］：『女子差別撤廃条約注解』（尚学社、1992年）
――――［2010］：『コンメンタール　女性差別撤廃条約』（尚学社、2010年）
小山　剛［1998］：『基本権保護の法理』（成文堂、1998年）
西條　潤［2015］：「Post-racism の時代における平等保護法理――人種中立的手段優先使用原則を機縁として」松井茂記ほか編『自由の法理』（成文堂、2015年）635頁以下
斉藤　周［1991］：「ILO 基準にみる夜間労働規制の変容――『工業・女子・禁止』から『全産業・男女・規制』へ」早稲田法学会誌第41巻（1991年）227頁以下
齋藤純一［2017］：『不平等を考える――政治理論入門』（ちくま新書、2017年）
櫻庭涼子［2007］：「EU の雇用平等法制の展開」法律時報79巻３号（2007年）64頁以下
――――［2008］：『年齢差別禁止の法理』（信山社、2008年）
――――［2010］：「雇用差別禁止法制――ヨーロッパの動向」［水町／連合総研編 2010：119頁以下］
佐々木弘通［2009］：「平等原則」安西文雄ほか編『憲法学の現代的論点　第２版』（有斐閣、2009年）327頁以下
佐藤幸治［1988］：「日本国憲法と『自己決定権』――その根拠と性質をめぐって」法学教室98号（1988年）６頁以下
――――［2011］：『日本国憲法論』（成文堂、2011年）
塩川伸明［2001］：「集団的抑圧と個人」江原由美子編『フェミニズムとリベラリズム』（勁草書房、2001年）35頁以下
志田陽子［2012］：「多文化主義とジェンダー」憲法問題23号（2012年）88頁以下
柴山恵美子［2003abc］：「男女均等待遇原則の主流化に向かって EU 労働法制の展開――パートタイム労働理事会指令と欧州司法裁判所判例（上）（中）（下）」大原社会問題研究所雑誌534号（2003年）14頁以下、535号（同）27頁以下537号（同）12頁以下
柴山恵美子／中曽根佐織編著［2004a］：『EU の男女均等政策』（日本評論社、2004年）
――――編訳［2004b］：『EU 男女均等法・判例集』（日本評論社、2004年）

島田裕子［2013］:「平等な賃金支払いの法理――ドイツにおける労働法上の平等取扱い原則を手掛かりとして」日本労働法学会誌122号（2013年）151頁以下
白水　隆［2011a］:「憲法上の間接差別禁止法理に関する予備的考察」（2011年）憲法理論研究会編『政治変動と憲法理論』（敬文堂、2011年）207頁以下
――――［2011b, 2012a, 2012b］:「憲法上の平等権概念と間接差別――カナダにおける議論を素材として㈠㈡（三・完）」法學論叢170巻3号（2011年b）89頁以下、171巻4号（2012年a）67頁以下、171巻5号（2012年b）66頁以下
庄司克宏［2007］:『欧州連合　統治の論理とゆくえ』（岩波新書、2007年）
――――［2013］:『新EU法　基礎編』（岩波書店、2013年）
須網隆夫［1991］:「変貌するEC労働法」季刊労働法161号（1991年）183頁以下
須網隆夫／21世紀政策研究所編［2018］:『英国のEU離脱とEUの未来』（日本評論社、2018年）
杉山有沙［2016］:『障害差別禁止の法理』（成文堂、2016年）
菅野和夫［2017］:『労働法　第11版補正版』（弘文堂、2017年）
鈴木　隆［2008］:「雇用平等法――雇用平等法の統一化に向かう動き」（2008年）労働法律旬報1684号（2008年）54頁以下
――――［2009a］:「雇用平等法の最近の動向について」季刊労働法224号（2009年）214頁以下
――――［2009b］:「差別禁止に関する法律間での整合性の欠如の解消」労働法律旬報1706号（2009年）16頁以下
角田邦重［2011］:「労働人格権の射程」山田省三ほか編『労働者人格権の研究　上巻』（信山社、2011年）3頁以下
盛山和夫［2006］:『リベラリズムとは何か―ロールズと正義の論理』（勁草書房、2006年）
高橋和之［2010］:『立憲主義と日本国憲法　第2版』（有斐閣、2010年）
高橋賢司「2011」:「労働法学における新たな法思想『社会的包摂』の可能性」山田省三ほか編『労働者人格権の研究　上巻』（信山社、2011年）25頁以下
田村哲樹［2007］:「デモクラシーとポジティブ・アクション――ヤングとフィリップスを中心に」田村哲樹ほか編『ポジティブ・アクションの可能性』（ナカニシヤ出版、2007年）17頁以下
――――［2009］:『政治理論とフェミニズムの間――国家・社会・家族』（昭和堂、2009年）
辻村みよ子［2004］:「ポジティブ・アクションの手法と課題――諸国の法改革とクォータ制の合憲性」［辻村監修 2004：5頁以下］
――――［2008］:『ジェンダーと人権――歴史と理論から学ぶ』（日本評論社、2008年）
――――［2011］:『ポジティヴ・アクション――「法による平等」の技法』（岩波新書、2011年）
――――［2018］:『憲法　第6版』（日本評論社、2018年）
辻村みよ子編［2004］:『世界のポジティヴ・アクションと男女共同参画』（東北大学出版会、2004年）5頁以下
東京女性財団［1995］:『世界のアファーマティブ・アクション――諸外国におけるアファー

マティブ・アクション法制（資料集）』（同財団、1995年）
――――［1996］：『諸外国のアファーマティブ・アクション法制―雇用の分野にみる法制度とその運用実態』（同財団、1996年）
東京大学労働法研究会編［2003］：『注釈労働基準法上巻』（有斐閣、2003年）
富永晃一［2012］：「性差別禁止――労基法・均等法の『差別的取扱い』を中心に」季刊労働法237号（2012年）100頁以下
――――［2013］：『比較対象者の視点からみた労働法上の差別禁止法理――妊娠差別を題材として』（有斐閣、2013年）
――――［2014a］：「改正障害者雇用促進法の障害者差別禁止と合理的配慮提供義務」論究ジュリスト8号（2014年）27頁以下
――――［2014b］：「雇用社会の変化と新たな平等法理」荒木尚志ほか編『岩波講座　現代法の動態3　社会変化と法』（岩波書店、2014年）59頁以下
――――［2015］：「差別禁止法理の基本概念に関する試論――性差別禁止を基本的モデルとして」日本労働法学会誌126号（2015年）116頁以下
内閣府男女共同参画局ポジティブ・アクション研究会［2005a,b］：『ポジティブ・アクション研究会報告書』『同別冊・第2部』（内閣府、2005年）
内藤　忍［2000］：「性差別禁止法で間接差別とされる『要件または条件』」労旬1489＋90号（2000年）59頁以下
――――［2014］：「イギリスにおけるハラスメントの救済――差別禁止法の直接差別から平等法26条のハラスメントへ」日本労働法学会誌123号（2014年）135頁以下
――――［2018］：「職場のハラスメントに関する法政策の実効性確保――労働局の利用者調査からみた均等法のセクシュアルハラスメントの行政救済に関する一考察」季刊労働法260号（2018年）42頁以下
中窪裕也［2005］：「間接差別　労働法学の立場から」ジュリスト1300号（2005年）116頁以下
――――［2010］：『アメリカ労働法 第2版』（弘文堂、2010年）
長坂寿久［2000］：『オランダモデル――政治疲労なき成熟社会』（日本経済新聞社、2000年）41頁以下
中西優美子［2012］：『EU 法』（新世社、2012年）
中野 聡［2004］：「欧州社会モデルとソーシャル・ダイアログ――ユーロ・コーポラティズムの形成か？」日本 EU 学会年報24号（2004年）186頁以下
中林暁生［2004］：「アファーマティブ・アクションとメリット」［辻村監修 2004：321頁以下］
中村民雄［1998］：「EU」財政経済協会編『平成9年度総理府委託調査　男女共同参画に関する諸外国の基本法制等に関する調査研究〈基本法部門〉』（財政経済協会、1998年）125頁以下
――――［2002］：「EC 法から EU 法へ――体制変化の含意と展望」法律時報74巻4号（2002年）6頁以下
――――［2011］：「EU 法の最前線　個人保険料・保険金の男女平等」貿易と関税2011年8

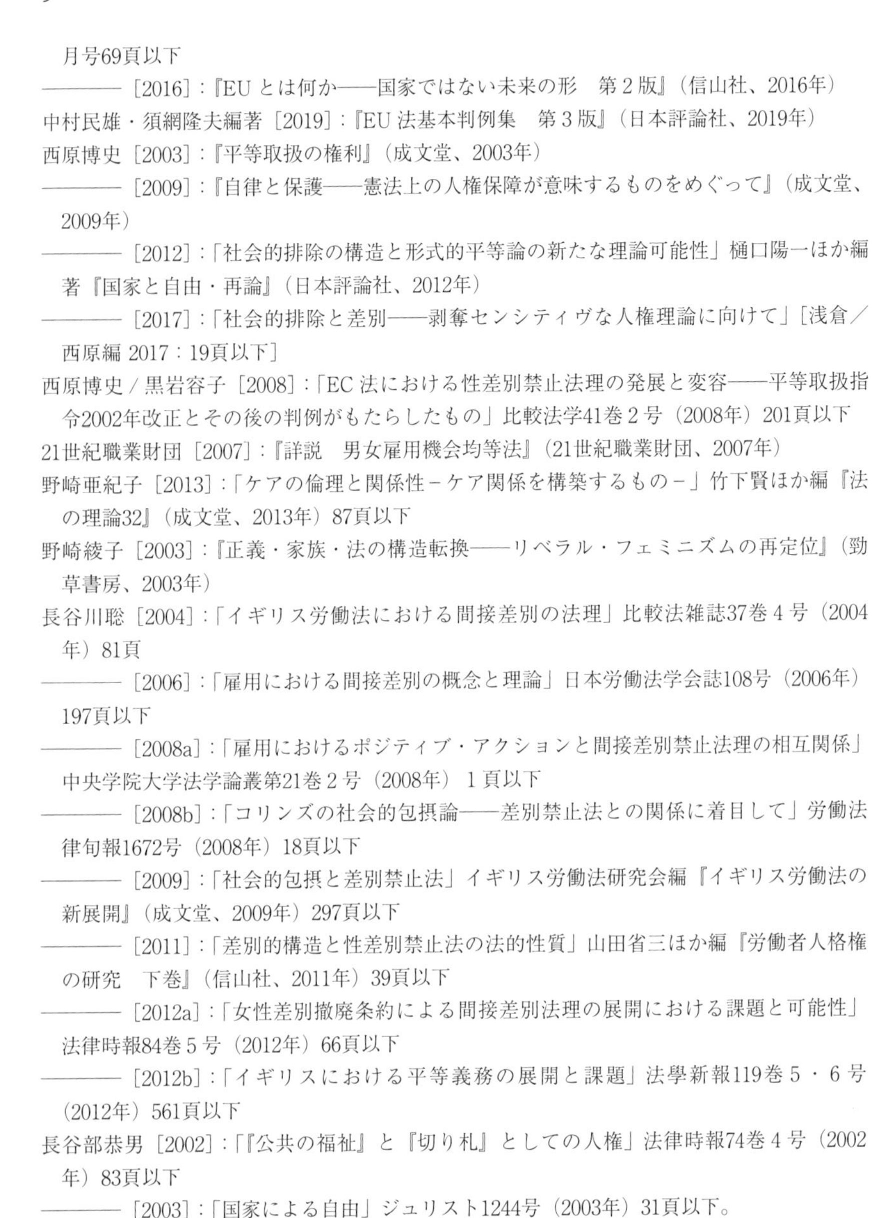

月号69頁以下
――――［2016］:『EU とは何か――国家ではない未来の形　第２版』（信山社、2016年）
中村民雄・須網隆夫編著［2019］:『EU 法基本判例集　第３版』（日本評論社、2019年）
西原博史［2003］:『平等取扱の権利』（成文堂、2003年）
――――［2009］:『自律と保護――憲法上の人権保障が意味するものをめぐって』（成文堂、2009年）
――――［2012］:「社会的排除の構造と形式的平等論の新たな理論可能性」樋口陽一ほか編著『国家と自由・再論』（日本評論社、2012年）
――――［2017］:「社会的排除と差別――剥奪センシティヴな人権理論に向けて」［浅倉／西原編 2017：19頁以下］
西原博史／黒岩容子［2008］:「EC 法における性差別禁止法理の発展と変容――平等取扱指令2002年改正とその後の判例がもたらしたもの」比較法学41巻２号（2008年）201頁以下
21世紀職業財団［2007］:『詳説　男女雇用機会均等法』（21世紀職業財団、2007年）
野崎亜紀子［2013］:「ケアの倫理と関係性－ケア関係を構築するもの－」竹下賢ほか編『法の理論32』（成文堂、2013年）87頁以下
野崎綾子［2003］:『正義・家族・法の構造転換――リベラル・フェミニズムの再定位』（勁草書房、2003年）
長谷川聡［2004］:「イギリス労働法における間接差別の法理」比較法雑誌37巻４号（2004年）81頁
――――［2006］:「雇用における間接差別の概念と理論」日本労働法学会誌108号（2006年）197頁以下
――――［2008a］:「雇用におけるポジティブ・アクションと間接差別禁止法理の相互関係」中央学院大学法学論叢第21巻２号（2008年）１頁以下
――――［2008b］:「コリンズの社会的包摂論――差別禁止法との関係に着目して」労働法律旬報1672号（2008年）18頁以下
――――［2009］:「社会的包摂と差別禁止法」イギリス労働法研究会編『イギリス労働法の新展開』（成文堂、2009年）297頁以下
――――［2011］:「差別的構造と性差別禁止法の法的性質」山田省三ほか編『労働者人格権の研究　下巻』（信山社、2011年）39頁以下
――――［2012a］:「女性差別撤廃条約による間接差別法理の展開における課題と可能性」法律時報84巻５号（2012年）66頁以下
――――［2012b］:「イギリスにおける平等義務の展開と課題」法學新報119巻５・６号（2012年）561頁以下
長谷部恭男［2002］:「『公共の福祉』と『切り札』としての人権」法律時報74巻４号（2002年）83頁以下
――――［2003］:「国家による自由」ジュリスト1244号（2003年）31頁以下。
濱口桂一郎［2017］:『EU の労働法政策』（労働政策研究・研修機構、2017年）
濱口桂一郎／小宮文人［1997］:「欧州連合の男女均等法制の最近の動き」季刊労働法182号（1997年）102頁以下

浜田冨士郎［1988］：「労基法四条による男女賃金差別の阻止可能性の展望」前田達男ほか編『労働法学の理論と課題』（有斐閣、1988年）382頁以下
引馬知子［2009］：「EU 社会政策の多次元的展開と均等待遇保障——人々の多様性を尊重し活かす社会の創造に向けて」福田耕治編著『EU・欧州統合研究——リスボン条約以後の欧州ガバナンス』（成文堂、2009年）226頁以下
平地秀哉［2000］［2001］：「市民的地位・平等保護・Affirmative Action——合衆国憲法の『市民』像に関する予備的考察として(一)（二・完）」法研論集95号（2000年）135頁以下、同97号（2001年）127頁以下
————［2002］：「憲法上の平等保障と立法目的の審査」早稲田法学77巻２号（2002年）143頁以下
広瀬　巌　編・監訳［2018］：『平等主義基本論文集』（勁草書房、2018年）
星野英一／田中成明編［1989］：『法哲学と実定法学の対話』（有斐閣、1989年）
巻美矢紀［2013］：「ポジティブ・アクションの目的と多様性(1)」千葉大学法学論集27巻３号（2013年）１頁以下
松井茂記［2009］：「平等保護理論の展開とアファーマティブ・アクション」アメリカ法（2009年）27頁以下
————［2012］：『カナダの憲法——多文化主義の国のかたち』（岩波書店、2012年）
水谷英夫［1994］：「『男女同一賃金の原則』の発展とその限界」伊藤博義ほか編『労働保護法の研究』（有斐閣、1994年）333頁以下
————［2001］：『セクシュアル・ハラスメントの実態と法理』（信山社、2001年）
————［2008］：『ジェンダーと雇用の法』（信山社、2008年）
水町勇一郎［2011］：「『格差と合理性』——非正規労働者の不利益取扱いを正当化する『合理的理由』に関する研究」社會科學研究62巻３・４号（2011年）125頁以下
————［2013］：「『差別禁止』と『平等取扱い』は峻別されるべきか？——雇用差別禁止をめぐる法理論の新たな展開」労働法律旬報1787号（2013年）48頁以下
水町勇一郎／連合総研編［2010］：『労働法改革、参加による公正・効率社会の実現』（日本経済新聞出版社、2010年）
宮崎由佳「2005」：「EU におけるジェンダー平等へのアプローチ」労働法律旬報1609号15頁（2005年）以下
————［2010］：「イギリス平等法制の到達点と課題」日本労働法学会誌116号（2010年）121頁以下
————［2015］：「2010年平等法と平等義務」労働法律旬報1844号（2015年）38頁以下
茂木洋平［2015］：『Affirmative Action 正当化の法理論——アメリカ合衆国の判例と学説の検討を中心に』（商事法務、2015年）
森ます美［2005］：『日本の性差別賃金——同一価値労働同一賃金原則の可能性』（有斐閣、2005年）
森ます美／浅倉むつ子編著［2010］：『同一価値労働同一賃金原則の実施システム——公平な賃金の実現に向けて』（有斐閣、2010年）
森悠一郎［2016 a,b,c,d］：「関係の対等性と正義——平等主義的リベラリズムの再定位(一)〜

（四・完）」法学協会雑誌133巻8号（2016年）1041頁以下。9号（2016年）1388頁以下。10号（2016年）1561頁以下、11号（2016年）1762頁以下
森戸英幸／水町勇一郎編著［2008］：『差別禁止法の新展開——ダイバーシティの実現を目指して』（日本評論社、2008年）
安西文雄［1992-1999］：「法の下の平等について㈠㈡㈢（四・完）」國家學會雑誌105巻5・6号（1992年）1頁以下、同107巻1・2号（1994年）173頁以下、同110巻7・8巻（1997年）1頁以下、同112巻3・4号（1999年）69頁以下
————［1999］：「自由・平等および公正な人権保障体系」法学教室228号（1999年）84頁以下
————［2005］：「アメリカ合衆国の高等教育分野におけるアファーマティヴ・アクション」立教法学67号（2005年）1頁以下
————［2015］：「憲法14条1項後段の意義」論究ジュリスト13号（2015年）71頁以下
山川和義［2013］：「雇用差別禁止法制の到達点と課題」法律時報85巻3号（2013年）37頁以下
山川和義／和田肇［2008］：「ドイツにおける一般平等立法の意味」日本労働研究雑誌574号（2008年）18頁以下
山田省三［2001］：「ヨーロッパ司法裁判所におけるポジティブ・アクション法理の展開——カランケ・マルシャル・バデック・アブラハムソン事件4部作の検討」（2001年）比較法雑誌34巻4号1頁以下
————［2014］：「イギリス雇用関係における差別概念」法学新報121巻7・8号（2014年）433頁以下
————［2015］：「雇用における性差別の現状と差別禁止法の課題」ジェンダー法研究2号（2015年）1頁以下
柳沢房子［2001］：「EUにおける男女雇用平等政策——回顧と展望」レファレンス2001年4月号61頁以下
柳澤　武［2006］：『雇用における年齢差別の法理』（成文堂、2006年）
————［2017］：「雇用平等法の形成と展開」日本労働法学会編『講座労働法の再生　第4巻』（日本評論社、2017年）117頁以下
山口和人［2002］：「欧州連合基本権憲章」外国の立法211号（2002年）1頁以下
山﨑文夫［2004］：『改訂版　セクシュアル・ハラスメントの法理——職場におけるセクシュアル・ハラスメントに関するフランス・イギリス・アメリカ・日本の比較法的検討』（労働法令、2004年）
————［2012］：「セクシュアル・ハラスメントと女性に対する暴力概念」平成法政研究16巻2号（2012年）73頁以下
————［2013］：『セクシュアル・ハラスメント法理の諸展開』（信山社、2013年）
吉田仁美［2013］：「実質的平等の理論」同志社法学64巻7号（2013年）667頁以下
————［2015］：『平等権のパラドクス』（ナカニシヤ出版、2015年）
労働省女性局編［2000］：『詳説　男女雇用機会均等法』（労働行政研究所、2000年）
鷲江義勝編著［2009］：『リスボン条約による欧州統合の新展開——EUの新基本条約』（ミネ

ルヴァ書房、2009年）
和田 肇［2008］：『人権保障と労働法』（日本評論社、2008年）
渡辺 賢［2011］：「雇用平等を実現するための諸法理と救済のあり方」日本労働法学会誌117号（2011年）64頁以下
渡辺康行［2011］：「平等原則のドグマーティック——判例法理の分析と再構築の可能性」立教法学82号（2011年）1頁以下
渡辺康行／宍戸常寿／松本和彦／工藤達朗［2016］：『憲法Ⅰ 基本権』（日本評論社、2016年）

黒岩　容子（くろいわ・ようこ）

1954年　東京都に生まれる
1976年　中央大学法学部法律学科卒業
1981年　弁護士登録
2015年　早稲田大学大学院法学研究科博士後期課程修了、博士（法学）
現在　　日本女子大学・明治大学大学院ほか非常勤講師、弁護士

主要論文：
「ジェンダーと労働法――ジェンダー視座アプローチの有効性と今後の課題」日本労働法学会編『講座労働法の再生　第6巻　労働法のフロンティア』（日本評論社、2017年）
「間接差別禁止法理の形成と『平等』『差別』概念の発展――EUにおける展開を素材として」浅倉むつ子・西原博史編著『平等権と社会的排除』（成文堂、2017年）
「女性活躍推進法の意義および課題」季刊労働法253号（2016年）

ＥＵ性差別禁止法理の展開（いーゆーせいさべつきんしほうりのてんかい）
――形式的平等から実質的平等へ、さらに次のステージへ

2019年9月30日　第1版第1刷発行

著　者――黒岩　容子
発行所――株式会社日本評論社
〒170-8474　東京都豊島区南大塚3-12-4
電話03-3987-8621　FAX03-3987-8590　振替00100-3-16
印　刷――精文堂印刷株式会社
製　本――牧製本印刷株式会社

装幀／有田睦美
ISBN 978-4-535-52432-3